中文社会科学引文索引（CSSCI）来源集刊

元史及民族与边疆研究集刊

（第四十五辑）

（陈得芝先生九十华诞庆寿专辑）

上海古籍出版社

陈得芝先生《萨剌姆东使记》通信与报告及伊德利希书所收《萨剌姆东使记》辑录与研究

华 涛

　　1986 年中国著名外交家、国际问题专家、中国社科院副院长宦乡致信陈得芝先生，转来摩洛哥科学院学者询问中国历史文献中是否曾提及中古阿拉伯文献中的"双角王"。"双角王"（ذو القرنين/Dhu al-Qarnain）是中古阿拉伯文献中对古代亚历山大大帝的称呼，中古阿拉伯文献中留下"双角王"前往中亚甚至抵达中国的记载。陈得芝先生接信后，写了一份关于《萨剌姆东使记》的报告给宦乡，宦乡处将报告翻译成英文寄送摩洛哥，得到摩洛哥方面高度赞扬。这里录下陈得芝先生的报告（稿）和三份相关通信材料供参考。

　　我在攻读博士学位时，即在陈得芝先生指导下研究了东西交通史上有名的《萨剌姆游记》；后又在庆贺陈得芝先生八十华诞的论文集中发表了相关研究。我早前的研究，主要根据的是中古阿拉伯文献伊本·忽尔达兹比赫《道里邦国志》所收史料。陈得芝先生在给摩洛哥的报告中提到，该游记的另外一个版本见于伊德利希书。在此特辑录、翻译、研究伊德利希书中的《萨剌姆游记》内容，庆贺陈得芝先生九十华诞。

通信一：宦 乡 来 信

陈得芝教授：

　　接到摩洛哥皇家学院一友人来函，询问有关我国历史上少数民族与中亚（亚历山大大帝）曾有接触一事。您在这方面学识渊博，希能赐教。是否可以将有关情况写一材料给我，以便答复对方。

　　敬礼

　　大安

　　宦乡

　　1986.9.25

通信二：陈得芝先生就报告撰写和翻译问题
复函宦乡办公室丁乃宽同志

丁乃宽同志：

　　南京大学历史系办公室昨日将尊函转给我。所询诸点，都注在来函中，原稿中亦一一注出，供翻译者参考。兹将来函并原稿一并奉上。

我写的这份材料，系参阅西方学者著作综合而成。摩洛哥那位先生想必对伊斯兰历史深有研究，这些材料他大概都是熟悉的。Gog、Magog 人（晚近我国学者译为"峨格"、"马峨格"）不见汉文史料记载。我估计摩洛哥朋友要问的问题或是：阿拉伯地理家 Ibn Khurdadhbeh 和 Idrīsī 记载中的部落名称和地名，在汉文史料中有无记载？若是如此，则可以根据汉文史料加以考证，但必需提得更具体些，如穆斯林载籍中的哪一个部落、哪一个地名有疑问，则我可以尽所知提供相应资料。务请宦老在复信中向摩洛哥朋友说明此点。

Darband 与 Derbend 是同一个字，仅是转写不同，都可以。波斯文作"دربند"（DRBND），Steingass 字典（Persian-English Dictionary）转写作 Dar-band，元代汉文音译为"打耳班"。

为国际学术交流服务，也是我的责任。如需要，愿意继续尽绵薄之力。

此致

敬礼　　　　并烦代（问）候　宦老安好

　　　　　　南京大学元史研究室　陈得芝

一九八七、三、一

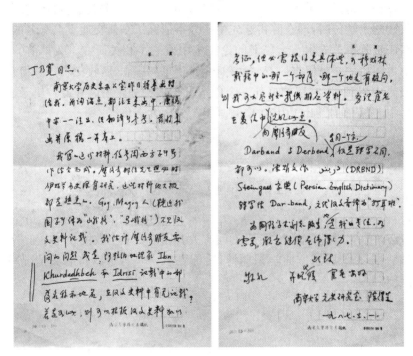

通信三：摩洛哥皇家学院教授致宦乡信，感谢陈得芝教授的报告

Dear Sir and Colleague，

I thank you very much for your letter of April 4th to which you have kindly attached the report prepared by Professor Chen Dezhi of the Nanjing University concerning the legend of Thu-al-Qarnain.

目　　录

I will present this excellent work to His Majesty the King on the first available occasion.

I am sorry for the trouble I have put you in and deeply grateful for your helpful contribution.

With highest esteem and consideration.

Yours sincerely,

Professeur A. BERBICH

陈得芝先生关于《萨剌姆东使记》的报告（手稿）

《古兰经》第十八章所述 Dhu al-Qarnayn（ذو القرنين，即亚历山大大帝）建铁门关以封锁野蛮民族 Yājūj 和 Mājūj（یاجوج و ماجوج，即 Gog 和 Magog）人的故事，出自古老的传说。《圣经》旧约"以西结"篇（Ezekiel）第 38、39 章就讲到了 Gog 和 Magog 人，但未言亚历山大建壁垒事。公元三世纪 Pseudo-Callisthenes 的亚历山大演义小说中详细讲述了亚历山大征讨蛮族，祈祷上帝用神力合拢两山，遂于山口处炼铜（或铁）建壁垒关门，称之为 Caspian Gates，封锁 Gog、Magog 等十余种蛮族于其中，以防其侵扰文明世界。并有预言说，到世界末日（Last days），Gog 和 Magog 等蛮族将突出关门，散处各地，毁坏南方文明世界。这个故事流传甚广，所以七世纪的阿拉伯人也知道，写进了《古兰经》，还讲到 Gog Magog 人将逃出关门的预言（见《古兰经》第二十一章）。

《圣经》、亚历山大演义及《古兰经》表明 Gog 和 Magog 等蛮族分布在古代世界的北方或东北方，但没有指明具体地理位置。这个传说在亚历山大的真实历史中找不到印证，Gog 和 Magog 等族名也无考，只有传说中提到的十几个族名中有个 Alan，见于东西方史料记载。【《史记》、《汉书》作"奄蔡"（可为 Alan 的音译），谓其地在康居西北二千里，安息之北；《后汉书》谓奄蔡改名阿兰聊（《三国志》作阿兰）。】阿兰人原居里海之北、之东，后为西迁之匈奴所逼而逐渐西徙，其中一部分阿兰人滞留于高加索山之北，至十三世纪被蒙古征服。

通常的说法是：传说的 Gog 和 Magog 人住在高加索山后（如十世纪著名阿拉伯历史家 Tabarī 说，这些人居住于阿尔明尼亚和格鲁吉亚诸山之后）；而亚历山大大帝所建铁门关，就是高加索山东南、里海西南岸附近的打耳班（Darband，波斯语，意为"门"，即今苏联巴库西北的杰尔宾特—Derbent/Дербент。打耳班是元代汉字音译）。打耳班附近的古长城壁垒遂被称为"亚历山大长城"，或"Gog Magog 长城"。十三世纪欧洲旅行家卢勃鲁克（William of Rubruck，1254 年法国国王派往蒙古的使者）和马可波罗都记载了这个打耳班铁门，并谓即亚历山大所建以防备野蛮民族入侵之铁门。事实上，打耳班的古长城壁垒并非亚历山大大帝所建（有的学者认为是公元六世纪波斯萨珊朝国王所建，有的则认为是安条克 Antiochus 后人所建，六世纪时萨珊朝国王重修）。

亚历山大建铁门关以封锁 Gog 和 Magog 人的故事，原是揉合各种传说而成，并非真实历史。《圣经》中的 Gog、Magog，大概是上古时代叙利亚、巴勒斯坦一带人对其北方"蛮族"的称呼，可能指高加索山后的民族（但这两个名称在古希腊文献中不见记载）。到亚历山大远征以后，许多古代东方传说被箭垛式地附会到他身上，Gog、Magog 人也被和亚历山大远征联系起来。实际上亚历山大东征波斯和中亚时，和他作战的北方游牧民为西徐亚—塞种人（Scythian—Saka，一译斯基泰。塞种之名见于《汉书》记载。此系民族分布在西起黑海北，东到新疆的辽阔地域上）。亚历山大东征最远打到锡尔河（希腊文献作 Yaxartes，即汉文史籍《隋书》《新唐书》之"药杀水"）之北不远处，和西徐亚—塞种人打了几仗，不胜而退。后来的传说则说他远征到了中国；加以里海、咸海之北的民族与其南方民族交往日多，人们的地理知识不断增进，于是传说中未开化的 Gog 和 Magog 人的地理位置也被越来越向未知的东北方推移。

公元九世纪的穆斯林地理家 Ibn Khurdādhbih 记载说，哈里发 al-Wāthiq（842—847在位）派了一位译者叫 Sallām 的，去调查亚历山大壁垒和 Gog、Magog 人的情况，Sallām 从当时哈里发所都之 Sāmarrā（今巴格达西北）出发，经过梯弗里斯、阿兰部（高加索山北）、可萨部（Khazar，里海北），可萨王派了五名向导随行，又走了两个多月路程，到达一城，名 Īka（Īga），即亚历山大大驻军处，其所建壁垒距城三日，当地人说 Gog 与 Magog 人就在堡寨外的山中。Khurdādhbīh 称这是译者 Sallām 对他讲述的，并且详细描写了其所见壁垒和铁门的情况。

十二世纪的阿拉伯地理家 Idrīsī 在其书中将世界分为七个地带，每地带从西至东分十区；第五带 10 区、第六带 10 区、第七带 9 区都是 Gog、Magog 之地，并提到其相邻的地方和民族。他把亚历山大壁垒置于第六带 9 区，同时也记述了 Sallām 奉命调查此壁垒的往返行程，与 Khurdādhbīh 的记载略有出入。Idrīsī 的记载显然把 Gog 和 Magog 之地置于中亚东北部，突厥人之东。

著名的《阿拉伯地理丛书》编者德·胡耶（de Goeje）根据上述 Khurdādhbīh 和 Idrīsī 的记载，考订所谓"亚历山大壁垒"（文题为：De Muur van Gog en Magog—Gog 与 Magog 之长城），认为它实际上是指中国长城的一部分，译者 Sallām 到达的 Īka 城可能是"伊吾"（哈密），而长城或是指玉门一带。后来威尔逊（C. E. Wilson）又著文考释（题为：The wall of Alexander against Gog and Magog; and The expedition sent out to find it by the Khalif Wathiq in 842 A.D., Asia Major 增刊 Hirth Anniversary volume, 1922），反对德·胡耶之说，而认为 Gog 和 Magog 之地应在贝加尔湖东南一带。威尔逊的说法也没有为学界接受。

十三世纪上半叶，蒙古人进行了两次大规模西征，其来势之凶猛，破坏之严重，使西方人大为震惊。当时西方不少人相信，这些"鞑靼人"就是出自亚历山大大帝封锁在里海附近山中的 Gog 和 Magog 部落。这种观念颇为流行（如当时历史家 Mathew Paris 在《大编年史》Chronica Majora 中所载）。马可波罗在其旅行记中也说，天德（即辽、金、元之丰州天德军，今呼和浩特东二十里白塔村古城为其州城遗址）之地就是西方人所说的 Gog 和 Magog 人之地，其人自称为 Ung 和 Mugul——（即汪古和蒙古）。元朝末年访问中国的摩洛哥旅行家伊本·拔图塔（Ibn Baṭṭūṭa，约在 1344—1346 年访问中国）记载说，从广州（Sīn al- Sīn）至"Gog 和 Magog 长城"有六十日程，其地荒芜，无人曾到过。这也是把中国的长城与传说中的亚历山大壁垒混淆起来,以为 Gog Magog 人之地在蒙古高原或其北。1375 年卡塔兰地图(Catalan mas)标 Gog 和 Magog 于亚洲的最东北部。

总之,亚历山大建壁垒(Rampart)、铁门以封锁 Gog 和 Magog 人的故事(最早出于三世纪 Pseudo - Callisthenes 的亚历山大小说),完全是传说,于史无征。《古兰经》中伊斯兰教创始人只是复述这个传说故事,对传说中的民族及其地理方位并不明确。中世纪西方人和一些穆斯林作家一般认为,高加索山东南的打耳班就是传说亚历山大大帝所建铁门关,而 Gog Magog 人就在高加索山区或山后一带。但九世纪中叶以后,一些穆斯林地理家把 Gog 和 Magog 人的地理位置越来越向东方和东北方推移;842 年,哈里发 al-Wāthiq 还派人去考察传说的亚历山大壁垒现况,但奉命考察者译人 Sallām 讲述他所见到的亚历山大壁垒、铁门的地理方位,还无法弄清楚。十三世纪蒙古兴起后进行了可怕的西征,当时西方人遂把蒙古人视为出自亚历山大所封锁的 Gog 和 Magog 部落,把亚历山大壁垒和中国的长城混淆起来。

在汉文史料中,未发现与这一传说有关的记载,也找不到可与 Gog、Magog 对应的西域或北方民族名称。中国建长城以防范北方民族侵扰之事,是否对产生亚历山大建壁垒铁门的传说有一些影响? 这一点,还没有足够记录。

玄奘的《大唐西域记》最早记载了中亚河中地区(Transoxiana,指阿姆河、锡尔河之间)的一个"铁门关",谓铁门在羯霜那国(今撒马尔罕南 75 公里)之南五百余里,"铁门者,左右带山,山极崭峻,虽有狭径,加之险阻,两旁石壁,其色如铁。既设门扉,又以铁锢,多有铁铃,悬诸户扇。因其险固,遂以为名"。732 年所立的突厥文《阙特勤碑》也讲到这个铁门,突厥文作 Tämir Qapiγ。西突厥汗国视此门为其西界。穆斯林文献中最早记载此铁门的,是九世纪 Ya'qūbī 的《地理书》。元代史籍对这个铁门也有记载。其遗址在今苏联乌兹别克共和国境内。但从文献史料中找不到这个铁门与亚历山大铁门的传说有何关系的记载。

元代史籍还记载了另一个铁门。《常德西使记》载,在孛罗城(今新疆博乐东南破城子)西南,有关名"铁木儿忏察"。波斯史家拉施都丁《史集》称之为 Temür-qahalqa,译言"铁门"。但也不能证明其与亚历山大铁门传说有关。

以上材料参考了下面几种书目:

1. 伊斯兰百科全书:Yādjūdj wa Mādjūdj 条;Iskandar 条。

2. 亨利·玉耳《中国和通往中国之路》(一译《契丹行程录》)(Henry Yule, Cathay and the Way Thither)。

3. 柔克义《卢勃鲁克东游记》(译注)(W. Rochwill, The Journey of William Robruck)。

4. 张星烺译《马可波罗游记》第一册。

5. 冯承钧译《马可波罗行记》。

6. 伯希和《马可波罗行记注》(Notes on Marco Polo)。

7. Wilson 文章。

8. 斯特兰日《东哈里发国土》(Le Strange,The Lands of Eastern Caliphate)。

9. 《大唐西域记校注》(季羡林主编)。

10. 其他。

华涛：伊德利希书所收《萨剌姆东使记》辑录与研究

一、伊德利希《周游世界者的愉悦旅行》(نزهة المشتاق فى اختراق الآفاق / The Book of Pleasant Journeys into Faraway Lands)"第六地带第九区"翻译

第六地带第九区①

第六地带第九区这个部分包括的是钦察之地、突骑施之地和雅朱者—马朱者边墙。突骑施地区与荒芜之地接壤，那里很冷，多雨雪。钦察之地也与它类似。

至于雅朱者—马朱者荒原，一些书籍已加说明，也持续有一些关于它的消息。其中就有通事萨剌姆②讲的事情。欧拜杜拉·本·忽尔达兹贝在其著作《道里邦国志》中谈到这件事情。扎伊哈尼也谈到它。他俩说，瓦西格·比拉(Al-Wāthiq bi 'llāh)③在梦中看到了祖葛尼(Dhu 'l-Qarnayn)④建造的横在我们与雅朱者—马朱者之间的边墙打开了，找来通事萨拉姆，⑤对他说，前去看看这个边墙，把它的信息和状况等等情况带给我。然后下令给他 50 位随从随行，当时又赠送给他 5 000 第纳尔，又给了他 10 000 迪尔汗血汗钱，还下令给随从 50 000 迪尔汗和一年的给养，下令给他们 100 头驮水和粮秣的骡子。

---

① 原文见 Opus geographicum; sive, Liber ad eorum delectationem qui terras peragrare studeant. Consilio et auctoritate E. Cerulli [et al.] Una cum aliis ediderunt A. Bombaci [et al.] Neapoli; prostat apud E. J. Brill, Lugduni Batavorum, 1970, pp.934 - 938.

② "通事萨剌姆"，原文为"Sallam al-Turdjumān"，其中的"al-Turdjumān"意为"翻译/通事"。

③ 阿巴斯王朝哈里发，842 年 1 月即位，847 年 8 月去世。参见 EI², vol. xi, p. 178.

④ "Dhu 'l-Qarnay"是马其顿亚历山大大帝（卒于公元前 323 年）的阿拉伯文名，意为"带双角的"，参见 EI², vol. iv, p. 127. "祖葛尼"见赵汝适《诸蕃志》："遏根陀：遏根陀国，勿斯里之属也。相传古有异人祖葛尼，于濒海建大塔……"（冯承均撰《诸蕃志校注》，中华书局，1956 年，第 69 页）。早在 1911 年，Friedrich Hirth 和 W.W. Rochhill 在译注《诸蕃志》时已经指出，"遏根陀"即 Alexandria/亚历山大（城），"祖葛尼"即阿历山大大帝的阿拉伯语名"Dhu-l-karnein"(ذوالقرنين)。见 Friedrich Hirth and W.W. Rochhill, translated from the Chinese and Annotated, Chau Ju-Kua: his work on the Chinese and Arab trade in the twelfth and thirteenth centuries, entitled Chu-fan-chi. St. Petersburg, 1911, pp. 146 - 147 （该书注明 Friedrich Hirth 早已在其 Dir Länder des Islām nach chinesischen Quellen 做出勘同）。另可参看：冯承均，上引文，第 69—70 页；杨博文《诸蕃志校释》，中华书局，1996 年，第 123 页；韩振华《诸蕃志注补》，香港大学亚洲研究中心，2000 年，第 240—242 页。马坚先生在汉译《古兰经》中译为"左勒盖尔奈英"；马金鹏先生《〈古兰经〉译注》译为"祖·盖尔耐"。

⑤ 伊本·忽尔达兹比赫说，是阿史那思(Ashnas)向哈里发推荐的。"阿史那思"在哈里发瓦西格在位初期与可萨奴隶将领 Aytākh al-Turki(意为"突厥人埃塔")同为瓦西格的权力支柱，参见 EI², vol. xii (supplement), p. 106. 阿史那思出现在其他阿拉伯文献中，有时被称为 Ashnas al-Turki(意为"突厥人阿史那思")。伊本·忽尔达兹比赫记载说：阿史那思(Ashnas)进言说："在我们［萨马腊］这儿，只有通事萨剌姆是合适的人选，因为他会讲 30 种语言。"(xx 页)伊本·鲁斯塔在《珍贵记事》(kitāb al-a'lāq al-nafīsah)中说："萨剌姆曾经翻译过突厥的文件。"这段记载不见于其他阿拉伯文献。但德·胡耶在编辑 BGA 时，删去了伊本·鲁斯塔书中涉及《萨剌姆东使记》的内容，仅仅在伊本·忽尔达兹贝书中相关地方做了一些注释。参阅 Emeri van Donzel and Andrea Schmidt (with a contribution by Claudia Ott), Gog and Magog in Early Eastern Christian and Islam Sources: Sallam's quest for Alexander's wall. Leiden, Koninklijke Brill, 2010, pp. 148 - 151.

通事萨剌姆说,我们从苏莱曼莱阿(萨马腊)①出发,手持瓦西格·比拉给亚美尼亚总督易司哈格·本·伊斯玛仪勒(Ishāq b. Ismā'īl)的书信,以便我们穿过他的辖地。我们在大不里士见到易司哈格。见面时,易司哈格为我们给赛里尔(al-Sarīr)②统治者写了信。我们带着信前去。到那里后,我们前往阿兰(al-Lān)国王,他让我们随身带着书信。到阿兰后,我们前往费兰沙君长(Ṣāḥib Fīlān Shāh)③那里。我们到那里后,驻留了几天,他为我们挑选了 5 位向导,为我们后面的旅程带路。

我们从他(费兰沙君长)那里出发,在巴斯吉儿地区走了 27 天,到了一个黑土之地,那里漫长宽广,气味难闻。我们在那里艰难行走了 10 天,用一些东西装备起来,以免闻到恶臭受到伤害。我们离开那里后,在一片荒废之地行走了一个月。我仔细察看了那里的建筑,只看到留下一些可见的废墟。我们向随行的人询问那些城镇。他们告诉我们,这些城镇是雅朱者一马朱者入侵并毁坏的。我们前往一些靠近山的戍堡(حصن / hisn),边墙就坐落在山的支岔上。这用了 6 天时间。戍堡中住着一些说阿拉伯语和波斯语的百姓。那里有一座城镇,其君长称为"阿跌可汗"(Khāqān Adhish),其居民是穆斯林,④有清真寺和学校(masājid wa makātib)。他们问我们从哪里来,我们告诉他们说:我们是"信士们的长官瓦西格"⑤的使者。他们对我们感到惊讶,对我们提到的"信士们的长官"感到惊讶,问我们"信士们的长官"是长者还是年轻人?我们回答道:"是位年轻人。"他们又感到惊讶。问:"现在他在哪里?"我们说:"他住在伊拉克的一个城市,这城叫苏莱曼莱阿。"他们惊讶地说,"我们从未听说过这个(城市)。"我们询问了他们是谁让他们皈依了伊斯兰教的,是谁带给他们的《古兰经》。他们说,很多年前有一个人骑着一头牲口来到我们这里,牲口长颈长腿长脚,背上凸起。我们知道他们说的是骆驼。他们说,他在我们这里住下,说的话我们能懂。他告诉我们一些伊斯兰教的教法和教规。我们接受了这些,也了解了《古兰经》及其含义。于是我们向他学习《古兰经》,随着他背诵《古兰经》。

萨剌姆说,我们从那里出来后前往边墙看看。我们从这座城镇行走了约 2 法尔沙赫,到达边墙。那里是一座山,被山谷割开。山谷宽 150 腕尺(ذراع/Dhirā'),⑥中间有一个铁门,门高 50 腕尺,门边是两个侧柱(عضادة),各宽 25 腕尺,下面的基座在门外,有 10 腕尺。整个大门用铁汁铸造,包裹在铜里。门的侧柱高 50 腕尺,侧柱顶端是一个铁质飞檐,长120 腕尺。飞檐就是上面的门楣,门楣骑在两边的侧柱上,尺度有 10 腕尺。飞檐的上方

---

① 阿巴斯哈里发于 836 年建立的新都,并在 892 年之前经常住在该城。阿拉伯原名سر من رأى/Surra Man Ra'ā",后阿拉伯人简称"سامرّاء/Sāmarrā'/萨马腊"。参见:EI², vol. viii, pp. 1039 - 1041.

② 米诺尔斯基说,al-Sarīr 是阿拉伯语 Ṣāḥib al-Sarīr 的简称,阿拉伯语原意为"王位的主人",后直用 al-Sarīr 指当地的统治者;而该统治者的族属,大约为 Avar (Minorsky, Hudud al-Alam, p. 447)。但余太山教授认为:"Avars 在我看来决非一般认为的柔然人,而可能是西迁的悦般人。但 Avars 有真假之别,伪 Avars 究竟可同何者勘同,众说纷纭,但很可能也迁自东方。"(2013 年 2 月 25 日电子邮件)并说:"拜占庭资料中,凡有具体活动者均系 Pseudo-Avars。"(2013 年 2 月 26 日电子邮件)

③ 意为"费兰王"。米诺尔斯基认为这个政权位于达吉斯坦(Daghestan)南部某地,Bosworth 也默认了这种说法。转引自 Emeri van Donzel and Andrea Schmidt,前引书,p. 187.

④ 伊本·忽尔达兹比赫:他们诵读《古兰经》。

⑤ Amīr al-Mu'minīn,唐代译为"暟密莫末腻"。

⑥ 1 腕尺等于 22¾ 英寸或 58.83 cm,见王培文主编《新阿拉伯语汉语大辞典》,商务印书馆,2003 年,第 673 页。EI²(vol. ii, pp. 231-232):阿拉伯—伊斯兰世界的腕尺有各种不同的规格。

是铜包裹的铸铁建筑,连接着山头,其高一眼看不到边。再上面是铁制城垛(شرف حديد),每个城垛的边都是两个角,一个接一个。

门是两扇悬挂的门,每扇门宽 50 腕尺,厚 5 腕尺。转动的门轴在侧柱上。门上有锁,锁长 7 腕尺,有一个圆形的锁臂。锁离地面高 25 腕尺,锁上 5 腕尺的地方有一个比锁长一些的闩(غلق),上面有一把钥匙,长约 1.5 腕尺。钥匙上有 12 个齿(دندانجة),每个齿都比……的孔臼要粗,每个上面都挂着长 8 腕尺的链条,粗约 4 拃(شبر)。……门下的框(السفلى عتبة الباب)有 10 腕尺厚,除去两边的侧柱下面,宽有 100 腕尺……

那些戍堡的首领每周都骑乘出行,驾乘着 10 匹马,每匹马都带着 5 麦那(أمناء)[①]重的铁杆。这样,锁打击着铁杆,每日三遍,让门后的人听到,知道门这边是有防卫的。人们也可以知道雅朱者—马朱者没有对门做些什么。如果有人用铁杆击锁,他们就会仔细听门后的动静,听到有人进门的回声。

离这个地方不远有一座很大的戍堡,面积有 10 法尔沙赫乘以 10,穿过那里有 300 里。在门附近有戍堡两座,每一座的面积都有 200 腕尺乘以 200 腕尺。在两座戍堡之间有可饮水源一口。一座戍堡里有建筑工具,建造边墙就是用了这些铁质的锅和铁勺。这些铁锅放置在脚架上(ديكدان/dikdān),每个脚架上挂了 4 只铁锅,如同(制作)肥皂的铁锅。那里还残留了一些用来建造边墙的铁坯,已经锈蚀在一起了。铁坯长宽各 1.5 腕尺,高一拃。

通事萨剌姆说,我们向当地和我们交谈的人询问,他们是否见过任何雅朱者—马朱者。他们说看到过他们中的若干人在废墟的高台上。当时一阵大风起,他们中有 3 个被抛到我们这里。那些人身高两拃半。

通事萨剌姆说,我把这些描述写下来带着。然后随着这些戍堡的向导离开了。向导领着我们前往呼罗珊。我们从这些戍堡前往了(لخمان/L.kh.mān)城、(غريان/Gh.R.yān)城、拔塞干城(برساخان/)、怛逻斯城和撒马尔罕城,到达阿不答剌·本·塔希尔(ʿAbdallāh b. Tāhir)那里,在那里驻留了几天。他送给我 10 万迪尔汗,又给我的随行人员每人 5 000 迪尔汗,又给了我随行人员中的骑士每天 5 迪尔汗、步兵每天 3 迪尔汗。我们然后前往刺夷,最后回到苏莱曼莱阿,这是在离开和旅行了 28 个月之后。这是通事萨剌姆讲述的关于边墙、旅途和沿途所遇各种人群及所见所闻的全部内容。结束了这一段事情,也就结束了第六地带第九区。感谢真主!永远、不断地感谢!

我们简略地说明了第六地带第九区。感谢真主!愿真主让我们随着他进入第十区。

二、《萨剌姆游记》版本研究

《萨剌姆东使记》很早就为人们所关注,首先是因为这份文献保存在传世的阿拉伯地理名著伊本·忽尔达兹贝的《道里邦国志》(al-Masālik al-Mamālik)中,而且从那个时代开始,许多穆斯林著述中都收录了有关这次东行的记载。伊本·忽尔达兹贝出生在呼罗珊一个官宦人家,祖父是一位皈依伊斯兰教的祆教徒,他的父亲在哈里发马蒙时期担任过陀拔里斯坦总督。伊本·忽尔达兹贝大约出生于 820 年(伊斯兰历 205 年;一说出生于 825/211 年),去世于 911/300 年;担任过杰贝勒省(今伊朗西部)邮政和驿传长官,后又升

---

① منا:麦那,重量单位,等于两磅。

任巴格达及萨马腊的邮传部长官。① 这些职务使他有机会接触到一些各地传至阿巴斯朝廷的消息。《萨剌姆东使记》就是阿巴斯朝廷内关于遥远东方所谓的"雅朱者—马朱者"人的一个记载。伊本·忽尔达兹贝自称认识这位东方之行的通事，并称这位通事东行返回之后还将给哈里发的报告口述给了自己。

伊本·忽尔达兹贝称，萨剌姆亲口向他讲述了向哈里发报告的《东使记》。伊本·忽尔达兹贝的很多同时代学者或后代学人也都在自己的著作中收录了《萨剌姆东使记》，如他的同时代人伊本·鲁斯塔（Ibn Rusta）、稍年轻的伊本·法齐赫（Ibn al-Faqīh）以及穆卡达西（Muqaddasī）、扎伊哈尼（al-Jayhānī）、可疾云尼（al-Qazwini）、雅忽特（Yāqūt）、伊德里希（al-Idrīsī）等。但是不仅同时代的伊本·鲁斯塔对萨剌姆的《东使记》表示了怀疑，而且一些著名古典穆斯林地理学家，如很可能见过萨剌姆的雅忽比（al-Ya'qūbī）和 10 世纪的伊本·豪卡勒（Ibn Haukal），甚至在自己的著述中根本不提《萨剌姆东使记》。②

德·胡耶开始编辑《阿拉伯舆地丛书》（BGA）时，用来整理校勘的《道里邦国志》版本并不好（后被称为"手抄本 B"），甚至被形容为"笨拙的节选"。③ 后来，Count Carlo de Landberg④1883 年在埃及亚历山大购买了一个较好的手抄本（"手抄本 A"）让德·胡耶使用，《阿拉伯舆地丛书》现版本中的伊本·忽尔达兹贝《道里邦国志》就是这个新版本（阿拉伯文：德·胡耶整理；法文翻译：Barbier de Meynard），本文的《萨剌姆东使记》汉译也是根据的这个版本。

在德·胡耶整理伊本·忽尔达兹贝著作所收《萨剌姆东使记》（新版 BGA）的文字中，可以看到德·胡耶使用来校勘的其他阿拉伯文文献有伊本·鲁斯塔、伊本·法齐赫、穆卡达西、雅忽特、伊德里希的著述，其中取自伊德里希的文字比较多，因为"由伊德里希大量保存的扎伊哈尼（al-Jayhānī）关于萨剌姆前往歌革—玛各边墙的旅行记的描述，包括了手抄本 A 所没有的一些细节"。⑤ 但是非常有趣的是，当学者们对比研究了各种阿拉伯文献中的《东使记》之后发现，伊本·鲁斯塔、伊本·法齐赫、穆卡达西和许多穆斯林著述中的《东使记》文字都与"手抄本 B"的内容相似，因此很可能较早流传的《东使记》是"手抄本 B"一类的版本。而扎伊哈尼/伊德里希的文字不仅与"手抄本 B"中的内容类似，还保存了"手抄本 A"中没有的一些内容，而且比"手抄本 B"的文字更完整。虽然非常遗憾的是熟悉中亚特别是中亚东部天山地区的萨曼王朝大臣扎伊哈尼（10 世纪）的著述至今没有发现，⑥但 11 世纪伊德里希的文本留存至今，可以使用，而其中关于中亚的不少内容，包括

---

① 关于伊本·忽尔达兹贝的生平，参看 EI²，"Ibn Khurrdādhbih"；张广达《伊本·忽尔达兹比赫〈道里邦国志〉中译本序言》，《张广达文集·文本、图像与文化流传》，广西师范大学出版社，2008 年，第 185—203 页（原载宋岘译《道里邦国志》，中华书局，1991 年）。

② Emeri van Donzel and Andrea Schmidt，前引书，第 150—151 页。Travis Zadeh（前引书，第 135—142 页）列举了质疑亚历山大边墙的阿拉伯学者。

③ BGA, vol. vi, Preface.

④ 瑞典东方学家（1848—1924），阿拉伯语言学学者。

⑤ BGA, vol. vi, Preface, p. xvi. 不过虽然德·胡耶早就发现各种版本的差别，并且使用多种文献特别是伊德里希的著述校勘《东使记》的文字，但是他对伊本·忽尔达兹贝的同时代人伊本·鲁斯塔等对《东使记》的质疑，却有所忽视。

⑥ Ch. Pellat 在 EI² 中"al-Djayhānī"长词条中认为，虽然几位"扎伊哈尼"的情况很难弄清楚，但可以认为"扎伊哈尼"的著述是家族中几位学者共同的著述（EI², vol. xii, supplement, pp. 265—266）。

《萨剌姆东使记》的内容,都不见于其他文献。

在前引1923年的文章中,威尔森在德·胡耶的基础上进一步研究了伊德里希的著作。伊德里希将当时阿拉伯人所知的世界(即北半球的旧大陆)按纬度由南而北划分为七个"地带"(اقليم),然后将每个"地带"按经度由西而东划分为十个"部分"(جزء)。威尔森详细查阅了伊德里希书中第五到第七"地带"中最东面的"部分"(也就是亚洲的北部—东北部),研究了其中有关歌革—玛各的内容,①并对比了伊本·忽尔达兹贝和伊德里希两种著述中的萨剌姆东使记内容。比如关于突厥人阿史那思及其对萨剌姆的评价以及最东部的城市Igu的文字都不见于伊德里希等"手抄本B"的版本,但伊德里希书中的《萨剌姆东使记》不仅包含了"手抄本A"版本中没有提到的一些地名(如l.kh.mān等),②而且伊德里希书的其他部分还有关于这些地方更详细的文字。

总之,《萨剌姆东使记》的两个版本,即以伊本·忽尔达兹贝书(现BGA本)所代表的"手抄本A"版本和以伊德里希书所代表的"手抄本B"版本,都是研究这份东使记的重要材料。③

伊本·忽尔达兹贝(BGA)记载的萨剌姆东使路线为:北出阿巴斯王朝首都萨马腊,④经过亚美尼亚、赛里尔、阿兰、费兰沙之地、可萨、黑暗地带、荒废的诸城、山边的一些堡塞,最后抵达的"ايكة"城及距其三日程的亚历山大边墙(雅朱者—马朱者边墙)。在那里了解情况后,经过君长"اللب"(德·胡耶:al-Lub)和君长"طبانوين"(德·胡耶:Tubanuyan)的地方,再经白水城、苏对沙那、撒马耳干、不花剌、㳻耳迷,至你沙不儿拜访阿不答剌·本·塔希尔。再经过剌夷,抵达萨马腊向哈里发复命。

从这份记载看,萨剌姆一行的去程是经过亚美尼亚,翻越高加索山,再往东行,其间经过位于高加索的阿兰和费兰沙之地以及高加索以北的可萨占据的地区。这是东西方交通的草原之路。而回程是途经白水城,跨过中亚河中地区和阿姆河,到你沙不儿,然后沿呼罗珊大道西行经剌夷抵达萨马腊。对于此行程中不清楚的地方,如从可萨往东到底应该经过哪些地方和回程路线中抵达白水城之前的线路,虽然有德·胡耶等学者的考证,如将最东边城镇的阿拉伯文名"ايكة"读作"aikut",并勘同为"igu"(伊吾),即哈密;⑤将"اللب"勘同于"罗布"等,但这些考证的基础,是依据李希霍芬、亨利·玉耳等著作⑥将亚历山大边墙勘同于玉门关,而这些关于路线的考证或者思考,虽然不无可取之处,但萨剌姆关于边墙的描述与真正的玉门关有天壤之别,所以上述思考和假设很难认同。因此这里仅对扎伊哈尼/伊德里希提及的几个不见于伊本·忽尔达兹贝书(BGA)的地名,加以讨论。

伊德里希书中的《萨剌姆东使记》在记载了萨剌姆勘查边墙、询问当地人是否曾经见过雅朱者—马朱者之后,写道:

---

① C.E. Wilson,前引文,第575—612页。

② 参见Emeri van Donzel and Andrea Schmidt(前引书,第144—145页)对伊本·忽尔达兹贝书和伊德里希书相关记载的比较。

③ Travis Zadeh对维也纳抄本的研究,另文分析。

④ 836—892年为阿巴斯王朝都城。

⑤ 德·胡耶在原文注释(BGA,卷6,第164页,注g)中说:"看起来像是Igu,即现代的哈密(参看Richthofen I,540)。"李希霍芬在China:Ergebnisse eigener reisen und darauf gegründeter studien (Erster band. Berlin, 1877, p. 540)讨论玄奘从河西走廊西行时提到"Igu"和"Hami"。

⑥ 参见德·胡耶,De Muur,第96、102页等处。

"通事"萨剌姆说,我将这些叙述整个记下带回。然后随这些戍堡的向导们出发,他们领着我们前往忽罗珊方向。我们从这些戍堡前往"برساخان"、"غريان"、"لخمان"、"الطراز"(怛逻斯)[1]、撒麻耳干,抵达阿不答剌·本·塔希尔那里,并在那里住了几天……后去剌夷,再回到萨马腊。[2]

"غريان"("巴耳思寒"东):德·胡耶已经将它校订为"غوران"。[3] 虽然德·胡耶注意到伊德里希书记载说这是葛逻禄君长所居之城,但因为将君长"اللب"(德·胡耶:al-Lub)勘同为"罗布(泊)",所以将这个葛逻禄君长所居之城与塔克拉玛干沙漠南边的楼兰挂上钩。[4] 威尔森已经对德·胡耶的设想表示了否定。[5] 我曾经设想伊德里希提到的(经德·胡耶校订过的)这个名字"غريان"应该是《唐书》中提到的碎叶西边的城镇"俱兰"。[6] 不过较多查阅了阿拉伯文献之后可知,"俱兰"在阿拉伯文献中一般作"كولان"(Kūlān),[7]而且伊德里希书中在第四地带第九部分谈论从怛逻斯前往下巴耳思寒的道路时,提到了这个叫作"كولان"(Kūlān)的城镇。[8] 那么,这个"غريان"是否有勘同于"كولان"的可能呢? 伊德里希书中的第四地带第九部分记述的是葛逻禄之地、al-Khalaj 之地和部分 al-Kimak(基马克/寄蔑)之地,在记述怛逻斯前往上下巴耳思寒的段落中提到"كولان"(俱兰),而葛逻禄可汗之城就在俱兰不远的地方。[9] 而伊德里希书关于"غريان"的记载说:"第六地带第八部分包括'المنتنة'之地、'سمريقي'之地(谢米列契/七河之地)即葛逻禄突厥之地、'سيسيان'之地(萨彦?)和毁弃的诸城镇。毁弃的城镇被毁,结果雅朱者—马朱者占据了那里。"[10]对于这个"葛逻禄突厥人之地"的"七河之地",伊德里希共列举了十个城镇的名称,包括"غوران"(Ghūrān)。伊德里希描述说:"'غوران'城是一个小城镇,突厥人中称之为'葛逻禄'的这支的君长(ملك)驻在此地。君长(备)有军队、统帅和工匠。因为他对周邻之众、来往之人果断、勤勉、坚韧、谨慎。他的国土武装戒备。"[11]对比两处,可以看到两个城镇的名字虽然拼写不同,但都与葛逻禄有关,因此,虽然我早前的考虑不够充分,但将"غوران"(Ghūrān)假设为"俱兰"还是值得今后进一步研究的。

---

① 德·胡耶的校订见 BGA,卷 6,第 169 页注 b。

② 伊德里希书(阿拉伯文:Opus geographicum; sive, Liber ad eorum delectationem qui terras peragrare studeant. Consilio et auctoritate E. Cerulli [et al.] Una cum aliis ediderunt A. Bombaci [et al.] Neapoli; prostat apud E.J. Brill, Lugduni Batavorum, 1970—):页 983。

③ BGA,卷 6,第 169 页注 b。

④ De Goeje, De Muur, p. 113;BGA,卷 6,阿拉伯文,第 169 页注 B,法译文,第 130 页注 3(原文 Liulou 应为"Liulan"的印刷之误)。

⑤ 威尔森,上引文,第 602—603 页。

⑥ 华涛《西域历史研究》,第 70 页。《唐书》记载自碎叶往西有米国、新城、顿建城、阿史不来城、俱兰城、税建城、怛逻斯城等。

⑦ 沙畹早在 20 世纪初既已指出,汉文文献中的"俱兰"就是阿拉伯文文献中的"Kulan"。见《西突厥史料》,第 14—15 页。G. Le Strange, The Lands of the Eastern Caliphate (Cambridge, 1930, p. 487)描述这个地名时引用的阿拉伯文文献有伊本·豪卡勒、穆卡达西等。

⑧ 伊德里希书,第 714—715 页。文中还提到阿史不来等地,足证"كولان"就是"俱兰"。

⑨ 伊德里希书,第 711—717 页,特别是其中的第 714—715 页。

⑩ 伊德里希书,第 926 页。

⑪ 伊德里希书,第 927 页。

"لخمان"（"俱兰"东）：值得注意。伊德里希在书中列举了"七河之地"（即葛逻禄突厥之地）的城镇共十个，最后一个城镇名为"لخمان"（L.kh.mān）。"它是'شونیا'岭上一个大城镇。这个山岭是谢米列契地区与'سیسیان'之间的分界。"而"سیسیان"就是亚历山大建造边墙之前被雅朱者—马朱者毁坏了的地区。伊德里希还说："至于'لخمان'（L.kh.mān），那是一座美丽的、人口稠密的城池。城里有各种制作业，有生活必需品。该城居民和古思人（اغزا）之间正有战争。以往他们有时相互馈赠，相互和好，也会不信守诺言。他们是一群凶猛之人。古思人与他们为邻。而谢米列契之地的东面，是与亚历山大边墙接壤的突骑施之地。"①我曾经考虑这个城镇的名字可能是一个错误的写法，重要的理由是在人文、地理、民族、文化百科全书《突厥语大辞典》（喀什噶里）和地名百科全书《世界境域志》（佚名作者）中，几乎没有"L"（ل）起头的地名。根据这样的考虑，我设想这个"لخمان"（L.kh.mān）可能与《世界境域志》中的一个地名有关。在《世界境域志》第12章"关于托古兹古思及诸城镇"中有一个地名（No. 13）"بلخمكان"（B.L.KH.MKĀN），这个地名的说明是"这是个以前由托古兹古思居住、现已废弃的'站'"。米诺尔斯基没有对这个地名进行解释。我认为大概可以将它比对为著名的裴罗将军城（巴剌沙衮）："بلاساغون"<"بلاسكان"。在这样比对的基础上，我还进一步考虑伊德里希书中的"لخمان"可能是"بلاسكان"也就是"بلاساغون"的讹误。② 不过我当时对伊德里希记述的了解主要来自威尔森等文章的转引，而现在直接阅读伊德里希书之后发现，这样勘同即便有可能，也需要全面研究伊德里希书中关于"لخمان"及其周邻地区的诸多描写。

总之，关于伊德里希书中的《萨剌姆东使记》提到的回程路上的几个地名，我早前的勘同过于简单和武断。不过现在直接阅读伊德里希书之后可以肯定，这些萨剌姆回程路上的地名虽然不能完全确认，但基本位于西域怛逻斯东西沿线，也就是说，这些地名可以说明，如果萨剌姆确实东行到天山地区，那么他一定经过了怛逻斯；如果萨剌姆是借助了道听途说的材料描述自己的"行记"，那么这些材料也主要涉及怛逻斯等天山以北一线的道路。特别值得注意的是，按照伊德里希书的说法，葛逻禄是这一地区最重要的突厥语部族。这些记载不可能是12世纪伊德里希时代的情况，也不可能是11世纪麻赫穆德·喀什噶里时代的情况。这些记载很可能来自伊德里希在书中经常提到的著名地理学家扎伊哈尼（al-Jayhāni）。按照学者的研究，这个家族有三位扎伊哈尼（al-Jayhāni）曾先后于10世纪作为大臣（vazīr）服务于萨曼王朝，三位家族成员共同完成了著名的"道里志"（kitāb al-masālik）。③ 所以伊德里希书中这些知识应该是公元10世纪这三位大臣的知识。而这些知识大概反映了10世纪中期喀喇汗王朝兴起特别是兴起以前某个时期的情况。如果这些材料确实有一点用处，那就是它们证明，葛逻禄曾经一度是天山西部地区非常强大的部族群体。汉文文献提到840年漠北回鹘败亡后一支回鹘人向西逃亡的葛逻禄之地，应该就是这里。

（本文作者为南京大学元史研究室/民族与边疆研究中心教授）

---

① 伊德里希书，第932—933页。
② 华涛《西域历史研究》，第70、136页。
③ EI², vol. xii, supplement, pp. 265-266.

如 探 渊 海

——陈得芝教授的学术贡献

屈文军

2016 年 3 月,业师陈得芝教授(以下按我们学生习惯,称"陈老师")生病住院期间,我和朱翠翠、周萍萍、宋炯等同门去看望过两回。除了不能下床以外,陈老师和常人没有区别,他兴致勃勃地和我们聊学术上的问题,聊他见闻过的学林趣事,也和我们聊出院后的打算。陈老师说待他能工作后主要精力要放在整理以前编《历史地图集》时留下来的大堆文字释文手稿上,我建议他另写一份自己的人生回忆录,他说待《图集》释文稿完成以后再说。在陈老师得病之前不久,进入耄耋之年的他连续在《中华文史论丛》《清华元史》《中国边疆民族研究》《中国藏学》《元史及民族与边疆研究集刊》等刊物上发表了数篇万字以上的极其精湛的史地考证性论文,其旺盛的学术生命力,国内学者几乎无人可及。我们都热切期待着陈老师早日康复,但没想到的是,陈老师出院回家后,精神状态日益下降,慢慢地他不再能看书写字(当年 8 月份,他回邹逸麟先生信,写完后自觉不满意,说等身体状态好点后重写;这封陈老师自觉不满意的信还是由姚大力老师带去了复旦,它恐是陈老师最后的手迹),话越来越少,以至于不能讲话,认人能力也越来越差。以往习惯于"有问题、有不懂地方就问陈老师"的我们这些学生茫然不知所措,只能像《等待戈多》里的流浪汉那样期待出现奇迹。我建了个同门微信群,希望大家能找找门路或线索,帮治陈老师的病,哪怕能恢复点记忆,说点自己过去的事让我们记录下来。数年过去,奇迹没有出现,我深切地感觉我们这些学生真的没用。最近,我把能找到的陈老师的文章(包括他和别人合写的,除了一两篇学生为求发表而擅署他名其实陈老师未参与写作的之外)以及著作都找了过来,认真地读陈老师写出来的每一篇文章、每一部著作。由于我自己的学力有限,陈老师的论著很多地方我并不能读懂,但每读一遍、每读一些,我都有很多受益。元代大名名士元明善素以学问自负,在南昌任职期间,向江西大儒吴澄问诸书奥义,吴澄随问随答,明善大为佩服:"叹曰:'与吴先生言,如探渊海。'遂执子弟礼,终其身。"①我本是陈老师入室弟子,但因资质驽钝、加上总是蹉跎岁月,尽管叨陪鲤对数年,其实并未能掌握陈老师学术之皮毛;如今缓过神来,认真拜读陈老师论著,也有元明善"如探渊海"之感,只可惜的是,陈老师论著中我尚且不理解的地方已经不能再像以前那样可以当面请教或者给他一封邮件静等回音就行了。

我搜集到的陈老师论文共有 149 篇(包括译文 9 篇),其中陈老师独撰 139 篇;著作 10种,其中独撰著作 1 种,个人论文集 2 种。个人论文集共收论文 97 篇,也就是说,尚有四五十篇文章未收进已出版的两部文集。陈老师的论文按内容大致可以分为五类,加上著作专列一类,其论著共有六类。以下在罗列陈老师论著目录(一般标注最早刊出和出版信

---

① 《元史》卷一七一《吴澄传》,中华书局,1975 年,第 4011 页。

息)之外,择要介绍它们的学术贡献。

一、蒙藏地区史地和西北史地研究是
陈老师最有代表性的学术成果

陈老师有关蒙藏地区和西北史地的论文,共 28 篇。这一类论文是陈老师最有代表性的研究成果,其涉及领域让众多学人望而却步,其成就也令这方面的专家叹为观止。28 篇论文可分为三组。

第一组,元之前北疆史地研究,包含以下 6 篇文章。

(1)《秦汉时期的北疆》,载《元史及民族与边疆研究集刊》第 21 辑,上海古籍出版社,2009 年。

(2)《北魏沃野镇考》(与孟昭庚合作),载《元史及北方民族史研究集刊》(内部交流)第 2 辑,1978 年。

(3)《八至十世纪西部天山地区的葛逻禄部》(与华涛合作),载《十世纪前的丝绸之路和东西文化交流》,新世纪出版社,1996 年。

(4)《辽代的西北路招讨司》,载《元史及北方民族史研究集刊》(内部交流)第 2 辑,1978 年。

(5)《耶律大石北行史地杂考》,载《历史地理》第 2 辑,上海人民出版社,1982 年。

(6)《十三世纪以前的克烈王国》,载《元史论丛》第 3 辑,中华书局,1986 年。

《辽代的西北路招讨司》考察了辽代管辖西北方面边区最高军政机构西北路招讨司的设置过程、职掌、治所、所辖属部、辖境以及招讨使人员。《耶律大石北行史地杂考》考察了西辽创建者耶律大石从夹山北行到西征以前的一段史事和相关地理:确定了耶律大石出发地点夹山的具体位置;确定了从夹山北行三日所过黑水所指;确定了过黑水受白达达部贡献后,"西至可敦城,驻北庭都护府"实际上是指驻西北路招讨司治所镇州可敦城。《十三世纪以前的克烈王国》考察了克烈部的族源,认为是蒙古人的一族,进而考察了克烈部兴盛的过程和王汗统治时期克烈王国的统治地域。

第二组,蒙古及元朝时期蒙古和西北史地研究,包含以下 15 篇文章。

(1)《蒙古部何时迁至斡难河源头》,载《南京大学学报》1981 年第 2 期。

(2)《蒙古哈答斤部撒勒只兀惕部史地札记》,载《蒙古史研究》第 6 辑,内蒙古大学出版社,2000 年。

(3)《元外刺部〈释迦院碑〉札记》,载《元史论丛》第 2 辑,中华书局,1983 年。

(4)《乃颜叛乱与元代东方三道诸王兀鲁思》(英文),"乌兰巴托第六届国际蒙古学家大会论文",1992 年。

(5)《元岭北行省建置考》(上、中、下),载《元史及北方民族史研究集刊》(南京大学学报专辑)第 9、11、12—13 辑,1985 年、1987 年、1989—1990 年。

(6)《元岭北行省诸驿道考》,载《元史及北方民族史研究集刊》(内部交流)第 1 辑,1977 年。

(7)《元和林城及其周围》,载《元史及北方民族史研究集刊》(内部交流)第 3 辑,1978 年。

(8)《元称海城考》,载《元史及北方民族史研究集刊》(内部交流)第 4 辑,1980 年。

（9）《赤那思之地小考》，载《元史论丛》第 6 辑，中国社会科学出版社，1997 年。

（10）《元代北方三测景所地理略述》，载《元史及北方民族史研究集刊》（南京大学学报专辑）第 5 辑，1981 年。

（11）《元察罕脑儿行宫今地考》，载《历史研究》1980 年第 1 期。

（12）《成吉思汗墓葬所在与蒙古早期历史地理》，载《中华文史论丛》2010 年第 1 期。

（13）《伊金霍洛——从"大禁地"到"成陵"》，载《西域历史语言研究集刊》第 5 辑，科学出版社，2012 年。

（14）《关于编纂元岭北行省的几点说明》，"中国蒙古史学会成立大会论文集"，1979 年。

（15）《〈混一疆理历代国都之图〉西域地名释读》，载《〈大明一统图〉与〈混一疆理图〉研究》，凤凰出版社，2010 年。

《蒙古部何时迁至斡难河源头》认为成吉思汗祖先一支蒙兀室韦从大兴安岭西迁到斡难河源头的时间在 9 世纪后期至 10 世纪初。《蒙古哈答斤部撒勒只兀惕部史地札记》考察了尼鲁温蒙古三支中孛儿只斤氏之外的两个同源亲族部落的分布地域和成吉思汗建国后蒙古及元王朝时期出自这两部落的重要人物。《元外剌部〈释迦院碑〉札记》考察了元代外剌部的分布地域和外剌部的贵族世系，论述了前四汗时期佛教在蒙古地区的传播；文章指出在藏传佛教传入蒙古之前，蒙古人包括忽必烈在内最先接受的是汉地佛教，早在蒙哥时期，最盛行珊蛮教的外剌部中也有了崇信汉地佛教的人物。《元岭北行省建置考》原文分上中下 3 篇（本文按 1 篇计），长达 7 万余字，详尽考察了前四汗时期漠北的建置、世祖时期漠北的争夺、成宗时代漠北统治体制以及武宗朝和林行省（仁宗朝改名岭北行省）的建立等内容。《元岭北行省诸驿道考》考证了岭北行省境内几条主要驿道（包括与内地交通的帖里干站道和木怜站道、乞里吉思至外剌站道、和林通察合台封地驿道等）的走向和所设驿站。上列目录中，《元和林城及其周围》和其下 4 文，一共 5 篇文章分别考证了元代蒙古地区一些重要地点（包括太宗至宪宗时期诸汗在和林城周围的四季游猎与驻跸之地；岭北行省中地位仅次于哈剌和林的西部重镇称海城；又被称作赤那思之地的成吉思汗大斡耳朵所在地区；元在北方地区设置的和林、铁勒、北海三个天文观测点；上都附近的察罕脑儿行宫等）的具体所在。《成吉思汗墓葬所在与蒙古早期历史地理》分析了成吉思汗墓葬地"大禁地"与成吉思汗大斡耳朵的关系，进一步探讨了成吉思汗诞生地可能所在以及与蒙古部西迁、与尼鲁温蒙古兴起有关的一些重要地点的具体方位。《伊金霍洛——从"大禁地"到"成陵"》考察了今内蒙古成吉思汗陵所在的伊金霍洛旗地名的来源，认为全称应为"也可伊金霍洛"，意为"伟大君主的禁地"。《〈混一疆理历代国都之图〉西域地名释读》考辨出该图西域部分 16 处日本学者杉山正明未能辨识或与之有不同意见的地名，并对该图西域部分资料来源做了推测，认为可能出自元代回回人赡思所翻译改编的西域史籍与地理图籍。

第三组，蒙古、元时期西藏历史研究，包含以下 7 篇文章。

（1）《藏文史籍中的蒙古祖先世系札记》，载《中国藏学》2014 年第 4 期。

（2）《再论蒙古与吐蕃和吐蕃佛教的初期接触》，载《西北民族研究》2003 年第 2 期。

（3）《八思巴初会忽必烈年代考》，载《中国史研究》2004 年第 1 期。

（4）《元代乌思藏宣慰司的设置年代》，载《元史及北方民族史研究集刊》（南京大学学报专辑）第 8 辑，1984 年。

（5）《再论乌思藏"本钦"》，载《蒙元的历史与文化》，学生书局，2001年。

（6）《读伯希和译注八思巴字怀宁王海山令旨》，载《庆祝王钟翰先生八十寿辰学术论文集》，辽宁大学出版社，1993年。

（7）《元代内地藏僧事辑》，载香港《中华国学》第1辑，1989年。

《藏文史籍中的蒙古祖先世系札记》比较了蒙、汉、波斯、藏文史籍中所记载的蒙古祖先世系的异同，分析了各自的史料来源和记载差异的原因。《再论蒙古与吐蕃和吐蕃佛教的初期接触》就中外晚近一些重要历史著作中所述蒙古与吐蕃及吐蕃佛教的初期接触的年代和事件提出了自己的不同看法。《八思巴初会忽必烈年代考》考证出八思巴与忽必烈的初次会见是在忽必烈行营第一次驻六盘山期间，即癸丑年(1253)的夏秋间。次年五月，八思巴与从云南班师的忽必烈在"汉藏交界处"的一个名叫"忒剌"的地方再次会面。"忒剌"的具体方位，陈老师后有另文专门考述(见下节)。《元代乌思藏宣慰司的设置年代》考证出乌思藏宣慰司的设置时间在1279—1281年间，治所在萨斯迦，藏文史料中所说的"本钦"最初的正式官职名称是"乌思藏三路军民万户"。宣慰司设置后，萨斯迦本钦则指首席宣慰使。该文发表后，一些中外学者曾提出异议，陈老师后撰《再论乌思藏"本钦"》进行答复。文章坚持原先观点，认为本钦实是吐蕃人称朝廷所命地方最高行政长官的尊号，在乌思藏地区，最初是"乌思藏三路军民万户"，后来是"乌思藏纳里速古鲁孙等三路宣慰使"；在这篇《再论》文中，陈老师将乌思藏宣慰司设置年代精确订正为1281年。《读伯希和译注八思巴字怀宁王海山令旨》就这篇八思巴蒙古文令旨，在伯希和已有的译注基础上作了不少补充注释，并对令旨原文做了更精准的拉丁字母转写。《元代内地藏僧事辑》考察了胆巴、沙罗巴、辇真乞剌思、加儿麻哇、公歌藏卜等几位元代来内地藏僧的生平事迹。陈老师的藏族史研究在国际藏学界的地位和影响，沈卫荣在《陈得芝先生与蒙元时期西藏史研究》一文中有所评介，①读者可自行参考。

二、陈老师对以元代历史为主的中国历史文化研究成果丰硕

陈老师是国际蒙古史、元史学界声誉卓著的大家，除蒙古、元时期蒙古和西北史地(见上节)、蒙古、元时期中外关系(见下节)外，陈老师的研究还主要涉及元代的政治史、社会文化史和江南地区社会演变。另外，陈老师有数篇文章涉及其他时代的中国历史文化。陈老师对以元代历史为主的中国历史文化研究方面的论文，一共有36篇，可以分为四组。

第一组，有关元代政治史的论文，有以下14篇。

（1）《关于元朝的国号、年代与疆域问题》，载《北方民族大学学报》2009年第3期。

（2）《金亡前的宋蒙关系》，载南京大学《史学论丛》第1辑，1978年。

（3）《蒙元前期的燕京行尚书省》，"南京国际元史学术讨论会论文"，1986年。

（4）《牙老瓦赤卒年补证》，载《元史论丛》第4辑，中华书局，1992年。

（5）《〈元史·世祖本纪〉之"忒剌"考——忽必烈征大理往返路线考辨补缀》，载《清华元史》第3辑，商务印书馆，2015年。

---

① 沈卫荣《陈得芝先生与蒙元时期西藏史研究》，载《西域历史语言研究集刊》第7辑，科学出版社，2014年。

(6)《忽必烈与蒙哥的一场斗争——试论阿兰答儿钩考的前因后果》,①载《元史论丛》第1辑,中华书局,1982年。

(7)《论忽必烈》,载《南京大学学报》1975年第2期。

(8)《蒙元史读书札记(二则)》,载《南京大学学报》1991年第2期。

(9)《从五进五退看许衡的角色定位》,载《许衡与许衡文化》,中州古籍出版社,2007年。

(10)《程钜夫奉旨求贤江南考》,载《内陆亚洲历史文化研究——韩儒林先生纪念文集》,南京大学出版社,1996年。

(11)《元世祖诏令、圣训丛谈》,载《元史论丛》第10辑,中国广播电视出版社,2005年。

(12)《耶律楚材、刘秉忠、李孟合论——蒙元时代制度转变关头的三位政治家》,载《元史论丛》第9辑,中国广播电视出版社,2004年。

(13)《元文宗在建康》,初刊《江苏文史研究》(江苏省文史馆内刊)2007年,修订稿刊《西部蒙古论坛》2012年第3期。

(14)《淮上农民起义与集庆"花山贼"》,载《红巾军领袖刘福通——刘福通学术研讨会论文集》,黄山书社,1996年。

《关于元朝的国号、年代与疆域问题》就元朝的起始年代、国号、疆域、与宗藩之国的关系以及元朝之继续北元的终结等一些有关元朝历史的基本概念做了学术意义上的阐释和界定。《牙老瓦赤卒年补证》通过对相关汉文史料的分析,认为巴托尔德从阿拉伯文史料中得出的这位蒙古前期著名回回大臣卒于宪宗四年(1254)燕京行省任上的结论准确无误。陈老师对元史的研究,比较多关注元朝前期史,尤其是对忽必烈一朝的史事探讨。《〈元史·世祖本纪〉之"歪刺"考——忽必烈征大理往返路线考辨补缀》对忽必烈征大理的往返路线(包括各地驻扎时间)作了更精辟的考证,纠正了国内外众多名家在这一问题上的不少错误,对沿途的重要地点,如于此分兵三道的歪刺(也即回程时与八思巴第二次会面的地方)、留辎重的满陀城、渡大渡河处等,均作了精当的定位。《忽必烈与蒙哥的一场斗争——试论阿兰答儿钩考的前因后果》细致考察、分析了发生在宪宗七年(1257)针对忽必烈汉地治理的阿兰答儿钩考事件的来龙去脉,认为其后忽必烈与阿里不哥的斗争可看作是忽必烈与蒙哥之争的继续。《蒙元史读书札记(二则)》包括两条札记:(1)《五户丝增额并非始于中统元年》认为不少学者所持中统元年(1260)不确,应在宪宗五年(1255)之前。(2)《耶律铸生平中被掩盖的一段经历》指出蒙哥即位时,与窝阔台家族有密切关系的契丹大臣耶律铸差点遭遇杀身之祸,是忽必烈给了他"再生之恩",但这段经历耶律铸和其后人讳莫如深。《从五进五退看许衡的角色定位》对许衡在忽必烈朝的屡次仕途进退作了细致深入分析。《程钜夫奉旨求贤江南考》考察了宋亡后忽必烈求贤江南的原因、程钜夫所荐的江南儒士、所荐江南儒士对元朝的态度等内容,指出"应荐出仕者总的说对元朝采取了合作态度",采取强烈抵制态度的只是少数。《元世祖诏令、圣训丛谈》分析了忽必烈对中原制度文化的态度、他的民族观念与政策问题以及忽必烈重农、慎刑、节用等思想。《耶律楚材、刘秉忠、李孟合论——蒙元时代制度转变关头的三位政治家》考察了三位政治家与各自君主(窝阔台、元世祖、元仁宗)的关系以及他们的所作所为,论述了他们在帮助蒙古上层与中原制度文化沟通磨合过程中所起的历史贡献,也分析了他们局限性的时代

---

① 该文刊出时,将王颋列为第二作者。

背景。

第二组,有关元代社会文化方面的论文,有以下8篇。

(1)《元代的钞法》,载《南京大学学报》1992年第4期。

(2)《也谈"诈马宴"——兼议汉语中外来语译名词义的演变》,载《中国边疆民族研究》第7辑,中央民族大学出版社,2013年。

(3)《从"九儒十丐"看元代儒士的地位》,初载《光明日报·史学》1986年6月18日,后收入论文集《蒙元史研究丛稿》时有所增补。

(4)《元代回回人史事杂识(四则)》,载《中国回族研究》1991年第1期。

(5)《论元代的"诗禅三隐"》,载《禅学研究》第1辑,江苏古籍出版社,1992年。

(6)《元代艺事杂录(二则)》,其中《傀儡世家》载《光明日报·副刊》1962年9月22日,《胡祗遹唱论》载《光明日报·副刊》1962年10月6日。

(7)《"杂剧"一释(札记)》,载《元史论丛》第2辑,中华书局,1983年。

(8)《元代多元文化社会的言语文字二题》,载《中国蒙元史研讨会暨方龄贵教授九十华诞庆祝会文集》,民族出版社,2010年。

自韩儒林先生考订元代宫廷大宴"诈马宴"一词中"诈马"来源于波斯语,意为"衣服"[1]之后,仍有不少学者望文生义,以为与"马"有关,陈老师撰《也谈"诈马宴"——兼议汉语中外来语译名词义的演变》,对这些望文生义的结论作了批判。《从"九儒十丐"看元代儒士的地位》认为元代儒人免差的规定常遭破坏,儒士的出路确实很狭窄,儒人教官的待遇也很薄,"九儒十丐"说法有偏激之处,但儒士地位普遍低下也是实情。《元代回回人史事杂识(四则)》包括四条札记:(1)《回回户与答失蛮户》,考察了元代这两种与回回人有关的户计产生的时间和其间的区别。(2)《"于阗人"泛指中亚人》,认为元代文献中的"于阗"不专指于阗地区,而是用作西域(中亚)的代名词。(3)《赛典赤赡思丁事迹补》,考察了世祖朝回回名臣赛典赤在世祖即位之前任职燕京行尚书省时的一些事迹。(4)《〈禁回回抹杀羊做速纳〉》,考察了这道有关回回人饮食问题的著名圣旨里所提的三件回回人"判逆"事件的具体经过,指出忽必烈提及这些与饮食无关事件,其实是在借题发挥,要求回回人绝对服从蒙古统治。《论元代的"诗禅三隐"》考察了元代诗僧中三位佼佼者(天隐圆至、笑隐大訢、觉隐本诚)的行业,通过他们的诗文分析了各自的品格、志趣。《元代艺事杂录(二则)》和《"杂剧"一释(札记)》是两篇有关元代文艺史的短篇论文,共含三篇札记,涉及元代的傀儡戏和杂剧。《元代多元文化社会的言语文字二题》包括两个主题:(1)考察元代畏兀儿字蒙古文的创设过程和使用情况。(2)考察元代蒙古、色目人习学汉语语文的情况。

第三组,有关元代江南地区社会演变方面的论文,有以下7篇。

(1)《从"遗民诗"看元初江南知识分子的民族气节》,载《元史及北方民族史研究集刊》(南京大学学报专辑)第6辑,1982年。

(2)《论宋元之际江南士人的思想和政治动向》,载《南京大学学报》1997年第2期。

(3)《元代江南之地主阶级》,载《元史及北方民族史研究集刊》(南京大学学报专辑)第7辑,1983年。

---

[1] 韩儒林《元代诈马宴新探》,收入氏著《穹庐集》,河北教育出版社,2000年。

（4）《元代江南地区阶级矛盾的尖锐化》，载《历史教学》1965 年第 10 期。

（5）《从元代江南文化看民族融合与中华文明的多样性》，载《北方民族大学学报》2010 年第 5 期。

（6）《从"销金锅儿"到民族熔炉——元代杭州与蒙古色目人文化的演变》，载《马可波罗游历过的城市 Quinsay——元代杭州研究文集》，杭州出版社，2012 年。

（7）《"玉山文会"与元代的民族文化融合——元代民族文化融合之一角》，载《北方民族大学学报》2012 年第 5 期。

元代江南地区社会面貌的变化，也是陈老师关注比较多的领域，除前述《程钜夫奉旨求贤江南考》外，另有上述 7 篇论文涉及这一主题。《论宋元之际江南士人的思想和政治动向》考察了宋季士风与朝政、宋元交替中江南士人的动向、元初江南士人思想和政治态度的演变等内容。《元代江南之地主阶级》考察了江南地主与元统治者的结合、江南地主入元后的经济势力、江南地主的政治势力等内容，认为元代江南地区民族矛盾当然存在，但不能加以不适当的夸大；这篇论文写于 40 年前，留有当时语境的烙印，但今天读来仍未过时。《从元代江南文化看民族融合与中华文明的多样性》考察了元代在江南地区的蒙古色目人文化习俗上的变化、他们学习汉文经史以及为他们学习汉文化方便而编写的白话绘图本书籍的流行情况、江南汉族人对蒙古文化的吸收等内容，说明元代江南地区受北方民族影响，文化面貌发生了多方面的变化。文章指出元代是中华文明多样性发展的重要时期。《从"销金锅儿"到民族熔炉——元代杭州与蒙古色目人文化的演变》专门考察元代在杭州生活过的蒙古、色目人及其后裔所受汉文化的影响，特别考察了几位在杭州的吐蕃人的汉文化素养，可补前贤研究疏略之处。《"玉山文会"与元代的民族文化融合》考察了元后期顾瑛玉山草堂文会宾客中的蒙古、色目文士。

第四组，有关元史之外中国历史文化研究方面的论文，有以下 7 篇。

（1）《关于方腊的所谓"漆园誓师"》，载《南京大学学报》1978 年第 2 期。

（2）《民本与有容——传统文化二题》，载《南京大学学报》2006 年第 2 期。

（3）《正确阐明中国古代史上的民族关系》，载《南京大学论坛》1959 年第 1 期。

（4）《加强民族历史研究，促进中华民族团结》（与魏良弢等合作），载《人民日报·海外版》1992 年 3 月 20 日。

（5）《松赞干布》，载《中华民族杰出人物传》第 1 集，中国青年出版社，1983 年。

（6）《"喇嘛教"与蒙藏文化》，载南京大学《学术新论》第 3 期，1994 年。

（7）《总统府——近代中国历史的见证》，载《钟山风雨》试刊号，2000 年。

《关于方腊的所谓"漆园誓师"》认为被诸多论者拿来作为史料依据使用的宋人方勺撰《青溪寇轨》所附"容斋逸史"一段有关方腊誓师的材料疑点甚多，不能视为信史。《民本与有容——传统文化二题》从宏观角度论述了中国传统文化中的民本思想及"有容与和而不同"思想的价值意义。

三、中外关系史是陈老师又一取得
突出成就的研究领域

中外关系史是陈老师在其中取得突出成就的又一研究领域，他有关该领域的文章，一共有下述 15 篇。

（1）《论元代海外交通的发展》，载《江海学刊》1985 年第 1 期。

（2）《古林清茂与元代中日佛教文化交流》，初载《蒙元史暨民族史论集——纪念翁独健先生诞辰一百周年》，社科文献出版社，2006 年，收入论文集《蒙元史与中华多元文化论集》时略有修改。

（3）《忽必烈的高丽政策与元丽关系的转折点》，初以韩文（崔允精译）载韩国庆北大学与东北亚历史财团主办"13—14 世纪高丽—蒙古关系探究国际学术会议论文集"，汉文载《元史及民族与边疆研究集刊》第 24 辑，上海古籍出版社，2012 年。

（4）《元代中国与欧洲的交往》，载《文史知识》1985 年第 3 期。

（5）《马可波罗在中国的旅程及其年代》，载《元史及北方民族史研究集刊》（南京大学学报专辑）第 10 辑，1986 年。

（6）《马可波罗补注数则》，载《中西文化交流先驱——马可波罗》，商务印书馆，1995 年。

（7）《从亦黑迷失的身份看马可波罗——〈一百大寺看经记〉碑背景解读》，载《燕京学报》新 26 期，北京大学出版社，2009 年。

（8）《元仁宗时教皇使者来华的一条汉文资料》，载《祝贺杨志玖教授八十寿辰中国史论集》，天津古籍出版社，1994 年。

（9）《释"火长"》，载《光明日报·史学》1958 年 3 月 17 日。

（10）《试论郑和下"西洋"的两重任务》，载《历史教学问题》1959 年第 3 期。

（11）《郑和下西洋年代问题再探——兼谈郑和研究中的史料考订》，载《历史科学与理论建设——祝贺白寿彝教授九十华诞论文集》，北京师范大学出版社，1999 年。

（12）《元代海外交通的发展与明初郑和下西洋》，载《郑和下西洋论文集》第 2 集，南京大学出版社，1985 年。

（13）《鲸舟吼浪泛沧溟——从郑和下西洋看中国海外交通的发展》，载澳门《文化杂志》中文版第 33 期，1997 年冬季刊。

（14）《中国与伊拉克两国人民友好的回顾》（与施一揆、丁国范合作），载南京大学《史学战线》1959 年第 1 期。

（15）《沙俄对"江东六十四屯"的侵占》，载《南京大学学报》1977 年第 2 期。

陈老师的中外关系史研究，主要集中在两个方面：一是对元代中外关系史的研究，一是对郑和下西洋的研究。有关元代中外关系史研究的论文有 8 篇（上列第 1—8 篇）。《古林清茂与元代中日佛教文化交流》对木宫泰彦未能详考的日本入元僧人仪禅人的事迹作了补充考述，接着重点考察了元汉地高僧、曾任建康保宁寺住持的古林清茂（其座下有不少日本僧人）和其本国嗣法弟子、后应邀赴日的竺仙梵仙的事迹，认为古林语录和偈颂在日本的刊行以及古林中日门徒在日本的弘扬师学，对日本禅学文化产生了相当大的影响。《忽必烈的高丽政策与元丽关系的转折点》考察了早期蒙古对高丽的军事侵略、忽必烈的高丽政策和征东行省改置事件，分析了忽必烈采取怀柔政策的原因以及元朝时期高丽政权的性质和地位。在元朝中外关系史研究中，陈老师比较重视元与西欧交往史事的研究。《马可波罗在中国的旅程及其年代》考订了马可波罗出使云南的年代和旅程、奉使各地（主要是任职扬州和多次至杭州"视察"岁课）的情况、出使印度和离开中国的过程；文章编绘了一幅马可波罗在中国旅程的地图，对学人了解马可波罗在中国事迹很有帮助。《马可波罗补注数则》考订了忽必烈遣马可波罗出使的史实,认为马可波罗所记涿州情况十分准确;文章分析了马可波罗到京兆府的准确时间,精审考订了马可波罗自述所经过的"吐蕃之地"究竟是指何处。《从亦黑迷失的身份看马可波罗——〈一百大寺看经记〉碑背景解读》是新近一篇有关马可波罗研究的精彩绝伦之作。文章考察了亦黑迷失的身份,认为除了掌管航海和招徕海外诸国外,他还是一位"为皇帝搜罗珠宝财物"的怯薛人员,是一位掌管斡脱商人和斡脱事务的官员,从经营斡脱事务中,亦黑迷失为自己积累了巨量财富;文章认为"马可波罗和亦黑迷失几乎拥有类似的身份,作为大汗怯薛丹之一,奉旨'出使',或担任官职,或从事国内国外的'斡脱'贸易活动"。《元仁宗时教皇使者来华的一条汉文资料》对元文人朱德润《存复斋文集》里一篇名为《异域说》的文章进行了分析,认为文章所载延祐年间(1314—1320)来元的"佛菻国使"就是罗马教皇克列门五世(1305—1314 年在位)所遣来华的安德鲁等教士。

陈老师有关郑和下西洋研究的文章有 5 篇(上列第 9—13 篇)。《释"火长"》是陈老师学术生涯的第一篇考订文章,据当时"流传极稀"的《西洋番国记》,考订出郑和下西洋船队中"火长"是"驾船民梢中有经惯下海者",他们被用作船师,专掌"针经图式",地位较高;该文订正了前人以"火长"为掌管火药武器者的误解。《试论郑和下"西洋"的两重任务》认为郑和之下西洋,一方面是为了恢复和发展明朝与海外诸国的外交关系,另一更重要的方面则是适应发展海外贸易的客观要求。陈老师该文在学界有较大影响,其"两重任务"说成为郑和下西洋目的的代表性意见之一种。《郑和下西洋年代问题再探——兼谈郑和研究中的史料考订》对学界有争议的太仓和长乐两方碑文中所记载而《明实录》《明史》等史料均未记载的所谓郑和第二次下西洋事迹进行了辨析,认为:郑和实未参加碑文所记永乐五年(1407)至七年(1409)的那次小规模出使;永乐六年九月,郑和在国内受令再度出使,但因某种原因当年底未能出行,七年正月永乐皇帝再发出使之命,始有《实录》中所载郑和永乐六年至九年的第二次出使。《元代海外交通的发展与明初郑和下西洋》《鲸舟吼浪泛沧溟——从郑和下西洋看中国海外交通的发展》两文都考察了元代海外交通的有利条件与空前发展情况,认为郑和下西洋所交往的地域范围、远洋航行的知识和技术都继承了元代的成果。

四、陈老师对一些史料、文献的整理研究

陈老师有 14 篇文章专门以某种(部)史料、文献为研究对象,或研究它们的成书经过、史料价值、学术价值,或对它们进行校释整理。这 14 篇文章分别是:

(1)《关于沈括的〈熙宁使虏图抄〉》,载《历史研究》1978 年第 2 期。

(2)《耶律楚材诗文中的西域和漠北历史地理资料》,原题《耶律楚材》,载《中国历代地理学家评传》第 2 卷,山东教育出版社,1990 年,收入《蒙元史研究丛稿》时改文名。

(3)《李志常和〈长春真人西游记〉》,原题《李志常》,载《中国历代地理学家评传》第 2 卷,山东教育出版社,1990 年,收入《蒙元史研究丛稿》时改文名。

(4)《长春真人的〈西游记〉》,载《新世纪图书馆》2012 年第 1 期。

(5)《何秋涛及其〈朔方备乘〉》,原题《何秋涛》,载《中国历代地理学家评传》第 3 卷,山东教育出版社,1993 年,收入《蒙元史研究丛稿》时改文名。

(6)《常德西使与〈西使记〉中的几个问题》,载《元史及民族史研究集刊》第 14 辑,南

方出版社,2001 年。

(7)《刘郁〈(常德)西使记〉校注》,载《中华文史论丛》2015 年第 1 期。

(8)《〈元史·太祖本纪〉(部分)订补》,载《元史及民族与边疆研究集刊》第 22 辑,上海古籍出版社,2010 年。

(9)《〈元史〉卷四〈世祖本纪〉会注考证(部分)》(与洪学东合作),①载《元史及民族与边疆研究集刊》第 29 辑,上海古籍出版社,2015 年。

(10)《〈元史·李孟传〉订补》,载《元史及民族与边疆研究集刊》第 22 辑,上海古籍出版社,2010 年。

(11)《读高丽李承休〈宾王录〉——域外元史史料札记之一》,载《中华文史论丛》2008 年第 2 期。

(12)《〈元史译文证补〉评介》,载《中国史学名著评介》第 3 卷,山东教育出版社,1990 年。

(13)《从三国历史到〈三国演义〉》,载《新世纪图书馆》2014 年第 2 期。

(14)《〈水浒传〉与元末社会》,载《新世纪图书馆》2013 年第 2 期。

陈老师史料、文献整理研究涉及的对象,主要是北疆史地著作和与元朝历史有关(包括成书于元末)的文献史籍。《关于沈括的〈熙宁使虏图抄〉》分析了这篇重要文献的史料价值,认为就记载途程地理方面而言,它是现存宋朝使臣各种"语录"(宋使返回后向朝廷所作的出使过程书面报告)中最为完整、详细和精确的一种。《耶律楚材诗文中的西域和漠北历史地理资料》《李志常和〈长春真人西游记〉》《何秋涛及其〈朔方备乘〉》分别对三位地理学家的生平做了考述,对他们诗文作品及著作在研究北疆历史地理方面的价值以及何氏著作中的缺陷作了充分分析。附带说一下,中华书局在排印向达先生遗著《〈耶律楚材〉〈西游录〉校注》前曾将书稿请陈老师和张广达先生过目,两人都在向先生基础上提了些意见,书稿正式出版时将陈老师两人的意见一并纳入其中。《常德西使与〈西使记〉中的几个问题》考察了常德的生平、西使的原因,对《西使记》所载东段驿路和末段行程的路线及其中的一些地名作了精细考订。《刘郁〈(常德)西使记〉校注》则对此一重要历史文献作了进一步全面、细致的研究,在文本校勘,常德生平及其行程,尤其是旭烈兀西征与其征服木刺夷、哈里发过程,以及西亚诸省区的相关人物、史事和地理等方面,给出了周详的注释。《刘郁〈(常德)西使记〉校注》是陈老师得病前发表的最后一篇重头文章,也是目前学界对这部文献所作的最详尽、最精深的研究和整理成果。《读高丽李承休〈宾王录〉——域外元史史料札记》据这篇有关高丽使臣朝见元世祖的弥足珍贵的史料,补正了《元史》中相关记载的多处漏误,考察了高丽王京到元大都的驿道路线,重点分析了仅见于该史料中的有关元朝朝仪和朝班位序的记载。《〈元史译文证补〉评介》介绍了这部在元史学史上起过重要作用的史部文献的成书过程、内容、在元史学史上的意义及自身不足,认为就译介域外史料的作用而言,该书已完成历史使命,但洪钧的考证文字还有一定参考价值。

---

① 该文刊出时,洪学东为第一作者,陈得芝为第二作者,据洪学东本人告,文章主要内容实由陈老师撰写。

五、陈老师著作的学术贡献

陈老师著作(含合著和专著)共有 10 种。

(1) 韩儒林主编《中国通史参考资料·第六册·元》,中华书局,1981 年,陈老师编其中第一、二、三、四、八(合作)、十(合作)章。

(2) 谭其骧主编《中国历史地图集》,地图出版社,1982—1987 年,陈老师编绘蒙古地区图幅,含北朝(部分)、唐朝(部分)、辽、金、元、清朝(部分)。

(3) 韩儒林主编《中国大百科全书·中国历史·元史》,中国大百科全书出版社,1985 年,陈老师任副主编,同时担任《中国大百科全书·中国历史》(中国大百科全书出版社,1992 年)"通贯条目"主编。

(4) 蔡美彪主编《中国历史大辞典·辽夏金元卷》,上海辞书出版社,1986 年,陈老师任副主编。

(5) 韩儒林主编《元朝史》,人民出版社,1986 年第一版,2008 年修订版,陈老师分撰第一、二、三、八(合作)、十(合作)章。

(6) 陈得芝主编《中国通史·第八卷·元时期》,上海人民出版社,1997 年第一版,2004 年修订版。

(7) 陈得芝、邱树森、何兆吉辑点《元代奏议集录》,浙江古籍出版社,1998 年,陈老师辑点其中上辑(收录元太祖至世祖时期 80 多年间的奏议)。

(8) 陈得芝著《蒙元史研究丛稿》,人民出版社,2005 年。

(9) 陈得芝著《蒙元史研究导论》,南京大学出版社,2012 年。

(10) 陈得芝著《蒙元史与中华多元文化论集》,上海古籍出版社,2013 年。

《中国通史参考资料》和《元代奏议集录》是两部史料汇编著作,对从事元史专题研究者有很大帮助。《中国历史地图集》的价值毋庸赘言。《中国大百科全书·中国历史卷》和《中国历史大辞典》是"我国史学的代表性和权威性读物""每个条目都慎重选约作者,要求文字精炼,知识准确,重要史实在稿子上要注明依据""大部分条目释文都是作者直接根据史料并作了考订后写成的,其中不少还是曾做过专题研究的课题,可以说是专题论文的浓缩"。[①] 两套工具书系列中,陈老师担任副主编的《元史》分册和《辽夏金元卷》分册均是最早成书出版者,它们的编撰体例、释文撰写方式为其余各分册编写树立了典范。陈老师作为《中国大百科全书·中国历史卷》"通贯条目"的主编,为该书中有关中国社会经济、典章制度、民族、历史地理、中外关系、文化等方面众多通贯条目的释文定稿付出了常人难以想象的艰辛心血,陈老师也荣列该书所列历代史学大家名录中,与古代的司马迁、班固、司马光、钱大昕、章学诚,今天的王国维、陈垣、陈寅恪、韩儒林等并列,是其中最为年轻者。韩先生主编《元朝史》,陈老师撰写了其中近一半篇幅,该书和陈老师自己主编的《中国通史·第八卷·元时期》以及另一部由周良霄、顾菊英撰写的《元史》(上海人民出版社,1993 年初版名《元代史》,2003 年版改名《元史》)是目前国内篇幅较大(周氏《元史》65 万字,《元朝史》70 余万字,《元时期》近 130 万字)、学术水准也最高的三部元朝断代史著作。陈老师《蒙元史研究导论》在《中国通史·第八卷·元时期》书中"甲编序说"的基础上修订

---

① 陈得芝《我与蒙元史研究》,收入《蒙元史研究丛稿》,人民出版社,2005 年,第 774 页。

增补而成,分"史料篇"和"研究篇"两部分。"史料篇"中对非汉文材料(包括蒙、藏、畏兀儿史料及域外波斯文、阿拉伯文、欧洲文字、亚美尼亚文、叙利亚文、俄文、日文等史料)的介绍比其他任何一种有关元代史料学的著作都要详尽;《研究篇》对国内外特别是对迄于2011年的国外学界的蒙元史研究成果有相当详细的评介。国内学界对国外17世纪东方学兴起以来的蒙古史、元史成果(在欧洲,蒙古史、元史研究早期属于东方学范畴)的系统详尽介绍,目前尚没有一部著作能超越陈老师执笔的《中国通史·第八卷·元时期》"甲编序说"中的相关部分和这部《蒙元史研究导论》。《蒙元史研究导论》已成为元史研究者案头必备之书。《蒙元史研究丛稿》和《蒙元史与中华多元文化论集》是陈老师目前为止出版的两部论文集,前书收文57篇(《元岭北行省建置考》计1篇),后书收文40篇,两书各有一篇"前言",对所收文章标准作了简单说明。

六、陈老师杂文启示后学治学之道

除上述10种著作、92篇论文外,陈老师还有各种杂文,共56篇,大体上可分为三组。

第一组,书评和学术评议文章,共10篇。

(1)《评〈元代的驿传〉一文的资料问题》(与施一揆合作),载《历史研究》1959年第7期。

(2)《萧启庆著〈元代史新探〉评介》(与陈高华合作),载《中国史研究》1984年第4期。

(3)《罗沙比〈忽必烈传〉及〈剑桥中国史〉相关部分史实商订》,载《学术集林》第17卷,上海远东出版社,2000年。

(4)《〈嘉定钱大昕全集〉元史著述部分点校勘误》,载《燕京学报》新11期,北京大学出版社,2001年。

(5)《对史学评论应有正确认识——"史学评论"笔谈》,载《安徽史学》1987年第4期。

(6)《在继承的基础上创新》,载《民族研究》1999年第4期。

(7)《蒙元史研究与中西学术的会通》,载《江海学刊》2000年第3期。

(8)《浅论边疆民族历史文献学的建设》,载《安大史学》第1辑,安徽大学出版社,2004年。

(9)《从"支那"名称来源诸"新说"谈起——关于学术规范与研究方法问题》,载《中华文史论丛》2006年第2期。

(10)《蒙元史研究中的历史语言学问题》,载《西域研究》2012年第4期。

第二组,对前辈学者的纪念和回顾自己学术经历的文章,共15篇。

(1)《韩儒林传略》,载《蒙古史研究》第1辑,内蒙古人民出版社,1985年。

(2)《读韩儒林〈穹庐集〉》,载《元史及北方民族史研究集刊》(南京大学学报专辑)第7辑,1983年。

(3)《韩儒林和他的蒙元史及西北民族史研究》(与邱树森合作),载《内蒙古社会科学》1983年第5期。

(4)《韩儒林先生与我国元史、西北民族史研究的进步》,载《新学术之路:"中研院"历史语言研究所成立七十周年纪念文集》,"中研院"历史语言研究所,1998年。

(5)《师德追思录》,载《朔漠情思——历史学家韩儒林》,南京大学出版社,2000年。

(6)《王国维的学术进步观及其西域史蒙元史研究》,载《"王国维与中国现代学术"国际学术研讨会论文集》,华东师范大学出版社,2010 年,《清华元史》第 1 辑(商务印书馆,2011 年)亦刊载此文,题《重温王国维的西北民族史研究》。

(7)《重读向达先生的〈唐代长安与西域文明〉——人文学科学术标准感言》,载《元史及民族与边疆研究集刊》第 18 辑,上海古籍出版社,2006 年,收入论文集《蒙元史与中华多元文化论集》时,副标题改为"兼评荣新江著《中古中国与外来文明》"。

(8)《我国边疆史地研究的划时代进步——纪念〈中国历史地图集〉边疆图组的几位前辈学者》,载《元史及民族史研究集刊》第 15 辑,南方出版社,2002 年。

(9)《"科学工作者应有的态度"——忆谭其骧先生坦言〈图集〉科学性不足之处》,载《历史地理》第 21 辑,2006 年。

(10)《李小缘先生与南大元史研究室的建设》,载《元史及民族与边疆研究集刊》第 20 辑,上海古籍出版社,2008 年。

(11)《乐把金针度与人——忆罗尔纲先生》,载《中国首届罗尔纲学术研讨会纪念文集》,江苏人民出版社,2009 年。

(12)《有一分材料说一分话——追怀陈恭禄先生》,载《南大校友通讯》2009 年秋季号。

(13)《20 世纪的"乾嘉学者"——追怀老学长贾敬颜教授》,载《中国边疆民族研究》第 9 辑,中央民族大学出版社,2015 年。

(14)《八思巴字文献研究的学术贡献——庆祝蔡美彪教授八十华诞》,载《西域历史语言研究集刊》第 2 辑,科学出版社,2009 年。

(15)《我和蒙元史研究》,载《学林春秋》三编,朝华出版社,1999 年。

第三组,学术信息(8 篇)、译文(9 篇)、序文(14 篇),共 31 篇。

1. 学术信息,有 8 篇。

(1)《在中国蒙古史学会 1981 年年会上的发言》,载《中国元史研究通讯》(内部交流)1981 年。

(2)《1982 年的元史研究》(与刘迎胜合作),载《中国历史学年鉴 1983》,人民出版社,1983 年。

(3)《近两年元史研究的回顾》,载《中国元史研究通讯》(内部交流)1985 年。

(4)《1986 年国际元史学术讨论会侧记》,载《中国史研究动态》1987 年第 1 期。

(5)《中国的元史研究现状》(窪田新一日译文),载日本《佛教史学》第 22 号,1987 年。

(6)《加拿大的中国研究概况》,载《中国史研究动态》1979 年第 5 期。

(7)《国外来信及寄赠论文资料综述》(与刘迎胜合作),载《元史及北方民族史研究集刊》(南京大学学报专辑)第 5 辑,1981 年。

(8)《蒙古人民共和国研究蒙古封建制历史和元朝历史概况》,载《中国元史研究通讯》(内部交流)1987 年。

2. 译文,有 9 篇。

(1)《成吉思汗西侵和人民反侵略的英勇斗争》,载《历史教学问题》1958 年第 4 期。

(2)《研究 Kimak 史的一部新著》,载《元史及北方民族史研究集刊》(内部交流)第 2 辑,1978 年。

(3)《蒙古发现回鹘磨延啜可汗第二碑》,载《元史及北方民族史研究集刊》(内部交流)第 2 辑,1978 年。

(4)《书评〈宋君荣神父北京通信集〉》,载《元史及北方民族史研究集刊》(内部交流)第 3 辑,1978 年。

(5)《一部关于西藏和蒙古宗教的新著》,载《元史及北方民族史研究集刊》(内部交流)第 3 辑,1978 年。

(6)《拉施都丁〈史集〉铁穆耳合罕本纪译注》(据英译本译注),载《元史及北方民族史研究集刊》(内部交流)第 4 辑,1980 年。

(7)《吐蕃与宋、蒙的关系》,载《国外藏学研究译文集》第 1 辑,西藏人民出版社,1985 年。

(8)《成吉思汗、合罕称号再探》,载《元史及民族史研究集刊》第 16 辑,南方出版社,2003 年。

(9)《日本的蒙古史研究简史(1905—1945)》,载《中国边疆民族研究》第 7 辑,中央民族大学出版社,2013 年。

3. 序文,有 14 篇。

(1)《〈韩儒林文集〉编者的话》,江苏古籍出版社,不注年份(估 1986 年)。

(2)《重刊〈穹庐集〉前言》,河北教育出版社,2000 年。

(3)《〈亦邻真蒙古学文集〉序》,内蒙古人民出版社,2001 年。

(4)《张华、杨休、季士家〈清代江苏史概〉序》,南京大学出版社,1990 年。

(5)《沈卫荣〈一世达赖喇嘛传〉序》,台北唐山出版社,1996 年。

(6)《张云〈元代吐蕃地方行政体制研究〉序》,中国社会科学出版社,1998 年。

(7)《尚衍斌〈元代畏兀儿研究〉序》,民族出版社,1999 年。

(8)《魏志江〈辽金与高丽关系考〉序》,香港天马图书有限公司,2001 年。

(9)《刘月莲〈澳门历史语言文化论稿〉序》,澳门文化研究会,2003 年。

(10)《赵琦〈金元之际的儒士与汉文化〉序》,人民出版社,2004 年。

(11)《汪洋〈清平乐〉序》,江苏教育出版社,2004 年。

(12)《潘清〈元代江南民族重组与文化交融〉序》,江苏古籍出版社,2006 年。

(13)《周萍萍〈十七、十八世纪天主教在江南的传播〉序》,社会科学文献出版社,2007 年。

(14)《洪军主编〈马可波罗中国行〉序》,中国文史出版社,2011 年。

陈老师的这些杂文中,有大量缜密的史实考释,有不少国内外重要的学术信息,有众多关于学术史的材料。以《八思巴字文献研究的学术贡献——庆祝蔡美彪教授八十华诞》为例,文中不仅介绍了中外学者的八思巴文献研究历史,评价了蔡先生在这方面的学术地位,陈老师自己也对八思巴"帝师"称谓乃其圆寂后元廷赐号这一观点在蔡先生著名论文《元代吐蕃国师帝师玉印及白兰王金印考释》[①]基础上作了更周密论证。此文与蔡先生文一道,纠正了学界长期以来的一个误解,以为至元七年(1270)八思巴(之前被尊为"国师")制新字称旨,乃"升号帝师"(蔡先生坦言其所编《中国通史》第七册、陈老师坦言其所撰《元朝史》中相关地方都采信此错说)。此外,我觉得,陈老师这些文章还能启示我们后

---

① 蔡美彪《元代吐蕃国师帝师玉印及白兰王金印考释》,载《文史》2002 年第 3 辑。

学治学的门径。陈老师在多篇文章中提及他的治学之道,也是韩先生等老一辈学者一以贯之的做法:(1)掌握搜罗殆遍相关的各种语言文字史料。(2)审慎考订史料,特别是不同文字史料之间严谨对照比勘,要充分运用审音与勘同方法,做到一名一事务得其实,方可作为立论依据。(3)借鉴各国学者成果,以各国同行已有的最高成就为基础,在这基础之上再往前往上推进,切忌闭门造车、切忌低水平重复。陈老师认为学术评价的标准主要就看是否做到了这三点。除了这三条学术标准,我觉得我们后学读陈老师的这些杂文,结合陈老师的研究论著,在摸索治学之道上还有三个方面的收获。

一是关于研究的两个立足点。陈老师曾在课上说过,"所谓元史,就是内陆亚洲史,实际上,还不只是内陆亚洲史";也就是说,研究元史,要立足于全球史的语境。这是第一个立足点。第二个立足点,多民族多元文化的角度。陈老师诸多杂文都暗示了这两个立足点,他的众多研究论著更是这两个立足点的充分展现。陈老师主编的《中国通史·元时期》,业内人士习惯称《大元史》,原因在于一方面重视元朝时期宗主国和宗藩之国的关系、重视元朝时期中外文化交流情况的阐述;另一方面重视元朝境内多民族历史的研究,"在现有通史或断代史著作中,大概以本书写少数民族最全面、最详细了"。① 另外,称该书为《大元史》,还在于元朝的正式汉文国号即为"大元"。陈老师所暗示的多民族多元文化立足点,按我的领悟,不仅仅指需要铺陈叙述各民族的历史,还在于要我们在从事多民族国家历史研究、解读各语种史料文献时能够意识到,任何一个人当以自身民族的视角或本位注视、撰写其他民族的历史文化时都有可能会产生一些偏差或有一些与当该族群人并不一样的认识。

二是选题上,陈老师强调"文献缝里找题目"。② 陈老师所写的文章,涉及的都是历史学方面的基本话题,他给我们学生所定的题目,看起来也多很平常,似乎没有多少东西可作。陈老师课上曾跟我们说过,一篇文章,哪怕有 97% 的内容别人都已经研究过,但你只要有 3% 的新内容,而且这 3% 的新内容比 97% 的东西拔高了一大截甚至大幅否定了那97% 的内容,你的文章就是出色的研究成果。所以,他叫我们不要怕前人做了很多,哪怕是伯希和也不是神,也是可以超越的,关键就是我们,第一最好要有别人尚未充分利用的有价值史料;第二,要细致地研读考释史料,特别注意史料中的一些关键细节,对不同史料间的歧异能找到合理的解释。在这两点基础上提出和前人不一样的见解。当然,陈老师崇尚朴实学风、崇尚国际东方学研究路径,并不意味着他对史学新思路不够敏感,相反,陈老师一直强调要在"继承前人成就的基础上"不断创新,③史学关注和研究方法也"应与时俱进"。④

三是研究方法上。除了重视审音与勘同、借鉴语言学成就外,陈老师的杂文和他的各种论著其实还有三点方法值得我们学习。一是文史结合。陈老师论著中大量运用文人文集资料,除记、序、碑铭等散文外,还大量参考文人的诗词以及戏曲文字材料。这其实是我

① 陈得芝《我与蒙元史研究》,收入《蒙元史研究丛稿》,人民出版社,2005 年,第 776 页。
② 陈得芝《周萍萍〈十七、十八世纪天主教在江南的传播〉序》,收入《蒙元史与中华多元文化论集》,上海古籍出版社,2013 年,第 428 页。
③ 陈得芝《在继承的基础上创新》,收入《蒙元史研究丛稿》,人民出版社,2005 年,第 681 页。
④ 陈得芝《重刊〈穹庐集〉前言》,收入《蒙元史研究丛稿》,人民出版社,2005 年,第 689 页。

们一般人很难做到的。二是史地结合、文献和考古发现结合。说实在的,在这方面,我们一般人也很难做到。三是微观考订和中观、宏观论述结合。很多人有误解,以为陈老师成就主要在名物制度和地理方面的细节考订,其实陈老师的多数论著很注意宏观思考,陈老师自己也跟我说过,他写文章时会警惕自己,要以史实考释之外的那个背后的宏观东西为目的。陈老师论著的中观、宏观思辨都建立在扎实的史实考订基础上,建立在严谨的逻辑推理基础上,所以言之有据,相较"以论带史"、观点先行性的文章,陈老师论著中的见解、史识更有说服力。

资质平庸、学识疏浅的我,尽管能从陈老师论著中总结出一些治学之道,但自己显然没有能力作出陈老师那样的学问来。陈老师课上曾说,学生对老师的诸多学术领域,能够做到"凿其一窍而(深入)通之"就是成功的,面对陈老师的众多研究领域,我可谓"一窍不(深)通",完全辜负了陈老师的期待。面对陈老师的论著,我不时感觉是在望洋兴叹,也就越发期待上苍能给予奇迹,让陈老师恢复健康,再来对我们学生耳提面命。

(附注:本文写作过程中,参考了特木勒编《陈得芝先生论著译文目录》,载《西域历史语言研究集刊》第7辑,科学出版社,2014年。暨南大学硕士研究生周云蕾为我查找陈老师各种论著电子版提供了很多帮助。谨此致谢!)

(本文作者为暨南大学文学院副教授)

贯云石生平仕履及其与
中原各族士人交往史事新探索*

尚衍斌

摘　要：贯云石是元代著名作家，畏兀儿后裔。关于他的生平及任职经历，虽然文史研究者多所关注，但仍有诸多细节值得深入研探。本文利用元代诗文、传世碑传等相关资料，拟就贯云石生平仕履中的若干问题及其与江南诗文名家、儒僧、道侣交往的史事做些考述，以此展现元代江南民族交融和中华文明的多样性。

关键词：贯云石；元代；江南名士；交往

贯云石（1286—1324）是元代著名散曲家，祖籍北庭（今新疆吉木萨尔县），自幼生长于中原地区。他的祖父阿里海牙为元朝的统一大业建立了卓越功勋。父名贯只哥，后世子孙遂以"贯"字为姓氏。贯云石擅长散曲，深通音律，在诗文创作方面具有突出成就，为当时文坛巨擘，深受文史学者关注，涌现出不少研究成果。① 本文在充分搜集元代诗文、碑传资料及前人研究成果的基础上，拟就贯云石生平仕履中的若干问题及其与中原各族文士交往交流的史事做些考述，以此勾勒元代各族诗文家和谐相处，多元共生的时代风貌。

一、贯云石生平仕履若干问题

（一）名字问题。贯云石，又名小云石海涯，表字浮岑，自号酸斋，别号成斋、疏仙、疏懒野人，②字月山，③具见元人诗文。祖父阿里海牙（1227—1286）是灭宋主帅，至元中跟随忽必烈征战有功，官至湖广行省左丞，追封楚国公、江陵王。父亲名叫贯只哥，延祐、至治间出任江西行省平章政事，封楚国忠惠公。祖母郝氏，系陈、亳、颍等地元帅郝谦之女，仅据郝姓似可推断，应为汉人女子。云石生母为廉希宪侄女、廉希闵之女，出自高昌贵显世家，这种汉、畏（畏兀儿，今维吾尔族的元代称谓）相互缔结姻娅的家庭背景，为贯云石后来的仕进及其在诗文和散曲创作方面打下了坚实的文化根基。贯云石是取父名"贯"字，再从小云石海涯本名中选取"云石"二字构成。细绎贯氏家族碑传记载，若从阿里海牙这

---

* 本文为国家社科基金项目"元代畏兀儿家族及其文化变迁研究"（18BMZ013）前期成果之一，同时也是国家社科基金专项项目"元代畏兀儿文化与中原文化交流交融研究"（19VXJ019）的阶段性成果。

① 邓绍基主编《元代文学史》，人民文学出版社，1991年，第352—355页；程千帆著，吴志达修订《元代文学史》，武汉大学出版社，2013年，第175—176页；杨镰《元诗史》，人民文学出版社，2003年，第118—133页；杨镰著《元代文学编年史》，山西教育出版社，2005年，第255、276、287、329页。

② 参见 Peter Zieme：Sävinč Kaya = 小云石海涯 Xiaoyunshihaiya（1286—1324），载余太山、李锦绣主编《欧亚学刊》新8辑，商务印书馆，2018年，第1—23页。

③ ［元］蒲道源《闲居丛稿》卷一〇《题月山道人卷后》，《元代珍本文集丛刊》本，第486—488页。

一辈算起,其六子中就有四人的名字末尾缀有海涯(Qaya)二字,他们分别是忽失海涯、拔秃鲁海涯、阿昔思海涯、突鲁弥实海涯,惟阿里海牙与其郝姓妻子所生贯只哥及和尚名字中未见"海涯"二字,这种情况的出现或与其受母亲影响有关。值得一提的是,到贯云石之子阿思兰海涯和八思海涯这一代,他们仍以本民族名字见称,说明该家族直到第四代依然在自己名字的后面保留着"海涯"二字,以此凸显家族的标识意义和文化意蕴。有学者研究认为,高昌回鹘民众在人名后面加入父名和籍贯等相关信息,并用以标识其出身传统,极可能源自突厥穆斯林命名方式;[①]这一见解极具价值。不过,若从长时段观察,尽管他们入居中原以后并未完全放弃本民族固有命名方式,但在拥有本民族名字的同时,还以"贯"字作为汉姓,为自己取一个相应的汉式名字,以方便与汉地民众交往交流,贯云石为自己取两个名字的例证就很能说明问题。到了他的孙子南山、宁山、葆山这一辈人,所见相关载籍仅记其汉名,不著本民族名讳,这种变化似与汉地民众长期汇聚交融有很大关联。当然,汉语中的"山"字与突厥语"海涯"的对应关系也是值得深入探讨的重要问题。

(二)贯云石北上大都及递交《孝经直解》的时间。据欧阳玄撰《元故翰林学士中奉大夫知制诰同修国史贯公神道碑》(以下简称《贯公神道碑》),少年时期的贯云石,臂力绝人,挽弓骑射,矫健如飞,颇具祖父当年的神采风韵。"稍长,折节读书,目五行下。吐辞为文,不蹈袭故常,其旨皆出人意表"。[②] 大德末袭乃父贯只哥的官爵,出任两淮万户府达鲁花赤,镇永州(今属湖南),统军严令,行伍肃然。一日,将所袭官位让与弟弟忽都海牙。至大元年(1308),北上大都(今北京),从翰林学士承旨姚燧(1238—1313)问学,姚公见其词章峭厉有法,及歌行古乐府慷慨激烈,大奇其才。元仁宗爱育黎拔力八达(1285—1320)在继承皇位之前,似已通过姚燧等人获知贯云石让官爵与其弟的传闻,颇为赏识,引为近侍。至大初年,贯酸斋将自己所著《直解孝经》呈献朝廷。[③] 此书应该就是《元史·仁宗纪》大德十一年(1307)六月癸巳(初一)条所记《图像孝经》。需要指出的是,大德十一年正月癸酉(初八),元成宗铁穆耳逝世,同年五月二十一日,武宗海山在上都(今内蒙古锡林郭勒盟正蓝旗东)即位,"诏立帝为皇太子,受金宝。……时有进《大学衍义》者,命詹事王约等节而译之,帝曰:'治天下,此一书足矣。'因命与《图像孝经》《列女传》并刊行,赐臣下"。[④]《元史·武宗纪》大德十一年八月辛亥条也提及此事:"中书左丞孛罗铁木儿以国字译《孝经》进。诏曰:'此乃孔子之微言,自王公达于庶民,皆当由是而行。其命中书省刻版模印,诸王而下皆赐之。'"[⑤]从贯云石六月初一日进献《图像孝经》,到同年八月十九日孛罗铁木儿将其翻译成蒙古语,此间仅用时两个半月,可谓备受朝廷重视。此外,见于记载的还有林起宗的《孝经图说》(一作《孝经图解》)和李孝光的《画孝经图》。日本学者宫纪子在《蒙古时代的出版文化》一书中,对贯云石全相本《孝经直解》作了详尽考述。陈得芝老师对这

---

① 付马《12—14 世纪回鹘人名中的家族标识成分及其产生原因》,《民族研究》2019 年第 5 期。
② 〔明〕宋濂等《元史》卷一四三《小云石海涯传》,中华书局,1976 年,第 3421 页。
③ 日本昭和八年于书肆发现元刊本《孝经直解》(全相本),前有"至大改元孟春既望贯云石自序",末用"四友堂""成斋""疏懒野人"印章,卷首有《新刊全相成斋孝经直解》,卷末署"北庭成斋直说孝经终"。参见宫纪子《蒙古时代的出版文化》(名古屋大学出版社,2006 年)中的相关论文。
④ 《元史》卷二四《仁宗纪一》,第 536 页。
⑤ 《元史》卷二二《武宗纪一》,第 486 页。

个问题也作过阐释,可供参阅。① 为了说明问题,现将《孝经直解》中的一段(括号中为释文)征引如下:

> 开宗明义章第一(开发本宗,显明义理的一章):仲尼居(仲尼是孔夫子的表德,居是孔子闲住的时分),曾子侍(孔子徒弟姓曾名参,根前侍奉来)。子曰(孔子说):先王有至德要道(在先的圣人,有至好的德,紧要的道理),以顺天下(以这个勾当,顺治天下有),民用和睦(百顺每,自顺和顺有),上下无怨(上下全都无怨心有),汝知之乎(你省得么)?②

从以上引文不难看出,《孝经直解》这部书是用蒙古口语解释原文,里面有一些特定的蒙古词汇译语。如"以顺天下(以这个勾当,顺治天下有)"。"勾当"用于指"事情""职务"等义;"有"表示蒙古语动词/助动词的现在时/经常时态。用蒙古口语解释原文,无非是为了便于元朝皇帝和大臣正确理解《孝经直解》,另一方面说明当时大多数蒙古官员还不能直接阅读汉文书籍。至于贯云石撰著此书的目的,他在《孝经直解序》中述及甚明:"愚末学,辄不自量,僭效直说《孝经》,使匹夫、匹妇皆可晓达,明于孝悌之道。庶几愚民稍知理义,不陷于不孝之罪,初非敢为学子设也。"③很显然,倡导孝道,建立尊老、敬老的公序良俗应是其撰写此书的初心,这种试图以儒家经典沟通各族人民思想的用意,在当时来说,意义非凡。仅从"僭效直说《孝经》"的表述来看,贯云石在很大程度上受到了许衡(1209—1281)"取世俗之语直说《大学》"的启发和影响。许衡,字仲平,号鲁斋。《元史》卷一五八有传。他自幼熟读经书。从姚枢、窦默等名士研习程朱理学,所作《大学直解》收入《许文正公遗书》卷四。检阅贯云石诗文,他在七言律诗《思亲》中吟诵道:"天涯芳草亦婆娑,三釜凄凉奈我何。细较十年元下泪,不如慈母线痕多。"④以上诗句反映了作者对母亲的思念之情。十分有意思的是,贯云石把《孝经》原文中仅提及父亲的地方全都改成了父母,如《谏诤章第十五》原文:"敢问子从父之令,可谓孝乎?"贯云石把"子从父命"译成"这孩儿每依着父母行呵"⑤。可见他对儒家重父轻母的传统观念并不认同,而是将父母置于平等地位,这对兄弟民族学习和理解《孝经》精髓都是有帮助的。后来,贯云石入侍元英宗硕德八剌(仁宗之子)潜邸,宿卫禁中,教授儒家经史,或与其进奉《孝经直解》有关。贯云石比硕德八剌(1303—1323)年长十七岁,仁宗选他作为皇太子的家庭教师,想必看重其名将之后的家庭背景以及他本人深通古文之法的禀赋和才华。

(三)贯云石议行科举、奏陈"六事"及其与铁木迭儿结怨问题。至大四年(1311)正月

---

① 陈得芝《从元代江南文化看民族融合与中华文明的多样性》,《北方民族大学学报》2010 年第 5 期。

② [元]贯云石《孝经直解》,载刘坚、蒋绍愚主编《近代汉语语法资料汇编·元代明代卷》,商务印书馆,1995 年,第 49 页。

③ 贯云石于至大元年二月十六日所撰《孝经直解序》,参见李修生主编《全元文》第 36 册,凤凰出版社,2004 年,第 190—191 页。

④ [清]顾嗣立编《元诗选》二集引《酸斋集》,中华书局,1987 年,第 269 页。

⑤ [元]贯云石《孝经直解》,载刘坚、蒋绍愚主编《近代汉语语法资料汇编·元代明代卷》,商务印书馆,1995 年,第 57 页。

初八,武宗海山(1307—1311 在位)去世。他的弟弟爱育黎拔力八达由东宫入总大政,是为仁宗。皇庆二年(1313),贯云石拜翰林侍读学士(从二品)、中奉大夫、知制诰同修国史。① 所任官衔虽非实职,却从"贤士"或"方正博洽之士"②中选任,无疑是读书人梦寐以求的职位。初入翰苑,他只是一个二十七八岁的青年才俊,故有"小翰林"之称。元仁宗登基后,潜邸近侍柏帖木儿(1282—1326)建言说:"古有科举之法,先朝尝欲举行而未果,今宜以时述祖训,以开贤路。"③仁宗采纳其言,命中书省议行。同年(1313)十月,姚燧已离开朝堂,参与议行科举之事者有陈颢、程钜夫、元明善、许师敬、贯云石等人。《元史·程钜夫传》记载说:"诏钜夫偕平章政事李孟、参知政事许师敬议行贡举法。"④其实这项工作具体由程钜夫、贯云石和元明善三人负责,《元史·小云石海涯传》明言,酸斋"会议科举事,多所建明"。另据《元史·仁宗纪》,皇庆二年(1313)十一月十八日,诏行科举。⑤ 此事亦得到《元史·元明善传》的佐证,⑥说明贯云石为仁宗朝恢复科举考试贡献了不少智慧,并表现出对中原王朝选拔人才的传统制度和儒家文化的高度认同及仰慕。

　　贯云石作为平宋功勋阿里海涯之孙,具有忧国忧民的朴素情怀和改革弊政的政治理想,在参与制定科举条格不久,他上万言书,奏陈"六事",内容包括"释边戍,以修文德;教太子以正国本;立谏官以辅圣德;表姓氏以旌勋胄;定服色以变风俗;举贤才以恢至道"。⑦这些建言,切中时弊,都是针对当时社会弊病所在提出的根治举措,若被仁宗采纳,对于推动汉法和治理国家必有裨益。可惜他对蒙、汉两种制度的文化差异及蒙古贵族与汉人政治、经济利益的冲突缺乏深入了解,尤其未能透彻领会元仁宗排除异己之迫切心情,贸然提出加速社会改革的"六事",无疑使其"嘉谟良方"对仁宗的吸引力大打折扣。从《元史·小云石海涯传》记载分析,表面上看"上览嘉欢",实则与仁宗意见凿枘不相入,最终未被采纳。这件事或许极大地挫伤了贯云石改革弊政的政治抱负和积极参政的自尊心,他无奈地感叹道:"辞尊居卑,昔贤所尚也。今禁林清选,与所让军资孰高,人将议吾后矣。"⑧念及此,遂以病为由,辞归江南,并得到圣上批准。贯云石不恋权势,狷介耿直的秉性得以充分展现。有学者研究认为,铁木迭儿是元英宗的老师,延祐元年(1314),贯云石奏陈"六事"时,力言"教太子以正国本",因此他得罪了铁木迭儿,并为双方关系的恶化埋下祸根。⑨ 这种说法未必可信。据《元史·仁宗纪》记载,延祐三年(1316)十二月丁亥(十九日)立皇子硕德八剌为皇太子,兼中书令、枢密使,授以金宝,告天地宗庙。⑩ 六年

---

　　① [元]欧阳玄著,魏崇武、刘建立校点《欧阳玄集》卷九《元故翰林学士中奉大夫知制诰同修国史贯公神道碑》,吉林文史出版社,2009 年,第 103 页。

　　② 《元史》卷二四《仁宗纪一》,第 556、557 页。

　　③ [元]黄溍著,王颋点校《太傅文安忠宪王家传》,《黄溍全集》(上册),天津古籍出版社,2008 年,第 428 页。

　　④ 《元史》卷一七二《程钜夫传》,第 4017 页。

　　⑤ 《元史》卷二四《仁宗纪一》,第 558 页。

　　⑥ 《元史》卷一八一《元明善传》,第 4172 页。

　　⑦ 《元史》卷一四三《小云石海涯传》,第 3422 页;[元]欧阳玄著,魏崇武、刘建立校点《欧阳玄集》卷九《元故翰林学士中奉大夫知制诰同修国史贯公神道碑》,吉林文史出版社,2009 年,第 103 页。

　　⑧ 《元史》卷一四三《小云石海涯传》,第 3422 页。

　　⑨ 杨镰《贯云石评传》,新疆人民出版社,1983 年,第 133 页。

　　⑩ 《元史》卷二五《仁宗纪二》,第 575 页。

(1319)四月,诏命铁木迭儿为太子太师,①此时距贯云石离开大都已过去五年,似与奏陈"六事"而同铁木迭儿结怨无涉。

(四)贯云石辞官退隐的原因。关于贯云石的辞职原因,元代史籍未见著录,仍不免扑朔迷离,有待进一步探考。大体而言,应与当时两宫政争的复杂局势及贯云石的处境有很大关联。答己出身弘吉剌氏,为元武宗及仁宗生母。武宗在继承皇位之前曾镇边近十年,答己一直由仁宗侍奉。无论从情感还是威望而言,她对仁宗的影响都远比武宗要大得多。武宗死后,仁宗入继大统,答己勾结铁木迭儿"相率为奸",他们在朝政方面公然置皇帝意图于不顾而自行其是,因而为朝中反对儒治的各种人物争相拥护。铁木迭儿之所以能呼风唤雨,权倾一时,与站在他背后的兴圣宫内的皇太后有很大关系。铁木迭儿,系元宪宗时大将不怜吉带之孙,木儿火赤之子。成宗大德年间,曾任同知宣徽院事兼通政院使。武宗即位后,改任江西行省平章政事、云南行省左丞相。至大四年(1311)正月元武宗去世后,以太后答己之命,召为中书右丞相。爱育黎拔力八达对太后通过铁木迭儿干政,虽然心怀不满,也只能间接地进行抵制。仁宗是继忽必烈之后第一个在潜邸时代就常年有一批儒臣朝夕侍奉的皇帝。即位以后,程钜夫、李孟、刘敏中、贯云石、陈俨、畅师文、赵孟頫、尚野、元明善、张养浩、蒲道源等一批儒臣陆续进入翰林国史院任职。最著名的当属秋谷先生李孟(1265—1321)。这一时期,元仁宗一方面倚重东宫旧人完泽、李孟等与铁木迭儿相周旋,另一方面派亲信柏帖木儿向太后力陈,劝铁木迭儿"以病去职",或起用御史中丞萧拜住为中书左丞,寻升平章政事,试图以其来牵制铁木迭儿。在两宫争夺中书政柄的过程中,仁宗一直稍居下风,表明在高层蒙古人中,他缺少得力的支持者。② 面对这种局面,李孟只能以归葬父母为由告假而去。皇庆元年(1312)年底,李孟还朝后,不肯再进中书,只做一个议事平章了事。很显然,贯云石是明显站在李孟一边的。他在《翰林寄友》诗中吟诵道:"我师秋谷叟,秦楚可岂棰。"③可见酸斋与李秋谷曾以师生相称,李孟年长贯云石二十一岁,属于长辈,云石作为后学晚进,拜李孟为师是符合情理的。

如上所述,在元仁宗初期,中书省大权已完全控制在铁木迭儿和哈散手中。他们对"系官钱粮"格外重视,对侵占民田者,一律严惩不贷。④ 延祐元年(1314)闰三月,中书右丞相合散"遣人视大都至上都驻跸之地,有侵民田者,计亩给直"。⑤ 这种举措的出台无疑给贯云石当头一棒,因为他的祖父阿里海牙兵权在握时,曾掠人为私户,受到惩治。正如陈垣先生所言:"其家世如此,其思想遂不禁别有所感觉也。"或许这才是他下定决心辞官归隐的原因之一。

贯云石作为仁宗的近侍心腹,对当时宫廷政争的险恶形势未必全然不知,明知皇朝最高统治层内部帝党不时向后宫势力妥协,却直言敢谏,"条陈六事",与其说是为了起到匡救时弊的作用,不如说在为自己寻求解脱的理由。行笔至此,不由令笔者联想到张养浩的一段经历。张养浩(1270—1329),字希孟,济南(今属山东)人,博通经史。武宗时拜监察

---

① 《元史》卷二六《仁宗纪三》,第 589 页。
② 姚大力《元仁宗与中元政治》,《蒙元制度与政治文化》,北京大学出版社,2011 年,第 376 页。
③ 杨镰主编《全元诗》第 33 册,中华书局,2013 年,第 311 页。
④ 孟繁清《关于铁木迭儿的几个问题》,《中国史研究》2006 年第 4 期。
⑤ 《元史》卷二五《仁宗纪二》,第 564 页。

御史,奏时政万言,切中肯綮,"当国者不能容。遂除翰林待制,复构以罪罢之,戒省台勿复用。养浩恐及祸,乃变姓名遁去"。① 他多次参加廉园雅集,有《廉园会饮》《廉园秋日即事》《寒食游廉园》及《题廉野云城南别墅》诗作传世,当与贯酸斋交好。酸斋在《翰林寄友》中有"希孟文气涩,道义沦于髓"句,说明两人具有一起供职的经历。因张养浩在武宗朝上万言书,得罪权贵,弃官避祸,贯云石对此事当有所耳闻,为躲避政争带来的杀身之祸,遂效仿张养浩,辞官归隐,这无疑是明智之举。延祐初年,酸斋以杭州作为自己的隐居地,靠卖药为生,诡姓名,易冠服,很少有人认得出他,所作所为具有明显的避祸迹象。

延祐七年(1320)正月二十一日,元仁宗去世,英宗嗣立,太后命铁木迭尔为右丞相,他利用职权,疯狂报复得罪过自己的大臣,萧拜住、杨朵儿只和贺胜(又名贺伯颜)相继被害,中书平章政事黑驴、御史大夫脱忒哈、徽政院使失列门等权臣也遭到诛杀。苏天爵记述当时情形说:"仁皇宾天,英庙未立,铁木迭儿遂为丞相,擅政肆虐,盗弄福威,睚眦之怨无不报者。"② 即使受到中书左丞相哈散荐举被推为中书参知政事的张思明(1260—1337)也劝谏帖木迭儿:"山陵甫毕,新君未立,丞相恣行杀戮,国人皆谓阴有不臣之心。万一诸王驸马疑而不至,将奈之何? 不可不熟虑也。"③ 以上载述表明,铁木迭儿任用亲信,结党营私,打击陷害异己,致使朝堂草木皆兵,人人自危,殊属惊人。贯云石在耳闻目睹以上情形后,旋在《双调·清江引》中写道:"竟功名有如车下坡,惊险谁参破? 昨日玉堂臣,今日遭惨祸。争如我避风波走在安乐窝。"④ 贯云石从祖父至元初武功显赫,后遭遇弹劾,终致身死,家产被籍没,不免联想到自己隐居的现实际遇,遂发出以上感叹是太正常不过的了。⑤

(五)贯云石归葬地问题。据欧阳玄《贯公神道碑》记载,泰定元年(1324)五月八日,贯云石不幸去世了。那一年,他才三十九岁。殁封京兆郡公,谥文靖。至于贯云石去世的原因,欧阳玄并未言明,只记载说:"事有可知,有不可知。"给后人留下诸多思考和追问的空间。酸斋去世之后,"诸孤奉枢葬于析津之祖茔"。析津,本为古冀州之地。辽太宗时将该地升为南京,又称燕京,即今北京。据姚燧《湖广行省左丞相神道碑》,云石先祖阿里海涯卒后,"葬都城西高梁河"。检视《析津志辑佚·河闸桥梁》篇,内称:"高梁河,源出昌平县山涧。……由和义门北入抄纸坊泓渟,逶迤自东壩流出高梁,入海子内。"十分有意思的是,在和义门外,有一座金朝修建的石桥,名为"白玉石桥",位于护国仁王寺以南,该寺由元世祖昭睿顺圣皇后(名察必,又称"贞懿皇后")于至元七年(1270)七月下令修建,"其地在都城之西,十里而近。有河曰高良河之南也"。⑥ 也就是说,护国仁王寺在大都城以西,位于高梁河(又名高良河)南面,高梁河附近有一座白玉石桥(今名"白石桥")。如此看来,阿里海牙应葬于今北京魏公村附近似无疑问。贯云石的曾外祖布鲁海牙生前在燕京(即大都,今北京)建造宅第,自畏吾国迎母来居,卒后封魏国公,谥孝懿,⑦据《元史·武宗纪》

---

① 《元史》卷一七五《张养浩传》,第4091页。
② [元]苏天爵著,陈高华、孟繁清点校《滋溪文稿》卷一一《元故赠推诚效节秉义佐理功臣光禄大夫河南行省平章政事追封魏国公谥文贞高公神道碑铭有序》,中华书局,1997年,第164页。
③ 《元史》卷一七七《张思明传》,第4122页。
④ 程千帆著,吴志达修订《元代文学史》,武汉大学出版社,2013年,第176页。
⑤ 邓绍基《元代文学史》,人民文学出版社,1991年,第354页。
⑥ [元]熊梦祥著,北京图书馆善本组辑《析津志辑佚》,北京古籍出版社,1983年,第96、100页。
⑦ 《元史》卷一二五《布鲁海牙传》,第3071页。

至大二年(1309)九月壬午(初三)条,"魏国公"为尊爵,并非轻易封授。综合相关记载及其封爵判断,布鲁海牙也葬于该地较为合理。无独有偶,贾敬颜先生研究认为,今北京魏公村得名似与贯、廉二氏爵衔有关。① 不过,酸斋外祖父之兄廉希宪则"葬于宛平之西原"。② 如此看来,大都应是酸斋祖父及外祖父阿里海涯和廉希闵生活及过世之后遗体归葬之地,贯云石魂归祖茔也是符合情理的。

据虞集所撰《马清献公墓亭记》,泰定甲子(1324)十一月,贯只哥等在江西龙兴(今南昌)北门外出席薛昂夫祖父的立碑祭奠活动。酒酣耳熟之际,他起身抚摸着碑体,不无伤感地说道:"清献公有子如此! 若吾徒,其如后事何?"③他说这番话时,距其子贯云石去世才五个月,似乎仍未从丧子之痛中得到解脱,这则材料不仅印证欧阳玄关于贯云石卒年纪事自可凭信,而且还从另一侧面说明当时贯只哥仍定居江西南昌。

(六)成长环境。贯云石作为著名元曲家,享有盛誉。他不仅善于北曲,还精于南曲,曾和杨梓一起改进海盐腔。元人姚桐寿著《乐郊私语》记载说:

> 州(海盐—引者注)少年多善歌乐府,其传皆出于澉川杨氏。当康惠公存时,节侠风流,善音律,与武林阿里海涯之子(应为"阿里海涯之孙"讹记—引者注)云石交善。云石翩翩公子,无论所制乐府、散套,骏逸为当行之冠,即歌声高引,可彻云汉,而康惠独得其传。④

以上引文中的"康惠公"指杨梓,出身澉川,海运世家,累官杭州路总管,擅长词曲,有《霍光鬼谏》及《豫让吞炭》等杂剧传世。所谓"云石",即指元曲家贯云石。清人据此断论海盐腔为贯云石所创。⑤ 其实南宋时已流行海盐腔,到了元代经过贯云石和杨梓等人加以改进,逐渐融入北曲养分,使之丰富,成为革新的海盐腔。姚桐寿称赞云石"乐府、散套,骏逸为当行之冠"并非虚誉。有学者研究指出,贯云石深受汉文化影响,是一位汉化已到极深程度的人,不仅作品的语言风格是纯粹汉族的,而且在思想感情上也受到汉族文士人生态度的影响。⑥ 这种说法不无道理。不过,仅从其使用的小云石海涯(Sävič Qaya)名字来看,依然保留着本民族固有文化传统和独特的命名方式,⑦以此追怀远祖及先世来源。尽管如此,名字对他们而言只是一个符号而已,长期在中原生活的经历以及同各族文人交融所激发的内生动力,使其进一步加深了对中华文化的认同。

贯酸斋的诗文、散曲皆不凡,可惜流传至今者较少。现有资料显示,他于皇庆二年

① 贾敬颜《民族历史文化萃要》,吉林教育出版社,1990 年,第 1—2 页。

② [元]苏天爵辑,张金铣点校《元文类》卷六五《平章政事廉文正王神道碑》,北京师范大学出版集团、安徽大学出版社,2020 年,第 1318 页。

③ [元]虞集《道园类稿》卷二五《马清献公墓亭记》,《元人文集珍本丛刊》第 5 册,新文丰出版公司,1985 年,第 636 页。

④ [元]杨桐寿《乐郊私语》,周光培编《历代笔记小说集成》第 28 册,河北教育出版社,1995 年,第 563 页。

⑤ [清]王士祯《香祖笔记》据《乐郊私语》所记,断定"今世俗所谓海盐腔者,实发于贯酸斋"。

⑥ 程千帆著,吴志达修订《元代文学史》,武汉大学出版社,2013 年,第 175 页。

⑦ 付马《12—14 世纪回鹘人名中的家族标识成分及其产生原因》,《民族研究》2019 年第 5 期。

(1312)和延祐六年(1319)分别为杨朝英《阳春白雪》及张可久《今乐府》作序,前些年刊印李修生主编《全元文》卷一一四四据《贯云石作品辑注》收入。据序文来看,酸斋自幼学词,称《阳春白雪》久无音响,评中数士之词。谓《今乐府》文丽而醇,音和而平,为治世之音。酸斋的今乐府(即散曲),亦属一流。元人孔齐评曰:贯云石"善今乐府,清新俊逸,为时所称",又云:"盖一时之捷才,亦气运所至,人物孕灵如此。"① 今存小令八十首左右,套曲八首。生前编有《贯酸斋诗文》,引程钜夫为之作跋,称其"五七言诗,长短句,情景沦至"。可惜诗文集多已散佚,难窥其貌。所幸清康熙间顾嗣立编《元诗选》二集《酸斋集》收录贯云石诗作二十七首。近刊杨镰主编《全元诗》第三十三册又辑得十一首。

贯云石不仅深通音律、诗文,而且擅长书法。大德十一年(1307),他在湖南一处岩石上挥笔写下"风月无边"四个汉字,笔法秀挺,寄托遥深。② 元末文人戴良(1317—1383)在《鹤年吟稿序》述及西北民族"以诗名世"的原因时写道:

> 西北诸国,如克烈、乃蛮、也里可温、回回、西蕃、天竺之属,往往率先臣顺,奉职称藩。其沐浴休光,沾被宠泽,与京国内臣无少异。积之既久,文轨日同,而子若孙,遂皆舍弓马而事诗书。……而其为诗,乃有中国古作者之遗风,亦足以见我朝王化之大行,民俗之丕变,虽成周之盛莫及也。③

戴氏所言,绝非空穴来风。贯云石正是在"文轨日同"以及"舍弓马而事诗书"的文化背景下逐步成长起来的畏兀儿诗文家,他的豪迈性格、洒脱的诗文以及富有诙谐性的散曲之所以引起人们的兴趣,不仅与其先祖源于北庭的家族背景有关,还与其"折节读书"以及"吐辞为文,不蹈袭故常"的才识有很大联系。辞官隐居杭州后,贯云石一直与江南各族士人交往游历,不仅喜爱杭州山水田园,还崇信释、道,以至于作品亦渐趋浸染江南秀美韵味。

二、贯云石与翰苑文臣交往

元仁宗皇庆二年(1313),贯云石出任翰林国史院侍读学士,"一时馆阁之士,素闻公名,为之争先快睹"。④ 究其原因,无非有以下三点。其一,他是名将阿里海牙的孙子;其二,袭父职为两淮万户府达鲁花赤,后又将父爵让与自己的弟弟忽都海涯;其三,雅好文学,结交名士,二十八岁出任翰林侍读学士(从二品)。以上三点集一人之身,恐怕并不多见,因而令馆阁文臣钦仰称奇。毋庸讳言,贯云石与翰苑名臣姚燧(1238—1313)、刘敏中(1243—1318)、程钜夫(1249—1318)、赵孟頫(1254—1322)、李孟(1255—1321)、邓文原(1259—1328)、元明善(1263—1332)、袁桷(1266—1327)、张养浩(1270—1329)、陈俨、欧阳玄(1283—1357)等多所交往,彼此相处甚得,备受推重。现择其要者,介绍一二。

姚燧(1238—1313),字端甫,号牧庵,洛阳(今属河南)人。元成宗元贞元年(1295),以

---

① ［元］孔齐撰,李梦生、庄葳、郭群一校点《至正直记》卷一《酸斋乐府》,上海古籍出版社、上海世纪出版股份公司,2012年,第50页。

② 《湖南通志》卷二八六《元小云石海涯华岩岩题字》,台湾石刻史料新编本,第8145页。

③ ［元］戴良著,李军、施贤明校点《戴良集》二一《鹤年吟稿序》,吉林文史出版社,2009年,第238页。

④ ［元］欧阳玄著,魏崇武、刘建立校点《欧阳玄集》卷九《元故翰林学士中奉大夫知制诰同修国史贯公神道碑》,吉林文史出版社,2009年,第103页。

翰林学士身份主修《世祖实录》，为当世名儒、文章大家。武宗至大二年（1309），出任翰林学士承旨、知制诰兼修国史。姚燧比贯云石年长四十八岁，属于前辈，他与酸斋的外祖父廉希闵及其子侄交往较多，曾写过一阕《满江红》，题为《廉野云左揆求赋南园》，①该词不仅称赞廉园"一花一石"的优美景致，而且还描述了左丞廉野云赋闲归隐的舒畅心情。早在大德三年（1299），姚燧已与贯只哥结识，并受邀为阿里海牙撰著《湖广行省左丞神道碑》，碑文不仅介绍了阿里海牙的平生身世、行止，还提到"男孙"小云石海涯的名讳，当时贯云石是十四岁的少年。酸斋将父爵让与弟弟后，北上大都拜姚牧庵为师，姚公"见其古文峭厉有法，及歌行、乐府慷慨激烈，大奇之"。②姚燧是当时公认的名儒，"为文闳肆该洽""每来谒文，必其行业可嘉，然后许可，辞无溢美"。③他对贯云石的诗文称赞有加，这不能不引起时贤硕儒的格外关注。武宗至大元年（1308），仁宗居潜邸，命姚燧任太子宾客。不久，诏授翰林学士承旨，拜太子少傅。很显然，仁宗是通过姚燧知闻贯云石其人其事的。仁宗即位后，以贯云石"为英宗潜邸说书秀才"，继而被授予翰林侍读学士等职，想必与姚燧的鼎力举荐有关。至大四年（1311）姚燧告老南归。延祐元年（1314），贯云石辞官归隐杭州。此间未见两人有诗文赠答，似无太多联系。

程钜夫（1249—1318），原名文海，因避武宗海山讳，以字行，号雪楼，建昌（今属江西南城）人，《元史》有传。以富文采，娴政事，能直言时弊，成为忽必烈倚重的南人显宦。程钜夫比贯云石年长三十七岁，酸斋于程为晚辈。贯云石曾奉自撰诗文请程钜夫品鉴，雪楼读毕作《跋酸斋诗文》，内称："皇庆二年二月，拜翰林侍读学士，与余同僚。"如此看来，贯云石二十八岁即出任翰林侍读学士，并"以学行见知于上，而有今命"。④在程钜夫眼里，贯云石不仅是"功名富贵有不足易其乐"的青年才俊，而且"五七言诗、长短句情景沦至，妙年所诣已如此，况他日所观哉？"言辞间溢满殷殷期许。同年（1313）六至十一月间，贯云石等翰苑名臣应中书平章政事察罕⑤之请，以《桃花岩》为题赋诗。酸斋自署诗序称："白兆山桃花岩，太白有诗，近人建长庚书院。来京师时，中书平章白云相其成，求诗于词林，臣李秋谷、程雪楼、陈北山、元复初、赵子昂、张希孟与仆同赋。"⑥序文所言"中书平章白云"，即指察罕，西域板勒纥城（今阿富汗巴尔赫）人，他的父亲伯德那（1208—1280）自西域迁至中原解州（今山西运城西南）人，生母为京兆（今陕西西安）李姓女子。察罕"通经义，练军务"，⑦晚年移居德安白云山别墅，自号白云，仁宗遂以"白云先生"相称，赐"白"姓，故有"中书平

①　[元]姚燧著，查洪德编辑点校《姚燧集》卷三六，人民文学出版社，2011年，第553页。

②　《元史》卷一四三《小云石海涯传》，第3422页。

③　《元史》卷一七四《姚燧传》，第4059、4060页。

④　[元]程钜夫著，张文澍校点《程钜夫集》卷二五《跋酸斋诗文》，吉林文史出版社，2009年，第323页。

⑤　据《元史·宰相年表》，皇庆元年察罕任中书参知政事。另据《元史·仁宗纪》，皇庆元年（1312）冬十月癸未（二十一日），以中书参知政事察罕为中书平章政事，商议中书省事。延祐元年（1314）三月癸丑（二十九日），中书平章政事察罕致仕。案：察罕于皇庆元年（1312）十月至延祐元年（1314）三月任中书平章政事。参见中华书局点校本，第553、564、2817页。

⑥　杨镰主编《全元诗》第33册，中华书局，2013年，第306页。

⑦　[元]程钜夫著，张文澍校点《程钜夫集》卷一八《大元河东郡公伯德公神道碑铭》，第214—215页。

章白云"之谓。① 至于"近人建长庚书院"之事,程钜夫撰《代白山人送耀州归白兆山建长庚书院序》有所涉及。据此序介绍,程钜夫曾建议时任耀州郡守的李仲章在白兆山附近建一处长庚书院,"以延名师,教乡里子弟"。② 书院落成后,察罕应邀前往视察,并约请翰林名臣李孟、程钜夫、陈俨、元明善、赵孟頫、张养浩、贯云石等赋诗称颂。贯云石的《桃花岩并序》就是在这种背景下写成的,诗作见于清康熙间顾嗣立编《元诗选》二集,辑为《酸斋集》,内有"桃花染雨入白兆,信知尘世逃神仙"及"神游八极栖此山,流水杳然心自闲"句。③

以上诗句是受邀同赋者流传至今的唯一作品,出自贯云石之手,弥足珍贵。至于李白所赋桃花岩诗,全名为《安陆白兆山桃花岩寄刘御史绾》,是李白游历各地之后在白兆山完成的,写于开元二十三年(735)。白兆山位于德安府(今湖北安陆)城西三十里,下有桃花岩及李白的读书堂。诗云:"云卧三十年,好闲复爱仙。蓬壶虽冥绝,鸾凤心悠然。归来桃花岩,得憩云窗眠。"④若将李白及贯云石诗作稍加比较,就不难发现,二者有不少相似之处。一是都涉及神仙描写;二是皆关注白兆山及桃花岩独特景致;三是悠然闲适情绪的自然释放与抒发。贯云石抵达桃花岩后,难抑思古之悠情,不禁吟出"酒酣仰天呼太白,眼空四海无纤物"之句,说明他对李白的这首诗非常熟悉和喜爱。延祐元年(1314),贯云石辞官隐居杭州。三年(1316),程钜夫因病家居。酸斋在《翰林寄友》诗中深情地写道:"珍重白雪楼,涕唾若行水。"⑤五年(1318)秋七月,程钜夫逝世。据此推断,《翰林寄友》诗应写于延祐二年至五年七月间,酸斋以写实的笔法深切追忆了他与李孟、程钜夫、刘敏中、张养浩、赵孟頫、陈俨等翰林同僚交往的情谊,⑥说明他具有自觉与中原文士交往交流的思想意识和价值取向,在诗文创作方面深受中华传统文化影响。

邓文原(1258—1328),字善之,又字匡石,原籍绵州(今四川绵阳)。乃父邓漳为避兵乱,迁至钱塘(今浙江杭州)定居,遂为钱塘人,《元史》有传。文原历仕元世祖、成宗、武宗、仁宗、英宗五朝,先后任应奉翰林文字、翰林修撰、翰林待制、翰林侍讲学士等职,后以疾辞归。据吴澄《元故中奉大夫岭北湖南道肃政廉访使邓公神道碑》(以下简称《邓公神道碑》),文原"诗文淳雅,莹洁如玉。字法遒媚,与赵承旨(即赵孟頫——引者注)伯仲"。⑦如果结合他在翰林院任职的经历研判,前引吴澄所载,并非虚誉。邓文原比贯云石年长二十八岁,应属长辈。仁宗皇庆元年(1312),邓文原奉召授国子司业。延祐四年(1317),改授翰林待制。由此不难看出,邓、贯两人在大都任职期间似乎没有什么交际,更不可能有所交往。邓文原《翰林侍讲学士贯公文集序》(以下简称《贯公文集序》)对此有较为明晰的著

---

① 《元史》卷一三七《察罕传》,第3311页。

② [元]程钜夫著,张文澍校点《程钜夫集》卷一五《代白山人送耀州归白兆山建长庚书院序》,第176页。

③ [清]顾嗣立编《元诗选》二集引《酸斋集》,中华书局,1987年,第266页。

④ [唐]李白著,瞿蜕园、朱金城校注《李白集校注》卷一三《安陆白兆山桃花岩寄刘御史绾》,上海古籍出版社,1980年,第823页。

⑤ 杨镰主编《全元诗》第33册,第311页。

⑥ 杨镰《贯云石评传》,新疆人民出版社,1983年,第113—114页;萧启庆《九州四海风雅同——元代多族士人圈的形成与发展》,"中研院"联经出版公司,2012年,第166—168页。

⑦ [元]吴澄《吴文正公集》卷三二《元故中奉大夫岭北湖南道肃政廉访使邓公神道碑》,《元人文集珍本丛刊》第四册,新文丰出版公司,1985年,第547页。

录。据序文称,邓文原和姚燧曾在翰林院共过事,并从姚公口中获知贯云石才气英迈,但两人并未见过面。皇庆元年(1312),邓文原出任国子司业期间,因"建白更学校之政""论不合,移病去"。后因校文杭州,两人才得以晤见,酸斋借此机会将自编文集奉上,请邓子善题序。文原在《贯公文集序》中载曰:"别之一年,公来游钱塘,过余,相见若平生欢。示所著诗若文,余读之尽编,而知公之才气英迈,信如先生所言者。"①邓文原笔下的"先生",即指翰林承旨姚燧,或许正因他多次当着文原的面"称贯公妙龄,才气英迈",才使其倾慕已久,并以未能如愿论交,"得从公言语文字间"深感遗憾。邓文原之所以产生这种想法,恐怕主要基于姚燧"取人必信"的声望及其在文坛上的巨大影响。邓文原读完酸斋的诗文集,更钦佩姚公慧眼识珠,并为贯云石的文采倾倒。他在序中这样写道:"其词章驰骋上下,如天骥摆脱羁绊,一踔千里,而王良造父犹为之愕眙却顾。"据黄溍至正九年(1349)四月所撰《邓公神道碑》,文原六岁入小学,十五岁通《春秋》,因科举废罢,专事圣贤之学,行修业茂,学殖深厚,"中州士大夫多慕而与之交,徐文献公琰、高文简公克恭知公尤深"。②由此不难看出,邓文原亦以诗文及书法名世,他把比自己小二十八岁的贯云石称作"贯公",且产生"视公能不有愧哉"之感叹,一位江南名士能如此善待年轻的畏兀儿诗文家,在当时恐怕也不多见。邓文原认为,"古今能文之士,多出于羁愁草野",而贯云石虽出自权贵家庭,却"不为燕酣绮靡是尚,而与布衣韦带角其技,以自为乐,此诚世所不能者"。这种评价无疑是客观公允的,正因为贯云石能主动放弃阶级偏见与民族畛域,所写散曲及词章大多取材于社会底层,直接反映了民间普通百姓的生活境况,才能得到各族民众及知识精英的喜爱与追捧。

袁桷(1266—1327),字伯长,号清容居士,庆元(今浙江宁波)鄞县人。大德初,因程钜夫、阎复、王構等名臣举荐,出任翰林国史院检阅官。寻升应奉翰林文字,同知制诰,兼国史院编修官。迁翰林修撰、待制。延祐年间,进集贤直学士。后因病辞官。英宗至治元年(1321),迁侍讲学士。泰定初,辞归。四年(1327)卒,终年六十二岁。谥文清。③袁桷出身贵胄,学问精深,与虞集、马祖常、王士熙、阎复、程钜夫、中峰明本、李孟、邓文原交好,多所倡酬。④他作为江南词臣一直在翰林院或集贤院供职,"朝廷制册、勋臣碑铭,多出其手"。⑤从袁桷任职经历来看,他似乎从未担任过实职,始终与元朝统治者保持着一种疏离感,这种经历多少与贯云石有些相似。袁桷年长贯云石二十岁,属于长辈。他奉敕分别为贯云石祖父、母及廉希宪的母亲撰写过封赠制书,称阿里海涯"勇略致身,英姿盖世"。⑥

① [元]邓文原《巴西邓先生文集》卷一《翰林侍讲学士贯公文集序》,《北京图书馆古籍珍本丛刊》第92册据清抄本影印,书目文献出版社,1993年,第762页。

② [元]黄溍《金华黄先生文集》卷二六《岭北湖南道肃政廉访使赠中奉大夫江浙等处行中书省参知政事护军追封南阳郡公谥文肃邓公神道碑铭》,《四部丛刊初编》本,第268页。

③ 《元史》卷一七二《袁桷传》,第4025—4026页;[元]苏天爵著,陈高华、孟繁清点校《滋溪文稿》卷九《元故翰林侍讲学士知制诰同修国史赠江浙行中书省参知政事袁文清公墓志铭》,中华书局,1997年,第133—137页。

④ [元]袁桷《清容居士集》卷一一《寿善之》;卷一二《寿李承旨二首》;卷一二《寄本中峰》;《四部丛刊初编》本,第186页、197页、200页。

⑤ 《元史》卷一二七《袁桷传》,第4026页。

⑥ [元]袁桷《清容居士集》卷三六《光禄大夫湖广等处行中书省左丞相阿力海涯追封太师郡王》,《四部丛刊初编》本,第531页。

伯长还参加过廉园雅集，流传至今的诗作有《集廉园》（四言古诗）、《廉右丞园号为京城第一名花几万本右丞有诗次韵》（七言律诗）及《禊日与刚中待制至廉园闭门不内驻马久之复次韵》（七言律诗）。[①] 所谓"廉园"，指元代高昌廉氏家族在大都（今北京）的花园，具体位置在原金中都彰义门一带。[②] 前揭诗题表明袁桷与馆阁儒臣时常前往廉园雅集。杨镰在《贯云石评传》中指出，贯云石及袁桷极可能在廉园相识，可备一说。贯云石生母系平章政事廉希闵之女，他作为廉希闵的外甥来廉园小住合情合理。许有壬（1287—1364）在《至正集》卷七八记载了至大元年（1308）他与贯酸斋一起游览廉园的经历："八月廿五日，同疏仙万户游城南廉园，园甲京师。主人野云左丞未老休致，指清露堂扁，命令二人分赋长短句，予得清字。皆即席成章，喜甚，榜之。疏仙其甥也，后更号酸斋云"。[③] 引文中的"疏仙万户"指贯云石，疏仙是其号，万户则为"两淮万户府达鲁花赤"省称，贯云石将所绾黄金虎符让与他的弟弟忽都海牙后，北上大都，携许有壬一同观赏廉园景致。未老赋闲家居的廉野云，应是贯云石的舅舅，必为廉希宪、廉希闵子侄辈，有学者研究认为野云廉左丞即廉福奴左丞，其说可信。至于贯云石是否在廉园雅集时与袁桷结识，缺乏资料证明，但这些并不影响两人似曾相识的判断。据苏天爵《元故翰林侍读学士知制诰同修国史赠江浙行省参知政事袁文清公墓志铭》，仁宗即位后，设进士科取士，"贡举旧法，时人无能知者，有司率咨于公（即指袁桷——引者注）而后行"。[④] 如前所述，既然贯云石和袁桷都参与过科举议事，多所建明，想必此时他俩已经有所接触。袁桷《寄贯酸斋侍读》七言诗吟诵道：

> 解珮潇湘已广骚，因风更望子胥涛。身轻旧食青精饭，思远新贻金错刀。红蓼秋清堪数雁，黄橙霜熟且持螯。龟趺林立严题品，得意那无一字褒。

这首诗虽然没有注明具体写作时间，我们也没有找到贯云石的赠答诗。不过，从"解珮潇湘"词语判断，此诗应写于贯酸斋第一次辞官之时。永州位于湖南潇、湘二水汇合处，故有"潇湘"之谓。长沙是阿里海涯定功行封之地，永州则为贯云石及忽都海涯兄弟二人镇戍任职所在，因此湖南对其家族兴盛与荣耀而言，意义殊非寻常，而现存贯云石作品亦不乏"潇湘"的描写，诸如"潇湘浮黛娥眉轻，太行不让蓬莱青"。[⑤]

欧阳玄（1283—1357），字原功，浏阳（今属湖南）人。他年长贯云石三岁，应属同一辈人。延祐二年（1315）擢进士第，授岳州路平江州同知，调太平路芜湖县尹。英宗至治三年（1323）秋，欧阳玄以校江浙考试卷之事前往杭州，与贯酸斋周旋半月有余，怆然而别。贯云石殁后，仍是其子嗣尊礼的幕宾。至正七年（1347），元廷改赠武定阿里海涯为宣威服远辅德翊运功臣，进爵江陵王，贯云石子孙辈遂将位于天临郡（原名潭州路，治长沙）义和坊

---

① ［元］袁桷《清容居士集》卷三《集廉园》；卷一〇《廉右丞园号为京城第一名花几万本右丞有诗次序》《禊日与刚中待制至廉园闭门不内驻马之复次韵》，《四部丛刊初编》本，第85页、172页。

② 张良《元大都廉园的地望与变迁——兼辨其与万柳堂之关系》，《中国史研究》2019年第1期。

③ ［元］许有壬《至正集》卷七八《木兰花慢二》，《元人文集珍本丛刊》第7册据宣统三年（1911）聊城邹道沂家藏石印本本影印，新文丰出版公司，1985年，第351页。

④ ［元］苏天爵著，陈高华、孟繁清点校《滋溪文稿》卷九《元故翰林侍读学士知制诰同修国史赠江浙行省参知政事袁文清公墓志铭》，第135页。

⑤ 杨镰主编《全元诗》第33册，第307页。

附近的宗族旧庙迁至江陵王故第附近。是年冬,新庙落成,贯云石长子阿思兰海涯敦请欧阳玄撰著《江陵王新庙碑》(《圭斋集》卷九)。翌年(1348),时逢贯酸斋逝世二十五周年,欧阳玄又应阿思兰海涯之请为其父撰述《贯公神道碑》,此碑是考察贯云石生平身世、行止、生卒年代的可靠史料。明人宋濂等编修《元史》,立小云石海涯传,即以此碑为据删削润色而成。欧阳玄所撰《江陵王新庙碑》载曰:"王家世北庭,阿里海涯其小字也,及贵,以小字行。"又云:"王之子孙多贤,文武才器,代有闻人,天之报亦昭昭矣。"①很显然,欧阳玄对贯云石及其家族世次非常了解,所写碑文必当有所依据,因而才能作出相对客观公正的评价。不过,贯云石所撰《翰林寄友》诗并未提到欧阳玄其人,他们两人似乎也缺少共同任职的经历。据危素《圭斋先生欧阳公行状》及《元史·欧阳玄传》,欧阳玄主要在泰定帝、文宗、顺帝诸朝任职,历任太常礼仪院佥事、翰林直学士、国子祭酒、翰林侍讲学士兼国子祭酒、浙西廉访使、翰林学士承旨等职。曾参与编修四朝实录、《经世大典》以及辽、金、宋三史。在元武宗、仁宗执政期间,欧阳玄官阶不显,"踪迹未至京师,而声名已彰著于朝"。鄙意认为,虽然史籍缺乏贯云石与欧阳玄在官场交际的记述,但并不排除酸斋在武宗、仁宗时期已知闻欧阳玄声名的可能性,不然两人后来何以成为莫逆之交?他们有一个共同特点,即淡泊、隐居,优游山水之间。或因"宦情素薄""泊然以终身"等诸多相同志趣才使其惺惺相惜,彼此引为知己。

三、贯云石与江南诗文名士交往

入元后,江南地区(限指江浙、江西、湖广三行省)的经济、文化得到较快恢复,延续了南宋时期的发展趋势,成为蒙古、色目及北方汉人乐于前来任职、驻守、游学、寓居的地方。这些任职于江南的北方士人不在少数,他们多喜与南儒结交,切磋请益,贯云石就是这样的代表人物。仁宗初,他从翰林侍读学士任上辞职,喜江浙人文繁庶,隐居杭州十数年,直到逝世。正如陈垣先生所说:贯云石之曲"不独在西域人中有声,即在汉人中亦可称绝唱也"。② 这是客观公允的评价。从现存贯云石诗文可知,寓居江南期间,他与寺观僧道续有往来,又结交名士,游历各地,续有佳篇,文誉日隆,从而确立了文坛耆宿地位。酸斋去世后,其诗文受到一些江南文士的题跋。为了便于分析,现列表如下,以见其详:

姓　名	生　卒　年	籍贯或族属	篇　目	资料出处
王冕	？—1359	会稽诸暨(今浙江诸暨市)人	《芦花道人换被图》(七言古诗)	《竹斋集》卷下
钱惟善	不详	钱塘(今杭州)人	《送酸斋学士之西川》(五言诗)	《元诗选》初集下,第2269页
钱惟善	不详	钱塘(今杭州)人	《酸斋学士挽诗》(七言诗)	《全元诗》第33册,第317页

① [元]欧阳玄著,魏崇武、刘建立校点《欧阳玄集》卷九《江陵王新庙碑》,吉林文史出版社,2009年,第114页。
② 陈垣《元西域人华化考》卷四《文学篇·西域之中国曲家》,上海古籍出版社,2000年,第80页。

续　表

姓　名	生　卒　年	籍贯或族属	篇　目	资料出处
祝蕃（字蕃远、直清）	1286—1346	贵溪（今属江西）人	《和贯学士月氏王头饮器歌》	《全元诗》第 33 册，第 317 页
叶颙（字景南）	1300—1374 年以后	金华（今属浙江）人	《第一人间快活丸歌》	《全元诗》第 42 册，第 10 页
陈基（字敬初）	1314—1370	临海（今属浙江）人	《跋贯酸斋〈归去来辞〉》	《夷白斋稿》外集
萨都剌（字天锡）	约 1282—约 1348	雁门（今山西代县）、回回人	《题鲁港驿和贯酸斋题壁》	《全元诗》第 30 册，第 218 页
邓雅（字伯言，号玉笥）	不详	新淦（今江西新干）人	《楮衾用贯酸斋芦花被韵》	《全元诗》第 54 册，第 282 页；邓雅《玉笥集》卷 4
张可久（字可久，小山）	约 1280—1349 年以后	庆元（今浙江宁波）人	《次韵酸斋君山行》、《酸斋学士席上》、《次酸斋韵》	《张可久集校注》，第 571、368、369、371、378、398 页
释鲁山（汉姓岳、儒、月）	约 1281—约 1345 年	祖籍高昌（今吐鲁番），后移居杭州	《寄酸斋贯学士》	《全元诗》第 30 册，第 422 页
洪希文（字汝质、号去华山人）	1282—1366	莆田（今福建）人	《次韵贯斋万户完者笃舆疾抵莆三阅月有孤坟之作》	《全元诗》第 3 册，第 182 页
张雨（字伯雨，别号贞居子、句曲外史，道号嗣真）	1283—1350	钱塘（今杭州）人	《海粟松雪酸斋杂言一卷戏题》	《贞居先生诗集》卷 6；《张雨集》，第 269 页
杨维桢（字廉夫，号铁崖、东维子）	1296—1370	绍兴路诸暨州（今浙江诸暨市）人	《庐山瀑布谣》	《杨维桢诗集》，第 40 页；《全元诗》第 39 册，第 29 页
陆厚	1270—1330	不详	《和贯酸斋逍遥巾诗》	《全元诗》第 24 册，第 7 页；《诗渊》，第 51 页
王炼师（名字不详，早年出家为道士）	不详	金华（今属浙江）人	《赠贯酸斋大学士》	《诗渊》，第 337 页；《全元诗》第 24 册，第 79 页
释道惠（字性空）	约 1266—1330	里贯不详，庐山东林寺僧	《酬贯酸斋学士归隐韵》	《全元诗》第 20 册，第 358 页
释道惠	约 1266—1330	里贯不详，庐山东林寺僧	《悼贯酸斋学士自号云石仙》	《庐山外集》卷 2；《全元诗》第 20 册，第 358 页

姓　名	生　卒　年	籍贯或族属	篇　目	资料出处
张昱(字光弼、自号一笑居士)	不详	庐陵(今江西吉安)人	《题贯酸斋芦花被诗后》	《张光弼诗集》卷6;《全元诗》第44册,第120页
郏经(字仲谊,一字仲义,号观梦道人)	不详	陇右(今甘肃)人,党项	《题芦花散人小像》	《全元诗》第46册,第262页

从上表所列 17 人的籍贯来看,有 8 人分别来自浙江杭州、宁波、诸暨、金华等地;3 人来自江西;1 人来自福建莆田;3 人分别来自雁门(今山西代县)、高昌和甘肃,后来皆移居江南;其中 2 人里贯不详。从族属上看,14 人为汉人,3 人分别为回回、畏兀儿和西夏人。从宗教信仰上看,3 人(即张雨、王炼师、钱惟善)为玄门道士;2 人(释鲁山、释道惠)为儒僧。从年龄上看,2 人比贯云石年长 20 岁;6 人生于 13 世纪 80 年代前后,应与贯云石年纪相差不大,其余信息不详。综合以上数据不难发现,在贯云石与江南各族士人交往网络中,以汉人居多,也包括一些道士和僧人。

(一) 江南名士题跋贯云石诗文举隅

陈基(1314—1370),字敬初,元临海(今属浙江)人。从黄溍学,至大都(今北京),后归寓吴。贯云石比陈基年长二十八岁,云石去世时,陈基才是一个十岁左右的少年,两人不可能有所交际。贯云石生前曾手书陶渊明《归去来辞》,备受各族文人关注。至正十年五月初二日(公元 1350 年 6 月 6 日),时值贯云石逝世二十六周年,陈基为贯酸斋所书《归去来辞》题跋,后收入戴良编《夷白斋稿》外集,跋文阐释了贯云石的归隐生活及书法特点,内称:"平日不写古今人诗章,而独慕陶靖节(即陶渊明,"靖节"为谥号——引者注)之为人,而书其《归去来辞》。"[①]在陈基眼中,贯云石很像陶渊明(365—427),讲道义,重情谊,外在平易淡泊,骨子里却蕴藏着侠气乃至凌厉锋芒,具有蔑视功名富贵、是非曲直分明的气节和消极避世的人生态度。陈基认为贯酸斋不仅拥有"冥鸿逸骥,不受缯缴羁靮"的道德意识,而且向往"蝉蜕秽浊,逍遥放浪"的隐居生活,故而宣称其"独慕陶靖节之为人"。我们从贯云石"荣华富贵皆虚幻,觑功名如等闲"等诗句中,也能感悟到他不为权势所动、自甘隐逸的情怀。

张昱,字光弼,庐陵(今江西吉安)人,自号"一笑居士"。曾任江浙行省左右司员外郎、行枢密院判官,元末弃官不仕。明初被召至京师,明太祖悯其老,厚赐遣还。从贯云石逝世到明朝建立已过去四十八年,由此可以断言,张昱应未见过贯云石。不过,《张光弼诗集》卷六收录一首《题贯酸斋芦花被诗后》,有句云:"学士才名半滑稽,沧浪歌里得新知。静思金马门前直,那侣芦花被底时。梦与朝云行处近,醉从江月到来迟。风流满纸龙蛇字,传遍梁山是此诗。"[②]贯云石《芦花被》诗自序称:"仆过梁山泊,有渔翁织芦花为被,仆

---

① [元]陈基《夷白斋稿》外集《跋贯酸斋书〈归去来辞〉》,《四部丛刊三编》本。
② [元]张昱《张光弼诗集》卷六《题贯酸斋芦花被诗后》,《四部丛刊续编》本。

尚其清,欲易之以绸者。"①很显然,这首五言诗是酸斋途经梁山泊时写成的,以诗易被,口口相传,遂以"芦花道人"为号。仅从张氏所吟"风流满纸龙蛇字"句来看,贯云石在书法方面应以擅长草书或行草书名世,并受到时人追捧。

张可久(1280—1349),号小山,以字行,庆元(今浙江宁波)人。以路吏转首领官,元朝著名散曲家,有《今乐府》传世。张可久比贯云石年长六岁,两人多所交往,过从甚密。延祐六年(1319)春,贯云石为张可久《今乐府》作序,称其散曲为"治世之音",已达到"择矢弩于断枪朽戟之中,拣奇璧于破屋乱石之场。抽青配白,奴苏隶黄,文丽而醇,音和而平"的奇妙境界;并赞赏"小山以儒家读书万卷,四十犹未遇"。② 这篇序言是酸斋寓居武林时所写,末尾列署:"延祐己未春,北庭贯云石序。"笔者粗略统计,现存张可久诗词及散曲与贯云石唱酬的作品多达八首,诸如《秋思酸斋索赋》《为贯酸斋解嘲》《酸斋席上听胡琴》《和贯酸斋》《湖山酸斋索赋》《酸斋学士席上》《次酸斋韵》二首,《次韵酸斋君山行》;词有《六州歌头·浙江观潮贯学士四万户同集》。③ 以上所列大多是张可久与贯云石唱酬之作,张氏在[双调·殿前欢]和曲中戏言道:"酸斋笑我,我笑酸斋。"说明两人是"相契之深"的平生契友。现存贯云石诗作有《君山行》,④而张可久《次韵酸斋君山行》有句云:"花边闲袖玉堂手,老来顿觉嫦娥丑。岳阳楼下唤开门,神仙几年曾醉否。"⑤"玉堂手",代指贯云石。唐宋以后,称翰林院为玉堂。仁宗皇庆二年(1313),酸斋出任翰林侍读学士,故有此称。"岳阳楼"位于湖北鄂州,阿里海牙曾以偏师取江陵,平湖湘,声震南海,贯氏家族后人常以此作为追忆先祖武功的吟诵对象。贯云石七律诗《岳阳楼》有句云:"西风吹我登斯楼,剑光影动乾坤浮。青山对客有余瘦,游子思君无限愁。昨夜渔歌动湖末,一分天地十分秋。"⑥诗句不仅流露出作者对先祖以"剑光"建立武功的豪迈之情,还因家道中衰致使宗族命运逆转而引发的无限怅然与哀愁。

贯云石作品中不乏题跋宋、元画作的篇什,诸如《题李成寒鸦图》《题马和之袁安卧雪图》以及《题赵孟頫双骏图》等。李成是北宋著名画家,《寒鸦图》描绘了雪后林间群鸦飞翔鸣噪的意景,寓意深刻。他在题画诗中吟诵道:"饥冻哀鸣不忍观,使余一见即心酸。明年丰稔春风暖,远举高飞羽力宽。"⑦翻检《元史·仁宗纪》,延祐元年(1314),湖南永州大饥,哀鸿遍野。前两句应是对社会现实的关照,说明他具有忧国忧民的情怀。

马和之,钱塘人,南宋绍兴进士,画家,擅长山水人物。《卧雪图》即其描绘东汉司徒袁安僵卧洛阳雪中之作品。贯云石《题马和之袁安卧雪图》以画中情景展开,着意勾勒风雪弥漫的景致,内有"北风吹雪寒于水""雪拥入庭犹未起"⑧句,着重表现了他对该图主题把握的程度。赵孟頫(1254—1322),字子昂,号松雪道人,湖州(今浙江吴兴)人。出身宋朝

① [清]顾嗣立编《元诗选》二集引《酸斋集》,中华书局,1987年,第268页。
② 该序收入李修生主编《全元文》第36册,凤凰出版社,2004年,第192页。
③ [元]张可久著,吕薇芬、杨镰校注《张可久集校注》,浙江古籍出版社,1995年,第24、79、118、121、142、378、398、525、571、577页。
④ [清]顾嗣立编《元诗选》二集引《酸斋集》,第267页。
⑤ [元]张可久著,吕薇芬、杨镰校注《张可久集校注》,第571页。
⑥ [清]顾嗣立编《元诗选》二集引《酸斋集》,第271页。
⑦ 杨镰主编《全元诗》第33册,第315页。
⑧ 杨镰主编《全元诗》第33册,第315页。

皇族,为宋太祖赵匡胤十一世孙。元世祖时,为兵部郎中。武宗至大四年(1311),授集贤侍讲学士、翰林侍讲学士及翰林学士承旨(从一品),①与贯云石为馆阁同僚,相处和睦,必多交际。赵子昂年长贯云石三十二岁,博学多闻,擅长绘画及书法,尤精山水、木石、花竹、人马描摹,酸斋于赵子昂为晚辈。贯云石《翰林寄友》有句云:"诸孙赵子昂,挥遍长安纸。"以此赞赏其书学和绘画造诣。赵孟頫是画马高手,元人王逢《题〈二马图〉》有云:"卷开二马风云起,谁其画者赵学士。"②既然如此,酸斋为赵氏《双骏图》题诗也是符合情理的。贯云石还有四首七言诗,题为《题仇仁近山村图》,原收入《永乐大典》卷三五七九引《贯云石诗集》,后编入杨镰主编《全元诗》第三十三册。仇远(1247—?),字近仁,又字仁父,号山村,钱塘(今浙江杭州)人,《元史》无传。仇远为宋咸淳名士,元初任溧阳州儒学教授。后归隐家居,醉心湖山泉石间,所到之处,皆有题咏,宋僧释守道评曰:"书传东晋法,诗接晚唐人。"③仇远《题高房山写〈山村图〉卷并序》述及该图绘制情形时云:"大德初元九月十九日,清河张渊甫贰车会高彦敬御史于泉月精舍。酒半,为余作《山村图》,顷刻而成。"并赋诗曰:"高侯丘壑胸,知我志幽独。为写隐居图,寒溪入空谷。"④高彦敬,即高克恭(1248—1310),字彦敬,号房山,色目人。擅长山水及墨竹,是元代公认的画坛领袖之一。据邓文原《故太中大夫刑部尚书高公行状》,大德元年(1297),他出任江南行台治书侍御史,同年九月十九日在张雨祖父、宋漳州金判张逢原渊甫坟庵内为仇远绘制《山村图》,以此展现仇远的隐居状态。延祐四年(1317),张翥年近而立之年,"景宁尚书得此卷以属题",⑤前及贯云石题画诗似写于此时。仇远为宋遗民,因仕进失意,常以诗酒相伴,并借物抒发家国身世哀思,这一点和贯云石极为相似。仇远比高克恭大一岁,高克恭绘制《山村图》时,仇远年届半百,因此酸斋不禁咏出"松丝欺屋照衰颜,风动高寒月半弯"的诗句。

(二) 贯云石与江南儒僧交往

据欧阳玄《贯公神道碑》记载,贯云石隐居杭州的十年间,"历览胜概,著述满家,所至缙绅之士,逢掖之子,方外奇人从之若云,得其词翰,片言尺牍,如获拱璧"。这是对其较为客观的评价。贯云石的不少作品尤其是散曲大多在这一时期完成。特别值得一提的是,此间酸斋逐渐把自己的注意力转移到佛、道修习方面,时常与名僧大德交流切磋,相互唱酬。天目山是杭州著名禅宗圣地,贯云石"入天目山,见本中峰禅师,剧谈大道,箭锋相当。每夏坐禅,包山暑退,始入城"。⑥"本中峰",即指释明本(1263—1323),又名中峰明本,号中峰,新城(今浙江杭州)人,俗姓孙,时人尊称本公。元仁宗、英宗父子以及元中期不少名僧对其敬爱有加,尊以为师,"从之者如云,北极龙漠,东涉三韩、西域、南诏之人,远出万里

---

① 《元史》卷一七二《赵孟頫传》,第4022页。

② 参见陈高华编《元代画家史料汇编》,杭州出版社,2004年,第115页。

③ [宋]释守道《仇山村七言诗卷〈书与士瞻上人十首〉跋》,参见张慧禾校点《仇远集》附录,浙江大学出版社,2012年,第245页。

④ [元]仇远著,张慧禾校点《仇远集》卷七《题高房山写山村图卷并序》,第124页。

⑤ [元]张翥《题仇仁近山村图卷》,参见张慧禾校点《仇远集》附录,第232页。

⑥ [元]欧阳玄著,魏崇武、刘建立校点《欧阳玄集》卷九《元故翰林学士中奉大夫知制诰同修国史贯公神道碑》,第104页。

之外，莫不至焉"。① 从欧阳玄"剧谈大道，箭锋相当"的记载看来，中峰明本和贯云石在禅宗义理方面都有很高的造诣。至治三年（1323）秋，贯酸斋与欧阳玄在杭州畅饮时说道："近年读释氏书，乃知释子諅凄有是心，谓之记生根焉，吾因以是为戒。"②这番话是他在逝世前一年对欧阳玄说的，不仅表明两人关系之亲密，而且可以推知贯云石在此时已经成为虔诚的佛教信奉者。

1. 释鲁山及其《寄酸斋贯学士》辨析

杨镰主编《全元诗》共辑录释鲁山（约1281—约1345）诗作二十三首，其中包括七律诗《寄酸斋贯学士》，内有句云："倚马立挥三诏日，骑驴醉咏九华秋。山庭新有酸斋稿，时见虹光射斗牛。""酸斋"，为贯云石号。皇庆二年（1313）二月，授翰林侍读学士，故有"贯学士"之谓。鲁山在另一首古风《墨水行》中吟诵道："北庭才子饮八斗，手提左史人间走。"③"左史"，即指《左传》，泛指图书。"北庭才子"，即指贯云石。从上引释鲁山诗句不难看出，他与贯云石的关系殊非寻常。无独有偶，贯云石在《观日行》诗序中也记述了他与释鲁山一起前往普陀山观看日出的经历，内称："丁巳春三月，余之所谓宝陀山颠，有石曰盘陀，可观之。初疑其大不可量。既归宿作，方夜半之余，诗僧鲁山同赋。"④丁巳，即延祐四年（1317），鲁山，则指释鲁山，古代僧侣大多以释字作为自己的姓氏，鲁山自然也不例外。所谓"宝陀山"，即普陀山在元代的称谓。黄溍（1277—1357）《游宝陀寺》有句云："前瞻积水深，岛屿青无数。梅岑特孤绝，遥见日出处。"⑤宝陀寺位于宝陀山上，始建于南朝，北宋皇帝亲赐"宝陀寺"匾额。"梅岑"，即普陀山别名。元人吴莱（1297—1340）所撰《甬东山水古迹记》记载道："东到梅岑山……梵书所谓补怛洛迦山也，唐言小白花山。"⑥从黄溍及吴莱的诗文来看，普陀山是元人观看日出的绝佳去处。贯云石的《观日行》即描写他与鲁山赴普陀山观看日出的经历与感悟。至于鲁山的唱和诗，今已失传，无从查检。那么鲁山是何许人？他为何受到酸斋赏识？这是一个值得讨论的问题。

关于鲁山的族属及生平行止，元僧释大䜣（1284—1344?）《鲁山铭有序》多所论列，为了便于分析，现征引如下：

> 文皇以孝治天下，严祀祖考，特设太禧院总之，复置隆祥使司，皆以师相领其事。其司属悉选用，不轻授。平江善农提举司其属也，掌承天、龙翔、崇禧三寺之田赋，高昌岳公鲁山实为官长。龙翔以文皇潜宫，安奉神御，春秋二忌，台臣展祀如生。后至元五年正月，岳公来董祀事，凡酒醴、牲牷、榖果体节之荐，视涤之法，礼敬俱至，观者

① ［元］虞集著，王颋点校《智觉禅师塔铭》，《虞集全集》（下册），天津古籍出版社，2007年，第991页。

② ［元］欧阳玄著，魏崇武、刘建立校点《欧阳玄集》卷九《元故翰林学士中奉大夫知制诰同修国史贯公神道碑》，第103页。

③ 杨镰主编《全元诗》第30册，第423页。

④ ［元］傅羽、孙存吾辑《皇元风雅》前集卷一，《四部丛刊初编》本，第5页。

⑤ ［元］黄溍著，王颋点校《游宝陀寺》，《黄溍全集》（上册），天津古籍出版社，2008年，第18页。

⑥ ［元］吴莱著，张文澍点校《吴莱集》卷七《甬东山水古迹记》，吉林文史出版社，2010年，第116页。

　　大悦。谓公贵胄,而诗礼如素习,其称鲁山为宜。①

　　大䜣为禅林老宿,声望甚高。先后任湖州乌回寺住持、杭州凤凰山报国寺住持,长期云游江浙间。父师辈大尊宿咸与为忘年交,名士赵孟頫、邓文原、袁桷、高克恭、胡长孺、仇远、杨载、黄溍等皆与他结为文学之友。② 上引大䜣关于鲁山生平经历的记载不应有误。至顺二年(1331),元文宗设置隆祥使司,属太禧宗禋院,秩从二品,负责掌管大承天护圣寺财产。平江善农提举司为隆祥使司下属机构,岳鲁山任官长,主要负责拨赐承天、龙翔、崇禧三寺田赋以赡僧众。后至元五年(1339)正月,任大龙翔集庆寺住持。鲁山与黄溍交好,有《还金华黄晋卿诗集》传世。黄溍,字晋卿,号日损斋,婺州路(今浙江金华)义乌县人,他与鲁山的唱和诗有《次韵答儒公上人》及《同儒上人谒黄尊师于龙翔上方,修撰邓公适至,辄成小诗,用纪盛集》。③ 后一首诗有“坐陪三老尽文雄,政尔衣冠不苟同”句。那么,黄溍在龙翔寺陪侍的“三老”究竟指何人? 窃以为,即诗题中提到的“儒上人”“黄尊师”和“修撰邓公”。所谓“上人”,是古人对僧人的敬称;“尊师”则为道士称谓;“龙翔”,指天历二年(1329)元文宗改潜邸所居建康为集庆(今南京),命即旧居所建的大龙翔集庆寺。据黄溍提供的信息,他在龙翔集庆寺陪同儒上人谒见黄尊师时,邓文原及时赶到,遂赋诗一首,以吟诵此次聚晤。然而相聚的时间以及三老名讳并不清楚。所幸元人吴师道(1283—1344)对此次聚晤也留下若干有价值的信息,他有一首七言律诗,名为《至大庚戌,黄君晋卿客杭,与邓善之翰林、黄松瀑尊师、儒鲁山上人会集赋诗,今至正辛巳,晋卿提举儒学与张伯雨尊师、高丽式上人会,再和前诗,上人至京以卷相示,因写往年所和,重赋一章》。④ 诗题所及“至大庚戌”,即1310年;邓公,指邓文原(字善之);黄尊师,即黄石翁(号松瀑);儒上人,即儒鲁山。杨镰研究认为,“儒”是记音,故又作“岳”或“月”,吴师道笔下的儒鲁山与笑隐大䜣笔下的岳鲁山应为同一人,⑤笔者赞同这一见解,但是为何“儒”又作“岳”或“月”,杨镰未予阐明,似有必要做些考释。“儒”字古音为日声母,“岳”或“月”两字的古音为疑声母,今音“岳”或“月”不应读作“儒”。但12世纪以前,“岳”或“月”读作“儒”不存在问题,当时汉语的“日”声母尚未演化。“儿化”音(r-)的音值近于nj-,与月字的声母“疑”母(ng-)发声差别不大,因此把“月”或“岳”读作“儒”是可以成立的。12世纪或13世纪之后,“日”母已“儿化”,“日”“疑”两声母差异变大,再把“月”或“岳”读作“儒”可能存在一定问题。⑥ 不过,“日”母在方言里变化往往特殊,所以自成一个“日”组。⑦ 江南方言属于吴方言区,在读音方面保留着较多中古音,变化较慢,以声母而论,因为保留了古全浊声纽,其

　　① 李修生主编《全元文》第35册,第483页。
　　② 陈得芝《论元代“诗禅三隐”》,《蒙元史研究丛稿》,人民出版社,2005年,第513—520页。
　　③ [元]黄溍著,王颋点校《黄溍全集》上册,第11、64页。
　　④ [元]吴师道《吴正传先生文集》卷八《至大庚戌,黄君晋卿客杭,与邓善之翰林、黄松瀑尊师、儒鲁山上人会集赋诗,今至正辛巳,晋卿提举儒学与张伯雨尊师、高丽式上人会,再和前诗,上人至京以卷相示,因写往年所和,重赋一章》,《元代珍本文集汇刊》影印明抄本,第174页。
　　⑤ 杨镰《元佚诗研究》,《文学遗产》1997年第3期。
　　⑥ 姚大力《大月氏与吐火罗的关系:一个新假设》,《复旦学报》2019年第2期。
　　⑦ 丁声树撰文、李荣制表《汉语音韵讲义》,上海教育出版社,2016年,第3页。

数目即在三十个上下，更遑论其韵母。① 清人李汝珍《李氏音鉴》记称："即如'儿'字，古皆瓤移切，以近时南北方言辨之，读昂移切，吴音或读娘移切，唯泰州方言读瓤移切，音与古同。"②《李氏音鉴》刊印于嘉庆十五年（1810），早在李汝珍之前，广大官话方言"儿""二"等古止摄开口三等日母字③已经念成[er]，然在吴方言中直至清代仍被读作"ni"音。基于音韵变迁现象，我们有理由相信前引诗文中的"儒鲁山""岳鲁山"和"月鲁山"应指同一个人。十分有意思的是，以上引据黄溍、吴师道有关三老雅集的纪事，也得到邓文原《送黄可玉炼师还龙虎山燕集序》的印证。可玉，是黄石翁的字，号松瀑，元南康（今属江西）人，工诗文，方外之士。序文有曰：

> 雍容谈谑，羽觞屡集，仿佛莲社故事。乃用禅月师咏远公诗，分韵以纪胜集。夫古者会盟谶集，各赋诗道志，义相劘切，于风教深有助远，公离情证空，于释氏不为异，而能为二老破戒过溪，此义乃甚高。④

很显然，邓文原笔下的"二老"，即指月（岳）鲁山和黄石翁，他们两人，一个是高僧大德，另一人为道教尊师，相互赋诗道志，分别题赞。参与燕集的文人墨客以"禅月师"（应为月禅师，即岳鲁山）诗韵为题，以纪胜集。早在至大三年（1310），邓文原即与黄可玉结识，此次聚晤增进了彼此的情谊，成为至交。黄可玉殁时，邓文原倾哀一爵，挥笔写就《祭黄可玉炼师文》，以表达哀悼之情。

通过以上考析可以断言，贯云石《观日行》诗序中所言"诗僧鲁山"与笑隐笔下的岳鲁山应是同一个人，他出身高昌"贵胄"，"诗礼如素习"，不仅跟黄溍、邓文原等江南知名诗文家多所交往，还与同贯、同宗的贯云石登山观日，赋诗唱酬，是元代西域人华化的典型案例。据《观日行》诗序分析，该诗应写于延祐四年（1317），当时贯云石三十二岁，即离开大都来到浙江的第三年，内有"朔方野客随云闲，乘风来游海上山"句。酸斋把自己和鲁山喻为"朔方野客"，意在强调其异族身份，同时心中外溢的轻松与闲适亦尽显纸上。接着笔锋一转，不无伤感地写道："人生行此丈夫国，天吴立涛欺地窄。乾坤空际落春帆，身在东南忆西北。"⑤虽然贯云石在杭州与各族诗文家交往相处三年有余，但作为北庭贯氏家族后人，当他目睹了江南秀美河山之后，仍不免怀念远在祖国边陲的北庭古城，正如他在《神州寄友》中所云："沧海茫茫叙远音，何人不发故乡吟。"这种发自内心深处的思乡情结，是任何一个人都难以割舍的。

① 鲁国尧《一个语言学人的"观战"与"臆说"》，《鲁国尧语言学文集——衰年变法丛稿》，上海古籍出版社，2013年，第16页。
② 转引鲁国尧《论"历史文献考证法"与"历史比较法"》，《鲁国尧语言学文集——衰年变法丛稿》，第139页。
③ 丁声树编录，李荣参订《古今字音对照手册》，中华书局，1981年，第45页。
④ ［元］邓文原《巴西邓先生文集》卷一《送黄可玉炼师还龙虎山燕集序》，《北京图书馆古籍珍本丛刊》第92册据清抄本影印，书目文献出版社，1993年，第748页。
⑤ ［清］顾嗣立编《元诗选》二集引《酸斋集》，第267页。

2. 贯云石与释道惠交往

释道惠,字性空,庐山东林寺高僧,出自宋、元间名僧祖闇门下,约于1266—1336年在世。① 他不仅和南宋遗臣汪元量(字大有,号水云)以及元朝名士冯子振、吴澄、卢挚交往密切,还偕同贯云石游历庐山及九华山,是一位著名儒僧。值得一提的是,杨镰主编《全元诗》依据《庐山外集》四卷(今藏北京大学图书馆)辑录其诗作约401首,其中包括《酬贯酸斋学士归隐韵》和《悼贯酸斋学士》。前者有句云:"玉堂十载掌编修,一旦归来万念休。"这些诗句反映的内容,与贯云石"宦情素薄"的性格特点十分契合。酸斋去世后,道惠作挽诗追悼,内有"横吹铁笛瀛洲去,只住人间四十年"句。② 可见他对贯云石的爱好及年寿非常熟悉。

那么,身为"浊世佳公子"、又是文坛高手的贯云石为什么醉心佛禅,多与名僧大德交往? 这是值得深入研探的问题。陈垣《元西域人华化考》卷三《佛老篇》研究认为:"云石学佛,无可为讳。""云石盖有得于禅者也。"又云:"遁贤与云石不同,云石志在遗世,故佯狂咏歌以卒岁。"类似阐释对于深入考察贯酸斋的宗教信仰极具价值。笔者注意到,贯云石崇信佛教以及与禅僧交往大多出现在移居江南之后。据欧阳玄《贯公神道碑》,至治三年(1323)秋,当他前往杭州校评江浙考卷时,曾与贯云石聚晤畅饮,酸斋称:"近年读释氏书。""吾因以是为戒。"也就是说,贯云石在对欧阳玄说这番话时距其辞官隐居杭州已过去九年。至于休暑凤凰山栖云庵、入天目山与中峰禅师剧谈大道亦在延祐元年(1314)至泰定元年(1324)之间,历经仁宗、英宗两朝。贯云石曾任英宗"潜邸说书秀才",英宗登基后,并未受到重用。《贯公神道碑》在述及这段经历时,仅用"公之踪迹与世接渐疏"加以概括。面对当时险恶的政争情势,贯云石不可能选择出仕,只能继续隐居,以此避祸。尽管避祸比较消极,但作为贵显之后,无论如何都不能重蹈先祖的覆辙,这是他经过深刻反思后得出的清醒认识。自甘隐遁,绝却功名,是为了"高竿上再不看人弄险"(参见贯云石[清江引]《知足》)。正如陈垣所说:"凡人经历艰险,则信仰宗教之念悠然而生,佛老生涯又多与林泉接近,人即不信宗教,而情甘隐遁,自易与佛老为缘。"③笔者赞同这一观点。本文所论贯云石崇信佛禅以及与禅僧多所交往的事例,无疑为陈垣先生论点的确立提供了一些强有力的证据。

(三) 贯云石与江南玄门道侣及西域诗人阿里西瑛交往

现有资料显示,贯云石与玄门道士多所交往。至于他本人是否崇信道教,学者有不同看法。陈垣认为:"云石之学佛,无可为讳。"又说:"然六朝以道人为沙门之称,云石学佛,固亦尝号芦花道人、酸斋道人也。学佛抑学仙,本无庸细辨,今所欲说明者,西域人中有此一派耳。"他还把遁贤及贯云石加以比较,认为"遁贤与云石不同,云石志在遗世,故佯狂咏歌以卒岁;遁贤不忘用世,故希借修炼以长生。其环境不同,其思想随之而异,一禅一道,所以分途也"。④ 其实贯云石不仅自称"酸斋道人""芦花道人",⑤还与张雨、俞行简、钱惟

---

① 杨镰《元佚诗研究》,《文学遗产》1997年第3期。
② 杨镰主编《全元诗》第20册,第351、358页。
③ 陈垣《元西域人华化考》,第38、41、53页。
④ 陈垣《元西域人华化考》,第38、41页。
⑤ 贯云石分别在《竿篥乐》和《题赵孟頫双骏图》诗末署"酸斋道人为西瑛公子"及"芦花道人",参见杨镰主编《全元诗》第33册,第312、316页。

善等一些热衷道教的诗文家相互唱酬,颇多交往交流。欧阳玄所撰《贯公神道碑》也称其"道味日浓,世味日淡"。仅从这一点来看,云石与酒贤似无本质区别,陈垣先生也意识到这一点,明确表示:"亦佛亦仙者,似可表明其为一不得志于时者之诗人。"笔者赞同这种论断,这一结论用在贯云石身上非常合适。元儒蒲道源(1260—1336)《闲居丛稿》卷一〇《题月山道人卷后》记述的一件事就很能说明问题。大意是:有一李姓道士,为钱塘人,他跟随上真宫赵尊师受业,后前往成都青城神仙胜地拜谒,途经兴元(今陕西汉中),顺道拜谒蒲道源,声称在长沙以西某地"遇酸斋公,与谈方外事,以清识见赏,字以月山,述之言如此"。由此不难看出,贯酸斋与李姓道士有所交际,他不仅热衷方外事,还以"月山"二字作为自己的字。随后蒲道源写道:"余既异贯公之为人,其所许可,必不诬矣。"①如若蒲氏以上记载来自传闻,不足凭信的话,欧阳玄笔下的贯云石则是一位活脱脱的神仙,他在《贯公神道碑》中写道:"公之踪迹,与世接渐疏,日过午,拥被坚卧,宾客多不得见,僮仆代之,以昼为夜。道味日浓,世味渐淡。……自号'芦花道人'。"江南名士杨维桢(1296—1370)在《庐山瀑布谣》诗中亦称:"甲申秋八月十六日夜,予梦与酸斋仙客游庐山,各赋诗。酸斋赋《彭郎词》,余赋《瀑布谣》。"②甲申,即至正四年(1344),此时距贯云石离世已过去二十年,杨维桢竟然还能在梦里与云石畅游庐山,说明两人以前交往密切。"仙客",是古人对道士的尊称。杨维桢,字廉夫,山阴人,后徙钱塘,与李孝光、张雨、倪瓒、顾瑛为诗文挚友。③杨维桢比贯云石小十岁,酸斋去世时,他已是二十八岁的青年才俊,至于两人何时、何地结识?史无明载,难以详考。不过,杨维桢将其称作"仙客",绝非空穴来风,应是有所本的。据杨镰研究,释道惠曾与贯云石一起游历庐山及九华山,④云石逝世后,释氏有《悼贯酸斋学士》七言诗,内有"鸳班不作天涯客,鹤氅宁为云石仙"句,并在诗末题署:"云石仙是其自号。"⑤如果以上记述真实可信,贯云石应是释、道兼修的元曲家。他除了自封"神仙"称号,还积极参加与道教事务有关的活动。元人马泽、袁桷修纂《延祐四明志》卷一八《释道考下·道隆观》收录一篇贯云石所写《道隆观记》,此文述及了至元年间河西僧杨永福总摄江南僧政时霸占道观为寺庙,并以"罗织入罪"等酷烈方式迫害道教徒的内容。⑥清人阮元编《两浙金石志》还收录一首贯云石的五言诗,⑦现征引如下:

> 遁迹复逃形,丹成养性灵。
> 精诚动神鬼,呵斥走风霆。
> 鹤去飚轮驭,龙归雨气腥。
> 送师歌短曲,凉吹满江亭。

① [元]蒲道源《闲居丛稿》卷一〇《题月山道人卷后》,《元人文集珍本丛刊》本,第486—488页。
② [元]杨维桢著,邹志方点校《杨维桢诗集》,浙江古籍出版社,2010年,第40页。
③ [清]张廷玉等《明史》卷二八五《杨维桢传》,中华书局,1974年,第7308页。
④ 杨镰《元佚诗研究》,《文学遗产》1997年第3期。
⑤ 杨镰主编《全元诗》第20册,第358页。
⑥ [元]马泽、袁桷纂《延祐四明志》卷一八《释道考下·道隆观》,《宋元方志丛刊》第6册,中华书局,2006年,第6409页;杨镰《元诗史》,人民文学出版社,2003年,第15页。
⑦ [清]阮元主编,赵魏、何元锡、许宗彦著《两浙金石志》卷一八《元贯云石等通元观诗刻》,浙江古籍出版社,2012年,第470页。

这首五言诗名为《赠法师俞行简》,写于元英宗至治二年(1322)。其时,贯云石、虞集、张翥等名士以相互赋诗的形式称颂俞行简的道行。遗憾的是,其他人的作品均已失传,惟有贯云石这首诗流传至今。通元观,原名通玄观,清人为避康熙皇帝讳,改称通元观,位于杭州市七宝山东南,始建于南宋绍兴二十九年(1159),是浙江著名道观之一。至治二年(1322),俞行简(名真静)主持修葺的宫观落成,遂邀约上述诗文家赋诗纪念。贯云石这首诗就是在这种背景下写成的,可见贯云石与通元观道士多所交结。至于贯氏其他作品,也不乏和道教内容相关的诗句,如"城南老树依然在,试问仙童重到无";又如"东风截断人间热,勾引清凉养道心"。① 毫无疑问,无论诗中所云"仙童",还是"道心",都与道教信奉有关。贯云石谈禅、礼佛、问道,无非是借此作为避祸、遁世的武器,或基于这一点,他才对佛、道一视同仁。除了与高僧大德交游,还与道教信徒密切来往。由于崇信道教礼仪,他身上充溢着仙风道骨,诗文创作才不受世俗羁束,飘逸疏放,自成一家。下面笔者就贯云石与钱惟善、张雨、王炼师、冯子振、陈俨、郏经等道侣唱酬情况略叙一二。

1. 贯云石与江南玄门道侣交往

陈俨,号北山,元鲁(今山东西南)人。元世祖至元年间,出任曲阜教授,官至翰林学士(正二品),谥文靖。贯云石在诗中多次提及此人,他们曾是翰林院同事,一起编修过《世祖实录》。元仁宗皇庆二年(1313)六月至十一月间,中书平章政事察罕向翰苑友朋征诗,贯云石、陈俨等儒臣分别以《白兆山桃花岩》为题竞相赋诗,此事前已称引,兹不赘述。此外,贯云石还为陈北山纸扇题诗五首。离开大都后,酸斋在五言长诗《翰林寄友》中吟诵道:"北山已东山,高卧呼不起。"②"北山",为陈俨的号;"高卧",比喻隐居不仕。他在《题陈北山扇》七言诗中又云:"清晓山中三尺雪,道人神气似梅花。"据此可知,陈俨是一位道味十足的儒臣,他与贯云石志趣相投,彼此赏识,受到贯云石推重是合情合理的。

冯子振(1257—1348),号海粟,又号怪怪道人,自号瀛洲客,元攸州(今湖南攸县)人。至元二十四年(1287),侍御史程钜夫奉旨江南求贤,冯子振被举荐入京,授集贤院待制、承事郎。因其博通经史,工诗及散曲,被誉为"豪爽"派北曲之首和"一代词伯"。因资料阙如,贯云石与冯子振的交往细节已无从稽考。惟见贯氏《寄海粟》七言诗流传至今,内有"花应有感娇先退,诗到无题料越多"句。③ 冯子振曾以《梅花百咏》为题赋诗百首,堪称佳作。酸斋所吟"花应有感娇先退"句,借喻冯子振咏梅诗,以表达钦仰之情。冯子振年长贯云石二十九岁,应属长辈,他擅长散曲,有《钱塘初夏》《忆西湖》等名作传世,所写"钱塘江上亲曾住,司马樽不是村父"以及"苏堤万柳春残,曲院风荷番雨"④堪称经典。惜冯子振《海粟集》散佚失传,今人王毅辑校《海粟集辑存》未见与贯云石赠答诗。不过,仅据前引酸斋《寄海粟》七言诗似可断言,他们在元曲和诗文创作方面应有所切磋。

钱惟善,字思复,号曲江居士,又号白心道人,钱塘(今杭州)人。《明史》有传。他与贯云石、陆居仁等名士相互唱和,有《江月松风集》传世。正如陈垣《元西域人华化考》所言,凡以"外史"或"道人"相称者,多与信道或好道有关,钱惟善自然也不例外。孙楷第研究认

---

① [清]顾嗣立编《元诗选》二集引《酸斋集》,第 270 页。

② 杨镰主编《全元诗》第 33 册,第 311 页。

③ 杨镰主编《全元诗》第 33 册,第 312 页。

④ [元]冯子振著,王毅辑校《海粟集辑存》,岳麓书社,2009 年,第 53、61 页。

为,延祐、至治间,惟善与云石多所交游。① 所作《送酸斋学士之西川》以及《酸斋学士挽诗》即为彼此交往的重要证据。欧阳玄《贯公神道碑》载称:"十余年间,历览胜概,著述满家。"惟善有诗云:"月明采石怀李白,月落长沙吊屈原。万里壮游遗剑履,十年高卧老乾坤。"②云石自延祐元年(1314)辞官隐居,到泰定元年(1324)五月殁于杭州寓舍,正好十年。说明欧阳玄和钱惟善的诗文相互印证,可资信据。贯云石游历期间,曾途经采石和长沙两地。采石,又名采石矶、牛渚矶,位于牛渚山突出江中部分。唐代著名诗人李白曾夜泊此地,并写了一首《夜泊牛渚怀古》,以此追怀东晋谢尚与袁宏之间的友谊。③ 贯酸斋途经此地,触景生情,遂吟诵一首《采石歌》,内云:

> 采石山头日颜色,采石山下江流雪。行客不过水无迹,难以断魂招太白。我亦不留白玉堂,京华酒浅湘云长。新亭风雨夜来梦,千载相思各断肠。④

这首七言律诗保存在元人傅羽、孙存吾辑《皇元风雅》卷一"贯酸斋"名下,后被清人顾嗣立收入《元诗选》二集内。贯云石在诗的后四句,抒发了自己的遭际,并与李白倾诉积愫,情意真切。从"月落长沙吊屈原"及"京华酒浅湘云长"这两句来看,长沙是贯云石长久萦怀于心的地方,这里既是乃祖阿里海牙与南宋军队交锋的主战场,也是他的父辈以及贯云石、忽都海涯兄弟二人承袭父爵后的镇守之地,因此长沙对贯云石家族而言,是建立至高荣耀及奉敕受封的福地,所以他才不止一次地在诗文中提到湖南和长沙这两个地方。贯云石曾借道西川(今四川西部)顺江而下,探访先祖圣迹,临别时钱惟善写了一首《送酸斋学士之西川》诗,有句云:"三峡吞秦树,千峰秫楚云。形骸捐水石,来往更殷勤。"⑤说明两人关系非同寻常。

张雨(1283—1350),字伯雨,道号嗣真,别号贞居子、句曲外史、幻仙,钱塘人。有《句曲外史贞居先生集》传世。其生平事迹参见虞集《道园学古录》卷四八《崇寿观碑》及刘基撰《句曲外史张伯雨墓志铭》。至治二年(1322),张雨住茅山,跟随第四十三代宗师许道杞弟子周大静问学,豁然有悟,遂前往句曲(今江苏句容)开元宫从真人王道衍入道。张雨品性狷介,以诗名世,与赵孟頫、袁桷、黄溍、杨载、郑元祐、倪瓒、杨维桢等名士多所交往,深相投契。张雨比贯云石年长三岁,两人在同一座城市居住,皆以诗名世,必多交际。张雨的七言诗《芦花褥》正是在贯云石《芦花被》启发之下写成的,时人及后人以"芦花被""芦花褥""芦花散人"为题吟诗作文者不在少数,张雨亦不例外。仅从"梦同宿雁经寒暖,身与浮云较重轻"以及"卧游江海平生意,布被公教尚为名"⑥诗句看来,张雨的《芦花褥》应写于贯云石去世之后。他还在《海粟松雪酸斋杂言一卷戏题于左》七言诗中吟诵道:"翰墨风流作三笑,最怜白苎一生寒。"⑦酸斋、海粟及松雪分别指贯云石、冯子振和赵孟頫,张雨为他

---

① 孙楷第《元曲家考略》,上海古籍出版社,1981 年,第 81 页。
② 杨镰主编《全元诗》第 41 册,第 20 页。
③ [唐]李白著,瞿蜕园、朱金成校注《李白集校注》(三),上海古籍出版社,1980 年,第 1314 页。
④ [清]顾嗣立编《元诗选》二集引《酸斋集》,第 268 页。
⑤ 杨镰主编《全元诗》第 41 册,第 4 页。
⑥ [元]张雨《句曲外史贞居先生诗集》卷五《芦花褥》,《四部丛刊初编》本,第 44 页。
⑦ [元]张雨著,吴迪点校《张雨集》卷六《海粟松雪酸斋杂言一卷戏题于左》,浙江人民美术出版社,2013 年,第 269 页。

们三人的杂言题诗,绝非偶然,说明彼此相处和谐,来往甚多。前引贯云石《寄海粟》诗以及欧阳玄受阿思兰海牙之请为其父撰写《贯公神道碑》也能证明这一点。

王炼师,又称竹林珺,名讳不详,金华(今浙江金华)人。早年出家学道,任金华赤松山冲和道院主持,颇具诗名,著有《清风集》。今存王炼师七言诗《赠贯酸斋大学士》有句云:"此味安得先生知,嗟我后学殊诧见。以酸名斋世绝伦,微生何必乞诸邻。"①从"先生""后学"诸词语判断,王炼师应比贯云石年少,故有此称谓。

郏经,字仲谊,号观梦道人,又号西清居士。元、明之际陇右人,寓居海陵(今江苏泰州)。入明后侨居吴山之下,工书法,善琴操,能隐语,有《观梦》等诗文集行于世,名重一时。②郏氏有《题芦花散人小像》七言诗传世,仅从"玉堂调笑辞金鱼,月冷西湖醉魂在"以及"黄鹤飞鸣杳无迹,西风满地芦花白"等句看来,该诗应作于贯云石逝世之后。

至于陆厚其人,字、里不详,世家业儒。据杨镰考证,陆厚生卒年大约为1270—1330年,或于宋、元易代后寄身道流,是一位名不见诗史的诗人。③他在《和贯酸斋逍遥巾诗》有句云:"青绡烨烨风飕飕,追随仙子八极游。"④从句中"追随仙子"四字推断,该诗似作于贯云石生前。

2. 贯云石与西域曲家阿里西瑛交往

清儒顾嗣立编《元诗选》二集《酸斋集》收录一首《笟篥乐为西瑛公子》七言诗。那么,这位西瑛公子为何许人?检视《南村辍耕录》卷一一"金鑱刺肉"条,内言:"不八剌,字西瑛,西域人,其躯干魁伟,故人咸曰'长西瑛'。"⑤《太平乐府》卷首"姓氏"篇,有阿里耀卿及西瑛。《太和正音谱》《群英乐府格势》诸书亦提到里西瑛及阿里耀卿。西瑛,乃耀卿之子。孙楷第先生研究认为:"陶宗仪所记木八剌之西瑛,与元曲家阿里西瑛为同一人。"⑥笔者赞同孙先生这一论断。江南著名禅师中峰明本的弟子释惟则曾写过一首七言诗,题为《笟篥引》,内有"西瑛为我吹笟篥,发我十年梦相忆。钱塘月色凤凰山,曾听酸斋吹铁笛"句;又吟诵道:"我时夺却酸斋笛,敛襟共坐松根石。""山僧尚赖双耳顽,请为西瑛吐胸臆。""公归宴坐懒云窝,心空自有真消息。"诗序称:"西瑛懒云窝距余禅室半里许,时相过从,吹笟篥以为供。"⑦由上引诗句不难看出,西瑛是吹奏笟篥的高手,他用于修行的居室名"懒云窝",距释惟则禅室仅半里之遥。若与西瑛相较,酸斋不仅擅长铁笛,还与惟则禅师交好,他们两人在月色笼罩的凤凰山上分别为惟则演奏过笟篥和铁笛,这无疑是一件极富诗意、且令人陶醉的事情。在酸斋眼中,凤凰山不仅是其盛夏避暑胜地,也是修行的好地方,他在《初至江南休暑凤凰山》七言诗中吟诵道:"路隔苍苔卒未通,泉花如发玉濛濛。蛟浮海近云窗湿,蚊怯山寒葛帐空。高枕不知秋水上,开门忽见暮帆东。物华万态俱忘我,北望惟心一寸红。"由此可见,凤凰山是贯云石常去的地方,他不仅向惟则禅师请益参修,而且还同西瑛切磋演奏技巧。云石在描述西瑛演奏效果时写道:"微声辚辚喘不栖,魑魅梦哭

① 杨镰主编《全元诗》第24册,第79页。
② [元]钟嗣成撰,[明]佚名续,王刚校订《录鬼簿校订》,中华书局,2021年,第199页。
③ 杨镰《元佚诗研究》,《文学遗产》1997年第3期。
④ 杨镰主编《全元诗》第24册,第7页。
⑤ [元]陶宗仪《南村辍耕录》卷一一《金鑱刺肉》,中华书局,1997年,第141页。
⑥ 孙楷第《元曲家考略》,上海古籍出版社,1981年,第9—10页。
⑦ [清]顾嗣立编《元诗选》初集壬集壬引《狮子林别录》,第2511—2512页。

猩猩饥。壮声九漏雪如铁,酥灯焰冷春风灭。"①用"魑魅梦哭"来比喻筚篥的"微声",以春风灭灯形容其"壮声",可谓形象生动,恰到好处。难怪惟则禅师吟诵道:"西瑛筚篥且莫吹,筚篥从古称悲栗。"通过以上讨论,可以断言贯云石及阿里西瑛定居杭州期间流连于凤凰山,与江南禅僧释惟则多所来往。

结　语

综上所述,贯云石是北庭阿里海涯家族第三代传人,在诗文和散曲创作方面有很高的造诣,受到各族诗文家和民众的追捧与喜爱。休官辞禄后,或隐屠沽,或侣樵牧,寄情山水,醉心于诗文、散曲创作。这一时期,他除了和江南汉地名士黄溍、邓文原、张可久等人多所交往外,还跟信奉禅宗或道教的中峰明本、释惟则、岳鲁山、张雨以及西域曲家阿里西瑛等文坛菁英相互唱酬,交往交流,这无疑开阔了他的创作眼界,增进了各民族间的友好情谊。在江南民众眼中,他不再是来自域外的畏兀儿后生,更没有因族际间的隔膜被人误解或轻视,相反他积极研探儒家传统文化,从进呈《直解孝经》、书写《归去来辞》,到参与议行科举、制定条格,无疑是中华传统文化的践行者和传承者。这种多民族文化的并存和交融,不仅丰富了元代中华文化的内涵,而且也是中华文明发展史形成过程中特别值得总结和研究的重要内容。

New exploration of Guan Yunshi's life and career as well as his contacts with scholars of various ethnic groups in Southern China in the Yuan Dynasty

Shang Yanbin, Minzu University of China

Abstract: Guan Yunshi is a renowned writer in the Yuan Dynasty, a descendant of Uyghur. Although existing literature and historians have paid considerable attention to his life and career path, there remain numerous details worthy of more in-depth study. Through investigation of relevant materials, including poems, proses, and inscriptions, this study aims to undertake some textual research on Guan Yunshi's life and career path as well as his contacts with prominent poets, Confucian Monks and Taoists in Southern China, thereby showcasing the ethnic intermingling and cultural diversity in Southern China in the Yuan Dynasty.

Key words: Guan Yunshi; the Yuan Dynasty; Southern scholars; contacts.

(本文作者为中央民族大学历史文化学院教授)

---

① [清] 顾嗣立编《元诗选》二集引《酸斋集》,第 271 页。

元代地名变更刍议

张金铣　董中印

摘　要：元代地名变更见于《元史》约有四十多处，变更原因多与政治相关，或以政治变迁，或为帝王潜藩所在，或因灾异而起。变更地名用字多取宁、和、平、安、庆等，寓意安宁吉祥，以表达政治诉求和美好愿望。

关键词：元代；地名；政治；灾异

元代政区沿用前代之制而加以变通。《元史·百官志》谓之"其牧民者，曰路，曰府，曰州，曰县"，而统之以行省或宣慰司。尽管政区等级时有调整，而所在地名多因仍前代，元人称"国朝不改旧名"。①然而《元史》记载地名变更仍有四十余处，这些变更多因政治因素所致，反映当时政治变迁和朝廷应对措施，从侧面折射出元代政治发展的轨迹。

一、政治变迁与地名变更

元朝自世祖迁都中原，遵行"汉法"以后，历代相承的传统制度逐步在国家大政中占据主导地位，但是"汉法"与蒙古"旧俗"冲突始终不断，而蒙古贵族权力之争也异常激烈。这些激烈的斗争和政治变革也表现在地名变更上，透露出强烈的政治动向。较为突出的是顺天路、京兆府、吉州路、隆兴路、南京路、北京路、东京路、西京路、和宁路等路地名的变更。

顺天路置于保州，位在燕京之南。太宗十一年(1241)，"升州为府，锡名顺天，别作一道"。②世祖即位，改燕京为中都，置大兴府。至元八年(1271)建国号为大元，次年改中都为大都。顺天路靠近大都，"顺天"之名则有威逼大兴府之气势。至元十二年，改名为保定路。虞集《淮南献武王庙堂碑》云："顺天者故保州，以忠武(张柔)故升府，名后有所避，又改今名曰保定。"③

京、都为都城或陪都之称，为全国或区域政治中心所在，具有特殊的政治地位。元朝初期，原金朝东京、西京、北京、南京诸路之名相沿未改，西夏中兴府之称依旧保留。直到至元二十五年才得以改变。当年二月，"改南京路为汴梁路，北京路为武平路，西京路为大同路，东京路为辽阳路，中兴路为宁夏府路"。④改南京路为汴梁路，以开封旧称为名。北京路，改名武平路，意在彰显世祖平定叛王乃颜之功。西京改名大同路，东京改称辽阳路，

---

① 赵万里辑《元一统志》卷四《陕西行中书省》，中华书局，1966年，第370页。
② 苏天爵《元朝名臣事略》卷六《万户张忠武王》，中华书局，1996年，第99页。
③ 虞集《道园类稿》卷三七《淮南献武王庙堂碑》，元人文集珍本丛刊本，新文丰出版公司，1985年。
④ 宋濂《元史》卷一五《世祖纪十二》，中华书局，1976年，第309页。

取其所在府名。中兴路改称宁夏府路，取西夏安宁之意。元朝更改前朝都城及陪都称号，降为普通路分，以凸显大都、上都作为元朝"两都"的政治地位。

京兆路，原为世祖忽必烈封地。至元九年十月，转封世祖第三子、安西王忙哥刺，"封皇子忙哥刺为安西王，赐京兆为分地，驻兵六盘山"，①"王府冬居京兆，夏徙六盘山，岁以为常"。②十六年十二月，改京兆路为安西路。忙哥刺死后，其子阿难答嗣封安西王。吉州路，至元十八年世祖分封江南户钞，授予安西王阿难答。③大德十一年（1307）正月，安西王阿难答卷入皇位之争，为成宗之侄爱育黎拔力八达（元仁宗）所杀。至大四年（1311）正月，武宗病死，仁宗即位。皇庆元年（1312）二月，"改安西路为奉元路，吉州路为吉安路"。④安西、吉州改名，显然意在消除安西王在两地的政治影响。

大都之北的隆兴路，原为金朝西京路所属抚州。"元中统三年，以郡为内辅，升隆兴路总管府，建行宫。"⑤隆兴位于大都与上都之间，交通地位重要。武宗推行"惟新"之政，即位当年就在隆兴路旺兀察都建宫殿，"建行宫于旺兀察都之地，立宫阙为中都"。至大元年（1308）七月，"旺兀察都行宫成，立中都留守司兼开宁路都总管府"。⑥随后，中都立开宁县，以大同路隶属中都留守司。四年正月，武宗病死，仁宗即位，以"变乱旧章，流毒百姓"为名，诛杀尚书省宰执三宝奴、脱虎脱、乐实等人，"罢城中都"，四月，"罢中都留守司，复置隆兴路总管府，凡创置司存悉罢之"。⑦次年十月，改隆兴路为兴和路。

和林路为蒙古旧都所在，世祖南迁后，和林失去国都地位，但此处系元朝"祖宗根本之地"，⑧诸王星罗棋布，在蒙古皇位争夺中有着特殊的地位。大德十一年七月，武宗自漠北归来称帝，改设和林等处行中书省，并置和林路，以强化朝廷对蒙古诸王控制。仁宗长于怀州（今河南怀庆），通晓儒学，深知控制漠北对保持元朝皇帝正统地位的重要性，皇庆元年（1312）改和林等处行省为岭北行省，和林路为和宁路，⑨希冀漠北地区安宁。

邕州位于岭南西部，为溪洞僚僮分布之地。至元十三年设置邕州安抚司，"十六年，改为邕州路总管府，兼左右两江溪洞镇抚"，隶左右两江道宣慰司都元帅府。元贞元年（1395），左右两江道与广西道宣慰司合并为广西两江道宣慰司都元帅府，置分司于邕州。泰定元年（1324），改为南宁路，取"南方安宁"之意。

徐州最初隶属归德府。至正八年（1348）六月，"诏升徐州为路，职从三品，割滕、峄、邳、宿四州隶焉"。⑩然至正十一年五月，北方红巾起义爆发。八月，邳县人芝麻李、赵君用、彭大等起兵响应，攻占徐州，迅速席卷淮北。次年九月，中书右丞相脱脱亲率大军南

① 宋濂《元史》卷七《世祖纪四》，第 143 页。
② 宋濂《元史》卷一六三《赵炳传》，第 3837 页。
③ 宋濂《元史》卷二四《仁宗纪一》："世祖次子安西王忙哥剌位：岁赐，段一千匹，绢一千匹。江南户钞，至元十八年，分拨吉州路六万五千户，计钞二千六百锭。"
④ 宋濂《元史》卷二四《仁宗纪一》，第 550 页。
⑤ 宋濂《元史》卷五八《地理志一》，第 1352 页。
⑥ 宋濂《元史》卷二二《武宗纪一》，第 500 页。
⑦ 宋濂《元史》卷二四《仁宗纪一》，第 541 页。
⑧ 许有壬《至正集》卷四五《敕赐兴元阁碑》，元人文集珍本丛刊本。
⑨ 宋濂《元史》卷五八《地理志一》，第 1383 页。
⑩ 苏天爵《滋溪文稿》卷三《新升徐州路记》，中华书局，1997 年，第 38 页。

下,攻克徐州,捕杀芝麻李,"遂屠其城",①在徐州进行疯狂屠杀。脱脱班师回朝,加封太师。元朝在徐州为脱脱建生祠,立徐州平寇碑,"诏改徐州为武安州,而立碑以著其绩"。②

二、帝王潜藩与地名变更

作为帝王潜邸所在或曾经驻留之地,通过更改地名,扩大其政治影响。江西行省驻地隆兴路,至元十九年授皇太子真金为分地,二十一年改为龙兴路。③其他还有成宗改鄂州路为武昌路,仁宗改怀孟路为怀庆路,升缙山县为龙庆州,文宗改潭州路为天临路、建康路为集庆路、江陵路为中兴路、琼州路为乾宁路等。

鄂州前为南宋军事重镇,置武昌军节度。宪宗九年(1259),忽必烈亲率大军围攻鄂州数月。至元十一年,元军大举攻宋,"权州事张晏然以城降,自是湖北州郡悉下"。④至元十四年,置鄂州路总管府。大德五年(1301),元成宗调遣湖广军队征讨云南八百媳妇,以鄂州曾为世祖驻跸之地,改称武昌路。《元史·地理志》云:"大德五年,以鄂州首来归附,又世祖亲征之地,改武昌路。"

龙庆州,原为宣德府奉圣州缙山县。至元二十二年,元仁宗在此出生。"延祐三年,割缙山、怀来来隶大都,升缙山为龙庆州。龙庆州领怀来一县。"⑤《元史》卷二五《仁宗纪二》载,延祐三年九月,"改缙山县为龙庆州,帝生是县,特命改焉"。

怀孟路置于怀州。《元史·地理志》"怀庆路"条载:"元初,复为怀州。太宗四年,行怀、孟州事。宪宗六年,世祖在潜邸,以怀、孟二州为汤休邑。七年,改怀孟路总管府。"然据钱大昕《潜研堂金石文跋尾》考证,中统以前,怀孟路称作怀孟州。⑥至元元年(1264)以怀孟州隶彰德路,"二年,复以怀孟自为一路"。怀孟于宪宗时益封忽必烈为分地,后为裕宗次子答剌麻八剌(元顺宗)所继承。至元二十八年,顺宗答剌麻八剌出镇怀孟。其次子爱育黎拔力八达自幼居于怀孟路。至大四年正月,爱育黎拔力八达即位,是为仁宗。"延祐六年,以仁宗潜邸,改怀庆路"。⑦

文宗图帖木儿为武宗次子。延祐三年(1316),元仁宗违背叔侄相承之约,封武宗长子和世㻋为周王,令其出镇云南,和世㻋被迫出走西北,依附察合台后王。英宗即位后,武宗次子图帖木儿也被贬出大都。至治元年(1321)五月,图帖木儿出居海南岛。这种情况到泰定帝时才有所改变。泰定帝改元后,"召帝(元文宗)于海南之琼州,还至潭州,复命止之,居数月,乃还京师。十月,封怀王,赐黄金印。二年正月,又命出居于建康,以殊祥院使也先捏掌其卫士"。致和元年(1328)三月,泰定帝病重,局势不稳,"时也先捏私至上都,与倒剌沙等图弗利于帝(文宗),乃遣宗正扎鲁忽赤雍古台迁帝居江陵"。⑧

① 权衡著,任崇岳笺证《庚申外史笺证》卷下,中州古籍出版社,1991年。
② 宋濂《元史》卷一三八《脱脱传》,第3346页。
③ 宋濂《元史》卷六二《地理志五》,第1508页。
④ 宋濂《元史》卷六三《地理志六》,第1523页。
⑤ 宋濂《元史》卷五八《地理志一》,第1349页。
⑥ 钱大昕《潜研堂金石文跋尾》卷一八《祭济渎记》,《嘉定钱大昕全集》(六),江苏古籍出版社,1997年,第481页。
⑦ 宋濂《元史》卷五八《地理志一》,第1362页。
⑧ 宋濂《元史》卷三二《文宗纪一》,第703—704页。

致和元年七月,泰定帝病死于上都,中书左丞相倒刺沙把持朝政。时武宗旧部、金枢密院事燕帖木儿留守大都,趁机发动兵变,拥戴武宗之子。鉴于周王和世㻋远在西北,派人迎请留居江陵的怀王图帖木儿来京。九月,图帖木儿即位于大都,改元天历,是为文宗。最终燕帖木儿打败上都集团,取得两都之战胜利。文宗即位前,屡遭政治迫害,辗转流徙,出居海南琼州三年,转徙建康五年,途经潭州数月,致和元年三月移居江陵,八月返回大都。天历二年(1329)三月,"改潜邸所幸诸路名:建康曰集庆,江陵曰中兴,琼州曰乾宁,潭州曰天临"。①

三、自然灾害与地名变更

元代自然灾害频发,其中以水灾、旱灾、地震等造成危害较为严重。朝廷视自然灾害为上天示警,归咎为朝廷或官府失职、不能燮理阴阳所致。当灾害发生后,朝廷举行攘灾祈祷,询问"致灾之由",②讲求"弭灾之道",③鼓励吏民上书言事,消除弊政,并把更改地名看成减灾救灾之策。较为突出的是,至元二十九年改武平路为大宁路,大德四年改平滦路为永平路,大德九年改平阳路为晋宁路,太原路为冀宁路,天历二年改盐官州为海宁州,后至元年间改宣德府为顺宁府,奉圣州为保安州。

武平路原称北京路,至元二十五年改名。当年武平路即发生地震。据袁桷《清容集》卷三十二《梁德珪行状》:"戊子岁(1288),北京地震。"此后多次发生地震,以至元二十七年地震最为严重。八月二十三日,"地大震,武平尤甚,压死按察司官及总管府官王连等及民七千二百二十人,坏仓库局四百八十间,民居不可胜计"。④随后余震断断续续,持续时间较长。"至元二十九年九月,改武平路为大宁路"。⑤

大德七年,北方发生破坏最为严重的大地震。这次地震始于八月初六,平阳、太原两路受灾最重,波及华北、东北地区。《元史·五行志上》载:"八月辛卯(初六)夕,地震。太原、平阳尤甚,坏官民庐舍十万计。平阳赵城县范宣义郇堡徙十余里。太原徐沟、祁县及汾州平遥、介休、西河、孝义等县地震成渠,泉涌黑沙。汾州北城陷,长一里,东城陷七十余步。"⑥到次年正月,余震不断。朝廷采取赈灾措施,减免赋税,并于大德九年五月,"以地震,改平阳为晋宁,太原为冀宁"。⑦

宣德府也是地震频发地区。至治二年(1323)十一月,"宣德府宣德县地屡震,赈被灾者粮钞"。⑧后至元三年(1338)八月,宣德府发生地震。⑨四年八月,"辛未,宣德府地大震"。⑩宣德府所属奉圣州,后至元四年二月、七月,先后发生两次地震,特别是七月,"己

---

① 宋濂《元史》卷三三《文宗纪二》,第731页。
② 宋濂《元史》卷一七二《赵孟頫传》,第4020页。
③ 宋濂《元史》卷一六八《陈天祥传》,第3950页。
④ 宋濂《元史》卷一六《世祖纪十三》,第339页。
⑤ 赵万里辑《元一统志》卷二《辽阳行中书省》,中华书局,1966年,第191页。
⑥ 宋濂《元史》卷五〇《五行志上》,第1083页。
⑦ 宋濂《元史》卷二一《成宗纪四》,第464页。
⑧ 宋濂《元史》卷二八《英宗纪二》,第625页。
⑨ 宋濂《元史》卷五一《五行志下》,第1112页。
⑩ 宋濂《元史》卷三九《顺帝纪二》,第845页。

酉,奉圣州地大震,损坏人民庐舍"。八月,"癸未,改宣德府为顺宁府,奉圣州为保安州"。①《元史·五行志》及《地理志》作,宣德府,"仍至元三年,以地震,改顺宁府"。

因水灾而更名,主要有济州、平滦路和盐官州等。济州地处黄河下游、泗水中游,经常发生水灾。《元史·五行志》记载济宁路水灾就有 17 次之多。至元八年,升济州为济宁府,为避水害,迁府治于任城。十二年,复置济州,隶济宁府。"十六年,济宁升为路,置总管府"。②

平滦路是水灾较为严重地区。至元二十六年十月,"平滦路水,坏田稼一千一百顷"。③此后持续数年水灾不断,到大德初年,又连续水灾。"大德四年,以水患改永平路"。④盐官县,元贞元年(1294),"以户口繁多,升为盐官州",天历二年,改为海宁州。《元史·地理志》载,"海宁东南皆滨巨海,自唐、宋常有水患,大德、延祐间亦尝被其害。泰定四年春,其害尤甚,命都水少监张仲仁往之,沿海三十余里下石囤四十四万三千三百有奇,木柜四百七十余,工役万人。文宗即位,水势始平,乃罢役,故改曰海宁云。"

附表:《元史》所见地名变更表

序号	原地名	更改名	更改年代	更改原因	备　注
1	抚州	隆兴府	中统三年	升府、京畿	
2	邢州	顺德府	中统三年	升府、投下	
3	济州	济宁府	至元八年	升府、水灾	
4	甘肃路	甘州路	至元八年	析分	
5	顺天路	保定路	至元十二年	犯忌	
6	善阐路	中庆路	至元十三年	不详	
7	博州路	东昌路	至元十三年	不详	
8	利州路	广元路	至元十四年	不详	
9	洺磁路	广平路	至元十五年	不详	
10	南剑路	延平路	至元十五年	不详	
11	京兆路	安西路	至元十六年	安西王分地	
12	隆兴路	龙兴路	至元十九年	皇太子分地	
13	淄莱路	般阳路	至元二十四年	不详	取汉县名
14	北京路	武平路	至元二十五年	政治变迁	

① 宋濂《元史》卷三九《顺帝纪二》,第 843—845 页。
② 宋濂《元史》卷五八《地理志一》,第 1366 页。
③ 宋濂《元史》卷五〇《五行志上》,第 1051 页。
④ 宋濂《元史》卷五八《地理志一》,第 1352 页。

续　表

序号	原地名	更改名	更改年代	更改原因	备　注
15	南京路	汴梁路	至元二十五年	政治变迁	
16	东京路	辽阳路	至元二十五年	政治变迁	
17	中兴路	宁夏府路	至元二十五年	政治变迁	
18	西京路	大同路	至元二十五年	政治变迁	
19	武平路	大宁路	至元二十九年	地震	
20	蔡州	汝宁府	至元三十年	升府	
21	平滦路	永平路	大德四年	水灾	
22	鄂州路	武昌路	大德五年	世祖潜邸	
23	太原路	冀宁路	大德九年	地震	
24	平阳路	晋宁路	大德九年	地震	
25	隆兴路	开宁路	至大元年	政治变迁	
26	和林路	和宁路	皇庆元年	政治变迁	
27	安西路	奉元路	皇庆元年	政治变迁	
28	吉州路	吉安路	皇庆元年	政治变迁	
29	开宁路	隆兴路、兴和路	皇庆元年	政治变迁	
30	缙山县	龙庆州	延祐三年	仁宗潜邸	
31	怀孟路	怀庆路	延祐六年	仁宗潜邸	
32	邕州路	南宁路	泰定元年	政治变迁	
33	潭州路	天临路	天历二年	文宗潜邸	
34	建康路	集庆路	天历二年	文宗潜邸	
35	江陵路	中兴路	天历二年	文宗潜邸	
36	琼州安抚司	乾宁安抚司	天历二年	文宗潜邸	
37	盐官州	海宁州	天历二年	海潮	
38	宣德府	顺宁府	后至元三年	地震	一作后至元四年
39	奉圣州	保安州	后至元四年	地震	
40	徐州路	武安州	至正十四年	政治变迁	

结　语

元代地名大抵承袭前代而不改,其间或者改用古旧地名,如淄州路改为般阳路,"取汉县以为名"。①然地名变更多与政治因素有关,其中以路府地名更改较多,而又以世祖至元后期、仁宗及文宗时期较为突出。元世祖遵行"汉法",改革蒙古旧制,而仁宗、文宗皆通晓儒学,汉化程度颇深,故其设施多依从中原传统礼法。变更地名大致包括两方面,一是政治变迁,出于加强中央集权、巩固统治的需要。诸如消除政敌的影响,安西路改为奉元路、吉州路改为吉安路等;清除前朝的痕迹,南京路改为汴梁路、北京路改为武平路、中兴府路改为宁夏路等;扩大帝王潜藩之地影响,鄂州路改为武昌路、怀孟路改为怀庆路等。二是应对重大灾害,攘灾祈福。朝廷视灾害为上天示警、阴阳失调,除赈灾减税外,还要攘灾祈祷,并通过更改地名表达愿望。如地震灾害不止,改平阳路为晋宁路,太原路为冀宁路,又如盐官州屡遭海潮侵袭,改为海宁州等。在更改地名时,元朝多取安宁、安定、平安、祥和之类吉祥文字,以表达政治诉求,寄托美好愿望。

Changes of Place Names and Politics in the Yuan Dynasty
Zhang Jinxian & Dong Zhongyin, Anhui University

Abstract: There were more than 40 changes of place names in the Yuan Dynasty, the reasons of which were mostly related to politics, Or by political vicissitude, or because Where the emperor lived, or because of disaster. Changing the names of places with more characters for Ning, He, Ping, An, Qing and so on, implies peace and auspiciousness to express political aspirations and good wishes.

Keywords: the Yuan Dynasty; Place Name; Politics; Natural Disasters

(本文作者分别为安徽大学历史学院教授,博士研究生、副教授)

---

① 　宋濂《元史》卷五八《地理志一》,第 1373 页。

从宫观创建看金元时期全真道的发展分期

程　越

摘　要：全真道的宫观制度是逐步形成的，最初的基石是严格的道士出家制度，随着全真道的发展，宫观建筑规制、宫观经济、宫观管理等制度渐趋完善。作者综合各种史料，建立了一个《金元时期全真道宫观数据库》，收录宫观 1 200 多座。在此基础上，本文统计了从全真道创立到元朝灭亡二百年间宫观创建的变化情况。统筹考虑其他因素，将金元时期全真道的发展划分为四个阶段：初创期（1167—1222）、全盛期（1223—1255）、抑制期（1256—1308）和后弘期（1309—1368），同时对每个时期的成因、特点等进行了分析。

关键词：全真道；金元时期；道士出家制度；宫观制度；数据库

全真道是创立于金朝中期的一个新兴道教派别。其创始人王重阳建立了严格的道士出家制度，经马钰等七大弟子的弘扬，尤其是在丘处机西行谒见成吉思汗之后，全真道在北方获得了很大的发展。

金元之际是全真道发展的全盛期。在蒙古灭金的战争环境中，朝不保夕的普通民众希望求得免死甚至免役、免税，也渴望有精神上的寄托。作为征服者的成吉思汗等蒙古贵族，则希望迅速建立稳固的统治，不战或少战而屈人之兵。全真道先已在教理上融合了儒、释、道三家的思想，成为禅宗、理学之后第三家完成"三教合一"努力的思想流派。其在教义上主张性命双修，冷落外丹服食、放弃追求长生不死飞越上清，转为精神长存而形体不离凡间；同时辨明大势、抓住时机，充当了蒙古统治者与汉地民众之间的中介，成为一种调节、缓冲的势力。这不仅为社会的稳定、中华文化的革新作出了贡献，也为本教派乃至道教的发展壮大创造了契机。

在教制上，与之前的传统道教相比，全真道建立了较为完整的宫观制度，使道士的身份职业化。在全真道以前，宫观的功能主要在于祀神、做法事，是全真道赋予其新的丰富内涵。全真道以"修身养性为功，以立观度人为行"，[①]重视宫观的兴建。宫观是全真道士的立身之本，这些抛弃凡俗的道士以此为依托，组成了一个个职业化的教团。宫观的建筑、内部的组织、经济的活动与国家设置的管理机构构成了一整套制度。正是由于宫观制度，全真道不再是松散的宗教结社或一般的民间信仰，而成为相对独立、凝聚力较强的教团，才可以不畏当政者的打击、压制，凭借完善的组织形态顽强地生存并发展起来。也正是由于制度设计的不同，在先其创立的真大道、太一道等北方道派逐渐湮没不闻时，全真道却能向南发展、越过长江，还影响了当地的正一道等宗派。

全真道的宫观制度是逐步形成的，伴随着信徒的增加、宫观分布的广泛，道士由于师承而产生宗派，宫观由于财富的积累而衍生出各种经济形态，金元政府遂建立起各级管理

---

① 　李道谦《终南山祖庭仙真内传》卷下"洞真真人"条，收入《道藏要籍选刊》，上海古籍出版社，1989 年。

机构。1996年我撰成博士论文《金元时期全真道宫观研究》(齐鲁书社2012年出版)时，建立了一个《金元时期全真道宫观数据库》，收录宫观1 200多座，试图在说明全真道的发展时能提供定量的依据。本文的编本是博士论文正文的第一章，分析了从全真道创立到元朝灭亡的两百年间宫观创建情况的变化，统筹考虑其他因素，将金元时期全真道的发展划分为初创期、全盛期、抑制期和后弘期四个阶段，并归纳了不同阶段的发展特征。

全真道士的出家制度

陕西咸阳人王重阳(1112—1170)开创了全真道的宫观制度，规定道士须出家修行。《全真教祖碑》记王重阳两遇仙人后，"弃妻子，携幼女送姻亲家，曰：'他家人口，我为养大。'弗议婚礼，留之而去。又为诗，故以猥语詈辱其子孙"。① 在咸阳南时村掘穴，称"活死人墓"，后移居终南刘蒋村。1167年出潼关，往山东传教。

大定七年(1167)闰七月十八日，王重阳抵宁海州，当地富户马钰(1123—1183)与高巨才邀他住在范明叔怡老亭，题为"全真庵"，是为全真道第一座宫观。

卿希泰主编《中国道教史》认为，1187年王处一被金世宗召见以前，"全真教作风刻苦朴素，尚未营造起本派的宫观"。② 这个观点的前提，是以旧道派的宫观标准来衡量全真道的丛林，亦即看其是否得到政府的牒文。但是，全真道是新兴道派，各界不会因为教祖王重阳不按照国家规定受度持戒而否定他的道士身份，同样，我们也不能因为早期的全真道庵无敕赐观额、而否定其道教建筑性质。全真道认为，丛林最根本的功能是养气炼性之地，符合这一标准的就可以称作全真丛林。用官方的公据、戒牒为衡量尺度，将无法反映全真道发展的真实情况。在成吉思汗1223年赐与丘处机的圣旨中宣称保护"丘神仙应有底修行底院舍等"，③元仁宗延祐元年(1314)颁给掌教孙德彧的圣旨对全真道的"宫观庵庙"统加护持，④这都寓意朝廷是把修行功能作为判断宫观重要标准的。

王重阳在全真庵先收丘处机(1148—1227)、郝大通(1140—1212)二徒。十月起他锁庵而居，反复劝诱马钰与妻子孙不二分居，"两次分梨，剖割与夫妻分食之，意欲俱化也"。⑤ 次年二月八日，终于使马钰出家。就在王重阳住庵期间，谭处端(1123—1185)因患风痹前来求治，一月后痊愈，遂执弟子礼。"其妻严氏诣庵呼归，公怒而黜之"。⑥ 王重阳明确以"捐妻却母"为脱离凡俗的条件。⑦

《晋真人语录》是一部讲述全真道早期宗教思想的著作，王重阳曾加以引用，《语录》中有一首名为《出家修行》的诗："一自离尘是出家，无为无作我生涯。若人问我修行诀，云散青天月自华。"署名王重阳著的《重阳立教十五论》论述了全真道士的修行准则，直接说道人"立身之本在丛林"，"凡出家者先须投庵。庵者，舍也，一身依倚。身有依倚，心渐得安，气神和畅，入真道矣"。创教之初的全真道徒们无意于建筑的宏大与装饰的精美，只求三五道

① 陈垣等编纂《道家金石略》，文物出版社，1988年，第451页，《全真教祖碑》。
② 卿希泰主编《中国道教史(第三卷)》，四川人民出版社，1993年，第38页。
③ 《周至重阳万寿宫圣旨碑》，蔡美彪《元代白话碑集录》，科学出版社，1955年，第1页。
④ 《周至重阳万寿宫圣旨碑》，蔡美彪《元代白话碑集录》，第68页。
⑤ 《重阳全真集》，《道藏》，上海书店、天津古籍出版社、文物出版社，1988年。
⑥ 李道谦编《甘水仙源录》卷一《长真子谭真人仙迹碑铭》，《道藏要籍选刊》本。
⑦ 《重阳全真集》。

友有潜心悟道之所，"茅庵草舍须要遮形。露宿野眠，触犯日月。苟或雕梁峻宇，亦非上士之作为。大殿高堂，岂是道人之活计。斫伐树木，断地脉之津液，化道货财，取人家之血脉"。

马钰在王重阳之后执掌全真道，他的《丹阳真人十劝》起到了早期全真教规的作用，其中规劝道众"居庵屋不过三间，道伴不过三人"。① 所著《丹阳真人语录》中则要求道士舍弃尘缘："凡作道人，须是刚肠男子，切莫狐疑不决。但念性命事大，力行不退，期于必成。若儿女情多，烟霞志少，非所谓学道者也。"

全真道在金元时期的各代传人一直坚持出家住丛林制度。丘处机卒后，王志谨是影响最大的一位高道，尤其在河南等地很有势力。王否定了在家修行的可能性，所著《盘山栖云王真人语录》云："出家人久居丛林，朝夕训诲，朝夕磨炼，尚且乖疏。因循不进，道心渐减，尘事日增，放荡猖狂，不能虚静。况在俗中，孤行独立，尘情荏苒，爱境牵缠，障道因缘，头头皆是，不自知觉，虽遇圣贤，不能劝化。百端扭捏，诳惑闾阎，迤逦沉沦，福销业长，渐渍深重。若肯回头，犹能救得，合尘背道，无可奈何，地狱不远矣。"按照他的说法，不出家不仅难以悟道，而且很容易堕入地狱。

祁志诚在元世祖焚经前后统领全真道，可谓受命于危难之际，所著《西云集》被收入《道藏》，其中有《赠在家学道二首》。一云："幼稚修仙出俗笼，犹然不悟本元容。在家言了希夷理，笑杀庞公与许公。"一云："在欲难通出世机，居尘不许慕希夷，若凭口说成因果，画饼充斋怎济饥。"祁掌教不以在家成道为然的态度同样鲜明。

元代戏曲家马致远写的杂剧《马丹阳三度任风子》，专门写了甘河镇（在今西安市鄠邑区）任姓屠夫"为神仙休了脚头妻，菜园中摔死亲生儿"②的故事，反映出全真道出家修行的教义已渐渐深入民间。道士出家是全真宫观制度的核心，随着宫观的建立和发展，其建筑规制、宫观经济、宫观管理制度也渐趋完善。

从《金元时期全真道宫观数据库》分析宫观创建的时间

1996年以前的学者在论述全真道的发展时，往往是基于对史料的总体印象来分析形势，相对缺少定量研究。中国台湾学者郑素春在其《全真道与大蒙古国帝室》一书中列有《全真道宫观一览表》，资料来源仅限于《道藏》、宫观总数也只有105座，③样本的不足影响了她所作结论的权威性。张广保《金元全真道内丹心性学》云："据不完全统计，在北方地区约有全真宫观数百所。"④

我综合《道家金石略》《道藏》和地方志等史料，建立了一个《金元时期全真道宫观数据库》，收录宫观1 200余座，在博士论文出版时已作为正式一章收录。此数据库系运用Foxbase＋数据库软件制成，可以进行索引、排序、累加等操作。

该宫观数据库包括了8个项目：

1. 宫观号。给每座宫观一个四位数的编号。

---

① 玄全子《真仙直指语录》，《道藏》本。参见《丹阳真人十劝碑》，《道家金石略》，第432页。
② 王季思主编《全元戏曲（第二卷）》，人民文学出版社，1990年，第37页。
③ 郑素春《全真教与大蒙古国帝室》，台湾学生书局，1987年，第114—141页。
④ 张广保《金元全真道内丹心性学》，三联书店，1995年，第48页。

2.道观名。标出宫观的全称,对于由庵升观、或由观升宫等观名发生变化的,也尽量以"/"号一一说明。

3.原址。宫观在金元时期的地址。依照《元史·地理志》的顺序排列,即中书省、岭北、辽阳、河南、陕西、四川、江浙、湖广,少数地址不详宫观作"它"(为统计行省分布,电子数据库中还设有"行省"一栏,如大都属"中书省"。为节省篇幅并便于比较,对于不同时期的地名,统一以《中国历史地图集》第七册为准,如金朝的燕京修真观亦统计为"中书省")。

4.今址。宫观现在的地址(在统计依省分布时,电子数据库加了"今省"一栏,但将北京、天津归为河北省,上海归入江苏省,如松江长春道院属"江苏省")。

5.创建年代。宫观创建的时间,或是由其他宗派宫观改为全真道的时间。

6.最早记载。如果没有创建年代,则选择该宫观最早见诸史料的时间。创建年代与最早记载均不详者,记作"0"。

7.宗主。分析宫观所属的宗派支系。

8.资料来源。以缩略语的形式说明上述数据的来源。缩略语对照表附见于"参考文献"。为节省篇幅,《道家金石略》已收碑传,不再注明其他出处。少数著名宫观见于史料记载次数较多,以"等"略之。

现将1167—1368年元灭亡之间两百年,每十年分为一个单元统计创建宫观的变化,并以曲线图的形式制成《全真道宫观创建时间分布图》。

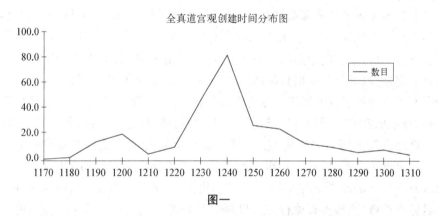

图一

根据《全真道宫观创建时间分布图》,参考其他史料,可以把金元时期全真道的发展划分为四个阶段。后文分述,先制成《全真道宫观创建分期发展图》如下。

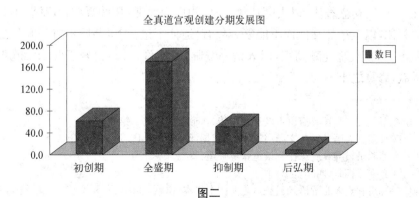

图二

初创期（1167—1222）

王重阳立全真庵后，主要在山东半岛的东部传教，在莱州、登州、宁海州先后创立了三教七宝会（文登）、三教金莲会（宁海）、三教三光会（福山）、三教玉华会（蓬莱）、三教平等会（掖县），建成最早的全真道基层信徒组织。

马钰掌教期间（1167—1182），全真七子主要是在各地苦修，建立的道院很少。丘处机先入磻溪、后入龙门修道十三年，谭处端和刘处玄在洛阳居庵，郝大通在沃州石桥下悟道，王处一在查山苦修。

刘处玄继任掌教后，情况有所改观。尤其是在金世宗1187年召见王处一、丘处机之后，更有不同。丘处机在由燕京返终南山途中，在修武、洛阳等地建资福、岳云、云溪等观。① 金章宗1197年召见王处一，赐燕京崇福观、修真观；见刘处玄，赐观额五道。承安二年（1197）王处一徒买观额，将牟平圣水庵改为玉虚观。

这一时期，第二代全真高道主要传教于两个地区：山东胶东半岛的莱州等三州和陕西、河南接壤的京兆—终南山—洛阳一带，创建的宫观也集中于此。

据现有史料统计，在初创期全真道建立宫观63所，数量较少，有以下几个原因。

第一，全真道初创时，收徒非常严格，故影响不可能大。王重阳对七真一向苛刻。马钰回忆："祖师尝使弟子：'去宁海乞化些小钱米，我要使用。'弟子道：'教别个弟兄去后如何？弟子有愿不还乡里。'祖师怒打到平旦而止，打之无数，吾有退心，谢他丘师兄劝住，迨今不敢相忘。"② 王重阳临死以前在开封时言行更是诡异，室外天寒地冻，他令弟子用化来的钱买了许多木材，堆在室中点燃。屋子窄小，他偏让马钰、谭处端立于室内，而丘处机、刘处玄立于室外，屋里的人不堪其热，屋外的人不堪其寒，刘处玄于是逃离。

全真七子也继承了他的风格。张志素与其他愿意入道的人到东莱谒见丘处机，"长春嚼齿大骂，漫不加省，二三子大惧，皆逡巡遁去，师留请益恭。长春嚯然笑曰：孺子可教。遂以备庖爨之列"。③ 丘处机曾告诫尹志平："勿化小末人出家，盖道非薄质可受。"④

甚至在金世宗求道时，丘处机也不愿意迁就对方的皇帝身份过度降低持戒的标准。他后来对尹志平回忆说："俺在大定间入见时，进词毕，承旨求道，俺心许传《谷神》一章，以万乘之君恳心求道，况乃实有德行，亦足以传，然必能持戒七日而后可。曰不能。减至五日，又曰不能。又减至三日，近侍犹以为难，遂止。"⑤

第二，全真初创时，以保全性命、修身养性，而不是立观度人为旨。据尹志平在《北游语录》中说，马钰"初立教法，以去奢从俭、与世相反为大常，凡世所欲者，举皆不为，只缘人多生爱欲不休，以至迷却真性而不能复。故有'道伴不过三人，茅屋不过三间'之戒。至于建祖堂亦止三间，其基址颇高爽，门人请一登临，竟莫许，且曰：'吾于此未尝施工，况登临乃人之所欲，修真之士不为。'"

① 《全真第五代宗师长春演道主教真人内传》，《道家金石略》，第634页。
② 马钰《丹阳真人语录》，艺文印书馆1962年据涵芬楼本影印《道藏》，叶十二下。
③ 《甘水仙源录》卷四《应缘扶教崇道张尊师道行碑》。
④ 于钦《齐乘》卷四，《四库全书》本，叶三九下。
⑤ 尹志平《清和真人北游语录》卷三，艺文印书局本《道藏》，叶六下。

1197年王处一被召至京城，门人于道润买观名，将圣水庵扩建为玉虚观，王归山东后责备他说："至道之人，旁日月而挟宇宙，官天地而府万物，尚何以居处累耶？"①

第三，缘于金朝政府对道教的限制。全真道创于金大定间。而金世宗对释老都不太尊信，1168年曾说："至于佛法，尤所未信。"1179年又说："人多奉释老，意欲徼福。朕早年亦颇惑之，旋悟其非。且上天立君，使之治民，若盘乐怠忽，欲以侥幸祈福，难矣。果能爱养下民，上当天心，福必报之。"②只是到了晚年，世宗为求长生才接见王处一等人。章宗即位后不久，于明昌元年（1190）元月下令"禁自披剃为僧道者"。六月，又敕令僧、道三年一试。考试选拔的规定极其严格，"道士、女冠、童行念《道德》《救苦》《玉京山》《消灾》《灵宝度人》等经，皆以诵成句、依音释为通"。应试者中三十取一，"道士女冠及三十人者放度一名，死者令监坛以度牒申部毁之"。③十一月，禁罢全真及五行毗卢。④虽然因为权臣的疏通，全真免遭禁绝，但是章宗限制僧道发展的政策一直没有大的变更。承安元年（1196），章宗放宽政策，以"不毁除、不崇奉"⑤为原则，稍微增加了限额，"敕自今长老、大师、大德不限年甲，长老、大师许度弟子三人，大德二人，戒僧年四十以上者度一人。其大定十五年附籍沙弥年六十以上并令受戒，仍不许度弟子。尼、道士、女冠亦如之"。⑥虽然因为与蒙古的战争，到金朝末年政府开始出卖度牒以助军费，但是在兵乱之中实行的这条政策，似乎对于全真道已没有多大裨益。

自丘处机始，全真道才以建立宫观为积累功行的一项重要手段，大力加以提倡。丘处机提倡内外功行兼重，他自己是苦行的实践者，同时并不排斥其他扩张教门的方法。丘处机不排斥和旧教派的合作，"幸遇门庭开教化，临逢斋醮莫推辞"。⑦在论述传播与推广教化时，丘处机对尹志平说："道释杂用权，惟儒家不用。"尹志平解释为：盖道释之教方便以化人，为中人以下设，此圣人之权也，⑧也就是说可以用斋醮祈福、建宫立观甚至符箓咒水这些王重阳创教时所不许的办法来推广教化。

丘处机已开始重视宫观的兴建。他曾将山东的几大宫观作一比较："在所道院，武官（刘处玄门下灵虚宫）为之冠，滨都（丘处机门下太虚宫）次之，圣水（王处一门下玉虚宫）又次之。若辈得居于此（怀州清真观），则与滨都、圣水相甲乙矣。"⑨

1219年丘处机西行见成吉思汗，对全真道发展是一件有决定性意义的大事。1223年丘处机从西域返回，行至盖里泊深夜召集弟子训话："今大兵之后，人民涂炭，居无室，行无食者，皆是也。立观度人，时不可失。此修行之先务，人人当铭诸心。"⑩在宣德朝元观致信河朔州府官僚将帅："王室未宁，道门先畅，开度有缘，恢洪无量。群方帅首，志心归

① 《玉虚观记》，《道家金石略》，第441页。
② 《金史》卷六，第141页；卷七，第173页，中华书局，2001年。
③ 《金史》卷五五《百官志》，第1234页。
④ 《金史》卷九，第213页、215页、216页。
⑤ 《金史》卷一○六，《张暐传》，第2329页。
⑥ 《金史》卷十，第238页。
⑦ 《昌阳黄箓醮》，丘处机《磻溪集》，艺文印书局本《道藏》太平部。
⑧ 《清和真人北游语录》卷二，叶十二上；卷四，叶十上。
⑨ 《道家金石略》，第471页，《怀州清真观记》。
⑩ 《甘水仙源录》卷十《大都清逸观碑》。

向,恨不化身,分酬众望。"①大力扩张教门的思想已非常明确。

全盛期(1223—1255)

1224 年,丘处机进住燕京。姬志真《终南山栖云观碑》云:"至于国朝隆兴,长春真人起而应召之后,玄风大振,化洽诸方,学徒所在,随立宫观,往古来今,未有如是之盛也。"②此前十年创建的全真道宫观为 15 座,而此后十年创建的全真道宫观为 56 座,几乎翻了两番。以此为标志,全真道的发展进入全盛期。

当时各地道徒纷纷前来朝拜,丘处机反复宣讲外修功行、建宫立观的重要意义。1223 年七月张志谨来拜师,问及教理,丘对曰:"大道虚无之理,匪在语言。虽然,俺且举其梗概耳。大抵只是要积功累行,外修阴德,内固精神,动则安人济物,静则转经降心。"③丘处机在宣德朝元观对迎接的李志柔"教以立观度人,将迎往来,阐化为务"。④ 重显子陈志益参见丘后,通过听取教诲乃知"修行之要,独善其身,不若广建道场,为大利益事"。⑤

受丘处机的影响,他的弟子一直致力于兴宫建观。灵阳丁某的弟子理直气壮地说:"内功与外行为表里,□(兼?)修互为始终,修内废外,得本而忘末,一曲之士也。"⑥栖真子李志明教育弟子"度道士以守宫观,虽近代之制。然…… 其来远矣。吾道家者流,虽恬淡无为以治其心,可不分祉祝厘为立教之迹乎! 是则以营缮之事,不得不尽力而为之也"。⑦范圆曦曰:"向上诸师,登真达道,内公外行,两者相资,方始成就。"⑧

全真道在此时期进入全盛期有四个重要原因:

第一,全真道"得依国主",得到蒙古最高统治者的扶持。丘处机曾短暂地取得通管天下僧道的特权,不久即受到限制。后来的蒙古、元史料往往抹煞此事,以免激起佛教徒的不满。1295 年立石的大都烟霞崇道宫碑,由集贤学士宋渤记,就只说太祖"诏以燕都太极宫为长春宫,俾丘公领天下道教事"。⑨ 元代著述最多的全真史家李道谦也仅承认"掌管天下道门事"。⑩ 这一史实值得辨析,由此可以更方便理解为何直到李志常时还享有汉地道教最高领袖的地位。蒙哥圣旨中说:"汉儿田地里应有底先生每,都教李真人识者。""汉地里先生头儿那延李真人。"明确授权由李志常统领北方道教。⑪ 李志常与蒙古汗廷保持了特殊密切的关系。"李志常复总玄机,注倚尤深,燕去和林数千里,朝觐往返,凡十有三。"⑫但是蒙古灭南宋后,元世祖扶持正一教张天师一系,全真道的权势被迅速削弱。

---

① 《全真第五代宗师长春演道主教真人内传》,《道家金石略》,第 636 页。
② 姬志真《云山集》卷七《终南山栖云观碑》,艺文印书局道藏本。
③ 《宋披云道人颂》,《道家金石略》,第 484 页。
④ 《大元宗圣宫主李尊师道行碑》,朱象先《古楼观紫云衍庆集》,《道藏古籍选刊》本。
⑤ 《甘水仙源录》卷十《渊静观记》。
⑥ 《重修滑县志》(1932 年修),成文出版社影印"中国方志丛书"第 113 种,《滑县金石录》卷七(中统四年)《滑州白马县太平乡岳村创修宁真观碑》,第 2285 页。
⑦ 《甘水仙源录》卷六《栖真子李尊师墓碑》。
⑧ 《终南山宗圣宫主石公道行记》,《道家金石略》,第 637 页。
⑨ 《顺天府志》,北京大学出版社,1983 年,第 284 页。
⑩ 《全真教祖碑》,《道家金石略》,第 451 页。
⑪ 《太平崇圣宫公据》,第 513 页。
⑫ 《甘水仙源录》卷五《冲和真人潘公神道之碑》。

第二，金朝以来对宫观创建的限制不复存在。全真道在金末极力扩张教门，"至有囚俘亡命，辄缁其冠而羽其衣者，一无所问。凡前后所活，无虑亿万计"。① 耶律楚材《西游录》攻击丘处机："进表求符印，自出师号，私给观额，古昔未有之事，辄欲施行。"李志常"掌教之后，教门大宽矣"。② 王志谨是一位高道，"车辙所经，愿为门弟子者动以千数"。1263 年王志谨死后，有人提出疑问："师所至，日书法名不知其数，其中岂无恶少博徒。以为化导之力。"③"日书法名不知其数"，可谓教门大宽最形象的一个注脚，泥沙俱下自然难免，非要拿"化导之力"做解释恐怕是为尊者讳的掩饰了。

第三，经济上享受的优惠政策极具魅力。成吉思汗 1223 年诏书中说"丘神仙应有底修行底院舍……所据大小差发税赋，都休教着者"。④ 当时流行的观点以为："今之出家人率多避役苟食者，若削发则难于归俗，故为僧者少，入道者多。"⑤ 所以许多人将私有田产改为道院，自己也随之出家。孔志纯，是集虚真人盖志勤的门人，1234 年将祖庄改为焚修之所，乡耆郭某复施附观祖基。⑥ 丘处机徒淄川人王志道，志在兴修，以祖业创修真宫。⑦ 卫州胙城县穆守妙"舍祖业田地作兴福坛地"，宗师赐名悟真庵。⑧ 这三人可说是"避役苟食"的具体案例。

第四，全真道及时调整了政策，改以立观度人、积功累行为主要任务。教内人士一再强调，在教门大开的情况下必须有所为。尹志平在《北游语录》中论述了不同时期教门法度的变化："《易》有云：随时之义大矣哉！谓人之动静必当随时之宜，如或不然，则未有不失其正者。丹阳师父以无为主教，长生真人无为有为相半，至长春师父有为十之九，无为虽有其一，犹存而勿用焉。道同时异也。如丹阳师父《十劝》有云'茅屋不过三间'，在今日则恐不可，若执而行之，未见其有得……今日之教虽大行有为，岂尽绝其无为，惟不当其时，则存而勿用耳。"明确提出："今日教门大开，积累功行，正其时也，便当有为，为入道基本。"王志谨也说："教门既开，外功亦应合天应人，功不厌多，行不厌广。但在此心坚固，乃可成就耳。"王志谨非常形象地把全真丛林比做大山，认为无论草木成材与否，都应在所不拒："凡住丛林，云集方来，岂得人人一等，个个同条，喻如大山，草木毕备，有不材者，有成材者，有特立者，有依附者也。有灵苗瑞草也，有荒榛荆棘，种种不同，随性任运，自有次第。山体巍然，元无拣择，一一舍摄，流水积石、茂林丰草、兽走禽鸣，尽是神通妙用，彼各相资。如蓬在麻，不扶自直，天长地久，各得其成就。若欲截长续短，变青作黄，岂谓各不得安，抑亦失其本性也。"⑨

对于全真道在全盛期的信徒人数，1996 年前未见有研究者予以较为准确的统计。

① 《栾城县太极观记》，《道家金石略》，第 599 页。
② 《重修蟾房灵泉观碑》，《道家金石略》，第 531 页。
③ 《甘水仙源录》卷四《栖云真人王尊师道行碑》。
④ 《周至重阳万寿宫圣旨碑》，《元代白话碑集录》，第 1 页。
⑤ 耶律楚材《西游录》，中华书局，1981 年，第 17 页。
⑥ 《浮山县志》（1935 年修）卷三十六《寺观》，成文出版社"中国方志丛书"第 416 种，第 884 页。
⑦ 《提点王志道道行之记》，《道家金石略》，第 741 页。
⑧ 《创建悟真庵记》，《道家金石略》，第 544 页。
⑨ 王志谨《盘山栖云王真人语录》，艺文印书局本《道藏》，叶二八下。

元好问 1237 年撰《怀州清真观记》,称"今黄冠之人,十分天下之二,声势隆盛,鼓动海岳"。① 不过此处所云"天下"未免失于空泛,他在《紫微观记》中则明确说是"今河朔之人,什二为所陷没"。② 说明元氏意谓河南、河北中原之民约有百分之二十的人信奉全真道。姚燧 1295 年撰《长春宫碑铭》,称丘处机东归后,"大辟玄门,遣人招求俘杀于战伐之际。或一戴黄冠,而持其署牒,奴者必民,死赖以生者,无虑二三巨万人"。③ 如果说全真道徒一下子发展到二三百万人,未免骇人听闻。《元史·释老传》征引这条材料时,改写成:"处机还燕,使其徒持牒招求于战伐之余,由是为人奴者得复为良,与滨死而得更生者,毋虑二三万人。"此处说全真道徒共二三万人又少得不合情理。我以为应该理解成信仰全真道的民众达到二三百万,这些人可能由全真道士授予了法名、道号,很多并未出家。

具体到出家全真道士的数目,王磐 1273 年所撰的张志敬道行碑可以参考。他在文末的铭文中说:张志敬掌教之后,"羽服黄冠十万余,趋走长春宫下路"。④ 这虽然是诗句,但透露的信息仍然比较准确。另有 1286 年胡祗遹撰《集真观碑》,称"今老氏之流,男女三十万人"。⑤ 考虑到元朝此时已统一江南,这个数字不仅包括北方的全真道、太一道和真大道,还应当包括南方的正一道。不过依全真道的势力分析,占这个数目的一半左右当不成问题。所以我们可以断定,全盛期的全真道道士在十万人以上,而全真道的宫观庵庙可能近万座。

全真道的全盛引起了统治者的关注与不安,1251 年宪宗举行忽里勒台(选汗会议),即帝位于斡难河,"遂更改庶政:命皇弟忽必烈领治蒙古、汉地民户……以僧海云掌释教事,以道士李真常掌道教事"。⑥ 对忽必烈与释道两教首脑的任命同时进行,足见其重视程度。对于陕西这一全真道的中心,宪宗也没有放过,重新任命綦志远提点之,"遣使唐古特出持玺书宣谕,倚付掌管关中道教"。⑦ 汗廷内心的这种不安,不久便落实到了行动上。1255 和 1258 年两次释道辩论,道士失败,蒙哥汗下诏焚毁《化胡经》等道藏伪经,勒令全真道向释教交还地产,并将十名全真道士落发为僧。

学者们都承认丘处机掌教后全真道进入了鼎盛期,但是对于这一时期的结束时间却有不同的看法。

郑素春以为:"一二四一年后,宫观的兴建似乎已达饱和程度,所以到一二六〇年,平均每十年间才增建二座。"⑧根据上表可以证明,这个观点失之偏颇,宫观创建的停滞是在苗道一 1308 年继任掌教之后才出现的局面。而在 1240—1280 年之间,每十年创建的宫观都还在 10 座以上。

任继愈主编《中国道教史》和牟钟鉴等主编《道教通论》把 1219 年—元代中期(1300 年左右)作为鼎盛时期(相关章节均由陈兵执笔)。《道教文化面面观》(中国社会科学院宗教研究所道教室编,王卡执笔)以为,从丘处机掌教直到张志敬全真道一直兴盛发达,虽然

① 《遗山集》卷三五,《四库全书》本;《道家金石略》,第 471 页。
② 《遗山集》卷三五《紫微观记》。
③ 苏天爵《元文类》卷二二《长春宫碑铭》,《四库全书》本。
④ 《甘水仙源录》卷五《玄门嗣法掌教宗师诚明真人道行碑铭并序》。
⑤ 胡祗遹《紫山大全集》卷十七《集真观碑》,《四库全书》本。
⑥ 《元史》卷三《宪宗纪》,中华书局,2001 年,第 44 页。
⑦ 《甘水仙源录》卷五《玄门弘教白云真人綦公本行碑》。
⑧ 郑素春《全真道与大蒙古国帝室》,台湾学生书局,1987 年,第 141 页。

元世祖时因佛道之争鼎盛局面渐告结束,但整个元代仍保持向上发展之势。与此相类,卿希泰的《中国道教》(第一册)"历史概要"一节中认为,从成吉思汗到窝阔台汗、至蒙哥、到忽必烈、成宗遵行的都是崇道的政策。

但是从上表可以看出,宪宗打击全真道收到了显著的效果。1255年前十年,创建的全真道宫观为32座,此后十年为19座,而且退还了大量由佛寺改建的宫观。所以我同意曾昭南在其执笔《中国道教史》中的观点,以1255年《化胡经》之争为标志,全真道结束了它发展的鼎盛局面,掉头进入其发展的低谷。①

抑制期(1256—1308)

1259年宪宗攻宋,卒于钓鱼城下。忽必烈回师,1260年在燕京即帝位,是为元世祖。世祖奉行的是尊佛抑道的政策。而且在攻灭南宋后,忽必烈又积极扶植天师道,以与北方的全真道制衡。至元十八年(1281),世祖焚经,比之宪宗朝佛道辩论,对全真道是一个更沉重的打击。

受其影响,全真道创建宫观的速度进一步放慢。1272—1281年创建的全真道宫观为12座,1282—1291年仅7座。整个抑制期(53年)创立的宫观数目大为下降,从全盛期(22年)创建的171座,骤减为51座。除了佛道之争这个直接原因,深层的原因主要有以下三条。

第一,侵夺国家赋税收入引起反弹。滥赐戒(箓)、私立宫观,宫观、道士享有免役权,常住物业还可以免纳地税、商税,一些宫观借此影占土地,将大量国家赋税户变为道流,这些无不损害了国家的赋税收入,最终自然引起政府的反制。

第二,道众与宗王、地方官吏的交结削弱了中央集权,使全真道派在政治上树敌。耶律楚材曾经从一位佛教徒的角度,公开对全真道徒的作为进行攻击:"今此曹攘人之居,毁佛之像,游手之人,归者如市,不分臧否,一概收之,会观不攻自败耳。夫林泉之士不与物竞,人且不容,况自专符印,抑有司之权,夺有司之民,岂能见容于世乎?"②

第三,儒释道之争诱发和激化了社会矛盾,引起统治者的警觉。蒙古政府初定中原,首先追求的是社会稳定,而儒释道三教各有支持者,其间的争斗使不同的社会集团矛盾加剧。《至元辩伪录》就攻击全真道"欺谩朝廷辽远,倚著钱财壮盛,广买臣下,取媚人情"。这虽然是对立面所言,却很可能被当权者采纳。

政府打击全真道能收得明显成效,其实与全真道内部存在的弱点有关。

第一,全真道上层有争权夺利之事。掌教的继承之争就是一件证据。现有材料虽未明言丘处机卒后的三位掌教之继承有激烈的权力斗争,但是明确说冯志亨推动尹志平、李志常的继任,已暗示内部不无矛盾。到了张志敬继为掌教,争议已趋表面化。张氏继任时年仅37岁,当时丘处机十八门下高士如张志素尚在人世,是他的叔辈。而长春宫提点仇志隆等人作为尹志平门人,也位列他之前。李志常本人门徒也很多,所谓"真常门人遍天下,齿尊缘熟非无人"。③ 长春道侣不下数百,李志常"独付重任"于张志敬。④ 王志坦"之

---

① 卿希泰主编《中国道教史》第3卷,第231页。
② 《西游录》,第18—19页。
③ 《甘水仙源录》卷五《玄门嗣法掌教宗师诚明真人道行碑铭并序》。
④ 《甘水仙源录》卷三《玄门掌教大宗师真常真人道行碑铭》。

力居多"。① 张志敬掌教后，花了不少努力才逐渐收服道众。"玉师德度深厚，气貌温和，颓然处顺，不见涯涘，强悍者服其谦恭，骄矜者惭其退让，故初虽少咈，久乃怗然。"

第二，1260 年前后一大批第二代全真道徒的逝世，更给全真道的发展带来了不可弥补的损失。老成凋谢，后继乏人。

第三，前已论之，全真道在急剧发展的过程中，不免鱼龙混杂，一些信仰不坚定的人也怀着各种目的皈依进来，一旦面临外部的压力，这些信仰不坚定分子不免作鸟兽散。1230 年有以处顺堂画像"诬告"于王所者，"众见清和被执，皆奔走骇散"。幸亏李志常出面承担责任，将此事化解。② 1235 年"关中甫定，岁且饥，祖庭道众屡欲委去，赖先生（赵志渊）训以功行，化以罪福，方便诱掖，内外□（翕？）然"。③ 至元十八年焚经事件时，有人劝掌教祁志诚"及是时谢事引去"。④ 长春宫和祖庭可谓全真道的核心，其住持道众尚且如是，也就无怪乎杨琏真加治下的江南有七八百道士改冠为僧了。⑤

但是，全真道并未被彻底打垮。1286 年诏赐郝大通法孙徐志根崇玄诚德洞阳真人号。⑥ 1290 年张志仙奉命巡祀岳渎。⑦ 同年世祖召见尹志平法孙陈行定。⑧ 1292、1293 年杨道谦扈从御驾。⑨ 这些都说明，一些全真高道仍然受到元廷的信赖。

随着南北统一，全真道开始南传。1262 年安然子姚公南游，从邹县出发，行前创仙人万寿宫。⑩ 1297 年后，又有邹县长生观主暴道全南游浙闽间，不返山东。⑪ 武当山全真道的传播更是明证。⑫ 1294 年以前，后为诸路道教所详议提点事的黄道盈曾取道关西，"云游至缅，历诸方，在途旅中，而以饮食制情魔，战睡为务"。⑬ 可以推测他是出陕进蜀、入滇再入缅的。

这里顺便提一下全真道在云南的传播。《道家金石略》收有一通 1319 年立石的《通仙万寿宫碑》，系"制授前四川云南道教提点领江渎庙事范道□篆额"。可见在此前，已有专门道官管辖云南的道教事务，联系上述黄氏传记和云南的传说，我认为全真道在元代已传入云南。

张志仙 1285 年继祁志诚任掌教，在成宗即位后，元贞元年（1295）"诏道家复行《金箓》

① 《甘水仙源录》卷七《崇真光教淳和真人道行之碑》。
② 《重修真常宫碑》，《道家金石略》，第 573 页。历来学者引用此材料时，均不明画像内容，尹志平《葆光集》中有一诗为"西路请张道人于处顺堂画西游记"而作，联系全真道将丘处机见成吉思汗宣传为西行化胡，推测画像中可能以"丘处机西行化胡"为主题。如果以此为主题，自然会引起当时佛教徒的仇视，到蒙古王公处"诬告"也就可以理解了。
③ 《甘水仙源录》卷八《清平子赵先生道行碑》。
④ 《祁公道行之碑》，《道家金石略》，第 700 页。
⑤ 《至元辩伪录》序，《卍正藏经》第 67 册，新文丰出版公司，1980 年。
⑥ 《甘水仙源录》卷二《太古真人郝宗师道行碑》。
⑦ 《古楼观紫云衍庆集》卷中《大元清和大宗师尹真人道行碑》。
⑧ 王恽《秋涧先生大全文集》卷五六《大元故清和妙道广化真人玄门掌教大宗师尹公道行碑铭并序》，元人珍本文集丛刊本。
⑨ 《秋涧先生大全文集》卷三九《终南山集仙观记》。
⑩ 《绎山炉丹峪重修长生观记》，《明德真人道行之碑》，《道家金石略》，第 765 页。
⑪ 《道家金石略》，第 1206 页。本书将其纳入归属不明之类。但参照同书所收第 762—766 页《仙人万寿宫重建记》《崇德真人之记》《明德真人道行之碑》等知其属刘处玄一宗宫观。
⑫ 参见黄兆汉《元代之武当山道士张守清》，收入《道教与文学》，台湾学生书局，1994 年。
⑬ 《顺天府志》，第 100 页。

《科范》"。① 全真道因成宗的弛禁而再次活跃。

陈垣在"全真教传授源流表"中未列入张志仙,可知在陈老看来张属于授受不明者。按,姚燧撰《长春宫碑铭》有"张志仙言,臣之曾师长春子丘处机为全真学于宁海之昆嵛山"(《牧庵集》卷十一)。按传承之绪,张志仙是丘处机重孙辈,与祁志诚弟子同辈。张志仙的履历不详,在掌教前任过长春宫宝箓院掌籍。② 王恽与全真道士交游甚多,《秋涧先生大全文集》有一首诗题为"寿长春张真人"云:"绛阙蓬山不易求,春风瑶草梦麟州。未如华表千年鹤,才阅人间七十秋。道纪有方藏妙用,玄谈登对劝宸旒。殷勤一炷婴香供,吹满壶天十二楼。"又自注曰:"登对谓尝以老子言上对监旨。"王恽文集诗文的编排一般以时间为序,从本诗前后诗名所注时间,可以判断此诗作于1293年,时值张志仙掌教长春宫,故是王恽贺张志仙七十寿诗。可知张氏生于1224年。另据《崇道诏书碑》知其生日在十二月十一日。③

后弘期（1309—1368）

有些学者认为,从成宗时期,全真道已走向复兴之路。确实,成宗改变了世祖崇佛抑道、扶植龙虎宗支派玄教打击全真道的政策,开始放宽对其约束。但是,我以为武宗即位及其对苗道一的重用,是全真道结束抑制期而走向复兴的真正开端。

在元代,全真道的掌教是被官方认可的宗教领袖,掌教的地位某种程度上影响着全真道的地位。同样,全真道的兴衰荣辱也可以从掌教身上看出。从现存史料看,成宗期的掌教张志仙并没有多少作为,相反,苗道一因为直接参与了皇位争夺,介入了最高权力斗争,而获得了前所未有的尊崇。从武宗即位到元朝灭亡的61年间,苗道一掌教时间达11年,加上其弟子完颜德明则多长达38年以上,可以说苗氏一支左右了元末全真道的发展。关于后弘期掌教的传承时间、事迹等详见拙文《金元全真道后弘期掌教研究》(《中国社会科学院研究生院学报》1996年第4期),兹不赘述。

是时,不仅全真道的掌教受到皇帝尊崇,一些高道也享受极高的礼遇。井德用,字容甫,号鉴峰。先礼耀州五台山冉尊师为弟子,1310年奉苗道一法旨入京,充诸路道教所幕官,并成为苗氏弟子。后归五台。1340年掌教完颜德明请其返京,来长春宫,见元顺帝。上问惜身保命之术,对以诚心执中之道,欲授集贤大学士之职,力辞。1341年有旨给驼马随幸上京,又命其重振大重阳万寿宫,授诸路道教都提点之职,"诏超龄便殿,赐御香,上奉函默然良久而命之。仍饬茇臣设祖帐给骑而行,抵宫代礼行香祝延亦如嵩岳故事。住持不数载,宫中崇殿丕堂,隳圮者新之,恒产钱粮昏湮者理之,霞馆芝房未有者命之,仪矩轨绳紊乱者振之"。1344年井重返五台,1348年卒。按何约撰道行碑,井卒时正当玄教宗师来请其代立,"是时玄教大宗师关真人遗官持疏致币请赴京师,嗣以教席,至则终以二九执事,但陈锦币,宣疏轴,奠祭而还"。④ 这一记载恐有溢美的成分,但对比抑制期玄教凌驾全真道等诸道派之上的历史,足以佐证后弘期全真道地位之提高。

---

① 《元史》卷十八《成宗纪》。
② 《重修真常宫碑》,《道家金石略》,第573页。
③ 《崇道诏书碑》,《道家金石略》,第598页。
④ 武善树编《陕西金石志》卷二六《石刻史料新编》本,新文丰出版公司,1979年。

从宫观创建的角度看,"金元时期全真道宫观数据库"中属于后弘期内新建的宫观仅11所,似乎很少,但是从宫观在史料上的最早记载时间来看,始见于后弘期的宫观达506所。这说明,一方面由于年代久远,现存的史料未必能真实反映后弘期宫观创建的原貌,存在可以理解的误差;另一方面由于宫观的分布达到一定范围和广度后,其重点已由新建转为扩建、维修和保护。全真道创立至此已有100余年,蒙古灭金也有70年以上,故在初创期及全盛期所建的宫观都已到了需要重修、翻建的时候了,这也是当时全真道实力存续的一个风向标。

后弘期的全真道发展有一个新的特征,就是自王重阳以来酝酿的全真宗派体系,至此终于成形。一些大宗派的宫观动辄百数。刘处玄一支尤为显赫。关于道教史的著作中常提到奉全真七子为宗主的七个支派,即马钰的遇仙派、丘处机的龙门派、谭处端的南无派、刘处玄的随山派、王处一的嵛山派、郝大通的华山派、孙不二的清静派。有的学者以为有了七子就有了七派,其实不然,我以为这七派实际上成熟于元末明初。在此以前的各种记载中,从未见有七派的提法。

后弘期的全真道进一步南传。并对南方的道教派别产生了影响。张宇初是四十三代天师,博通诸子百家,谙熟道典。所作《道门十规》撰于永乐四年至八年间,作为正一嗣教宗师,张宇初对全真道之学甚为推崇。他先简要记述了全真道历史,然后评价:"近世以禅为性宗,道为命宗,全真为性命双修,正一则惟习科教,孰知学道之本,非性命二事何?虽科教之设,亦惟性命之学而已。若夫修己利人,济幽度显,非明性命根基,曷得功行全备?"可见明初正一道与全真道在修炼理论上的合流。追本溯源,在元代尤其是元末全真道对正一有重要影响自在情理之中。

附表　金元时期全真道掌教与宫观兴修表

届数	姓　名	道号	籍贯	生卒年	任　期	于其任期创建的宫观数	始见于其任期的宫观数
一	王　喆	重阳	咸阳	1112—1170		2	1
二	马　钰	丹阳	宁海州	1123—1183	1170—1183	11	2
三	谭处端	长真	宁海州	1123—1185	1184—1185	1	0
四	刘处玄	长生	东莱	1147—1203	1186—1203	27	9
五	丘处机	长春	登州	1148—1127	1204—1227	53	37
六	尹志平	清和	莱州	1169—1251	1228—1238	86	34
七	李志常	真常	开州	1193—1256	1239—1256	54	60
八	张志敬	诚明	安次	1220—1270	1257—1270	20	48
九	王志坦	淳和	汤阴	1200—1272	1271—1272	3	5
十	祁志诚	洞明	阳翟	1219—1293	1273—1285	14	27
十一	张志仙	玄逸		1224—1308?	1285—1307	13	100

续　表

届数	姓　名	道号	籍贯	生卒年	任　期	于其任期创建的宫观数	始见于其任期的宫观数
十二	苗道一	凝和	晋城	1264—1335?	1308—1311	2	4
十三	常志清	天阳			1312—1313	0	12
十四	孙　德	开玄	眉山	1243—1321	1314—1320	2	224
十五	蓝道元				1321—1323	0	11
十六	孙履道	明德	太原	1324—1328	1324—1328	5	80
十七	苗道一	凝和		1264—1335?	1329—1335	1	15
十八	完颜德明	重玄			1335—1362?	1	162
	合　计					294	895

Stages in the Development of Quanzhen Taoism
from the View of Taoist Temple Creation

Chen Yue，Academy of Social Sciences of Xizang Autonomous Region

Abstract：The Taoist temple system of Quanzhen Taoism was formed gradually. It initially originated from the strict Taoist monastic system，and over time，the temple building regulations，the temple economy，the temple management and other systems are gradually improved. The author of this article has compiled various historical materials and established a database of Quanzhen Taoist temples during the Jin and Yuan dynasties，which includes over 1200 temples. On this databasis，this article summarizes the changes in the creation of Taoist temples during the two hundred years from the establishment of Quanzhen Taoism to the downfall of the Yuan Dynasty. Taking into account other factors，the development of Quanzhen Taoism during the Jin and Yuan dynasties can be divided into four stages：the initial stage (1167 - 1222)，the peak stage (1223 - 1255)，the inhibitory stage (1256 - 1308)，and the later stage (1309 - 1368). At the same time，the causes and characteristics of each stage were analyzed in this article.

Keywords：Quanzhen Taoism；Jin and Yuan Dynasties；Taoist Monastic System；Taoist Temple System；Database

（本文作者为西藏自治区社会科学院一级巡视员）

元朝大都梅朵热哇今地考*

张　云

摘　要：文章依据汉藏文资料，对藏文史书中记载的元朝大都梅朵热哇（me tog ra ba）今地做了考证，认为该地可能是位于今北京市西城区阜成门内大街路北妙应寺的故"大圣寿万安寺"。它既是帝师们撰写法旨、颁布命令、从事法事活动并最终圆寂之地，也是担任帝师的萨迦派高僧活动的中心，还是总制院所在地。汉文中的"活佛"一词，最早出现在元世祖忽必烈至元年间，而非目前大家熟知的明正德年间。

关键词：元朝；大都；梅朵热哇

《元史·释老传》称，"元起朔方，固已崇尚释教。及得西域，世祖以其地广而险远，民犷而好斗，思有以因其俗而柔其人，乃郡县土番之地，设官分职，而领之于帝师。乃立宣政院，其为使位居第二者，必以僧为之，出帝师所辟举，而总其政于内外者，帅臣以下，亦必僧俗并用，而军民通摄。于是帝师之命，与诏敕并行于西土。百年之间，朝廷所以敬礼而尊信之者，无所不用其至。……泰定间，以帝师弟公哥亦思监将至，诏中书持羊酒郊劳；而其兄琐南藏卜遂尚公主，封白兰王，赐金印，给圆符。其弟子之号司空、司徒、国公，佩金玉印章者，前后相望。"①由于元朝廷的礼重，纷至沓来的西藏僧人，特别是萨迦派高僧在大都的活动不仅是当时大都文化的一道景观，而且在增强内地与西藏地方的文化交流方面扮演了特殊的角色。我们知道元朝时期曾在大都建立了许多藏传佛教寺院与活动场所，但是无论是藏文史书，还是汉文史书都未明确记载元朝西藏僧人，特别是担任帝师的萨迦派高僧在大都活动的核心据点在哪里，这是十分遗憾的事情。本文试图通过藏文史料的记载对此加以探索，期有助于相关问题研究的深入。

在藏文文献中有一个地名常被提到，这就是"梅朵热哇"（me tog ra ba），它的字面意思是"花苑"。藏文文献中反复提到这一地名，它显然不是泛称而是实指，究竟位置何在？学术界尚无统一的看法。元大德八年（藏历木龙年，1304年）《帝师仁亲坚赞颁给经师昆顿和经师仁钦贝桑波之法旨》末尾题"龙年二月二十四日书于大都梅朵热哇"，至治元年（藏历铁鸡年，1321年）《帝师贡噶罗追颁给夏鲁寺管辖的敏珠吉却等寺的法旨》末尾题"鸡年四月十二日写于大都梅朵热哇"，至元二年（藏历火鼠年，1336年）《帝师贡噶坚赞颁给夏鲁寺的法旨》末尾题"鼠年四月十六日写于大都梅朵热哇大寺"。目前关于这些文献已有的译本，基本上都将"梅朵热哇"翻译为"御花园"，也就

＊　本文系国家社会科学基金重大招标项目《中国西藏与南亚各国关系的历史现状与未来研究》（项目编号：20&ZD144）的阶段性成果。
①　《元史》卷八九《释老》。

皇家花园。① 也有学者猜测:"梅朵热哇:元朝帝师驻锡之地。相传北京古刹法源寺中有一丁香园,为元代帝师居住处。'梅朵热哇'意为花苑,似即此地。"② 还有学者认为,"梅朵热哇"(或者"花苑大寺")是元大都的护国仁王寺,③ 也就是今天北京五塔寺或者真觉寺。那么,"梅朵热哇"究竟是指什么地方? 很值得予以考证。

从上引藏文资料中我们知道,"梅朵热哇"在元大都,是帝师撰写法旨的地方,颁给西藏地方寺院的多件法旨即写于此地。"梅朵热哇"还是距离皇宫不远,且供国师或者帝师居住的地方,许多帝师就在这里生活,并最后在这里圆寂。藏文中明确提到在"梅朵热哇"居住活动,或者最后在这里去世的萨迦派宗教首领有六位:

(一)仁钦坚赞(亦邻真,rin chen rgyal mtshan,1238—1279/1282 年)。上文提到的帝师法旨其中一件即出仁钦坚赞之手,而且是在"梅朵热哇"写就的。《汉藏史集》"具吉祥萨迦世系简述"记载八思巴的父亲桑察·索南坚赞的另一个妻子玛久觉卓生了兄妹二人,哥哥为仁钦坚赞(rin chen rgyal mtshan)大师,生于其父五十五岁的羊土狗年(戊戌,1238年)。他精通显密教法经咒,担任薛禅皇帝供养的上师。当上师八思巴返回乌斯藏之后,他主持梅朵热哇(me tog ra ba)的法座,他在皇宫的附近建立了僧伽(dge vdun gyi sde),利益教法和众生。他在四十二岁的阴火兔年(丁卯,应为阴土兔年,1279 年)三月十日在临洮去世。④

《萨迦世系史》记仁钦坚赞生于其父五十五岁的羊土狗年,"当法王八思巴前往蒙古之时,他主持萨迦大寺。此后赴元朝宫廷,做了皇帝的应供喇嘛,并在离皇宫不远的地方修建僧人之住地,大力宏扬佛法。于四十二岁的阴土兔年三月三日死于梅朵热哇(me tog ra ba)。有的史籍记载,当法王八思巴返回卫藏时,命仁亲坚赞为临洮和梅朵热哇等地的上师,他死于临洮。……"⑤

(二)达玛巴拉(答耳麻八剌剌吉塔,dharmapala rakshita,1268—1287 年)。八思巴弟弟恰那多吉与夏鲁万户女儿玛久坎卓本(ma cig mkhav vgro vbum)的遗腹子达玛巴拉(dharmapala 生于 1268 年)"十四岁时到了朝廷,他虽然只受了沙弥戒,但继承了上师八思巴的法座。他向薛禅皇帝奏请后,修建了一座存放八思巴的舍利的水晶大塔,并在八思

① 西藏自治区社会科学院等编《西藏自古是中国不可分割的一部分》(史料选辑),西藏人民出版社,1988 年,第 64 页。中国藏学研究中心等编《元以来西藏地方与中央政府关系档案史料汇编》(1),中国藏学出版社,1994 年,第 38—42 页;第 17 页。中国社会科学院民族研究所、西藏自治区档案馆合编《西藏社会历史藏文档案资料译文集》,中国藏学出版社,1997 年,第 22—23 页。扎西旺都编,王玉平译《西藏历史档案公文文选·水晶明鉴》,中国藏学出版社,2006 年,第 273 页,第 285 页,第 288 页。又 1304 年法旨中的"仁亲坚赞"与帝师"亦邻真"同名,是帝师亦摄思连真的弟弟。

② 阿旺贡噶索南著、陈庆英、高禾福、周润年译《萨迦世系史》,西藏人民出版社,1989 年,第 250 页注释六。认为:梅朵热瓦是元朝帝师栖锡之地。据传北京古刹法源寺有一丁香园,为元代帝师居处。梅朵热瓦藏语意为花园,似即此地。

③ 《元代法旨に見える歴代帝師の居所~大都の花園大寺と大護國仁王寺》,《待兼山論叢(史學)》27,1993 年。

④ 达仓宗巴·班觉桑布著《汉藏史集》,四川民族出版社,1985 年藏文版,第 331 页;陈庆英汉译本,西藏人民出版社,1986 年,第 206—207 页。

⑤ 阿旺贡噶索南著《萨迦世系史》,民族出版社,1986 年,藏文版第 234 页;陈庆英、高禾福、周润年汉译本,西藏人民出版社,1989 年,第 171 页。

巴住过的梅朵热哇(me tog ra ba)修建了一座大寺院"。①

《雅隆尊者教法史》记恰那多吉之子生于其父去世六月之后的土龙(戊辰)正月,"即大主宰答麻八刺热达(dharmapala)。该上师十四岁时,至忽必烈皇帝处,上师八思巴逝世后,有人说,彼被封为帝师。总之,彼建有上师八思巴舍利大水晶塔及其住锡之花苑大佛殿(me tog ra bavi sde chen po),滞留五年,返归吐蕃,途抵朵甘思"。②

恰那多吉的儿子达玛巴拉,"十四岁时,他到元廷见忽必烈,讲论许多随顺之教法,忽必烈甚喜,大加敬奉。此后,他为大师八思巴建水晶大舍利塔,五年中他住在梅朵热哇(me tog ra ba),并在八思巴的水晶大舍利塔处修建了一座大佛殿,大力宏扬佛法。……"③

(三)贡噶罗追坚赞贝桑布(公哥罗古罗思监藏班藏卜,kun dgav blo gros rgyal mtshan dpal bzang po,1299—1327 年)。上引帝师法旨之一出自该帝师之手,且写就于大都的"梅朵热哇"。上师达尼钦波桑波贝与本钦阿迦仑所献女子玛久芒喀玛贡噶本(ma cig mang mkhar ma kun dgav vbum,又叫昂莫 ngang mo)所生子贡噶罗追坚赞贝桑布"生于其父三十八岁的阴土猪年(己亥,1299 年),他的生平事迹与上师八思巴相仿,他到了朝廷,当了硕德八刺英宗格坚皇帝的上师,被封为帝师,成为教法的大首领。他于二十九岁的阴火兔年(丁卯,1327 年)二月在大都梅朵热哇的大寺院(me tog ra bavi sde chen po)中去世"。④

桑波贝之子"大喇嘛衮噶洛哲坚赞贝桑波,系其父三十八岁时,于土猪(己亥)年诞生。汉文文献,于上师与皇帝之一切行止,随时均有文字记载。以此观之,则该上师与上师八思巴一样,得以闻知其传。该上师二十九岁时,于火兔(丁卯)年逝世于花苑大寺(me tog ra bavi sde chen po)"。⑤

(四)南喀坚赞贝桑波(nams mkhav rgyal mtshan dpal bzang po,1312—1332 年)。衮噶洛哲坚赞贝桑波有三子,其中幼子大轨范师南喀坚赞贝桑波(nams mkhav rgyal mtshan dpal bzang po)"彼早已领悟父亲之诸法,后北上,被尊封为大皇帝(也孙铁木儿)应供喇嘛之老帝师,任教主,逝世于花苑大寺(me tog ra bavi sde chen po)"。⑥

达尼钦波第四妻子南喀杰莫所生国师南喀坚赞贝桑波生于其父五十一岁的羊水鼠年,早年即名声很大,"他受皇帝之迎请前往皇宫,为皇帝之受供上师,大力修行教法,于二十岁时卒于皇宫附近的梅朵热哇(me tog ra ba)"。⑦

(五)贡噶勒贝迥乃坚赞贝桑布(公哥列思八冲纳思监藏班藏卜,kun dgav legs pavi vbyung gnas dpal bzang po,1308—1329 年)。达尼钦波桑波贝与妻子玛久贡噶南喀坚(ma cig kun dgav nam mkhav rgyan)生了三个儿子,其中"长子为贡噶勒贝迥乃坚赞贝桑布大师,他精通父祖所传的各种教法,到了朝廷,担任元文宗札牙笃汗的上师,受封为帝

---

① 《汉藏史集》藏文本第 332 页;汉译本第 207—208 页。
② 释迦仁钦岱著《雅隆史》(即《雅隆尊者教法史》)藏文本,西藏人民出版社,1988 年,第 152—153 页;汤池安译《雅隆尊者教法史》,西藏人民出版社,1989 年,第 90 页。
③ 《萨迦世系史》藏文第 237 页;汉译本第 172—173 页。
④ 《汉藏史集》藏文第 336 页;汉译本第 210 页。
⑤ 《雅隆尊者教法史》藏文本第 154 页;汉译本第 91 页。
⑥ 《雅隆尊者教法史》藏文本第 155 页;汉译本第 91—92 页。
⑦ 《萨迦世系史》藏文本第 255 页;汉译本第 184 页。

师,成为教法的大首领,在梅朵热哇(me tog ra ba)的寺院中去世"。①

达尼钦波与第五位妻子贡噶南喀坚赞生二子,"长子帝师贡噶勒必迥乃坚赞贝桑布……二十一岁时,朝廷遣使者前来迎请,遂前往朵甘思之地。受封为大皇帝的帝师,并广弘佛法。穆塞巴(mus srad pa)世系史说,他于三十四岁的兔年圆寂于梅朵热哇(me tog ra ba)之地"。②

(六)贡噶坚赞贝桑布(公哥儿监藏班藏卜,kun dgav rgyal mtshan dpal bzang po,1310—1358年)。上引帝师法旨之一出自该帝师之手,且写就于大都的"梅朵热哇"。"他的长弟为喇嘛圣者贡噶坚赞贝桑布,生于其父四十九岁的阳铁狗年(庚戌,1310年),二十二岁时去朝廷,在也孙铁木耳皇帝在位之时、妥欢贴睦耳皇帝在位的初期担任这三位皇帝的上师,受封为帝师,大兴佛法。于五十岁的猪年(己亥,1359年)在大都梅朵热哇的寺院(me tog ra bavi sde)中去世"。③ "次子帝师贡噶坚赞贝桑布,于其父四十九岁的阳铁狗年,生于霞拉苏之地。……被皇帝封为'靖国公''国师'之名号,并赐金印等物。此后,皇帝又遣金字使者迎请,于二十二岁前往朝廷,担任大皇帝的帝师二十七年,被皇帝尊奉为代替佛陀执掌教法的大师。……他于四十九岁的土狗年,伴诸祥瑞,在梅朵热哇(me tog ra ba)之地示现涅槃"。④

(七)索南洛追坚赞贝桑布(唆南罗古罗思监藏班藏卜,bsod names blo gros rgyal mtshan dpal bzang po,1332—1362年)。白兰王贡噶勒贝坚赞贝桑布娶帝师扎巴沃色(grags pa vod zer)的女儿玛久根敦本(ma cig dge vdun vbum)为妻,生三子,"长子为喇嘛钦波索南洛追坚赞贝桑布,生于其父二十五岁的阳水猴年(壬申,1332年),他精习父祖所传教法,具足功德。……索南洛追坚赞三十岁的牛年(辛丑,1361年),妥欢贴睦耳皇帝派金字使臣达玛格底(dharmakirti)和额布院使(avi bu)先后前来,在吐蕃封索南洛追坚赞为帝师,封其弟为白兰王,并赐给管辖达仓宗和曲弥万户属下各地的诏书。索南洛追坚赞应邀前去朝廷,出任皇帝的上师,于三十一岁的阳木虎年(壬寅,1362年)三月十日,在大都梅朵热哇(me tog ra ba)去世"。⑤

大轨范师衮噶勒贝坚赞王(kun dgav legs pavi rgyal mtshan dbang)与根敦本(dge vdun vbum)生三子"长子大轨范师索朗洛哲坚赞贝桑波(bsod names blo gros rgyal mtshan dpal bzang po)系其父二十五岁时,于水猴(壬申)年诞生,为皇帝之应供大喇嘛,尊称帝师。赴汉地,三十一岁,于水虎(壬寅)年逝世于花苑寺(me tog ra ba)"。⑥

王贡噶勒巴迥乃二妻本莫顿本(dpon mo dge vdun vbum)所生长子拉钦索南洛卓(bla chen bsod names blo gros)"于阳水猴年生于达仓宗卡之地。……将许多有缘分之徒众领入解脱之道,名噪大地各方。皇帝特派金字使者前来,迎请他到朝廷,担任帝师,并使皇帝、臣民等获得安乐。如此完成了广大善业,在梅朵热哇大寺(me tog ra bavi sde chen

① 《汉藏史集》藏文第337页;汉译本第211页。
② 《萨迦世系史》藏文第329页;汉译本第229页。
③ 《汉藏史集》藏文第337页;汉译本第211页。
④ 《萨迦世系史》藏文第330页;汉译本第229页。
⑤ 《汉藏史集》藏文本第341—342页;汉译本第214页。
⑥ 《雅隆尊者教法史》藏文本第160页;汉译本第94页。

po），伴随诸多奇异之景象入于涅槃，享年三十一岁"。①

"梅朵热哇"在藏文文献中除了写作"me tog ra ba"（花苑）之外，还有一种较为流行的称呼，即"me tog ra bavi sde chen po"（花苑大寺）。在帝师写给西藏地方的法旨中，还有一些署名是"大都宫殿大寺院"（pho brang chen po tavi tuvi sde chen po）。如1307年、1316年、1317年法旨等②或与"梅朵热哇大寺"有关联。其为西藏萨迦派高僧，特别是帝师住锡之地，以及藏传佛教在大都的中心是显而易见的。

从上引藏文史书的记载来看，"梅朵热哇"的修建，特别是涉及西藏佛教的相关建筑，与四个人物有关联，他们分别是：八思巴、桑哥、亦邻真和达玛巴拉。

八思巴应该是在这里居住过的最早的萨迦派领袖，在他之后并继他担任国师的是亦邻真，"他主持梅朵热哇（me tog ra ba）的法座，他在皇宫的附近建立了僧伽，利益教法和众生"。③ 而达玛巴拉继承萨迦在朝廷的国师或帝师职位之际，"他向薛禅皇帝奏请后，修建了一座存放八思巴的舍利的水晶大塔，并在八思巴住过的梅朵热哇（me tog ra ba）修建了一座大寺院"。④

另据《汉藏史集》记载，元世祖时期的吐蕃人宰相（一说是畏兀儿人）桑哥也直接参与该寺的建设。他早年曾拜八思巴为师，并担任苏古尔赤（zu gur che），得到国师八思巴的喜爱，多次被派往忽必烈皇帝驾前奏事，"皇帝亦以此人之学识和功德，将他从上师处取来。他历任各级官职，俱能胜任。当他被委派为宣政院的官员时，他在梅朵热哇德钦殿（me tog ra bavi bde chen）旁修建了一座向上师求法的佛堂。御史台因此治其罪，将他囚禁狱中。此时，从噶来府（ka le hu）迎请来佛陀做十二功德之塑像，并表演世间音乐及歌舞等。皇帝亦前往观看，并派人请上师到绕拜佛像及观看歌舞处。上师回答说：'在我们吐蕃地方，儿子被关在狱中，其父在街上行走都觉羞愧。我之桑哥为向我求法而起建一座小屋，竟被御史台治罪，投入狱中；我不能前来。'来人将此语转奏皇帝，皇帝说：'既是为上师而修建的居室，不必治其罪，释之！务请上师前来观看歌舞。'此诏传下，桑哥之罪得以解脱，施主和福田二人亦得会见"。⑤ 这段史实虽然以藏族史家传统的故事叙事的方式来表达，但是却依然揭示了桑哥在担任朝廷要职期间曾经负责八思巴祈祷殿堂建设的事实。

藏文史书记距离皇宫不远，且供西藏高僧住锡的"梅朵热哇"是元大都的一座巨大寺院，在元朝盛极一时，汉文史书应该有所记载。问题出在这个"梅朵热哇"或者"梅朵热哇大寺"是一个形象的说法，一言其美如花园，应该是绿树艳阳，百花绽放的魅力所在；一言其巨大，却没有记述该寺的汉名。

不过藏文史书明确提到亦邻真曾经主持过"梅朵热哇"的修建，而这一事实在汉文史书中有类似的反应。《至元辨伪录》中《圣旨特建释迦舍利灵通之塔碑文》："爰有国师亦邻真者，西番人也。聪明神解，器局渊深。显教密教，无不通融，大乘小乘，悉皆朗悟，胜缘符合，德简帝心。每念皇家信佛，建此灵勋，益国安民，须凭神咒，乃依密教，排布庄严，安置

---

① 《萨迦世系史》藏文第370—371页；汉译本第261页。
② 扎西旺都编《西藏历史档案公文选水晶明鉴》藏文本，民族出版社，1989年，第202—204页。
③ 《汉藏史集》藏文第331页；汉译本第206—207页。
④ 《汉藏史集》藏文第332页；汉译本第208页。
⑤ 《汉藏史集》藏文第288—290页；汉译本第179—180页。

如来身语意业,上下周匝,条贯有伦。"①这里提到的就是元世祖时期修建大圣寿万安寺释迦舍利灵通塔的史事,也就是说,该寺是亦邻真负责建造的。又据《佛祖历代通载》记载:"帝(元世祖)建大圣寿万安寺成,两廊拟塑佛像,监修官奏闻,帝云不须塑泥佛,只教活佛住。"②明白交代该寺院是供西藏地方的活佛高僧住锡的。这样,藏文史书中的"梅朵热哇"就通过亦邻真的事业与元大都名刹大圣寿万安寺联系起来。章嘉呼图克图若必多吉《京西门白塔因缘志》称:"大元帝时,复有藏中大阿阇黎,传讹名倚林真吉(bod kyi slob dpon ai len jed kya)。……阿阇黎檀越爰相筹议,于舍利塔踵事增华,添高益大,般若等经及四本续首尾次第,书命木土,集无量于八面,比之周围匝有忿怒男及忿怒女多尊围绕……"③再次确认亦邻真参与大圣寿万安寺的设计和建造,而按照前引藏文史书,亦邻真(1274—1279/1282年任职)和达玛巴拉(1282—1286年任职)都参与了该寺和相关殿宇的修建,他们在大都活动期间,也是担任帝师时间(1274—1286),修建该寺是其共同任务之一。

关于大圣寿万安寺的情况,学术界并不陌生。④ 辽寿昌二年(1096)曾在此建有一座佛塔,供奉佛舍利、佛经等圣物,后毁于战火。元朝至元八年至十六年(1271—1279)建成供奉佛舍利的白塔。至元十六年至至元二十五年(1279—1288)建成"大圣寿万安寺"。顺帝至正二十八年(1368)毁于雷击大火。⑤ 明朝宣德八年(1433),宣宗维修被毁白塔。天顺元年(1457),重建该寺并更名"妙应寺"。1900年,八国联军攻占北京,该寺再遭劫掠。这就是今天北京阜成门内大街的白塔寺。

"大圣寿万安寺"工程是由元朝国师八思巴邀请来的尼婆罗国(尼泊尔)卓越工匠阿尼哥(Aniko,1244—1306)负责完成的,据《元史·阿尼哥传》记载:"中统元年,命帝师八合斯巴建黄金塔于吐蕃,尼波罗国选匠百人往成之,得八十人,求部送之人未得。阿尼哥年十七,请行,众以其幼,难之。对曰:'年幼心不幼也。'乃遣之。帝师一见奇之,命监其役。明年,塔成,请归,帝师勉以入朝,乃祝发受具为弟子,从帝师入见。……凡两京寺观之像,多出其手。……至元十年,始授人匠总管,银章虎符。十五年,有诏返初服,授光禄大夫,大司徒,领将作院事,宠遇赏赐,无与为比。"⑥

元世祖对该寺的建设极为关心和重视。程钜夫《凉国公敏慧公神道碑》:"十六年(1279),建圣寿万安寺,浮图初成,有奇光烛天。上临观,大喜,赐京畿良田亩万五千,耕夫指千,牛百,什器备。十七年(1280),建城南寺。"⑦《历代佛祖通载》记:"帝(世祖)建大圣

---

① 如意祥迈《圣旨敕建释迦舍利灵通之塔碑文》,《至元辨伪录》卷五;宿白《元大都"圣旨特建释迦舍利灵通之塔碑文"校注》,《考古》1963年第1期。

② 元释念常《佛祖历代通载》卷二二。

③ 何瑛汉译,宿白《元大都"圣旨特建释迦舍利灵通之塔碑文"校注》,《考古》1963年第1期。

④ 宿白《元大都"圣旨特建释迦舍利灵通之塔碑文"校注》,《考古》1963年第1期;陈高华《元代大都的皇家佛寺》,《世界宗教研究》1992年第2期;杨毅、陈晓苏汇编《妙应寺白塔史料》,北京燕山出版社,1995年;黄颢《在北京的藏族文物》,民族出版社,1993年;黄春和《元代大圣寿万安寺知拣事迹考》,《北京文博》2001年第4期;中村淳《元大都敕建寺院概述》,《东洋史研究》第58卷第1号,平成11年6月,宝力格(Bular)译文见《蒙古学信息》2003年第1期;姜东成《元大都敕建佛寺分布特点及建筑模式初探》"元代佛教与少林寺学术研讨会"论文,2006年10月等。

⑤ 《元史》卷四七《顺帝纪》,六月甲寅"雷雨中有火自天坠,焚大圣寿万安寺"。

⑥ 《元史》卷二〇三《方技工艺传》。

⑦ 程钜夫《凉国公敏慧公神道碑》,《雪楼集》卷七。

寿万安寺,帝制四方,各射一箭,以为界至。"①至元二十二年十二月,世祖"命以中卫军四千人伐木五万八千六百,给万安寺修造"。②

该寺的形制与神殿情况。据姚燧《牧庵集》卷十一"普庆寺"碑记有"至大元年(1308),抚拟大帝(世祖)所为圣寿万安寺而加小……是大役也"。③ 赵孟頫《大普庆寺碑铭》中对仿造大圣寿万安寺格局而建的普庆寺记曰:"其自为三门,直其北为正觉之殿,奉三圣大像于其中。殿北之西偏为最胜之殿,奉释迦金像,东偏为智严之殿,奉文殊普贤观音三大士。二殿之间,付(对)峙为二浮图,浮图北为堂二,属之以廊,自堂徂门,庑以周之。西庑之间为总持之阁,中寊宝塔经藏焉。东庑之间为圆通之阁,奉大悲弥勒金刚手菩萨。斋堂在右,庖井在左,最后又为二阁,西曰真如,东曰妙样。门之南,东西又为二殿,一以事护法之神,一以事多闻天王。合为屋六百间"。④ 大圣寿万安寺系元大都城内"福田坊"。

"大圣寿万安寺"建成后,一直是元朝皇室和藏传佛教僧人做重大法事的场所。世祖至元十六年(1279)十二月,"帝师亦邻真卒,敕诸国教师禅师百有八人,即大都万安寺设斋园戒,赐衣"。二十二年(1285)世祖"命帝师也怜八合失甲自罗二思八等递藏佛事于万安、兴教、庆寿等寺,凡一十九会"。二十三年(1286),"以亦摄思连(真)为帝师。命西僧递作佛事于万寿山、玉塔殿、万安寺,凡三十会"。二十五年(1288)帝"幸大圣寿万安寺,置旃檀佛像,命帝师及西僧作佛事坐静二十会"。二十七年(1290),"命帝师、西僧递作佛事坐静于圣寿万安寺、桓州南屏庵、双泉等所,凡七十二会"。二十八年(1291),"令僧罗藏等递作佛事坐静于圣寿万安、涿州寺等所,凡五十度"。成宗元贞元年(1295)正月壬戌,"以国忌,即大圣寿万安寺,饭僧七万"。英宗至治三年(1323)夏四月,"敕京师万安、庆寿、圣安、普庆四寺,扬子江金山寺、五台万圣祐国寺,作水陆佛事七昼夜"。文宗天历二年(1329)五月乙亥,帝"幸大圣寿万安寺,作佛事于世祖神御殿,又于玉德殿及大天源延圣寺作佛事"。⑤从这些记载可以看出:(一)在元朝宫廷的宗教活动中,大圣寿万安寺不仅频繁参与,而且大多处在首领位置,说明该寺在元朝时期法事活动中的特殊地位。(二)这些法事活动大多由帝师带头进行,内容自然是藏传佛教的仪轨,这也暗示着它作为帝师住锡之地及扮演国师、帝师角色两者的统一。(三)大圣寿万安寺置旃檀佛像很可能与上引《汉藏史集》关于"佛陀做十二功德之塑像"有关,尽管时间上有所出入。而大圣寿万安寺(今白塔寺是其一部分)位于元朝都城五十坊之一的福田坊,正好符合藏文史书关于"梅朵热哇"在皇宫附近的说法。

我们认为大圣寿万安寺可能是"梅朵热哇"的主要证据有这样几点:第一,藏文史料说帝师亦邻真"主持梅朵热哇(me tog ra ba)的法座,他在皇宫的附近建立了僧伽(dge vdun gyi sde)"。他的继任者达玛巴拉也继续主持了靠近皇宫的这座"梅朵热哇大寺"的修建;而汉文碑文资料说他负责筹划修造了大圣寿万安寺和安设在该寺的释迦舍利灵通塔。第二,藏文资料说,帝师亦邻真造"梅朵热哇"为西藏僧人住所;而汉文资料用忽必烈

① 元释念常《历代佛祖通载》卷二二。
② 宋濂等《元史·世祖纪》。
③ 姚燧《牧庵集》卷十一。
④ 赵孟頫《大元普庆寺碑铭》,《松雪斋集》外集,《四库全书》本,第 1196 册第 752—753 页。
⑤ 《元史·世祖纪》《元史·成宗纪》《元史·英宗纪》《元史·文宗纪》。

皇帝的话表明,大圣寿万安寺两廊"不须塑泥佛,只教活佛住",这里忽必烈皇帝所指的"活佛"不仅是藏传佛教高僧,而且很可能专指担任国师、帝师的萨迦派首领,这恐怕也是"活佛"二字首次出现在汉文资料中。① 第三,藏文资料记载,帝师亦邻真"于四十二岁的阴土兔年三月三日死于梅朵热哇(me tog ra ba)",而汉文资料记载亦邻真卒"敕诸国教师禅师百有八人,即大都万安寺设斋园戒,赐衣"。此外,从时间上来看,亦邻真、达玛巴拉在大都修造"梅朵热哇"的时期,桑哥为八思巴修建祈祷殿的时间,也正是修建大圣寿万安寺的时期,两者所言为一事,只是称谓方式不同罢了。该寺是由元世祖忽必烈倡建的,后来又供奉着忽必烈、真金、爱育黎拔力八达几位的御容,这和他们极力推崇藏传佛教,并礼敬帝师是密切相关的。据此可见,藏文史书中频繁提到,且为帝师们撰写法旨、颁布命令、从事法事活动并最终圆寂之地的"梅朵热哇"很可能就是"大圣寿万安寺",它是担任帝师的萨迦派高僧活动的中心,同时也是元朝时期藏传佛教在大都北京的一个中心,还是总制院所在地。此外,汉文中的"活佛"一词最早出现在元世祖忽必烈时期,大约是大圣寿万安寺建成后的至元二十五年(1288),而非目前被大家熟知的明朝武宗正德十年(1515)。

A Study on the Present Location of me tog ra ba in the Capital Dadu of the Yuan Dynasty

Zhang Yun，Shaanxi Normal University &
China Xizangology Research Center

Abstract：Based on Chinese and Xizangan materials，this paper researched the present location of me tog ra ba in the Yuan Dynasty Dadu recorded in Xizangan historic books，and believed that the site may be "Dasheng Shou Wan'an Temple"，the former site of Miaoying Temple in the north of Fuchengmen Nei Street，Xicheng District，Beijing. It is not only the place where the imperial teachers wrote decrees，issued orders，engaged in ritual activities and finally died，but also the center of activities of the Sakya monks who served as the imperial teachers，and the seat of the General System Academy. The Chinese word "sprul-sku" first appeared in the Zhiyuan period of Kublai Khan，the Emperor Shizu of the Yuan Dynasty，rather than the currently well-known Ming Zhengde period.

Keywords：Yuan Dynasty，Dadu，me tog ra ba

(本文作者为陕西师范大学人文社会科学高等研究院特聘研究员、中国藏学研究中心历史研究所研究员)

---

① 目前学术界,依据《明实录》记载,正德十年(1515)十一月,明武宗左右近幸进言:"西域胡僧有能知三生者,土人谓之活佛。"被认为是汉文"活佛"一词的最早来源,现在看来并不准确。元朝释念常《佛祖历代通载》记载"帝(元世祖)建大圣寿万安寺成,两廊拟塑佛像,监修官奏闻,帝云不须塑泥佛,只教活佛住"。应该是最早记载"活佛"一词的文献,依该资料,应出现在忽必烈时期,且指称萨迦派帝师。

金末元初东平学派的学术思想

常大群

摘　要：本文主要探讨金末元初以东平府学为基地形成的东平学派的学术思想，从圣贤教化的为政关键、天理的三纲五常的为政根本、正心诚意的理学传统、以诚为本的文学观和对佛教道教的认识几个方面来论述。认为东平学派的主要思想是继承宋金的理学和经义学。

关键词：金末元初；东平学派；学术思想

金贞祐南渡后，黄河以北的统治陷于崩溃，汉地世侯严实、严忠济父子兴学养士，从1221年进驻东平后，以东平府学为中心，多方搜罗人才，形成了著名的东平学派。当时在东平府学任教的学官、教师和学生可考的共27位。教师有宋子贞、梁栋、王磐、康晔、元好问、张特立、商挺、徐世隆、李世弼、李昶、李桢，而以府学学生出身任教的有李谦、申屠致远等。府学学生除以上三位，著名的还有阎复、徐琰、孟祺、李之绍、王构、张孔孙、杨桓、曹伯启、夹谷之奇、刘赓、马绍、吴衍、周砥等。他们在中统之后，大都出仕为官，成为元朝中央与各级政府的重要官员。"今内外要职之人才，半出于东原府学之生徒。"府学的师生，在中统、至元、大德、至大的五十多年时间里，身任要职，声震政坛，形成了十分特殊的历史现象。

东平学派最大的学术特点就是继承并发展了金代的经义学和理学。东平学派不仅仅继承了金代学术中理学的内容，而且在元初南方理学在北方传播开来后，还接受了新理学的思想，这种接受又是十分自然的，表现了旧金理学与元代新理学之间天然的联系。王磐从麻九畴得邵雍《易》学，并传之刘赓；康晔以《书经》见长而深研经史之学；李世弼、李昶父子从刘氏受孙复《春秋》学，李谦从之学，又传王构、李之绍、曹伯启等；刘肃、张特立为程颐《易》学的续传弟子；夹谷之奇出东平后又从张䇓学，尽得南宋理学之精华。除此之外，李桢在东平府学教《大学》；元好问从郝天挺学，虽以诗文见长，但他是程颢的再传弟子，学问贯穿经史百家；商挺以经学见长，曾教严实诸子经学，并与姚枢、窦默等合编《五经要语》呈送忽必烈；徐世隆中进士后不仕，长年在家读书，经史诸子无不研究；申屠致远耻事权贵，聚书万卷，学问广博，通经史百家。东平府学的几位主要教师都是经学专家，所以，学生阎复、徐琰、孟祺、杨桓、张孔孙、马绍、吴衍等也应深通经学。以此可以得出结论，经学，包括金代传承的北宋理学应是东平学派的学术基础，它在东平学派的学术中占有最重要的地位。

综上所述，东平学派是以经学、北宋——金的理学为中心，兼及词赋之学、诗文之学和杂剧、散曲的文学艺术等为内容，基本具有宋金学术特点的学术派别。其积极的为政精神和成员大都出仕为官，实现了儒学践履实践的学术观念。①

----

① 　见常大群《金末元初"东平派"士人集团的学术传承》，《元史及民族与边疆研究》（第二十八辑），上海古籍出版社，2014年。

东平学派流传到今天的著述文集很少。从这些少量的文集和在方志、金石中留存的文章总结一下学派的思想,可以从政治思想、理学思想和文学思想等方面来概述。

一、为政的关键在于圣贤教化

学校教育为国家政治的根基,也是州县为政的首务,这是东平学派表述的极为重要的政治思想。元好问说:"学校,王政之大本。"①兴学是国家政治的根本点。王磐、李谦、张孔孙等都表述了同样的观点。王磐认为设立学校,在于明人伦、美教化、育人才、厚风俗,是"有国之先务"。② 李谦则认为,国家基层政府的县尹由于直接管理百姓,应"以导扬风化为职",而学校"乃风化之所出",所以善于治理县政的县尹必定以兴学为先务。③ 张孔孙同样认识到民众教化的重要性,从教化谈王政,他说:"盖王政非教化不立,教化非学校不兴。"兴学养士能"使天下之人回心向道"。所以,王政以兴学为要务。④

学校教育的一个重要职能是向各级政府输送人才,人才的优劣直接关系到政府官员的素质,而官员的素质又决定了政治是清明还是腐败。元好问在《东平府新学记》里透彻地分析了人才培养与政治的关系。他说:

> 何谓政? 古者,井天下之田,党庠遂序,国学之法立乎其中。射乡饮酒、春秋合乐、养老劳农、尊贤使能、考艺选贤之政皆在。聚士于其中,以卿大夫尝见于设施而去焉者为之师,教以德、以行,而尽之以艺。淫言诐行,诡怪之术,不足以辅世者无所容也。士生于斯时,揖让酬酢,升降出入于礼文之间,学成则为卿、为大夫,以佐王、经邦国;虽未成而不害其能,至焉者,犹为士,犹作室者之养吾栋也。⑤

学生在学校里从德、行、艺三方面接受培养,入仕则为贤能清明的卿、大夫,经理国家政治,那些自私自利、玩弄权术的小人根本没有市场。反过来说,如果学校教育不力,小人当权,政治必然腐败。他指出:

> 学政之坏久矣! 人情苦于羁检,而乐于纵恣。中道而废,从恶若崩。时则为揣摩,为捭阖,为钩距,为牙角,为城府,为阱获,为溪壑,为龙断,为捷径,为贪墨,为盖藏,为较固,为乾没,为面谩,为力诋,为贬驳,为讥弹,为姗笑,为陵轹,为瘢痏,为睚眦,为构作,为操纵,为麾斥,为劫制,为把持,为狡讦,为妾妇妒,为形声吠,为崖岸,为阶级,为高亢,为湛静,为张互,为接纳,为势交,为死党,为囊橐,为渊薮,为阳挤,为阴害,为窃发,为公行,为毒螫,为蛊惑,为狐媚,为狙诈,为鬼幽,为怪魅,为心失位。心失位不已,合谩疾而为圣癫,敢为大言,居之不疑。始则天地一我,既而古今一我。小疵在人,缩头为危。怨讟薰天,泰山四维。吾术可售,无恶不可。宁我负人,无人负

---

① 元好问《令旨重修真定庙学记》,《遗山先生文集》卷三二,《四部丛刊》本。
② 王磐《重修赞皇县学记》,《全元文》卷六一。
③ 李谦《平原县修庙学记》,《平原县志》卷一《艺文上》,清黄怀祖等修,乾隆十四年刊本。
④ 张孔孙《修庙学记》,《全元文》卷二八四。
⑤ 元好问《东平府新学记》,《遗山先生文集》卷三二,《四部丛刊》本。

我。从则斯朋,违则斯攻。我必汝异,汝必我同。自我作古,孰为周、孔? 人以伏膺,我以发冢,凡此皆杀身之学。①

这些为一己之私为官行事的官吏带来的腐败恶果对全社会的危害是不可想象的,真是"杀身之学"啊! 张孔孙明确指出人才培养与吏治的关系,如果"吏不明道,人不知学",那么,官员处理"簿书、狱讼、期会、敛散"的行政事务,将"不得其当""其弊尤甚"!②

东平派的士人把构筑理想社会的希望寄托于学校教育。他们往往怀念三代,特别是周代的理想社会图景,认为那时的教育是极为成功的,教育造就了一个尊贤使能、仁义忠孝的德化之乡。元好问的描述最为典型:

> 三代皆有学,而周为备。其见之经者始于井天下之田。井田之法立,而后庠遂之教行。若乡射、乡饮酒,若春秋合乐、劳农养老、尊贤使能、考艺选言之政,受成献馘、讯囚之事无不在。又养乡之俊造者为之士,取乡大夫之尝见于施设而去焉者为之师。德则异之以知、仁、圣、义、忠、和,行则同之以孝、友、睦、姻、任、恤,艺则尽之以礼、乐、射、御、书、数。淫言诐行,凡不足以辅世者无所容也。故学成则登之王朝。蔽陷畔逃,不可与有言者则挞之、识之,甚则弃之为匪民,不得齿于天下。民生于其时,出入有教,动静有养,优柔餍饫,于圣贤之化,日加益而不自知,所谓人人有士君子之行者,非过论也。③

在这个社会里,人人为君子,个个是圣贤,人心岂能不正,天下岂能不平? 他既而认为这样一个社会自秦坏周制、焚书坑儒后就不存在了。要"复隆周之美化",必须发掘人心中固有的德性,把每个人培养成君子、圣贤。④ 李谦、阎复、王构都表述过同样的观点。李谦认为三代时,每25家为一间以至全国都设立学校,请道德高尚者为师,"岁时若月朔祭祀会而读之,书其敬敏任恤者,书其孝友睦姻有学者,书其德行道艺。三年大比,而兴贤者、能者,以礼宾之"。由此,社会大化,"民自成童以上已知室家长幼之节,十五则知朝廷君臣之礼,所谓人有士君子之行者,岂虚言哉"!⑤ 阎复对学校教育也寄予厚望,他认为歌曲小技犹能迁革人心,变易国俗,何况"辟圣贤之广居,明风化之大本"的学校呢? 一乡一社兴学养士后,必能造就"士行洁修、民俗纯美、家形洙泗之风、人期渊骞之德"的美好社会景象。⑥

学校能造就一个理想化的社会在于它的变风俗、"作新民"的社会功能。元好问阐述过学校作为国家大政的原因,"夫风俗,国家之元气,而礼义由贤者出。学校所在,风俗之所在也"。学校变化风俗乃国家政治根本。"君臣有义而父子有亲""夫妇有别而长幼有

---

① 元好问《东平府新学记》,《遗山先生文集》卷三二,《四部丛刊》本。
② 张孔孙《修庙学记》,《全元文》卷二八四。
③ 元好问《令旨重修真定庙学记》,《遗山先生文集》卷三二,《四部丛刊》本。
④ 元好问《令旨重修真定庙学记》,《遗山先生文集》卷三二,《四部丛刊》本。
⑤ 李谦《重修泰安州庙学碑记》,《全元文》卷二八七。
⑥ 阎复《重修庙学记》,《全元文》卷二九五。

序"的社会政治伦理原则岂有"不学而能之者乎"?① 李谦认为学校"为风化之原而为政者所当务也",他举文公守蜀、卫飒治桂阳,兴学校使这两个远僻之地变易风俗的事例来说明学政的重要。② 提升每一个人的道德水平,是风俗变化的关键。所以,"作新民"就成为学政的主要目标。元好问把"作新民"与"禁民"看作政治的两个方面,他说:"禁民所以使人迁善而远罪,作新民所以使之移风而易俗。"③圣贤君子所具有的"四德五典"需要依赖后天的教育。"四德"是仁、义、礼、智,"五典"是君臣、父子、兄弟、夫妇、朋友,为人伦日用的人与人间的关系。它们"惟其不能自达,必待学政振饬而开牖之"。④"作新民"的一个重要意义就是使学者成为国家的贤良人才。商挺认为学而能有良知,"壮而仕,仕焉而有良能",获高爵、受重赏,"义及于亲,利及于乡人"。⑤ 王构则认为"六德、六行、五礼、六乐,先王之所以教而士之得于心而成其身者",这些是学者应学和应有的修行、品德。⑥

二、三纲五常的伦理根本是"天理"

在东平派为数不多的现存文章中,关于人性、伦理道德的论述是一个重要的内容,其中的很多思想如人性根于天、明三纲五常之道、修身为己、大学小学之论、义利之论、节欲观等都与理学一致。

人性根于天是东平派思想的理论基础。他们认为人的情感如爱与亲和力、人与人的伦理关系都来自自然,即人具有一种天生的本质。李谦认为这一点自古至今固定不变。他说:"人性根于天,未始有今昔之异。"并且君臣、父子、兄弟、夫妇、朋友之道也是天然的。⑦ 王构表述得最为清楚:

> 惟民之生,其典有五,君臣、父子、兄弟、夫妇、朋友是也;其德有四,仁、义、礼、智是也。人能充其德之所固有,以率夫典之所当然,则无力不足之患,惟人之未能也,故圣人使之学焉。自唐虞以降,莫不以是为教,至于三代设学,党庠术塾以董涖之,而法宜加详焉。⑧

五常与四德都来自天,扩展这些天然的德性,是学者努力的目标。元好问则认为人与人之间的亲情、爱与和睦都来自天地自然之理,是与生俱来的。他说:"天地间大顺至和之气,自然之理,与生俱生,于襁褓,于膝下,于成童,至于终身焉。"⑨在明确了人的道德根源的基础上,他们认为圣人只是体现天道而已。阎复在为曲阜孔庙作的碑铭中说:

① 元好问《寿阳县学记》,《遗山先生文集》卷三二,《四部丛刊》本。
② 李谦《重修泰安州庙学碑记》,《全元文》卷二八七。
③ 元好问《邢州新石桥记》,《遗山先生文集》卷三三,《四部丛刊》本。
④ 元好问《令旨重修真定庙学记》,《遗山先生文集》卷三二,《四部丛刊》本。
⑤ 商挺《大中大夫曹公善行碑记》,《全元文》卷七三。
⑥ 王构《锦江书院记》,《全元文》卷四五〇。
⑦ 李谦《平原县修庙学记》,《平原县志》卷一《艺文上》,清黄怀祖等修,乾隆十四年刊本。
⑧ 王构《重修文庙碑》《全元文》卷四五〇。
⑨ 元好问《致乐堂记》,《遗山先生文集》卷三三,《四部丛刊》本。

道之大原，实出于天。天何言哉，乃以圣传。

传道维何，唐虞三代。仪范百王，万世永赖。①

杨桓也说："自古圣人之受天命，其于天之所以仁万物者，无不致其极也。"②圣人体现天地之"意志"，掌握自然规律，为普通人谋福利，"夫民之生，天也；生其生，圣人也。寒而衣之，饥而食之，露而宫室之，野而礼乐之，生生之道备矣"。③要明天道，要续圣人之学，必须从小学到大学，一步步地学习纲常伦理、圣人之道，格物致知，穷理尽性，以至于实现修身、齐家、治国、平天下的人生理想，王构在《重修王庙碑》中表述了这一理学思想：

俾先从事于小学，习乎六艺之节，讲乎为弟为子之职，而躬乎洒扫、应对、进退之事，周还乎俎豆羽籥，优游乎颂读弦歌，有以固其肌肤之会，筋骸之束，齐其耳目，一其心志，至于格物致知，穷理尽性，而仁、义、礼、智之彝复乎其天，君臣、父子、兄弟、夫妇、朋友之伦皆以不紊，而修身、齐家、治国、平天下罔不宜者，此先王之所以教而三代之治后世莫之跂及也。④

李谦则认为 15 岁以下的"成童"应知"室家长幼之节"，15 岁以上的则应知"朝廷君臣之礼"了。⑤他指出："人之所以学，师之所以教，圣贤之所以传，以之正心、修身、齐家、治国、平天下者，此外无他说。"而要实现这个理想，学者就要"朝夕警省，讲明实用，以穷夫为己之学"：⑥为己之学，就是学天之道，圣人立身之本，以仁义礼智和纲常伦理成己之心、立己之命，就是说修成一个圣贤之躯。这是修齐治平的第一步，也是根本性的一步。所以，《大学》中有"自天子以至庶人，壹是皆以修身为本"之说。

义利观和节欲观也是东平派中的理学思想成分。阎复把利欲当作敌人对待，他说："利欲之兵，或躏吾城；躁厉之气，或发吾瓶。"⑦即是说利欲可以使人堕落、腐败，这与圣贤成为针锋相对的两途。王构则认为义利之分别，就是善恶之分别。义是正路、善途，利是邪路、恶途。他说：

善恶之分，义与利而已。譬之途焉，义则人之正路也，利则斜径而曲隧也。人或舍其正而弗由，而以身自陷于崎岖荆棘之间，盖物欲蔽之，不知善之所以为善尔。二者之分，其端甚微，其差甚远，果能去其弊，收其放，治其乱，安其危，而其广大无疆之体可以存矣。⑧

① 阎复《曲阜孔子庙碑》，《元文类》卷一九。
② 杨桓《授时历转神注式序》，《全元文》卷二八九。
③ 阎复《定兴县之庙学记》，《全元文》卷二九四。
④ 王构《重修文庙碑》，《全元文》卷四五○。
⑤ 李谦《重修泰安州庙学碑记》，《全元文》卷二八七。
⑥ 李谦《平原县修庙学记》，《平原县志》卷一《艺文上》，清黄怀祖等修，乾隆十四年刊本。
⑦ 阎复《瓶城斋铭》，《全元文》卷二九五。
⑧ 王构《重修文庙记》，《全元文》卷四五○。

物欲将闭塞人的心灵,使人陷入荆棘之途。

杨桓则主张节欲,认为人的欲望是天生的,不可能没有,也不可能消灭掉,圣贤并不力图遏制欲望,而是节制欲望,以明天理:

> 惟民生多欲,无教乃乱。圣人之为教非遏其欲,实节其欲也。欲节则天理明,天理明则人道安,人道安则五品逊,五品逊则百姓亲,百姓亲则天下平,是道也,所以家喻而户晓者也。①

三、正心诚意的理学传统

正心诚意是理学特别重视的,《大学》的八条目:格物、致知、正心、诚意、修身、齐家、治国、平天下,其中正心、诚意是关键的环节。北宋理学家二程要人心合于天理,去人欲,得天理。"人心,人欲;道心,天理。"②要去私心,得本心:"克己之私既尽,一归于礼,此之谓得其本心。"③在解释孟子"其为气也,至大至刚,以直养而无害,则塞于天地之间"时,二程说:"尝谓凡人气量窄狭,只为私心隔断。苟以直养而无害,则无私心。苟无私心,则志气自然广大,充塞于天地之间。气象有可以意会而莫能状者,此所谓难言也。"④正心的关键是去私心,把小我的私心放大,培养气量浩大的浩然之气,此气充塞天地之间,与天地自然的广大相称,人的私心也逐渐变为与天理相一致的道心。圣人之心即此道心,要养成此道心,就要培养仁义礼智信,并控制七情。二程说:"圣人可学而至与?曰:然。学之道如何?曰:天地储精,得五行之秀者为人。其本也真而静,其未发也五性具焉,曰仁义礼智信。形既生矣,外物触其形而动于中矣。其中动而七情出焉,曰喜怒哀乐爱恶欲。情既炽而益荡,其性凿矣。是故觉者约其情使合于中,正其心,养其性,故曰性其情。愚者则不知制之,纵其情而至于邪僻,梏其性而亡之,故曰情其性。凡学之道,正其心,养其性而已。中正而诚多则圣矣。君子之学,必先明诸心,知所养。然后力行以求至,所谓自明而诚也。故学必尽其心。尽其心,则知其性,知其性,反而诚之,圣人也。"⑤对于控制情绪,培养中和之性,二程说"中和,若只于人分上言之,则喜怒哀乐未发既发之谓也。若致中和,则是达天理,便见得天尊地卑、万物化育之道,只是致知也"。⑥喜怒哀乐爱恶欲七情和情绪的产生,其根源在于人心,如人的私心、小我之心气量狭窄,一有不如己意,便会产生不良情绪。人的喜爱、忧惧、思虑也与私心紧密联系着。如果人能放大心胸,把自我与宇宙自然和社会融合起来,则可以做到不动心的中和之性。

对于正心与诚意的关系,《大学》讲:"意诚而心正。"意念要专一到大善德、大公上来,这样心就能正。

孟子在讲到尽心知性则知天,存心养性而立命时说:"万物皆备于我,反身而诚,乐莫

---

① 杨桓《重修庙学碑记》,《全元文》卷二八九。
② 《二程集》上册,中华书局,2004 年,第 364 页。
③ 《二程集》下册,第 1199 页。
④ 《二程集》卷上,第 618 页。
⑤ 《二程集》上册,第 577 页。
⑥ 《二程集》卷上,第 160 页。

大焉。强恕而行，求仁莫近焉。"①人本身具有美好的品德，只要诚心诚意地去做，达到仁德、善德不是什么问题。他把思诚作为修养之道，认为至诚，才能尽天性、尽人性、尽物性，而"赞天地之化育，与天地参"。②

周敦颐认为诚是圣人之本："诚者，圣人之本。"③"圣，诚而已矣。"④认为诚是纯粹至善："'大哉乾元，万物资始'，诚之源也。'乾道变化，各正性命'，诚斯立焉。纯粹至善者也。故曰：'一阴一阳之谓道，继之者善也，成之者性也。'"⑤圣人就是拥有宇宙自然至善本性的人。在《周子通书》中，周敦颐说："治天下有本，身之谓也。治天下有则，家之谓也。本必端，端本，诚心而已矣。则必善，善则，和亲而已矣。……是治天下观于家，治家观身而已矣。身端，心诚之谓也。诚心，复其不善之动而已矣。不善之动，妄也；妄复则无妄矣，无妄则诚矣。"⑥修身是治家治国之本，而修身的关键是诚心，诚心必善，一定是天下一家亲。诚心就是去除不善良的意念活动，使人心达到大善德的境界。能做到诚，即使在心念一动的细微处也可知善恶，从而不行一毫恶，全是善德。这是周敦颐说的"诚无为，几善恶"⑦的道理。程颢程颐跟从周敦颐学习，其思想也继承下来，他说："诚者，理之实然，致一而不可易也。天下万古，人心物理，皆所同然，有一无二，虽前圣后鉴，若合符节，是乃所谓诚，诚即天道也。天道无勉无思，然其中其得，自然而已。圣人诚一于天，天即圣人，圣人即天。由仁义行，何思勉之有？故从容中道而不迫。诚之者，以人求天者也，思诚而复之，故明有一未穷，于善必择，诚有未至，所执必固。善不择，道不精；执不固，德将去。学问思辨，所以求之也。行，所以至之也。至之，非人一己百，人十己千，不足以化气质。"⑧二程以为，从古至今，天理就是一个诚字，诚就是天道，而圣人就是完全体现天道的人，是纯粹的至善。学做圣人要诚之者，以人求天，以人心合于天道，直到与天道完全相合，成为一个大善德的圣人。

元好问师承郝天挺，郝天挺学问又承绪程颢，元好问就特别讲究正心、诚意的圣人之道。

正心的根本就是要有一颗天理仁心，元好问从内乡移居长寿新居，"结茅菊水之上，聚书而读之"，并做《新斋赋》，自警要读圣贤书"学于是乎始"，作为学问的新的开始。他不满于以前所学，认为自己"竟四十而无闻"，严格要求自己近乎苛刻，要自己全身心归仁。他说："圣谟洋洋，善诲循循。出处语默之所依，性命道德之所存。有三年之至谷，有一日之归仁。动可以周万物而济天下。静可以崇高节而抗浮云。"⑨元好问正心归仁，为的是一展儒家周济万物、平天下之志向，即使不为当世所用，也可以高风亮节，做一个崇高节而不为浮世利欲所动的人。他认为要不断地学习圣人之道，学做圣人，一心向善，则"恶人可以

---

① 《孟子·尽心上》。
② 《孟子·中庸》。
③ 《周敦颐集》卷二，第 13 页，中华书局，2009 年。
④ 《周敦颐集》卷二，第 15 页。
⑤ 《周敦颐集》卷二，第 14 页。
⑥ 《周子通书》，上海古籍出版社，2000 年，第 41 页。
⑦ 《周敦颐集》卷二，第 16 页。
⑧ 《二程集》下册，第 1158 页。
⑨ 《元好问文编年校注》，中华书局，2012 年，第 170 页。

祀上帝""童子可以游圣门",而自己的一生,不能做一个被利欲束缚的一般人,要"日新、又新、日日新"地正心归仁,学做圣人。他说:

> 我卜我居,于渐之滨。方处阴以休影,思沐德而澡身。盖尚论之:生而知,困而学,固等级之不躐;愤则启,悱则发,亦愚智之所均。斋戒沐浴,恶人可以祀上帝;洁己以进,童子可以游圣门。愿年岁之未暮,岂终老乎凡民?已焉哉!孰槽粕之弗醇?孰土苴之弗真?孰昧爽之弗旦?孰悴槁之弗春?又安知温故知新与夫去故之新,他日不为日新、又新、日日新之新乎?①

我们也可以从元好问对翰林学士杨云翼的赞扬中看到他对正心诚意的儒家圣人之道德理念。在《内相文献杨公神道碑铭》中,元好问称赞杨云翼"若夫才量之充实、道念之醇正、政术之简裁、言论之详尽,粹之以天人之学,富之以师表之业,则我内相文献杨公其人矣"。②杨云翼的曾祖曾教育子孙:"圣人之道无它,至诚而已。诚者何?不自欺之谓也。盖诚之一物,存诸己则忠,加诸人则恕。是道也,出于人心,谁独无之?然今山野小人有能行,而世之才智士大夫或有愧焉。吾百不及人,独此事不敢不勉耳。若等能从吾言,真吾子孙也。"③哀宗即位,杨云翼为哀宗讲《尚书》,认为帝王要了解的是治国大纲,就以任贤、去邪、兴治同道、兴乱同事、有言逆于汝心、有言逊于汝志等方面来讲,"一以正心诚意言之"。④并上《圣孝》《圣学》等二十篇。杨云翼在兴定、元光间患风痹症,后来基本好了,哀公就问他好病的原因,他说:"无他,但治心耳。此心和平,则邪气不干。岂独治身?至于治国亦然。人君必先正其心,然后可以正朝廷,正百官,远近万民,莫不一于正矣。"⑤这些都被元好问详细地记录下来,足见其对杨云翼的认同。

四、以诚为本的文学观

元好问是金末元初的诗文大家,他的诗文可以代表东平派的成就。在《杨叔能小亨集引》中他比较深入地论述了其诗文观。他认为诗文的根本在于一个"诚"字,他说诗与文只是语言方式的不同,实际的道理是一致的。他举唐诗为例,说明唐诗所以在《诗经》之后发展为我国诗歌领域的一个高峰,是因为"知本"而已。他这样解释这一根本:

> 何谓"本"?诚是也。古圣贤道德言语,布在方册者多矣,且以"弗虑胡获""弗为胡成""无有作好""无有作恶""朴虽小,天下莫敢臣"较之,与"祈年孔夙,方社不莫""敬共明神,宜无悔怒"何异?但篇题、句读不同而已。故由心而诚,由诚而言,由言而诗也。三者相为一。情动于中而形于言,言发乎迩而见乎远。同声相应,同气相求。虽小夫贱妇、孤臣孽子之感讽,皆可以厚人伦、美教化,无它道也。故曰不诚无物。夫

---

① 《元好问文编年校注》卷二,第174页。
② 《元好问文编年校注》卷二,第142页。
③ 《元好问文编年校注》卷二,第146、147页。
④ 《元好问文编年校注》卷二,第155页。
⑤ 《元好问文编年校注》卷二,第155页。

惟不诚，故言无所主，心口别为二物。物、我邈其千里，漠然而往，悠然而来，人之听之，若春风之过马耳。其欲动天地、感神鬼，难矣。其是之谓本。①

心诚为诗文之本，即是说言由心生，诗文是内心的真实感受，言语一发便带有深厚的情感，这样才能引起他人的共鸣，否则，自己没有感受便发议论、便吟诗作赋，别人就难以体会到在诗文深处的内涵。

他在学诗时给自己订立了几十条原则，包括内心的情感和情绪的控制、诗文中应避免的内容。他说：

初，予学诗以十数条自警云："无怨怼，无谲浪，无傲狠，无崖异，无狡讦，无婥婳，无傅会，无笼络，无炫鬻，我矫饰，无为坚白辩，无为贤圣癫，无为妾妇妒，无为仇敌谤伤，无为聋俗哄传，无为鼓师皮相，无为黥卒醉横，无为黠儿白捻，无为田舍翁木强，无为法家丑诋，无为牙郎转贩，无为市倡怨恩，无为琵琶娘人魂韵词，无为村夫子《兔园策》，无为算沙僧困义学，无为稠梗冶禁词，无为天地一我、今古一我，无为薄恶所移，无为正人端士所不道。"信斯言也。②

这实际上为自己提出了很高的道德要求，也表述了他的诗文之道：作诗行文者不能有怨恨的情绪，要保持中和之气；不能随意为文，要严肃、认真；不能心存狡诈，不能恶意中伤，不能媚俗，不能低下，不能狂妄自夸，不能作正人君子所不屑作的诗文。这些要求，是元好问所认定的做人的基本准则。在他看来，作文与做人是一致的。

徐世隆在诗文之道上与元好问持相同的观点，认为诗文应接正派之续，正大明达。他评价元好问的诗文说："能吐天地万物之情，极其变而归之雅。"③杜仁杰如此评价元好问的语言艺术："不使奇字，新之又新，不用晦事，深之又深。但见其巧，不见其拙，但见其易，不见其难。"④而达到了极高的境界。

五、对佛道的认识与评价

东平学派对佛道，尤其是金元之际全真道的理解是准确而深刻的，王磐、李谦、孟祺、李之绍、元好问等对佛道，尤其是全真道的教徒、教义及教理评价较高。另一方面，以宋子贞等一部分人也对其教义及教理进行了批评，认为它们没有普遍的社会意义，违背人之常情和社会伦理。

王磐尊称道教徒为贤者，认为他们"怀高世之情，抗遗俗之志，道尊而物附，德盛而人归"，⑤李谦在为弘玄赵真人写的碑铭中对道家做了总结："道家者流玄元，太虚为室静为门，灵襟不受生翳昏，扩然洞见天地根。"⑥李之绍总结得更详细，他说："道家者流，出黄帝

---

① 《遗山先生文集》卷三六，《四部丛刊》本。
② 元好问《杨叔能小亨集引》，《遗山先生文集》卷三六，《四部丛刊》本。
③ 徐世隆《遗山先生文集序》，《遗山先生文集》卷首，《四部丛刊》本。
④ 杜仁杰《遗山先生文集后序》，《遗山先生文集》卷末。
⑤ 王磐《创建真常观记》，《道家金石略》。
⑥ 李谦《弘玄真人赵公道行碑》，《道家金石略》。

老子,以清净虚无为宗,颐神养性为事,长生久视为著效,神仙飞升为极致。自秦皇汉武,闻方士之说,问蓬莱之津,求不死之药,举世然玄风。阙后其徒支分派别,为符箓为斋醮,为炼丹石,为饰土木,抑皆事乎其末。"①东平派对道教的根本、道教的发展史有比较深入的了解。

关于全真道,李之绍认为它不同于符箓、烧炼等,而是"务以全其真",所以"知所本"。② 徐琰也持同样的观点,认为道教在老庄之后失其本旨,分为方术、符箓、烧炼等派别,而"派愈分而别愈远"。到金代王重阳创全真道,才使道教重归正途。徐琰说:

> 迨乎金季,重阳真君不阶师友,一悟绝人,殆若天授,起于终南,达于昆仑,招其同类而开导之、锻炼之,创立一家之教曰全真。其修持大略以识心见性,除情去欲,忍耻含垢,苦己利人为之宗。老氏所谓"知其雄守其雌,知其白守其黑,知其荣守其辱,为道日损,损之又损,以至无为";庄生所谓"游心于淡,合气于漠,纯纯常常,乃比于狂,外天地,遗万物,深根宁极,才全而德不形者",全真有之,老庄之道于是乎始合。③

徐琰对全真道识心见性、除情去欲、忍耻含垢、苦己利人的宗旨可谓了如指掌,而且十分准确。王磐总结全真道"以识心见性为宗,损己利物为行"与此一致。④

对于佛教的叙述,李之绍的几句话可以说明其对佛教的看法也抓住了根本:"佛氏之教,慈悯为第一义。群生汩于利欲,涉昏衢,怅然莫知攸适,乃发慧照为开导之,使不失其本真。故其学以明心见性为本,心之虚灵,引类取喻,莫灯为切。"⑤他认为佛教慈悯为怀,以发人本真为宗旨,使人明其心性之本来面目。

东平学派对佛道有所批评,宋子贞对佛教道教有明确的批评,所批评的内容大体与宋儒相同,即佛教道教对社会伦理的破坏作用。宋子贞这样批评教徒出家:"而今为道者,则曰必绝父母,屏而骨肉,还而坟墓,不然则不足以语夫道。渠独非人之乎?"⑥他认为古代黄帝、老子并不是这么教导的。元好问承认古代修道者中出过一些贤者、仙人,他说:"盖人禀天地之气,气之清者为贤,至于仙,则又人之贤而清者也。"黄帝、老子、抱朴子等"其书故在,其人可想而见"。⑦ 但是,他认为以佛道教来治世,社会的正常秩序就会被破坏。他把佛道叫做"异端",认为佛道异端"居山林,木食涧饮,以德言之,虽则为人天师可也,以之治世则乱"。⑧ 对于战乱之后佛道大盛的情形,他说:"吾于此有感焉:三纲五常之在,犹衣食之不可一日废。今千室之邑,岂无人伦之教者?"⑨他呼唤人伦日用的儒学教育和三纲

---

① 李之绍《仙人万寿公重建记》,《道家金石略》。
② 李之绍《仙人万寿公重建记》,《道家金石略》。
③ 徐琰《广宁通玄太真人郝宗师道行碑》,《道家金石略》。
④ 王磐《玄门嗣法掌教宗师诚明真人道行碑铭》,《道藏》第 19 册,文物出版社、上海书店、天津古籍出版社 1988 年影印本。
⑤ 李之绍《灵岩长明灯记》,《全元文》卷六一七。
⑥ 宋子贞《玉虚观记》,《全元文》卷八。
⑦ 元好问《通仙观记》,《遗山先生文集》卷三五。
⑧ 元好问《东平府新学记》,《遗山先生文集》卷三二。
⑨ 元好问《明阳观记》,《全元文》卷二五。

五常的伦理秩序，对佛道充斥各地的现象感慨尤多。他还反对佛教徒大建寺庙，认为应注重百姓的生活，不能把财力过多地用于寺庙建设。①

元好问对道家道教的认识与评价：

对佛教和道教的认识，在东平派能见到的文献里面，以元好问最为详尽。元好问是金末元初杰出的文学家，他的诗歌代表了金代的最高成就，在中国诗歌史上占有很高的地位，赵翼把他的诗跟苏轼、陆游相比，认为元好问在某些方面甚至超过苏、陆。他说："元遗山才不甚大，书卷亦不甚多，较之苏、陆，自有大小之别。然而惟才不大，书不多，而专以精思锐笔，清炼而出，故其廉悍沉挚处较胜于苏、陆。""苏、陆古体诗，行墨间尚多排偶，一则以肆其辨博，一则以侈其藻绘，固才人之能事也。遗山则专以单行，绝无偶句，构思窅渺，十步九折，愈折而意愈深，味愈隽，虽苏、陆亦不及也。"②

在元好问的诗文中，对道家道教的赞许，对神仙的向往是大量存在的，他往往自称"道人"。蒙古太宗九年秋天，元好问返乡安置迁家事宜时为嗣母张氏娘家作《外家别业上梁文》有"遗山道人，蟫蠹书痴"一句，③在《雪中自洛阳还嵩山》诗中，他写道："道人薄有尘外缘，迫入尘埃私自怜。"④他说自己有修道的缘分，却在世俗间生活。他的一生除了任内乡县令和短暂的中央史官之外，大部分时间处于隐居的状态。他说自己是真隐，《陶然集诗序》称自己为"遗山真隐"。⑤兴定元年秋试落第后，元好问决定归隐。他之所以决定归隐是当时时势和个人经历共同促成的。当时蒙古军南下，河北、山东一带惨遭涂炭，不投降的城池，在蒙古军攻下后遭受屠城。元好问的家乡忻州被屠，他的兄长元好古遇难。元好问于贞祐四年（1216）携家南迁，避乱三乡（今河南省宜阳县）。之后，虽然他以自己的才华名震京师，得到当时金礼部尚书赵秉文的赏识，但是他当时的心情是："落魄宜多病，艰危更百忧。雨声孤馆夜，草色故园秋。"⑥之后，他决定隐居："从今便高卧，已负半生闲。"⑦在三乡的隐居生活有《三乡杂诗》等，其中一首这样吟道："梦寐沧洲烂漫游，西风安得钓鱼舟？薄云楼阁犹烘暑，细雨林塘已带秋。"⑧沧洲，隐士代称。钓鱼舟，指隐居的生活。初秋的三乡，漂浮的云拱着楼阁的庭院，秋高气爽，虽然暑热还没有完全退去，但是在濛濛的绵绵秋雨中，树叶逐渐泛黄，大地染上了秋意。乘舟垂钓，在细雨濛濛中，独享静寂的日子。元好问喜欢山，喜欢离开世俗的山中隐士生活。他在游前高山时赋诗："梦寐烟霞卜四邻，眼明今日出红尘。山中景趣君休问，谷口泉声已可人。"他向往山中烟霞生活，离开红尘的喧哗，听着山泉流淌声，漫步群山中。在游凤凰山之后，他吟道："白驴前日凤山回，为爱朝元复此来。却忆广陵刘老子，醉吟应在钓鱼台。"刘老子，道士刘海蟾，钓鱼台为姜子牙垂钓处。⑨

---

① 元好问《竹林禅院记》，《遗山先生文集》卷三五。
② 赵翼《瓯北诗话校注》，江守成、李成玉校注，人民文学出版社，2013年，第329—331页。
③ 《元好问文编年校注》，第406页。
④ 《元好问诗编年校注》，第429页。
⑤ 《元好问文编年校注》，第1151页。
⑥ 《元好问诗编年校注》，第80页。
⑦ 《元好问诗编年校注》，第79页。
⑧ 《元好问诗编年校注》，第76页。
⑨ 《元好问诗编年校注》，第1141、1142页。

元好问与许多道士交往密切，很多道士都是他的朋友。他赠太乙道第四代教主萧道辅的诗《赠萧炼师公弼》："吾家阿京爱公弼，吾家泽兄敬公弼。半生梦与公弼游，岂意相逢在今日。"这是他第一次见到萧道辅，他说他的朋友们都很敬仰这位太乙道教主，他自己也渴望与教主见面。"春风和气见眉宇，玉壶冰鉴藏胸臆。人间万事君自知，未必君材人尽识。"对萧道辅赞誉有加。①元好问与全真道交往最多，刘长生徒弟紫虚大师、亳州太清宫提点离峰子、郝太古弟子太古观范圆曦、崞县朝元观道士梁思问、从宋德方整理《道藏》的通真子、定襄道士刘尊师等。不但如此，元好问的妹妹、二女儿元严、族弟、侄婿都是道士。元好问的妹妹是个才女，诗也作得好，在当时很有名气，人长得也漂亮。张平章想娶她为妻，这一段故事《忻州志》记载："元氏好问妹为女冠，文而艳。张平章当揆，欲娶之，使人属好问。辞以可否在妹。张喜，自往访之，觇其所向。至则方自手补天花板，辍而迎之。张询近日所作，应声答曰：'补天手段暂施张，不许纤尘落画堂。寄语新来双燕子，移巢别处觅雕梁。'张悚然而出。"②

元好问的女儿元严先是嫁给卢氏进士杨思敬，后来，杨思敬去世，她做了道士。"诏为宫教，号浯溪真隐。"并留有《浯溪集》。元好问曾为之作诗："杏梁双宿复双飞，海国争教双影归。想得秋风渐凉冷，谢家儿女亦依依。"③

对于道教，元好问肯定多，反对少。特别是全真道，元好问在多处做了肯定。

首先，元好问对丘处机西行见成吉思汗，救百姓于水火的历史作用给予了高度肯定。元太祖十五年(1220)正月十八日，73岁高龄的丘处机带领十八弟子从山东莱州出发，不远万里，长途跋涉，途经今蒙古、哈萨克斯坦、吉尔吉斯斯坦、乌兹别克斯坦、阿富汗等地，有雪山、沙漠、草原，艰辛万苦到达今阿富汗境内的塔里寒见到成吉思汗。丘处机一方面给成吉思汗讲养生之道，一方面劝说成吉思汗停止对百姓的屠杀。当时，蒙古军队对不投降的城市，攻下后屠城。1213年，蒙古军队三路大军攻金，屠密州、彰德、濮州、曹州、楚丘、定陶、上党等地。成吉思汗曾对他的部下说，男人最大的快乐就是"战胜敌人，将他们连根铲除，夺取他们所有的一切"，骑其骏马，纳其妻妾。④丘处机从天道、天人论，到养生之道、平定天下之策，娓娓道来，层层递进，劝说成吉思汗接受了道家不杀、保民、养生的思想。丘处机说上天通过天人来治理社会，天人是替天行道，如果天人造福百姓，功成寿限到而升上天位，在天上的位置会超过原来。陛下要做的事是外修阴德，体恤民众，爱护百姓，安定天下，使百姓安居乐业。对于个人养生，丘处机说内固精神，节制欲望，保养精神。他说，百姓有一个妻子，夫妻生活尚且损身，何况帝王？对于中原治理，他说，中原地是富饶之地，物产丰富，得中原者得天下。但战乱使百姓不安、物产困乏，如能免除这里三年赋税，让百姓安居乐业，粮食就能丰收，布帛也就足够国用，这也是天人行天命，造福百姓的事业。⑤由于丘处机的努力，太祖二十二年，成吉思汗向军队下达了"不杀掠"的命令。在西行途中，丘处机就表达了他的愿望："我之帝所临河上，欲罢干戈致太平。"⑥元好问积极

---

① 《元好问诗编年校注》，第800页。
② 《忻州志》卷三五《淑德·金》。
③ 《忻州志》卷三五《孝女·金》。
④ 《史集》第一卷，商务印书馆，1986年，第2册，第362页。
⑤ 《玄风庆会录》，《道藏》第3册，第389、390页。
⑥ 《长春真人西游记》卷下，《道藏》第34册，第492页。

地评价了丘处机的西行成果,他说:"丘处机赴龙庭之召,亿兆之命,悬于好生恶死之一言。诚有之,则虽冯瀛王之对辽主不是过。"①冯瀛王,即冯道,五代时天下大乱,朝代更替频繁,冯道事晋,官至司空、同中书门下平章事,加司徒,兼侍中。契丹灭晋,"耶律德光尝问道曰:'天下百姓如何救得?'道为俳语以对曰:'此时佛出救不得,惟皇帝救得。'人皆以谓契丹不夷灭中国之人者,赖道一言之善也"。②

元好问对丘处机"一言止杀",劝导成吉思汗终止军事行动中的滥杀,进而让占领区百姓安居乐业的历史功绩给予了高度称赞。

其次,在南宋、金、蒙古战争状态下,中国北方处于礼崩乐坏的社会大混乱之中,儒家正常的教化体系已被打乱,很多时候已不起作用,而全真道这时却起到了儒家安定社会、安定民心的作用。元好问感叹道:"呜呼!自神州陆沉之祸之后,生聚已久而未复其半。蚩蚩之与居,泯泯之与徒,为之教者,独全真道而已。"他认为圣人制礼作乐,建三纲五常,修十义,正官序,提倡仁义礼智,教化有方,社会安定,百姓乐业,但是战乱彻底打破了稳定的社会秩序,教化荡然无存,社会极度混乱,"今之司徒之官与士之业废者将三十年,寒者不必衣,而饥者不必食,盖理有不可晓者,岂非天耶? 如《经世》书所言,皇极之数,王伯以降,至于为兵火、为血肉、阳九百六,适当斯时。苻坚、石勒、大业、广明、五季之乱,不如是之极也!"当时社会战乱的破坏程度,比历史上的几次大混乱要严重得多。"幸乱乐祸,勇斗嗜杀,其势不自相鱼肉,举六合而墟之不止也"。是丘处机西行雪山见成吉思汗,蒙古军才停止了对百姓的滥杀,并允许丘处机随处设观,免除道教徒的租役,"从是而后,黄冠之人十分天下之二,声焰隆盛,鼓动海岳;虽凶暴鸷悍、甚愚无闻知之徒,皆与之俱化。衔锋茹毒,迟回顾盼,若有物掣之而不得逞。父不能召其子,兄不能克其弟,礼义无以制其本,刑罚无以惩其末;所谓全真家者,乃能救之荡然大坏不收之徒,杀心炽然,如大火聚,力为扑灭之。呜呼,岂非天耶!"③全真道设观收徒,使凶暴"甚愚无闻知之徒",得到了教化,起到了儒学仁义礼智信、父慈子孝、兄恭弟及的伦理教化作用,使社会稳定,百姓安居乐业。元好问最后发出感慨"呜呼,岂非天耶!"是上天让全真道在民族最危难的时刻出现,救民于水火吗? 在《紫薇观记》中,元好问表达了同样的思想。他说自贞祐丧乱以来,纪纲文章荡然无存,人民百姓不知所向,"为之教者,独是家而已""先哲王之道,中邦之正,扫地之日久矣!"而全真道"是家何为者,乃人敬而家事之?"他进而发出感叹:"殆攻劫争夺之际,天以神道设教,以弭勇斗嗜杀者之心耶?"在这三纲五常混乱,儒家伦理道德失去作用的时候,是全真道起到了儒家教化的作用,稳定了社会,遏制了滥杀。④

第三,元好问认为全真道是真心修道,没有道教历史上的怪诞言行,也没有搞像北宗皇帝崇道一样的政治闹剧。他认为古代真修道之士"居山林,木食涧饮,槁项黄馘,自放于方之外",有涪翁、河上丈人等,后世陶弘景、寇谦之等。但是杜光庭建"神仙官府"就是荒诞不经的事情了:"杜光庭在蜀,以周灵王太子晋为王建鼻祖,乃踵开元故事,追崇玉晨君,以配'混元上德'之号。置阶品,立范仪。号称'神仙官府',虚荒诞幻,莫可致诘。"而且到

---

① 《元好问文编年校注》卷四《清真观记》,中华书局,2012 年,第 332 页。
② 《新五代史》卷五四《冯道传》。
③ 《元好问文编年校注》卷四《清真观记》,第 332 页。
④ 《元好问文编年校注》卷四《紫薇观记》,第 363 页。

宋徽宗崇道，更是走向极端，与修道完全是两码事。"二三百年之间，至宣、政之季，而其弊极。"元好问认为全真道是真修道者，他说："咸阳人王中孚倡之，谭马丘刘诸人和之。本于渊静之说，而无黄冠襁褕之妄，参以禅定之习，而无头陀缚律之苦，耕田凿井，从身以自养，推有余以及之人。"①全真道"本于渊静之说"，全真道士在山中修行，要求精神安静，进入虚无状态，如丘处机在磻溪六年，在龙门七年，磨练精神，禁色欲，禁睡眠，一心静下去，最后练成神仙，绝没有在道教里面搞官阶、置范仪的神仙官府之事。

第四，元好问肯定神仙的存在，把神仙与人体之"气"联系起来，认同道教的神仙观。

在《道仙观记》中，元好问说皇帝、老子、庄子、刘子都是神仙家流，后世的抱朴子、陶弘景、司马承祯也是仙家。那么什么是神仙？元好问认为"盖人禀天地之气，气之清者为贤，至于神仙，则又人之贤而清者也"。②他的神仙思想是以气来释仙，气之清者为贤，而贤人中气更清者就是仙。

关于人的生命与气的关系，是中国古代思想中的一个大命题，儒家道家中医多有论述。庄子在《知北游》中说："人之生，气之聚也；聚则为生，散则为死。"③庄子认为人的生命是气聚而成，人体的物质成分的根本是气，而气是虚无的。按照道家天地形成的理论，比较清的气升为天，重浊的气形成了地。而人的气也有清浊之分。对于儒家来说，孟子也认为人的生命是由气充实起来的，他说："夫志，气之帅也；气，体之充也。"④而气的统帅是志，人生命的统帅是精神性的"志"。到了宋明理学的张载，认为宇宙自然，气是根本，而人分为天地之性和气质之性，天地之性是与天道本体一致的，是道德至善的，而气质之性是人的生理本能、世俗之气。气分清浊："气质犹人言性气，气有刚柔、缓速、清浊之气也。"⑤人的气质也有美恶："人之气质美恶与贵贱夭寿之理，皆是所受定分。"⑥张载希望人能体天地之仁，变化气质，逐步达到圣境。二程对人性也持有清浊的看法："气之所钟，有偏正，故有人之殊；有清浊，故有智愚之等。"⑦又说："气有清浊，禀其清者为贤，禀其浊者为愚。"⑧元好问"气之清者为贤"正是二程已表述过的"禀其清者为贤"，只不过元好问评述的不是儒家的圣贤，而是道家的神仙。神仙是"贤而清者"，比"贤"更"清"的人，就成了神仙。从这里看出，元好问不但认为神仙可以成，神仙可以做，而且从理论上阐述了成为神仙的原理，就是要使人的气清上更清。气清为圣为贤的说法，不是儒家的首创，杜光庭也有同样的思想，他说："人之生也，禀天地之灵，得清明冲朗之气，为圣为贤；得浊滞烦昧之气，为愚为贱。"⑨所以，元好问的神仙思想跟儒道都有渊源。

元好问还对全真道修道之后取得的智慧、能力给予肯定。紫虚大师离峰子是全真道北派七真之一刘长生的弟子，传说他修道后出现了超能力，开发了智慧。在没有修道之

① 《元好问文编年校注》卷四《紫薇观记》，第362、363页。
② 《元好问文编年校注》卷四，第439页。
③ 《庄子今注今译》，第559页，中华书局，2001年。
④ 《孟子·公孙丑》，《孟子译注》，中华书局，1984年，第62页。
⑤ 《张载集·经学理窟·学大原上》，中华书局，2006年，第281页。
⑥ 《张载集·经学理窟·学大原上》，第266页。
⑦ 《二程集》卷二《河南程氏粹言》，中华书局，1981年，第1266页。
⑧ 《二程集》卷一八《河南程氏遗书》，第204页。
⑨ 《道德真经广圣义》卷八，《道藏》第14册，第352页。

前,他没读过书,不识字,在许昌整个晚上绕城疾走,禁睡眠,经过刻苦的修炼,一天他站在城门边上,有辆大车从他身旁过去,车上载的植物枝条碰到了他的鼻子,忽有所省,欢欣踊跃,不能自禁,锁在屋里三天才平静下来。从此以后"日诵百言,亦之《老》《庄》,随读随讲,如迎刃而解,不数年遍通内外学。作为诗歌,伸纸引笔,初若不经意,皆切于事而合于理"。①紫虚大师从一个没读过书的人,经过修炼,忽然开悟,《老》《庄》不仅可以读,也能讲解,其中道理迎刃而解,而且几年内"遍通内外学",诗歌也做得很好了。元好问把紫虚大师智慧能力的开发归结为道教修炼。

元好问对佛教的认识与评价:

作为一个儒家学者,元好问对道教有着十分亲近的认知,而对佛教也有较深入的了解和诸多正面的评价。他有许多佛教界的朋友,如跟英禅师有长达四十年的交往,跟汴禅师也有三十年的交情,其他如西溪相禅师、草堂德、川主通、昭禅师、普禅师、超禅师等也交情很好。

英禅师,名性英,字粹中,号木庵,本学儒,后出家。贞祐南渡后来到河南,居龙门、嵩山二十多年,仰山五六年。贞祐四年(1216),元好问避乱居三乡(今河南宜阳县),与英禅师交往甚密。三乡辛敬之、赵宜之、刘景玄等都是诗人,与英禅师诗歌往来。当时,英禅师的诗还受到赵秉文、杨云翼、李屏山、雷渊、李钦叔、刘光甫、王若虚等大儒的欣赏。元好问评价英禅师是百年诗僧第一人。元好问评价道:"爱君《山堂》句,深靖如幽兰。爱君《梅花》咏,入手如弹丸。诗僧第一代,无愧百年闲。"②在《夜宿秋香亭有怀木庵英上人》中元好问咏道:"兄弟论交四十年,相从旬日却无缘。去程冰雪诗仍在,晚节风尘私自怜。莲社旧容元亮酒,藤溪多负子猷船。茅斋一夕愁多少?窗竹潇潇耿不眠。"③元好问来到秋香亭,思念英禅师,感叹两人交往四十年,现在却难以相见,想起寒冬大雪天两人在此吟诗的情景,夜晚难以入眠。在隐居嵩山时期,元好问还有一首《寄英禅师,师时住龙门宝应寺》,开篇即说:"我本宝应僧,一念堕儒冠。"说自己本来是宝应寺的僧人,但成了儒者。这一方面说明元好问对佛教的认同,一方面说明他与英禅师的感情至深。他接着吟道:"空余中夜梦,浩荡青林端。故人今何如?念子独轻安,孤云望不及,瞑鸿杳难攀。前时得君诗,失喜忘朝餐。想君亦念我,登楼望青山。"他见不到英禅师,非常想念,夜晚做梦梦到英禅师,见到英禅师的诗,高兴得忘了吃饭。"思君复思君,恨不生羽翰。何时溪上石,清坐两蒲团。"他想生对翅膀飞到英禅师那里,盼望在山中溪水旁,盘坐在大石上,吟诗相聚。④

汴禅师,嵩山龙兴寺僧人。元好问跟汴禅师的交情也有三十多年。在《告山赟禅师塔铭》中,元好问说:"不肖交于汴公者三十余年矣。"元好问对汴禅师评价很高,说他"于临济一枝,亭亭直上,不为震风凌雨之所催偃",称赞他"孤峻自拔","汴老矣,尚能记师沉嘿自守,不以文字言语惊流俗。为门户计,住持不务营造"。⑤ 在《赠汴禅师》一首中,元好问吟道:"道重疑高謇,禅枯耐寂寥。盖头茅一把,绕腹篾三条。"⑥元好问借禅宗"古德三篾"的公案,比喻汴禅师的功夫之高。《五灯会元》卷五记载马祖问药山:"子近日见处作么生?"

---

① 《元好问文编年校注》卷四《紫虚大师于公墓碑》,第445页。
② 《元好问文编年校注》卷五《木庵诗集序》,第1087、1088页。
③ 《元好问诗编年校注》卷五,第1472页。
④ 《元好问诗编年校注》卷二,第105、106页。
⑤ 《元好问文编年校注》卷六,第1469、1470页。
⑥ 《元好问诗编年校注》卷二,第216页。

药山回答："皮肤脱落尽,唯有一真实。"马祖说："子之所得,可谓协于心体,布于四肢。既然如此,将三条篾束取肚皮,随处住山去。"意思是药山已经开悟,可以随处住山施教了。

相禅师,沂水王氏,名弘相,从小出家,先后住沂州普照寺、郑州大觉寺、嵩山少林寺等,最后住嵩山清凉寺。元好问与之相识,也是因为诗,有人把相禅师的诗作送给元好问,元好问说："予爱其文,颇能道所欲言,诗则清而圆,有晚唐以来风调。其深入理窟,七纵八横,则又于近世诗僧不多见也。"元好问与他一起登兰若峰,谈起避蒙古兵的事情,佩服他对待生死的态度："道中谈避寇时事,师以为凡出身以对世者,能外生死,然后能有所立。生死虽大事,视之要如翻覆手然,则坎止流行,无不可者。此须从静功中来,念念不置,境当自熟耳。"有一次,相禅师在山上失足掉下山崖,落在一棵大树上,而神色自若。[1]元好问有《寄西溪相禅师》:"青镜流年易掷梭,壮怀从此即蹉跎。门堪罗雀仍未害,釜欲生鱼当奈何?万事自知因懒废,一官原不校贫多。拂衣明日西溪去,且放云山入浩歌。"[2] 时任金史臣编修官的元好问赋诗,表露辞官归隐,去找相禅师的想法。

昭禅师,太原人,嵩山法王寺住持。他与加慈云海、清凉相禅师、汴禅师是虚明和尚的得意弟子,为临济法脉。[3]元好问有《野谷道中怀昭禅师》一首:"行行汾沁欲分疆,渐喜人声挟两乡。野谷青山空自绕,金城白塔已相望。汤翻豆饼银丝滑,油点茶心雪蕊香。说向阿师应被笑,人生生处果难忘。"元好问行至山西野谷道中,做了这首小诗,说自己吃着家乡的美味,过着世俗的生活,不像和尚可以忘掉世俗生活,忘掉家乡,说倘若向昭禅师说起来,肯定会被笑,而自己看来是忘不了家乡的美味和世俗的生活了。[4]

元好问对佛教的认识,基本持一种积极的评价。首先,元好问认为佛教的大悲智是一种慈悲情怀,利于众生,跟儒学恻隐之心相同,儒学的兼善跟佛教的利他不期而合。

在《龙门川大清安禅寺碑》中,元好问引用《孟子》中的名言:"思天下之民匹夫匹妇有不被尧舜之泽者,若己推而内之沟中。"[5]意思是天下的百姓,即使只有一个人没有受到尧舜之道的恩泽,也好像自己把他推进山沟中一样。把天下的重担挑在自己身上,是儒家的责任。而佛教怎么样呢?元好问接着说:"至于瞿昙氏之说,又有甚焉者。一人之身,以三世之身为身;一心所念,以万生所念为念。至于沙河法界,虽仇敌怨恶,品汇殊绝,悉以大悲智而饶益之。道量宏阔,愿力坚固,力虽不足,而心则百之。有为烦恼贼所娆者,我愿为法城堑;有为险恶道所梗者,我愿为究竟伴;有为长夜暗所阁者,我愿为光明炬;有为生死海所溺者,我愿为大法船。若大导师大医王,微利可施,无念不在。在世谛中,容有同异,其恻隐之实,亦不可诬也。"[6]佛教的利益、众生的宏愿,大慈悲心,度尽天下人的大乘佛教的精神,不管有多大力量,其心是诚心诚意地为所有人好,"无念不在",与儒学恻隐之心相同。元好问进而说道:"吾儒兼善,内教之利它,皆得之性分自然,廓而充之,有不期合而合者。"[7]儒学以仁爱之心,达至天下至善的愿望,跟佛教利益众生,是不期而合。虽然儒家与佛家

---

① 《元好问文编年校注》卷一《清凉相禅师墓铭》,第102页。

② 《元好问诗编年校注》,第294页。

③ 《元好问文编年校注》卷四《太原昭禅师语录引》,第401页。

④ 《元好问诗编年校注》,第813页。

⑤ 《孟子·万章章句上》。

⑥ 《元好问文编年校注》卷五,第952页。

⑦ 《元好问文编年校注》卷五,第952页。

差异明显，一个出世，一个入世，理论与实践差异非常大，儒家学者也往往以某些差异而攻击佛教，但是元好问在这些差异之外，找到了它们的共同点，并对佛教大加赞赏。

其次，元好问对佛教在中国的发展进行了评述。当时的社会背景是金代贞祐南渡之后，蒙古南下入侵，金代末年战争不断和社会动荡，使许多人对佛教抱有希望，认为佛教可以带来平安和生活的出路。

在《竹林禅院记》中，元好问首先简单说明了佛教进入中国的历史："佛法之入中国，至梁而后大，至唐而后固。寺无定区，僧无限员，四方万里，根结盘互；地穷天下之选，寺当民居之半，而其传特未空也。"而到了金代，佛教的发展并未如唐代那样好的势头，实际上佛教在金代中前期的发展相对衰落："自承平时，通都大州若民居、若官寺，初未有闳丽伟绝之观；至于公宫侯第，世俗所谓动心而骇目者，校之传记所传，曾不能前世十分之一。"但是，在金代贞祐南渡之后，社会动荡，蒙古大军南下攻金，金代由盛转衰的时期，佛教却得到了很大的发展，"尤以营建为重"，佛教"以为佛功德海大矣，非尽大地为塔庙，则不足以报称"。以营建更多更大更富丽堂皇的庙宇为事，究其原因，元好问认为不外四点："故诞幻之所骇、坚苦之所动、冥报之所耆、后福之所徼，意有所向，群起而赴之。"在战乱的年代，国家混乱，人民生活得不到保障，甚至生命都受到威胁，人们信佛，企盼得到拯救，没有人再相信国家，出现了"佛为大，国次之"的情况。"富者以货、工者以巧、壮者以力，咄嗟顾盼，化草莱为金碧，撞钟击鼓，列坐而食。"①元好问认为这是一种不正常的情况，他对百姓蒙受苦难时没有出路而不得已的倾向，持悲悯态度，"吁，可谅哉！"②

最后，元好问佩服佛教徒牢不可破的意志，坚定的信念。山西威得院主持明玘，训《华严经》，几年才成，举办水陆法会，印刷千部送人，"且烧二指为供"，烧掉自己的手指来供养，"诚意坚苦，为人感动"。元好问感慨道："浮屠氏之入中国千百年，其间才废而旋兴、稍微而更炽者，岂无由而然？天下凡几寺，寺凡几僧，以乡观乡，未必皆超然可以为人天师也。唯其生死一节，强不可夺；小大一志，牢不可破。故无幽而不穷，无高而不登，无坚而不攻。"③他的好友相禅师"以为凡出身以对世者，能外生死，然后能有所立"。对于生死一事，如"翻覆手然"，也令元好问钦佩。元好问还记述过相禅师生活禅的功夫，要人专一而静，认为"禅道微矣，非专一而静，则决不可入"。④

The Academic Thought of the Dongping School
in the Late Jin and Early Yuan Periods
Chang Daqun，Xiamen University

Abstract：This paper focuses on the academic thought of the Dongping school formed in the late Jin and early Yuan dynasties with Dongpingfu school as the base,

---

① 《元好问文编年校注》卷二，第 189 页。
② 《元好问文编年校注》卷二，第 189 页。
③ 《元好问文编年校注》卷七《威德院功德记》，第 1497、1498 页。
④ 《元好问文编年校注》卷一《清凉相禅师墓铭》，第 102 页。

and discusses several aspects from the key of sage education for politics，the three principles of the TianLi as the root of politics，the tradition of righteousness and sincerity in Confucian LiTheory，the literary view of sincerity as the basis and the understanding of Buddhism and Taoism. It is argued that the main ideas of the Dongping school are Confucian LiTheory and sutra-righteousness.

Keywords：late Jin，early Yuan，Dongping school，academic thought

（本文作者为厦门大学国际中文教育学院教授）

宋元之际的嘉兴魏塘吴氏史事探赜

——从吴静心本《定武兰亭十六跋》说起

陈 波 张 妮

摘 要：平湖图书馆所藏《义门吴氏谱》，因涉及元代画家吴镇而备受关注，其关于宋元之际的记载，并非向壁虚构。吴氏家族自吴森之父吴泽开始，迁居嘉兴，宋元鼎革之际吴泽及其长子吴禾投身航海贸易，借助澉浦港的兴盛积累了大量财富，聚族嘉兴魏塘而居，成为人丁兴旺的大家族。吴氏家族因从事海运事业而积累的巨额财富，是其从事书画收藏乃至创作的经济基础。本文通过厘清吴氏家族的基本情况，在此基础上梳理该家族与数位元代文士之间的文字因缘，进而讨论元代江南书画繁荣所端赖的社会土壤。

关键词：义门吴氏谱；魏塘吴氏；吴森；吴镇

　　至大三年(1310)，赵孟頫应诏从杭州(一说湖州)沿水路前往大都，途经南浔时，送行好友僧人独孤淳朋将自己收藏的一本五字已损《定武兰亭》拓本相示。赵孟頫一见惊奇，遂乞之并携入大都。在三十二天船行途中时时展玩，宝爱不已，于册后陆续写下十余段跋文，并临写一通，这便是著名的《独孤本定武兰亭十三跋》。

　　可是此后却有多种内容相近的文本陆续流出，形式都是定武兰亭本附以赵孟頫十余段题跋的所谓兰亭十一跋、兰亭十六跋、兰亭十八跋，并行于世。而诸本之中，又以所谓《吴静心本兰亭十六跋》最为知名。此外故宫藏一卷有王蒙长跋的定武兰亭拓本，据称也原属吴静心本。后世据帖后赵孟頫跋，认为他在前往大都途中，除携独孤所赠《定武兰亭》外，还有同舟的好友吴森(森号静心，嘉兴人)也携带一本《定武兰亭》拓本。赵孟頫曾在吴去世后撰《义士吴公墓铭》(收入《松雪斋集》)。赵在赴大都途中不但经常并几同观《独孤本》和《吴静心本》，还把题在《独孤本》后的跋语抄录于《吴静心本》之后，并略加改易，增为十五跋。延祐三年(1316)，又应吴森之子景良之请追加一跋，共计十六跋。① 此十六跋与《定武兰亭》拓本原迹，今皆不存。兰亭拓本与题跋有明代潘仕从(字云龙)刻本传世，赵临兰亭不见于刻本中，而被认为即故宫博物院现藏一卷《定武兰亭》后所附。在后人著录中，别有十七跋、十八跋之名，所指都是上海潘允端藏本。

　　关于此《吴静心本定武兰亭》之真伪，艺术史学界言人人殊，至今未有定谳。徐邦达、王连起和黄惇，都认为赵孟頫确实曾为吴森所藏《定武兰亭拓本》写过十六跋，而最近田振宇则撰文力证吴静心本系元人俞和(字子中，号紫芝，晚号紫芝老人)之伪作，亦不排除吴

---

① ［明］李日华《味水轩日记》卷七，屠友祥校注，上海远东出版社，1996年，第478—479页；［明］汪砢玉《珊瑚网》卷一九《法书题跋·赵承旨十六跋定武兰亭》，清《文渊阁四库全书》本；［清］卞永誉《式古堂书画汇考》卷五《书五·定武兰亭赵承旨十六跋静心本》，清《文渊阁四库全书》本。

氏家族参与作假之可能。① 关于这一书法史上的疑案,艺术史研究者自有其长处,非笔者可以置喙。然则艺术史学者在讨论此一案例之时,对于吴静心家族之基本史实虽有附带交代,但由于对元代文献未免隔膜,似皆有言而未及之处。笔者想先通过厘清吴氏家族的基本情况,在此基础上梳理该家族与数位元代文士之间的文字因缘,进而讨论元代江南书画繁荣所端赖的社会土壤。

一、吴静心家族的基本情况

关于吴静心此人及其家族,其基本资料除赵孟頫《义士吴公墓铭》(以下简称《墓铭》)之外,还有 1981 年发现于浙江平湖的《义门吴氏谱》。余辉、吴静康等学者通过比照《墓铭》与《义门吴氏谱》的记载,基本厘清了元代画家吴镇的家世,然而其结论长期并未被元史学界所重视。② 之所以如此,大概还是由于该谱成于清康熙年间,记载之中也有些明显错误,因此其可信性难免受到一定的质疑。③ 近年黄朋进一步通过扬无咎《四梅图》吴氏一门的收藏印记并结合元代文人黄玠《弁山小隐吟录》的一则诗序,进一步印证了《义门吴氏谱》宋元之际的谱系记载应皆有所本,基本可信。④

根据《义门吴氏谱》记载,⑤吴镇的曾祖寔(第十七世),字寔之,他见宋将亡,"弃文习武,仕进义校尉,水军上将。元兵南下,公力战死。赠濠州团练使。先是许公自以勋戚裔,忠鲠招嫉,见世将变,托公于族弟,携养汝南。后海运公惧祸,故义士墓表直托称曾大父坚云"。吴镇的祖父泽(即吴寔的长子)系"行庆八秀,字伯常,仕承信郎,因官居汴梁。继与杨宣慰同职,后与吕文德守襄阳有功,同故将李曾伯移家嘉兴思贤乡……宋亡,不臣元,航于海"。吴镇先祖中最关键的人物是吴泽,自他开始吴氏族系的一支在嘉兴一带扎根,打下了吴氏作为航海家族的基础。其长子吴禾(第十九世,吴镇父),字君嘉,号正心。他"性至孝,随父航海。后大定,寄籍山阴、萧山二县。今赭山船舵尚存。庐守父墓,因居澉浦。家巨富,人号'大船吴'"。吴禾的六个弟弟林、森、杰、朴、杺、枋均不随父航海,唯一承传祖业的是吴森的长子吴汉英,他"随祖航海,后归武塘,仕财赋提举"。而吴镇则为吴禾之子,在元代作为著名画家为世所知。

《墓铭》记吴森云:"性素雅……无声色之娱,唯嗜古名画,购之千金不惜。"可见吴森曾依靠雄厚家资,重金收藏书画,这无疑会影响到其家族之好尚。吴氏家族中涌现出的书画人才,除吴镇外,吴森之孙吴瓘(森长子汉英之子,字莹之,号竹庄老人)也是书画家,其《梅

① 王连起《赵孟頫临跋〈兰亭序〉考》,《故宫博物院刊》1985 年第 1 期;黄惇《赵孟頫与兰亭十三跋》,《兰亭论集》,苏州大学出版社,2000 年;徐邦达《古书画过眼要录——元明清书法》,《徐邦达集(五)》,紫禁城出版社,2006 年,第 40 页。田振宇《赵孟頫跋〈吴静心本定武兰亭〉辨伪》,《中国书画家》2015 年第 7 期。

② 李德辉《吴镇家谱续考》,《山东师大学报(社会科学版)》1988 年第 1 期;余辉《吴镇世系与吴镇其人其画——也谈〈义门吴氏谱〉》,《故宫博物院院刊》1995 年第 4 期;吴静康《吴镇家世再探》,《故宫博物院院刊》2001 年第 5 期。

③ 陈高华《元代画家史料》(增订本),中国书店出版社,2015 年,第 494—495 页。陈高华先生认为该谱是否可信仍有待进一步研究。

④ 黄朋《吴镇及其家族书画收藏初探》,《上海博物馆集刊》2008 年。

⑤ 《义门吴氏谱》笔者未见,以下引用该谱内容,皆转见政协嘉善县委员会文史资料研究委员会嘉善县志办公室、嘉善县博物编《嘉善文史资料》第 5 辑,1990 年。

竹图》与吴镇《墨梅图》,与南宋徐禹功《雪景梅竹图》合裱为一卷,习称"宋元梅花合卷",今藏辽宁省博物馆。而现藏于故宫博物院的南宋画家扬无咎的《四梅花图》就曾是吴氏家族藏品,在其卷中前后,钤有吴镇、吴汉杰、吴汉臣(吴森第四子)三人印章,此外还有"嘉兴吴璋伯颙图书印",黄朋认为此人乃吴汉杰之子,此说实误,这在后文中还将提到。

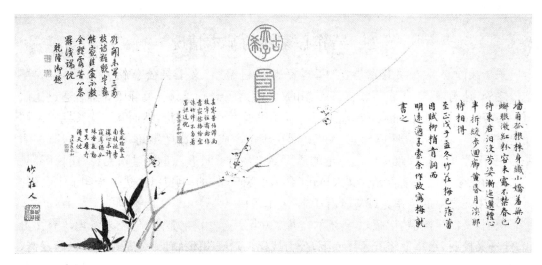

图一 吴瓘《梅竹图》

二、宋元之际嘉兴魏塘吴氏家族成员的进退出处

吴镇的家系及行迹由于前人的研究,已经较为清楚。大致可知吴镇家境优渥,出身嘉兴魏塘的大族,其寓所"梅花庵"位于今嘉善县魏塘镇,元代属嘉兴路嘉兴县,在县东三十里,又名武塘。① 元人陶宗仪曾这样提到魏塘吴氏居宅之盛况:

> 浙西园苑之胜惟松江下砂瞿氏为最……次则平江福山之曹、横泽之顾,又其次则嘉兴魏塘之陈(园)。当爱山全盛时,春二三月间,游人如织。后其卒,未及数月,花木一空,废弛之速,未有若此者。自后其地吴氏之园曰"竹庄"。盖元有池陂数十亩。天然若湖,莹之②尝买得水殿图,据图位置,构亭水心,潇洒莫比。哗讦之徒,欲闻诸官。亟塑三教像于中。易曰:"三教堂。"人不可得而入矣。莹之卒。荐遭兵燹。今无一存者。③

《墓铭》记述吴森内眷称:"初赘费氏,早卒,再赘陈氏(武塘承信陈公之女)。"④"武塘承信

---

① 《元史》卷六二《地理志五》,中华书局点校本,1976 年,第 1493 页;至元《嘉禾志》卷三《镇市》,成文出版社有限公司,1984 年,第 92 页。

② 据朱谋垔《画史会要》卷三:"吴瓘,字莹之,嘉兴人。"而据《义门吴氏谱》,其人乃吴森长子吴汉英(字彦良)之子。

③ [元]陶宗仪《南村辍耕录》卷二六《浙西园苑》,中华书局,1959 年,第 329 页。

④ [元]赵孟頫《松雪斋集》卷八《义士吴公墓铭》,浙江古籍出版社,2012 年,第 226 页。

陈公"当指元初纳粟补万户的陈景仁(或言陈景纯)。① 在《义门吴氏谱》被发现之前,吴镇留给后人一种以卖画算卜为生的潦倒不堪的贫士印象,而实际上他可以算得上世家子弟,完全可以靠父祖产业乃至家族接济悠游岁月,并无生计之虞,其买卜活动很可能是作为全真道教徒的教义实践。② 吴镇"为人抗简孤洁,高自标表",③一生似并未出仕,这种政治态度很可能受到其父祖吴泽、吴寔曾作为宋朝将佐参与抗元战事的遗民意识影响。

但这并不是说,吴氏家族所有人都秉持义不臣元的政治态度,宋元鼎革之际,士人家族于进退出处之大关节,实际上多倾向于忠孝之间,努力寻求一种微妙的平衡,恰如文天祥与弟书所言:"我以忠死,仲以孝仕,季也其隐。……使千载之下,以是称吾三人。"④吴氏家族也采用了此种灵活的政治抉择,来寻求家族的延续与发展。吴镇之父吴禾选择"庐守父墓,因居澉浦"(《义门吴氏谱》),以航海为业孝养其亲。其叔父吴森则选择跟随降臣范文虎,任管军千户,并且很可能参与了征日之役。对此,《墓铭》隐晦地记曰:"至元辛巳(1281),征东省右丞范文虎与承信府君在李公幕府有旧,故举君为管军千户。师还,隶高邮万户府,移屯扬州,告闲得请,澹然家居。"并且,吴森这一系子弟多积极出仕元朝,也努力参与地方秩序的构建,其义举最得士望的是所谓"延师教子,捐腴田二顷,建义塾以淑乡里子弟"。关于此事,赵孟頫有诗云:

礼义生富足,为富或不仁。谁能如吴君,捐己以惠人? 开塾延师儒,聚书教比邻。岂徒名誉美,要使风俗淳。人物方眇然,作养当及辰。文章虽致身,经术乃新民。宣公相业著,辅子理学醇。二贤乡先正,千载德不泯。吴君真盛举,勉哉继前尘。何当袭春服,从子语水滨。⑤

此诗所提到的吴俊卿,亦当指吴森。赵孟頫与吴森相交甚笃,《墓铭》言"以余尝与其父游,深知其为人",清人安歧《墨缘汇观录》卷二法书下《静心帖》也提供佐证:

孟頫顿首再拜静心相干心契足下:孟頫径率有白,今遣小计去,望收留之。切告,勿令此间觉可也。专此数字,唯加察,不宣。孟頫顿首再拜。⑥

---

① 参见吴静康前揭文。"陈景纯"似又作"陈景仁",沈季友《檇李诗系》卷三六(清《文渊阁四库全书》本):"魏塘元万户陈景纯,名当,字爱山,辟园有异人月夜叩门,题诗云:戊子年间多快乐,丙申之岁少留连。公公莫作绵绵计,花圃终须变野田。"同书卷三八《魏塘道中》:"嘉善县古魏塘镇,相传魏武帝窥江南驻跸,故名又曰武塘,在府城东三十六里,治为元万户陈景仁花圃,至正时有星陨石陈取为山县治定基于此。"光绪《重修嘉善县志》卷三《陈氏东西园》亦作"魏塘元万户陈景纯"。"陈景纯""陈景仁"或为同一人,或为同族昆弟。

② 参见余辉前揭文。

③ [明]孙作《沧螺集》卷三《墨竹记》,《文渊阁四库全书》本。

④ 《永乐大典》卷一四五四四引刘将孙《养吾集·读书处记》。

⑤ [元]赵孟頫《松雪斋集》卷三《吴俊卿义塾》,第56页。

⑥ 王连起编《赵孟頫墨迹大观》下册收有静心帖,上海人民美术出版社,第504页。据黄雅雯《赵孟頫尺牍初探》(台南师范学院语文教育学系学士论文,2003年)称:"白宋纸本,行草书,八行。收于《赵孟頫六帖册》,台湾陈氏藏。为致静心之信札。"

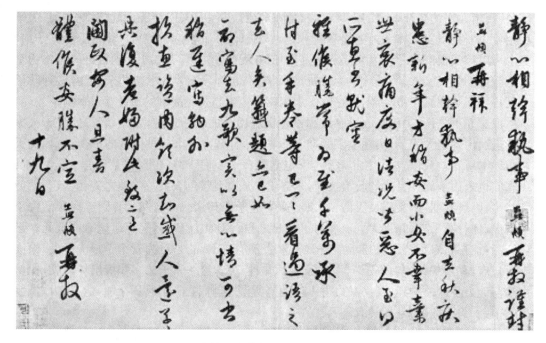

图二　上海博物馆藏赵孟頫书致吴静心(吴森)札

另外上海博物馆藏有赵书致吴森书札一通，其中其幼女夭亡之事，云"自去秋疾患，小女不幸弃世，哀痛度日"，①据王连起先生的意见，赵之幼女应夭于至大二年。实际上，赵孟頫与吴氏家族成员的书札，确切可信的至少有六通，现藏上海博物馆。其中一通习称祸变帖，内容是赵孟頫应吴汉英、吴汉杰之请为其父吴森撰写墓铭：

> 书慰国用(指吴森长子吴汉英)、景良贤昆仲大孝，赵孟頫就封。孟頫再拜国用、景良贤昆仲大孝苫次：何图庆门祸变，先丈奄弃荣养，闻之不胜伤痛。伏唯孝心纯至，何以堪处？相去数千里，无由奉唁，唯节哀顺变，以全孝之大者。所喻墓铭，不敢辞，谨写定奉纳，便可上石也。因贵价录驿便布此。老妻附问，堂上安人请节哀。消息不次。九月五日，孟頫再拜。②

　　而赵孟頫与吴森建立交情，可能因其友人邓文原居中牵线，因邓文原曾于大德二年任崇德州教授，③崇德州属嘉兴路，距离吴氏居地魏塘并不远。次年(1299)吴氏建立义塾的举动引起邓文原的注意：

> 崇德古御儿地，大德己亥(1299)，吾尝为其州文学掾。吴氏僬卿建门左之塾，聘

---

① 王连起编《赵孟頫墨迹大观》下册，上海人民美术出版社，第460页。
② 王连起编《赵孟頫墨迹大观》下册，第462页。除上引书札外，《赵孟頫墨迹大观》收录赵孟頫致吴氏家族成员书札共6通，录文有些地方似待商榷，同氏编《赵孟頫书画全集》第10册卷后录文对此已多作更正。
③ 《元史》卷一七二《邓文原传》，第4023—4025页。

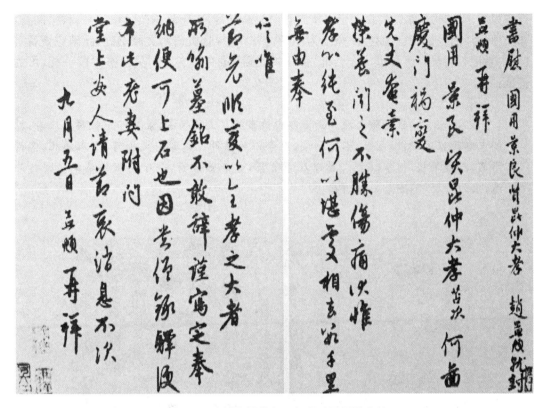

图三　上海博物馆藏赵孟頫书致国用景良札

师以训乡之子弟三年矣。地故多饶富，僑卿非甚雄于赀，而志欲敦尚儒风，迪成善俗，视古称任恤者，盖庶几焉。未几，余入补词垣属。又八年（至大元年，1308?），州若府疏其事于江浙省，而以闻于朝，曰：吴氏义塾田为亩者二百，师生饩廪有度，讲肄有业，童冠鼓箧而来者逾百员。盍举以旌善？朝命表其门曰义士。会余以提举学事出领江浙西道，访义塾之成，则已迁于官河之东县庾故址，岁输僦直，为方七亩有半，益以旁近地亩三。经度缔构，宏丽亢爽，中象燕居，翼以斋庑。其北，讲堂寝息有所；左右，书器庋阁严奥，重门辉赫。南穴为池，直池北东，廪舍庖湢，各有攸处。又增田二百亩，以美岁入。中河为桥，级石夷平，便诸入塾者。自造端至今，更十有七寒暑，而塾始大备。凡用钱若干缗，米若干石，皆约已撙用以给。其规约，则岁所敛储，必子孙之长且贤者次掌之，而师友共稽其出纳，有赢亦以周里间之婚嫁、丧葬贫不举者，勿侈勿啬，勿轧于豪右，勿挠于有司，以图惟永久。子孙有违约者，以不孝论，乡得纠正焉。僑卿谒余文为记。……尚无负僑卿所以建塾之意，世之观吾言者，其亦有所兴起也夫！[1]

不唯如此，至大庚戌（至大三年，1310）元廷表吴氏为义门之后，邓文原应吴森之子吴汉杰（字景良）之请为之写下《乐古堂记》，乐古堂匾额则由赵孟頫以大篆题写，时吴汉杰为江浙

---

[1]　［元］邓文原《巴西集》卷上《吴氏义塾记》，《文渊阁四库全书》本。

行省掾属。① 据《墓铭》，吴森死于皇庆二年（1313）五月，次年延祐改元（1314），科举制行，邓文原为江浙乡试考官，而吴汉杰当为江浙行省郎中，趁机请邓文原书碑，此碑应该就是《乐古堂记》，时吴森已辞世。今台北"故宫博物院"藏有邓文原与吴汉杰尺牍一札，可为佐证：

> 记事顿首。辱交邓文原。景良郎中执事吴。文原顿首，景良郎中执事。比者，棘闱中略获瞻对，然以远嫌，不能剧谈，至今以为歉耳。先尊府义士碑，下求恶札，俾得附名，以传不朽，何幸如之。属以人事坌集，方能如来喻，令小婿附便奉纳。因具此纸，余为珍毖，不宣。文原顿首。②

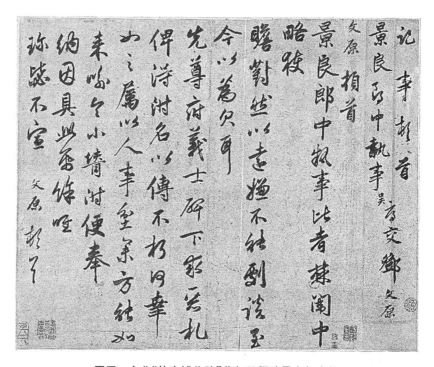

图四　台北"故宫博物院"藏赵孟頫致景良郎中札

---

① 邓文原《巴西集》卷下《乐古堂记》（《文渊阁四库全书》本）："武川距嘉兴逾一舍而近，吴氏常以好义闻于朝，因表其门曰义士。义士之子景良，甚敏而愿，喜从贤士大夫游。益思积善以亢其宗，筑室舍后，为堂三间，凿池疏泉。其北中有石屹立，清莹可玩，名曰浮璧。又北叠石为山，最峭特者曰层云，左右各三峰，如拱揖空，穴为洞，曰小隐。有亭翼池，东曰褉，西曰隐，隐言志，褉言事也。奇葩美卉，蔽亏池曲，植两槐若偃，盖在堂南。总轩序寝室，为屋若干楹，而榜其堂曰乐古，翰林承旨赵公写作大篆。……景良有会乎予言，请书而识诸座间。景良名汉杰，今为江浙行中书省属，众谓才谞宜显用云。"另《永乐大典》卷七二四一载有元人陆厚《乐古堂并序》一首："二十日，过武塘吴景良。时乐古堂成，适遇锡命之喜，故歌此诗，以代致语。佳丽武泾阳，今登君子堂。云龙盘紫诰，燕雀舞雕梁。古物烛四座，新声荣一乡。知公重积德，世代庆蕃昌。"

② 刘正成主编《中国书法全集》第 47 卷，荣宝斋出版社，2005 年，第 241—242 页。

行文至此，可知魏塘吴氏吴森一系于仕进一途颇为积极，而其仕途通达的关键节点，就是至大三年被元廷表为义门，在这一过程中，作为士林翘楚的邓文原对于吴氏誉望的日益隆盛起到了推波助澜的作用。

又，关于吴森为义塾所延请的“师儒”，据黄溍《慈溪黄君墓志铭》所记，其人乃宋代显宦宗正少卿黄震之孙，名正孙，字长孺。宋亡之际，黄震孙“与仲父、季父患难相从”，生计日蹙，被“义士吴君（即吴森）……遣币马迎致之”。① 黄震孙死后，其子黄玠（字伯成）就馆于吴氏义塾达20余年，其事见于其所撰《弁山小隐吟录》：

> 余自辛亥（1311）岁馆于魏塘吴氏，时义士静心先生方无恙。长子彦良膺门于家，次子景良输力于时，皆一时伟人，季子季良为赘婿于外，与余尤相友善。岁壬申（1332），景良卒于官所，归葬胥山，诸孙各求分异，学遂废，而余乃去矣。顷者不逞之徒，坏其守冢之庐，季良之子璋闻于官，罪人斯得，众称之曰能。故为是诗以勉之。②

黄氏一门入元之后长期依附于吴氏，为家塾师以为衣食之资，从而维持了作为士人的基本体面，故黄玠对吴氏一门长存感激之意，与吴氏一门也多有诗文往来。《弁山小隐吟录》共计收录有致吴汉杰（吴森三子，字景良）诗二首，致吴汉英之子吴瓘（字莹之）诗一首，致吴季良（吴森第四子，名汉臣）诗七首，致吴森侄吴镇诗二首。③ 据《墓铭》，吴森四子依次是汉英、汉贤、汉杰、汉臣，长子汉英、三子汉杰系嫡出。又据《义门吴氏谱》，吴汉英字彦良，吴汉贤字仲良，吴汉杰字景良。④ 吴汉臣字季良，黄朋《吴镇及其家族书画收藏初探》一文误以吴汉贤之字作景良、吴汉杰之字作季良，无疑是错误的。扬无咎《四梅花图》所谓“嘉兴吴璋伯颙”，亦当为吴汉臣之子。有趣的是黄玠《送吴季良海运歌》，略曰：

> 神禹作贡书维扬，汉家亦言海陵仓。至今岁入逾百万，连艘巨海飞龙骧。长腰细米云子白，稏秠犹作秋风香。上登京庾充玉食，不与黍稷同概量。延陵季子世不乏，被服袴褶躬输将。军符在佩金睒睗，上有霹雳古篆书。天章乾坤端倪正，离坎北斗却转天中央。吾知贞忠对越肝胆露，蹈蹂沆漭不翅如康庄。平生故人走相送，携手踯躅心飞扬。亟呼吴娃度美曲，无使别苦愁刚肠。燕山之南易水上，犹是陶唐帝都古冀方。九河故迹无复在，但见夹右碣石沧苍茫。天下壮观有如此，大君恩重险可忘。廷臣论功上上考，酾酒再拜中书堂。君不闻木牛流马崎岖出剑阁，鸣声酸嘶栈道长。何如云帆千里百里一瞬息？卧看晓日升扶桑。

---

① ［元］《黄溍集》卷二四《慈溪黄君墓志铭》，浙江古籍出版社，2013年，第882—883页；同书卷二二《黄彦实墓志铭》（第811—812页）墓主黄彦实系黄玠之叔祖。另可见《弁山小隐吟录》卷上《哭彦实叔祖》。

② ［元］黄玠《弁山小隐吟录》卷下，《文渊阁四库全书》本。

③ ［元］黄玠《弁山小隐吟录》卷下《题吴景良荷锸图》《吴景良农庆堂诗》《送吴季良海运歌》《薄薄酒奉别吴季良》《庚辰四月廿日赴谢氏馆吴季良携酒为别》《寄吴季良》《梅花庵为吴仲圭作》《吴仲圭画松》《吴莹之小像》；同书卷上《题吴季良东明轩》《湖上醉归似吴季良》《湖上似濮乐闲吴季良》。

④ 吴汉杰字景良还见于邓文原《巴西集》卷下《乐古堂记》，从名字的相互关联分析，汉杰乃指汉初三杰张良，是故字景良乃是表达景仰张良之意。

此诗可说明在吴森之后,吴氏家族依然从事海上运输事业,即使非嫡子赘婿于外的吴汉臣也不例外。

吴森长子吴汉英字彦良,曾官"从仕郎、平江等处财赋提举"(见后文所引黄溍《吴府君碑》),上博藏有赵孟頫书致吴汉英二札:

> 手记顿首复彦良提举相公足下,孟頫谨封。孟頫记事顿首彦良提举相公足下:人至得书,就审即日动履胜常,良以为慰。发至物已领,《仕女图》就付(夫)[去]人奉纳。人还,草草奉答,何时能来作数日款耶?时中厚自爱,不具。孟頫顿首,廿二日。

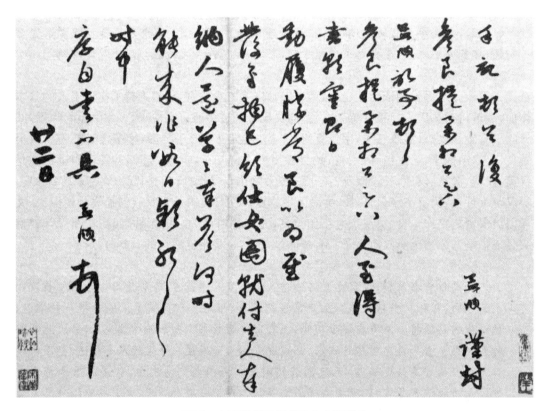

图五　上博藏赵孟頫书致彦良提举札

> 手书顿首彦良提举相公契亲坐右,赵孟頫谨封。孟頫顿首彦良提举相公契亲左右:孟頫昨沈老去,草草作答之后,未能嗣书,甚切驰想。冬暄雅候胜常。贱体自秋来苦痢疾,今虽稍愈,然藏府尚未调适,极以为忧,冀得寒渐佳耳。笔生陆颖欲去献技,恐足下必须收佳笔。谨作此,令其前去,望照顾之。前所乞杉木,不知肯惠否?如蒙早赐遣至,甚感。因陆颖行作此,未会晤间,唯善保。不宣。孟頫顿首。十一月十一日。①

---

① 见前引《赵孟頫墨迹大观》,第465—466页。

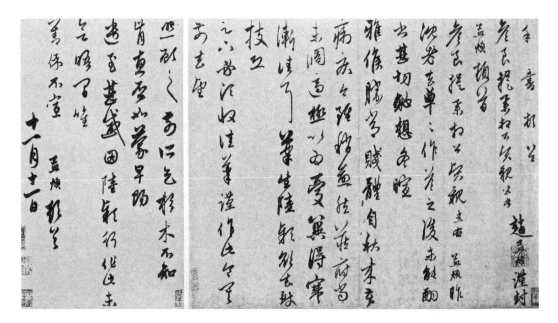

图六　上博藏赵孟𫖯书致彦良提举相公札

此二札因皆系赵孟𫖯书于晚年时期,其中提到的陆颖是吴兴当地有名的笔生,其诸孙文俊、文豹亦以制笔闻名其时,①元明文人对其事迹多有记述。此外吴汉英逝世时,赵孟𫖯又分别书致其子吴瑾及其弟吴汉杰书札各一封,亦皆藏上海博物馆:

> 记事顿首,景良郎中新余阁下,赵孟𫖯谨封。景良郎中新余阁下:顷奉答后,政此驰想。沈老来,得所惠书,就审即日履候胜常,深以为慰。且承令兄提举襄奉有期,特有斋召。衰迈之年,百病交集,殿门不出久矣。无由一到宅上,想蒙深悉也。草草具复。来书云开年当过我,果尔,甚慰驰情也。不宣。孟𫖯顿首,十日。

> 记事奉复莹之舍人大孝贤昆仲。赵孟𫖯谨封。莹之舍人大孝贤昆季苫次:顷奉答后,每切驰情。沈老至,得书,就审即日孝履支持,望甚望甚。承先提举襄事有期,特有斋召。老病不能前诣,欲选人至,宅上亦无人可选。且此拜复,时中节哀善保。不具。孟𫖯书复。惠红合领次,甚感甚感。附拜意伯成(见)[兄],甚不及别作字,体中想已平复耶?

所谓"襄事有期",乃宋代市语谓埋葬之意,系就抬棺出葬而言。② 根据目前掌握的资料,并不确知吴汉英死于何时,似在延祐七年至至治二年间,还有待进一步研究。

---

① 〔元〕沈梦麟《花溪集》卷三《赠笔生陆文俊》,枕碧楼丛书本。
② 《绮谈市语·举动门》:"葬,襄奉。"宋岳珂《金佗稡编》卷七《行实编年四》:"赙赠常典外,加赐银绢千匹两,襄奉之事,鄂守主之。"明郑真《陈以通父葬记》:"不孝罹祸先人,今襄奉有期,未及乞铭当代巨公,叙其生殁岁月大概而纳之幽,敢以属之。"参见王锳著《宋元明市语汇释》,中华书局,2008年。

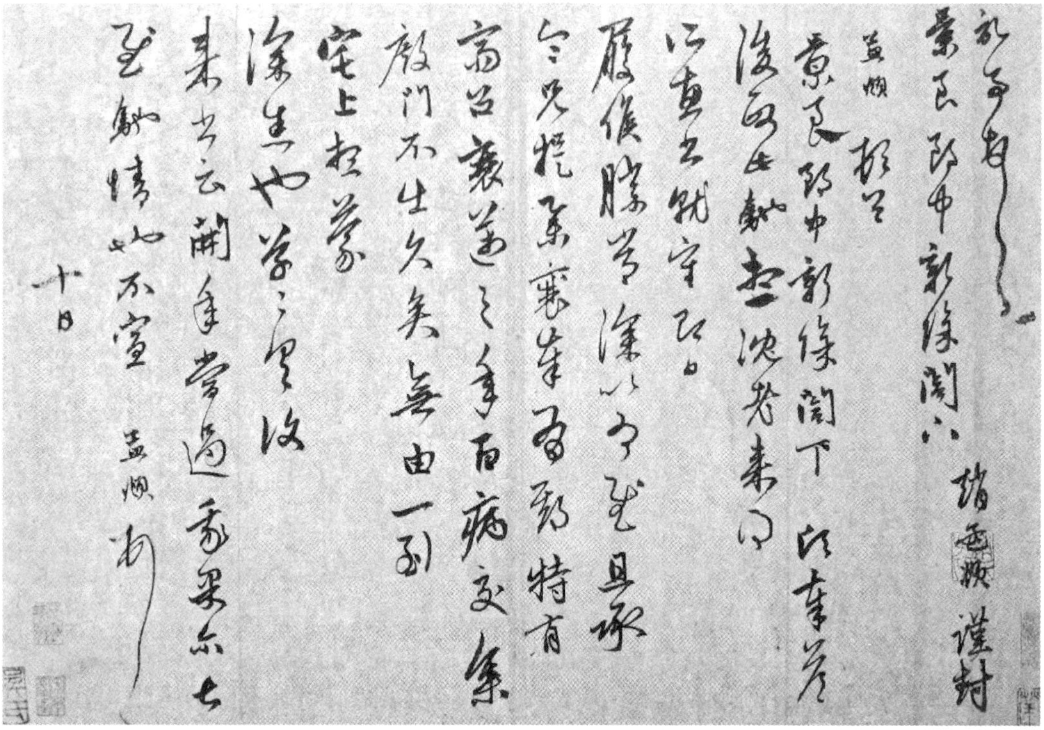

图七　赵孟頫书致景良郎中札

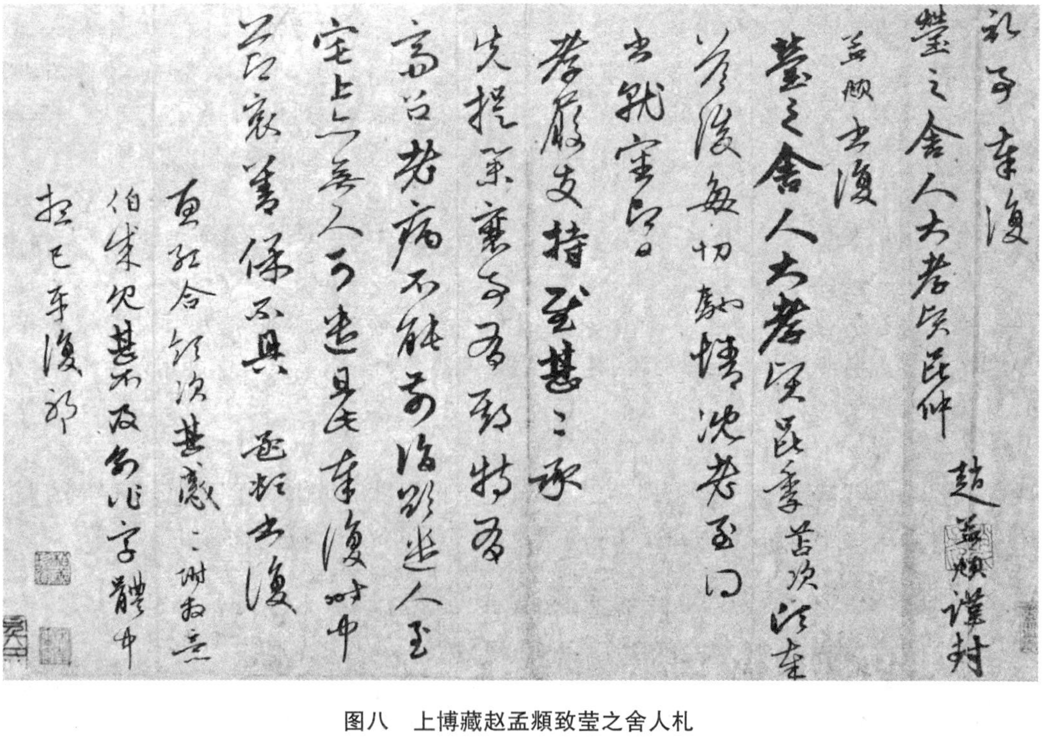

图八　上博藏赵孟頫致莹之舍人札

吴森长子吴汉英死后，其三子吴汉杰起到了支撑家门的作用，关于这一点，黄潜《吴府君碑》有充分说明：

> 泰定元年(1324)，嘉兴吴君汉杰以所居官品第七，用著令得请于朝，追赠其显考府君承事郎、温州路同知瑞安州事，仍封其母陈氏、妻陶氏皆宜人。厥明年，汉杰用举者以本官署五品职。于是，府君累赠奉训大夫、江浙等处行中书省理问所相副官、飞骑尉，追封嘉兴县男，陈宜人、陶宜人并累封嘉兴县君。汉杰祗奉命书，斋肃以告，已事而退。窃自念言所以致是者，实先人积累之效，福庆衍溢，贵及生存，国之宠灵非屑焉，不肖所克负荷，宜纪世德，以承天休，垂示后嗣，永永无极。爰以四明黄向之状来谒文，潜惟府君之里居、世绪、年寿、卒葬，列于吴兴赵公所为志，趣操、行事、施予、惠利，播于永康胡公所为铭，庸敢掇取其大者，以为植德储祉之符，而显(诗)[志]之。府君姓吴氏，讳森，字君茂。……府君有子四人：长曰汉英，从仕郎、平江等处财赋提举，已卒；汉杰，其第三子，承事郎、温台等处海运副千户，今方以财显融于时，驰恩所及，未艾也。[①]

根据该碑，吴汉杰在泰定元年已任温台等处海运副千户，继承了家族的海运事业。而该碑作成所依据的行状撰写者乃黄向，或与黄玠为同族。至泰定四年(1327)，海道都漕运万户府初建天妃庙之季，吴汉杰或已跻身海道都漕运副万户级别的官员，黄向为天妃庙撰写了《天妃庙迎送神曲并序》。[②] 而到至顺三年(1332)，吴汉杰"卒于官所"之后，"诸孙各求分异，学遂废……不逞之徒，坏其守冢之庐"，馆于吴氏义塾的黄玠也不得不另寻生计[③]，这似乎意味着吴氏一门开始走下坡路。

结　语

作伪《吴静心本》兰亭，首先须能看到真正的《独孤本》，才能实施临写，其次对赵孟頫与吴森的交游关系熟悉，对吴森家族情况必须十分了解。平湖图书馆所藏《义门吴氏谱》，因涉及元代画家吴镇而备受关注，其关于宋元之际的记载，似非向壁虚构。吴氏家族自吴森之父吴泽开始，迁居嘉兴，因宋亡元兴，吴泽及其长子吴禾投身航海贸易，借助澉浦港的兴盛积累了大量财富，聚族嘉兴魏塘而居，成为人丁兴旺的大家族。吴氏家族因从事海运事业而积累的巨额财富，是其从事书画收藏乃至创作的经济基础。值得注意的是，嘉兴魏

---

① ［元］《黄潜集》卷二九《吴府君碑》，浙江古籍出版社，2013年，第1053—1054页。

② 《江苏通志稿》卷二一《天妃庙迎送神曲并序》："泰定四年春正月，海道都漕运万户府初建天妃庙，吴郡移属官殷君宝臣、吴公汉杰俾教护属功课章程焉。……先是因前代之旧寓，祠于报国寺虎下，偃陋喧湫，沸称展谒。府帅赵公贲莅事，长帅迷的失剌公及诸佐贰谋用克协，得地九亩，购而营之。旧章氏家庙址也，亦弗废其祀。时参知政事张公毅、张公友谅寔来督粟，为之落成。于是殿堂庑庭，弘敞靓深，大称神居矣。府史王彬亦与有劳焉。比竣事，吴君且复为之论列，以请其额。是年秋七月庙成，越三日，己亥，府帅偕郡官率僚属奉安神像，藏祀报功，作迎送神曲以歌之。……泰定四年七月吉日句章黄向撰，沂阳董复丹书，嘉兴吴汉杰立石。"据翁沈君《元代崇明海运家族变迁考论》(《史林》2017年第3期)，殷宝臣或出自太仓殷氏一族，名宗宝，曾官海道千户。

③ 参见前引黄玠诗序。

塘似乎盛产书画名家,仅仅元代就涌现吴镇、吴瓘(字莹之)、盛懋(字子昭)、沈雪坡、林伯英等绘画名手,①无疑与当地发达的经济环境与人文氛围有密不可分的关系。

The Study of Wu Clan's Historical Events in the Weitang, Jiaxing between Song and Yuan Dynasties
——Starting from Wu Jingxin's Version of *The Sixteen Postscripts of Dingwu Orchid Pavilion*

Chen Bo & Zhang Ni,Nanjing University

Abstract:*The Family Tree of the Wu Clan of Yimen* in the Pinghu Library is of great interest because it concerns the painter Wu Zhen in the Yuan Dynasty. This family tree is not entirely fictitious about the Song and Yuan dynasties. The Wu family moved to Jiaxing since Wu Ze,the father of Wu Sen. In the Song and Yuan dynasties,Wu Ze and his eldest son Wu He participated in the seafaring trade and accumulated a lot of wealth with the prosperity of the Ganpu Port. Their family became a large and flourishing family in the Weitang,Jiaxing. The huge wealth accumulated by the Wu family as a result of their maritime business was the economic basis for their painting and calligraphy collection and even their creation. This study discusses the basic circumstances of the Wu clan and further sorts out the textual exchanges between the family and several literati in the Yuan Dynasty. In proceeding to discuss the social factors required for the flourishing of painting and calligraphy in Jiangnan during the Yuan Dynasty.

Keywords:*The Family Tree of the Wu Clan of Yimen*;Wu Clan of Weitang;Wu Sen;Wu Zhen

(本文作者分别为南京大学历史学院副教授、博士研究生)

---

① 并见朱谋垔《画史会要》卷三。

宋元之际名将刘整反宋降蒙的原因探讨

——以南宋政治生态为中心

翟　禹

摘　要：关于刘整降附的原因,专门探讨的研究成果并不多。刘整降附事件是从事宋史尤其是南宋史、宋蒙(元)战争史(或称宋元关系史)以及四川地方史等领域研究不可回避的问题。刘整反宋降蒙的直接原因,是因为他与当时的南宋权臣贾似道、将领吕文德、俞兴等人发生矛盾,导致其在恶化的南宋政治关系格局当中的处境愈加艰难。贾似道主政以后在各个领域实行了一系列新政,在地方军事防御区的将领和军队中推行"打算法",即审查驻边大将和阃帅的军费开支问题,并追缴赃款。这一举措使得刘整更加惶恐,导致其最终选择降附蒙古。在南宋末年恶劣的政治生态下,刘整的反宋降蒙之举是不可避免的。

关键词：宋元战争;刘整;降附;贾似道;打算法

宋元之际是中国历史上的大变动时期,元朝发兵大举南下灭宋,随即迎来了一个空前的大一统时代。在这个剧变的时代,有大批南宋士人和将领投附元朝。南宋的中朝大夫、封疆大吏"降走恐后"甚至为敌前驱,成为南宋最终为元朝所灭的重要原因。[①]　南宋晚期,驻守在宋元前线的军事将领在宋元战争的过程中,有相当一部分人先后降附蒙古。他们或迫于无奈、为求自保,或主动归降;有的在战争早期就已归降,有的是在南宋行将灭亡之际才行倒戈之举。典型的南宋降将主要有杨大渊、刘整、吕文焕、陈奕、昝万寿、范文虎、夏贵等等,均是在南宋末期占据非常重要地位的军事将领。在为数众多的降将群体中,有一个非常典型的人物——刘整。他是宋元之际知名的将领,原本为金人,后由金入宋,在南宋从军长达几十年。后由于遭到权臣贾似道等人的排挤,于中统二年(1261 年,宋景定二年)反宋降蒙。刘整归附以后屡立战功,至元四年(1267 年,宋咸淳三年),刘整觐见忽必烈,提出"宜先从事襄阳"的平宋方略,并教练水军、大造战船,取得襄樊之战的胜利。后在驻守淮西时去世。刘整是降将中的佼佼者,他反宋降蒙以后,在川蜀、襄樊和江淮等战场上立功颇多,对元朝平宋、实现全国大一统发挥了关键作用。

1261 年(元中统二年,宋景定二年)夏季六至七月间,刘整率领泸州军民投附蒙古,[②]此事震动了南宋朝野,对于宋蒙在四川地区的战争局势影响巨大,也是宋(蒙)元关系史上的一件大事。身为南宋军事重地的守御将领,刘整在毫无征兆的情况下发动事变,举城反宋降蒙,个中缘由颇值得探讨。战争是政治的延伸,刘整是一介武夫,与其相关的事迹基

---

①　陈得芝《元代江南之地主阶级》,见陈得芝《蒙元史研究丛稿》,人民出版社,2005 年,第 395 页。

②　《元史》卷一六一《刘整传》,中华书局,1976 年,第 3786 页。《世祖纪》载:"(中统二年)六月庚申,宋泸州安抚使刘整举城降,以整行夔府路中书省兼安抚使,佩虎符。"(第 71 页)《宋史·理宗纪》载刘整降附时间为"景定二年秋七月甲子",即蒙古中统二年(辛酉年)七月初四,公历为 1261 年 8 月 1 日。

本上都属于宋元战争史的范畴，但是单纯以战争原因来分析和认识显然是不够的。刘整投附蒙古，对南宋来说不啻为巨大的损失。这不仅是个人行为，更应当从南宋晚期的整个军事、政治格局来看待。

一、刘整反宋降蒙的史料

有关刘整反宋降蒙的专条记载有《癸辛杂识·襄阳始末》《钱塘遗事·刘整北叛》《宋季三朝政要》卷三、《宋史》和《宋史全文》部分条目、《黄氏日抄古今纪要逸编》《元史·刘整传》和《通鉴续编》等。下面将有关条目罗列如下，对其作具体分析。

《癸辛杂识》"襄阳始末"条：

> 先是蜀将刘整号为骁勇，庚申保蜀，整之功居多。吕文德为策应大使，武臣俞兴为蜀帅，朱禩孙为蜀帅，既第其功，则以整为第一。整恃才桀傲，两阃皆不喜之，乃降为下等定功。整不平，遂诟问禩孙其故，朱云："自所目击，岂敢高下其手？但扣之制密房，索本司元申一观，则可知矣。"整如其说，始知为制第二司降而下之，意大不平，大出怨詈之语。俞兴闻之，以制札呼之禀议，将欲杀之。整知不可免，叛谋遂决。①

《钱塘遗事》"刘整北叛"条：

> 先是郑兴守嘉定被兵，整自泸州赴援，兴不送迎，亦不宴犒，遣吏以羊酒馈之。整怒，杖吏百而去。及兴为蜀帅，而泸州乃其属郡。兴遣吏打算军前钱粮，整赂以金瓶，兴不受。复至江陵，求兴母书嘱之，亦不纳，整惧。又似道杀潜，杀士璧，整益不安，乃以泸州降。②

《宋季三朝政要》卷三"癸亥景定四年"③条：

> 泸州太守刘整叛。先是，北兵渡江，止迁跸之议者，吴潜也。尽守城之力者，向士璧也。奏断桥之功者，曹世雄第一，而整次之。似道功赏不明，杀潜，杀士璧，杀世雄，惧祸及己，遂有叛意。会郑兴为蜀帅，而泸州乃其属郡。兴守嘉定时被兵，整自泸州赴援，兴不送迎，亦不宴犒。兴遣吏以羊酒馈之。整怒，杖吏百而去。兴有宿憾，乃遣吏至泸州，打算军前钱粮。整惧，赂以金瓶，兴不受。复至江陵，求兴母书嘱之，亦不纳。整惧，以城降北。及北军压境，整集官吏，喻以故曰："为南者立东庑，为北者立西庑。"官吏皆西立，惟户曹东立，杀之，与西二十七人归北。④

---

① 周密《癸辛杂识》别集下"襄阳始末"条，吴企明点校本，中华书局，1988年，第305—306页。
② 刘一清《钱塘遗事校笺考原》卷四《刘整北叛》，王瑞来校笺考原，中华书局，2016年，第122页。王瑞来先生对这段文本的一处句读："……求兴母书嘱之，亦不纳。整惧，又似道杀潜……"笔者有不同看法，认为应当是"……求兴母书嘱之，亦不纳，整惧。又似道杀潜……"理由是：刘整所惧（"整惧"）之事显然是前事，即"请求俞兴的母亲给俞兴写信为其开脱之举没有成功"，而后文起首为"又"，乃是另一件事。
③ 佚名《宋季三朝政要》（王瑞来笺注，中华书局，2010年），将刘整叛乱之事置于"景定四年（1263）"是明显的谬误，应当置于景定二年（1261）。王瑞来先生已作笺注。
④ 《宋季三朝政要》卷三，第302页。

《宋史》卷四五《理宗纪五》"景定二年秋七月"条：

> 秋七月甲子,蜀帅俞兴奏守泸州刘整率所部兵北降,由兴构隙致变也。至是,兴移檄讨整。①

《宋史全文》卷三六《宋理宗六》"辛酉景定二年"：

> 六月戊申,上曰："泸南刘整之变,宜急措置。"似道奏："昨日已即调遣,且趣吕文德、俞兴等任责讨之。"整,骁将,号铁胡孙,断桥之役,曹世雄功第一,整次之。大将吕文德忌二人,捃世雄罪,逼以死,整惧祸及己,遂叛归北。
>
> 《谳议》曰：刘整,宋骁将也。己未北师渡江,止迁跸之议者,丞相吴潜也。尽守城之力者,帅臣向士璧也。奏断桥之功者,曹世雄其一,而刘整次之。事平后,似道功赏不明,杀潜,杀士璧,杀世雄。整守泸州,惧祸及己,归北之心始决矣。②

《黄氏日抄古今纪要逸编》：

> 己未秋,元兵初偷渡鄂渚,似道时以督视,置司汉阳,力未及沿边上下,理宗皇帝每玺书痛责之。赖印应飞守鄂渚,上则王坚守合州,下则史岩之守江州,前则向士璧守潭州,兵势联络,威权不至旁出。又赖曹世雄断浮桥于涪州,使彼兵中断。而元主蒙哥为王坚所挫辱,愤死。攻我鄂州之酋忽必烈者,蒙哥从兄也,闻之急归谋立,亦解围去。方贾似道事急之际,尝约议和,已而往来鄂州,与共守战,尝获捷。及元兵解去,遂掩和议不言,而自诡再造之功。又得奏凯归朝,正席庙堂,为右丞相,为平章重事,自此不复言兵,唯日聚谀佞,歌颂太平,以实其欺。元遣使督和议,则幽之不报。将士定劳江上者,陈乞功赏,则抑之不行。诸帅如曹世雄断桥功第一,则忌其功,贬窜杀之;印应飞、向士璧则窘以城守公费,皆杀之;史岩之,诸舅也,废绌之;王坚虽赏功,召还,实亦置之闲地。惟有吕文德为之腹心,与之表里相似,一切恣其横……初,诸将既尽,用文德私人,独曹世雄、刘整才高不肯屈。刘整与曹世雄同断桥,功成,文德深忌之。似道夺其功以归文德,贬世雄,移整泸州。又使整之仇俞兴帅蜀。整虞祸之将及也,大遗赂,庆文德生朝,乘其间,巫叛归,为元任责图江南。③

---

① 脱脱等撰《宋史》卷四五《理宗纪五》,中华书局,1981年新1版,第877页。
② 佚名《宋史全文》卷三六《宋理宗六》,汪圣铎点校,中华书局,2016年,第2903—2904页。
③ 黄震《黄氏日抄古今纪要逸编》,《丛书集成初编》本。《古今纪要逸编》篇幅较小,有《丛书集成初编》排印知不足斋丛书本,此外还有四明丛书和《笔记小说大观》本,胡昭曦、唐唯目《宋末四川战争史料选编》收录部分《古今纪要逸编》文字,选用的是四明丛书本。"笔记小说大观"系台湾新兴书局有限公司在1978年出版的一套历代笔记小说合集,《古今纪要逸编》收录于第23编,篇首有"古今纪要逸提要"云："宋黄震撰。震有古今纪要十九卷,撮举诸史,括其纲要,上自三皇,下迄哲宗元符,辞约事赅。是编纪理、度两朝事,为震在史馆所得,于见闻者亦云古今纪要,未审其命名何意也。载史嵩之、丁大全、贾似道等独见详尽。贾氏既败,震遂辍笔,思深虑远盖有微意存乎其间。虽曰逸编,颇有良史风焉。"这段提要的部分内容取材于《四库全书总目提要》中有关黄震所撰《古今纪要》的评价语。可见,这份被冠以《逸编》的资料不当作为"笔记小说"或《丛书集成初编》的"文学类",其实具有较高的史料价值。

《元史·刘整传》：

> 整以北方人，扞西边有功，南方诸将皆出其下，吕文德忌之，所画策辄摈沮，有功辄掩而不白，以俞兴与整有隙，使之制置四川以图整。兴以军事召整，不行，遂诬构之，整遣使诉临安，又不得达。及向士璧、曹世雄二将见杀，整益危不自保，乃谋款附。①

南宋遗民郑思肖在《心史·大义略叙》中叙述了蒙古兴起、征伐南宋的过程，期间对刘整的降附之举亦有记载：

> 吕文德私意既杀良将曹世雄，又抑刘整功，复谮整有跋扈意。似道欲杀之。有密报整者，整遂叛。②

《通鉴续编》卷二三记载：

> （中统二年）六月，知泸州刘整叛降于蒙古。贾似道之断浮桥败蒙古也，整及高达、曹世雄之功为多。似道憾其轻己，令吕文德揾摭其罪，世雄竟死，达亦废弃，整闻之惧。会俞兴帅蜀，整素与兴有隙，心益不安。及兴至，考核整军前钱粮，整遂率所部二十七人，自泸降于蒙古。整，骁将也，熟知山川险要、国事虚实，蒙古自是愈易宋而边祸日深矣。③

二、对刘整降蒙史料的综合分析

（一）刘整与南宋同僚的关系恶化

刘整作为南宋的一员守边将领，功劳卓著，多次被提及的是"断桥之功"和"庚申保蜀"之功（泸州大捷）。再有就是《元史·刘整传》所述"扞西边有功，南方诸将皆出其下"，可见刘整在南宋守边军队中是具有一定影响力的，因此如果长期受到权臣、阃帅的压制，必然会极为不满。《癸辛杂识》所载事迹相对具体，刘整一向"骁勇"，论功本为第一，但是因为"恃才桀傲"而被吕文德、俞兴定为下等功。刘整去问询朱禩孙，朱禩孙亦不为他撑腰，而是让其自行去"制密房"（即制置司的档案室）查阅上报战功的文书，查看之下才知道果然是由"制策二司"所操纵而决定的，即制置副使俞兴、策应大使吕文德二人所为。因此，由功赏不明而导致刘整怨气难平，"意大不平，大出怨詈之语"，这自然就导致他与吕文德、俞

---

① 《元史》卷一六一《刘整传》，第 3786 页。

② 郑思肖撰，陈福康点校《郑思肖集》，上海古籍出版社，1991 年，第 160 页。有关《心史》及其作者的研究讨论有很多，不一一列举。关于《大义略叙》，杨讷《〈心史〉真伪辨》（杨讷《元史论集》，国家图书馆出版社，2012 年）认为《大义略叙》是《心史》最重要的一篇文字，文末注明"德祐八年岁在壬午之春述，德祐九年癸未春正月重修"，文中还有"大宋德祐九年四月七日臣郑思肖敬书"，《大义略叙》再修三修，反映出作者对自己的这篇文字十分珍视，用他的话说是"庶无愧于为史，则可以垂训天下后世矣"。此外，杨讷先生经过考订认为，《心史》的作者就是郑所南（郑思肖）。

③ 陈桱《通鉴续编》卷二三，元至正刻本。

兴等人的关系迅速恶化。

俞兴是导致刘整个人政治人际关系迅速恶化的直接关键人物。《钱塘遗事》写作"郑兴",据其事迹可知为"俞兴"之误。① 淳祐十一年(1251)三月,俞兴升任成都安抚副使、知嘉定府,任责威、茂、黎、雅等地边防。② 南宋宝祐六年(1258)"冬十月丁丑,以俞兴为四川制置副使、知嘉定府兼成都安抚副使"。③ 可见,自淳祐十一年以来,俞兴始终驻守嘉定等城,并在宝祐六年升任四川制置副使,但仍驻守在嘉定。俞兴在景定二年(1261)四月又正式升任为"保康军承宣使、四川安抚制置使"。④ 此外,《宋史·理宗纪》记载:

> 夏四月癸巳朔,余思忠追毁出身文字,除名勒停,窜新州。乙未,以皮龙荣参知政事,沈炎同知枢密院事兼权参知政事,何梦然签书枢密院事,俞兴保康军承宣使、四川安抚制置使。丙申,吕文德超授太尉、京湖安抚制置屯田使、夔路策应使兼知鄂州,李庭芝右文殿修撰、枢密都承旨、两淮安抚制置副使、知扬州。己亥,诏申严江防。壬寅,吕文德兼湖广总领财赋。乙巳,马天骥资政殿学士、知福州、福建安抚使,吕文福带御器械、淮西安抚副使兼知庐州,官一转。戊申,马光祖进观文殿学士,职任依旧。乙卯,窜吴潜于循州。丙辰,窜丁大全于贵州,追削二秩。丁巳,杨镇授左领军卫将军、驸马都尉,高达知庐州、淮西安抚副使。⑤

可知,四月份同时被南宋朝廷委以重任的还有皮龙荣、沈炎、何梦然、俞兴、吕文德、李庭芝、马天骥、吕文福、马光祖、杨镇和高达,被罢官贬谪、受到惩罚的人有余思忠、吴潜和丁大全。可见,这次的调整完全符合了贾似道利益集团的需求,尤其是俞兴、吕文德、吕文福都是贾似道的部下。

俞兴驻守嘉定的时候曾遭蒙古进攻,刘整在泸州率军赴援,结果俞兴既不迎来送往,也未宴犒,只是派遣官吏馈赠了羊和酒等礼品。刘整大怒,将官吏杖责之后遣回。刘整是景定元年(1260)四月受任知泸州兼潼川安抚副使,同月吕文德兼夔路策应使。因此,刘整自泸州援嘉定,是在景定元年四月之后,而《癸辛杂识》所述刘整被"制策二司"定为下等功的时间也应该是在此之后。同年九月,《宋史》有"守泸州刘整以功来上",即《宋史全文》所称"泸州大捷","功赏不明"就发生在这之后。此泸州大捷不排除就是刘整自泸州驰援嘉定的战功,由于吕文德、俞兴未将其定为上等功,使得刘整非常不满。于是他很可能在当年九月又以功申诉朝廷,也即《元史·刘整传》所称"遣使诉临安,又不得达"。对于此事,在《宋史全文》中保留了宋理宗和贾似道的一段对话,暴露出一些不利于刘整的内幕。理宗说:"刘整泸州之捷甚伟",而贾似道却说:"观其所申,俘获甚众,恐此冬间势须平定。"⑥

---

① 衣川强《刘整的叛乱》(收入《日本中青年学者论中国史·宋元明清卷》,上海古籍出版社,1995 年)指出此错误,《宋季三朝政要》王瑞来笺证本未发现。王瑞来先生笺注:"郑兴守嘉定被兵。""郑兴"原误作"邓兴",据"四库本""武林本""鲍抄本"并《宋季三朝政要》卷三改。

② 《宋史》卷四三《理宗纪三》,第 843—844 页。

③ 《宋史》卷四四《理宗纪四》,第 863 页。

④ 《宋史》卷四五《理宗纪五》,第 877 页。

⑤ 《宋史》卷四五《理宗纪五》,第 877 页。

⑥ 《宋史全文》卷三六《宋理宗六》,第 2898 页。

宋理宗用"甚伟"一词称赞了这次大捷,但是贾似道之意似是认为,刘整俘获了大量敌军,可见这一带的军情还是十分紧张,因此势必要在今年冬天彻底解决。衣川强先生认为,在理宗评价刘整的报告时,"贾似道似乎是相当冷静地阻止了"。如若是贾似道刻意阻止,则很可能是与吕文德、俞兴沆瀣一气的行为,推测这次上报的战功很可能就是《癸辛杂识》所记载的被吕文德、俞兴所压制的所谓"庚申保蜀"之功,这一点从"庚申保蜀,整之功居多""既第其功,则以整为第一"等语也可见一斑。①

俞兴与刘整的矛盾还不仅仅止于嘉定战役和泸州军前钱粮打算这两件事,《癸辛杂识·襄阳始末》又记载了俞氏父子对刘整所造成的附加伤害:

> 俞兴父子致祸之罪莫逃,遂俱遭贬谪。先是兴既死,丙辰岁俞大忠为荆、湖谘议,领舟师援蜀,陷杀名将杨政,因争财又杀马忠,遂遭台评追削官爵,勒令自劾。大忠乃捐重贿,得勋臣经营内批,遂作勘会,面奉玉音。俞大忠利其财而陷杨政于死,且尽掩其功,欺罔朝廷,罪不容诛。然遣杨政而获捷者,俞兴也,姑以其父之功,特从末减,将白沙冒赏官资,并与追夺外,特免自劾。于是刘整闻之尤怨,且薄朝廷之受赂焉。②

从这段史料所载来看,俞大忠在任荆湖谘议期间,因"争财"而陷害杨政、马忠两人,结果受到朝廷制裁。可见俞氏父子均为横行不法、瞒上欺下之徒,尤其是在争功、贪功方面,更是无所不用其极。这些事件叠加起来,当俞兴直接与刘整发生矛盾冲突的时候,就成为更多附加伤害。从而逼迫刘整对南宋政府中的贪赃枉法、任意加害的种种不法行为愈加憎恨,促使其走向背离南宋的境地。襄樊战役结束以后,至元十年(1273)六月癸卯,南宋大臣汪立信说:

> 臣奉命分阃,延见吏民,皆痛哭流涕而言襄、樊之祸,皆由范文虎及俞兴父子。文虎以三衙长闻难怯战,仅从薄罚,犹子天顺守节不屈,犹或可以少赎其愆。兴奴仆庸材,器量褊浅,务复私仇,激成刘整之祸,流毒至今,其子大忠挟多资为父行贿,且自希荣进,今虽寸斩,未足以快天下之忿,乞置重典,则人心兴起,事功可图。③

南宋在襄樊战役结束以后,对失败原因进行了分析,汪立信将责任归于两人,一是战争中范文虎怯战,二是俞兴、俞大忠父子的行为激成"刘整之祸"。所谓"流毒至今"意为造成刘整反宋降蒙,为元朝所用,以至于襄樊战役失败,一方面表明刘整在襄樊之战中所发

---

① 胡昭曦、邹重华主编《宋蒙(元)关系史》(四川大学出版社,1992年,第277—278页)在"刘整叛宋降蒙"一节中明确将引起策应大使吕文德与四川制置使俞兴嫉妒的刘整战功归为1260年的"泸州大捷"。

② 《癸辛杂识》别集下"襄阳始末"条,第306页。《宋史全文》卷三五《宋理宗五》(第2855—2856页)亦有俞兴、俞大忠父子的事迹,当为同一件事:(宝祐五年,1257年)二月庚申,御笔:"蜀境奏凯,而俞兴城下之捷尤为奇伟,朕甚嘉之。兴,大忠之子也,向以父罪,聊示薄惩,今尽释前过,仍令制司具立功守将以下姓名来上,等第推赏。"寻赐俞兴金带。上曰:"俞兴嘉定城下之捷甚伟,令尽释大忠之罪,不待其有请。"元凤奏:"陛下如此处置,直得御将赏功之道。"《宋史》卷四四《理宗纪四》(第859页)于此事记载较略:"(宝祐五年)二月戊午,四川嘉定上战功。"

③ 《宋史》卷四六《度宗纪》,第915页。

挥的关键作用,另一方面也表明以汪立信为代表的部分南宋官员认为俞兴"构隙"是刘整反宋降蒙的直接原因之一。南宋朝廷对俞大忠作出了处罚:"诏俞大忠追毁出身文字,除名,循州拘管。"①对于俞大忠的处罚也证明南宋朝廷最终认可了汪立信的观点。

《通鉴纲目续编》在记述了中统二年八月,"俞兴讨刘整败绩,诏罢兴,以吕文德兼四川宣抚使"一事以后,对俞兴讨伐刘整、刘元振接收刘整并击败俞兴,南宋改任吕文德为四川宣抚使等事迹进行了评价,在其文尾的"发明"中写道:

> 自逆整叛降、泸州陷没,苟有倡义讨贼者,此纲目之所必予。当时朝廷无吊伐之师,方镇无连帅之将,独俞兴知逆贼不两立,王法所难容,移檄郡县,率兵讨贼,其志为可尚已,虽云败绩而功未能成,然何必以妒功启戎罪之哉?夫如是,则将士离心,无敢与朝廷倡义讨贼者矣。宋之赏罚如此,其不复可以有为,从可知尔噫。②

这是唯一不多见的站在俞兴的立场为其辩护的评论,如果从后世对刘整作为叛臣叛将的定位来看,这段"发明"似也有理。站在南宋角度来看,刘整的行为就是发动了一场叛乱,是一件不忠于南宋的造反行为。而俞兴作为南宋将领主动移檄征讨,其本身的行为是符合南宋统治者利益的,是在通过镇压叛乱来维护南宋政局的稳定和军事上的胜利。虽然俞兴功败垂成,但用"妒功启戎"为其罪名,从作者的立场来看未免有些过分,不过这是后世史家的一家之言。

(二)贾似道实施打算法对刘整降蒙行动的激化

有关贾似道实施打算法的具体过程、内容和造成的影响等,学界多有讨论。刘整作为南宋众多军事将领中的一员,同其他将领一样,如果真的接受钱粮打算,很可能也会受到严厉惩罚。例如《钱塘遗事》记载:"贾似道忌害一时任事之阃臣,行打算法以污之。向士璧守潭,费用委浙西阃打算。赵葵守淮,则委建康阃马光祖打算。江阃史岩之、徐敏子,淮阃杜庶,广帅李曾伯,皆受监钱之苦。史亦纳钱,而妻子下狱。徐、李、杜并下狱,杜死而追钱犹未已也。时江东谢枋得率邓传二千人举义,擢兵部架阁。科降招军钱给义兵米,似道打算招军钱并征所得米。枋得自偿万楮,余无所偿,乃上书贾相云:'千金为募徙木,将取信于市人;二卵而弃干城,岂可闻于邻国?'乃得免。"③可见,当时活跃在抗蒙前线的重要将领,如向士璧、赵葵、史岩之、徐敏子、杜庶、李曾伯、谢枋得等人均蒙受打算法之苦,而且每个人命运各不相同,最悲惨的如杜庶,人已死仍被追缴钱财。

俞兴派人赴泸州刘整处对其钱粮实行打算法,应当是在刘整援嘉定战功之后不久。俞兴此举显然是专门针对刘整,要通过推行朝廷刚刚颁布的打算法政策,以表面看起来合情合法的手段置刘整于死地,通过前引史料中的"兴有宿憾""俞兴闻之,以制札呼之禀议,将欲杀之""由兴构隙致变"等语均可证明。在俞兴率军围攻泸州城失败逃归以后,受到了惩罚。景定三年秋七月戊寅,侍御史范纯父言:"前四川制置使俞兴,妒功启戎,罢任镌秩,

① 《宋史》卷四六《度宗纪》,第915页。
② 《通鉴纲目续编》卷二一。
③ 《钱塘遗事》卷四《行打算法》,第106—107页。

罚轻,乞更褫夺,以纾众怒。"①景定三年七月的时候,范纯父弹劾俞兴,而此时俞兴已经不再是四川制置使,弹劾他的罪名是"妒功启戎",而之前对他的惩罚有些轻,这次要求褫夺官职、爵位等,以此来平息众怒。这个意见得到了皇帝的认可。范纯父提出俞兴的罪名是"妒功启戎",亦足证之。

刘整对于俞兴派人前来打算军前钱粮的行为十分恐惧,采取了多种措施,先对俞兴实行贿赂没起作用,转而又赴江陵向俞兴母亲求助,亦未奏效。刘整的恐惧源于两个方面,一是刚刚与俞兴有隙,自然担心他打击报复;二是刘整所率部队钱粮一定是存在问题的,否则即使对其实行打算法,也不至于如此恐惧。俞兴派人到刘整处审计军前钱粮的时候,《钱塘遗事》《宋季三朝政要》均提到刘整曾经向俞兴"赂以金瓶",但均未知其详,而有关"金瓶"的详细内容目前仅见于《增入名儒讲义续资治通鉴宋季朝事实》:

> 及兴帅蜀,泸乃其蜀郡,遣吏打算军前钱粮,整及通判以下将谋纳贿焉,计无所出。通判曰:"库金七百两可借用也。"整曰:"今打算钱粮,又用库金,可乎?"通判曰:"吾等自偿金,不以累安抚也。"于是取金造瓶□遣干者献之。兴拒不纳。②

这段内容不见于其他资料,只在这份附录于《宋史全文》之中的《增入名儒讲义续资治通鉴宋季朝事实》有所保留。这份资料的来源目前不是很清楚,但这份材料弥补了细节。为了通过军费粮草的审查,刘整及其部属不惜花费七百两库金打造一个金瓶用以贿赂俞兴。从这个细节能够看出,一方面俞兴派遣官吏前来"打算"军前钱粮的这个行为会对刘整造成极大不利,而且刘整部属尤其是那位"通判"似乎对军前钱粮打算的问题比刘整本人更加不安,即便刘整不同意动用库金,他们宁可自筹经费偿还库金也要行贿;另一方面,即使是用七百两黄金打造的金瓶这样的"大礼"俞兴也没有接受。说明不论是贾似道、吕文德授意与否,很可能来泸州陷害刘整是俞兴一定要达到的目的,因为他们相信只要到了泸州对其军前钱粮严加审计,一定会把刘整拿下并法办。但是他们没有想到的是,刘整选择了降附蒙古。刘整以金瓶贿赂失败后,又想到了另外两个办法,第一个是去江陵(今湖北荆州)向俞兴的母亲求助,请其母亲给俞兴写信,仍然没有奏效;第二个是向南宋朝廷求助,这个办法仅见于《元史·刘整传》,可能就是前述景定元年九月上报至朝廷的"泸州大捷",显然也没有奏效。南宋当局在大敌当前,恰是急需用人与稳定军心之际,但是贾似道刚刚上台执政,就开始推行旨在改善财政、惩治贪污、整顿吏治和军纪的"打算"之法,这种在非常时期推行的具有廉洁吏治的举措,虽然在一定程度上抑制腐败,清明吏治,但也会造成人心浮动、军心不稳,使得在前线冒着生命危险作战的诸将帅胆战心惊、犹疑不安。因此,一系列挫折均逼迫刘整不得不采取极端手段以求自保。

(三) 同僚的遭遇促使其作出降蒙之举

刘整之所以反宋降蒙乃是感受到了同僚被杀、被贬、受罚之后的"危不自保""惧祸及

---

① 《宋史》卷四五《理宗纪五》,第 881—882 页。

② 《增入名儒讲义续资治通鉴宋季朝事实》,引自胡昭曦、唐唯目《宋末四川战争史料选编》,四川人民出版社,1984 年,第 21 页。这份资料也叙述了刘整叛乱经过,其大体内容与其他资料基本无二,故不再引全文。

己"。综合史料可知,刘整之前先后有文臣吴潜,武将向士璧、曹世雄、高达等受到严惩。

吴潜①是南宋后期著名的政治家、文学家,《宋史》有传。据上述史料所述,与刘整相关的吴潜事迹主要是开庆元年的"止迁跸之议",称吴潜有"止迁跸之功",即在开庆元年蒙古大军分路南下的时候,宋理宗想过要迁都避难,被时任丞相的吴潜所制止。实际上,"止迁跸之议"过程非常复杂,南宋朝廷曾经过多次讨论,吴潜本人也有过前后不一致的意见。援引诸多史料发现,《宋史·刘应龙传》中记载吴潜最初主张"迁跸",吴潜的奏疏如嘉熙三年《奏论平江可以为临幸之备》、开庆元年《冬十一月以鞑寇深入具奏乞令在朝文武官各陈所见以决处置之宜》、刘克庄《后村先生大全集》卷八七《进故事》均有吴潜或主张、或讨论迁跸之议的内容,而《宋史全文》《宋季三朝政要》等均载吴潜力主阻止理宗迁跸,并将此作为吴潜在面临蒙古南征时的一件大功予以记录和宣扬,而《许国公年谱》也有"止迁跸之议"一语。汤华泉先生认为,关于迁跸之议可能不是一次议论,"主张迁跸"和"阻止迁跸"这两种情况都曾有过。《钱塘遗事》卷四《议迁都》记载:"己未北军破江州、瑞州、衡州,进围潭州。边报转急,都城团结义勇,招募新兵,筑平江、绍兴、庆元城壁。议迁都,谢皇后请留跸以安人心,上乃止。"这条史料未提及吴潜,而是谢皇后提出了"请留跸以安人心"之议。②

当然,吴潜被罢免、被贬谪直至被害的原因不仅仅与"止迁跸之议"有关,最主要的原因有三,一是因立储之事与理宗发生尖锐的冲突。《宋史》载:"属将立度宗为太子,潜密奏云:'臣无弥远之材,忠王无陛下之福。'帝怒潜,卒以炎论劾落职。"③亦有:"帝欲立荣王子孟启为太子,潜又不可。帝已积怒潜,似道遂陈建储之策,令沈炎劾潜措置无方,致全、衡、永、桂皆破,大称旨。乃议立孟启,贬潜循州,尽逐其党人。"④立储向来是皇家的重大政治事件,忌讳颇多,而吴潜忤逆理宗,且用当年的史弥远和理宗的关系与当下忠王和吴潜的关系进行对比,也让理宗非常生气。其实从后来度宗十年的表现,吴潜不主张立其为太子是有一定道理的。这是理宗罢免他的主要原因之一,参见汤华泉《吴潜评传》和《吴潜年谱新编》。二是在布置南宋军事防务之时,吴潜得罪了贾似道。史载:"初,似道在汉阳,时丞

① 有关吴潜的最新资料整理和研究,可参见汤华泉编校《吴潜全集》(北京师范大学出版集团、安徽大学出版社,2020年),汤华泉先生不仅对吴潜文集进行了系统点校整理,还辑录了不少散见诗文集,更首次发布了一份比较珍贵的吴潜年谱——《许国公年谱目录》,系"安徽宣城高生元先生在宁国吴氏旧谱中发现,乃明代《许国公年谱》的节本"(《凡例》,第2页)。此外,附录中还有汤华泉先生所作《吴潜评传》和《吴潜年谱新编》,考订详实,可资利用。学界有关对吴潜的研究主要集中在高校硕士学位论文方面,例如孙广华《吴潜及其词》,南京师范大学2005年硕士论文;吴承林《吴潜综论》,安徽大学2007年硕士论文;余立莉《吴潜词研究》,漳州师范学院2008年硕士论文;王侃《略论南宋名臣吴潜的政治生涯》,重庆师范大学2010年硕士论文;郭伟婷《吴潜任官庆元府时期词作研究》,哈尔滨师范大学2010年硕士论文;庞春妍《吴潜词研究》,哈尔滨师范大学2012年硕士论文;刘宏辉《吴潜词编年研究》,复旦大学2012年硕士论文;丛何《吴潜词比较谈》,黑龙江大学2012年硕士论文;宋媛媛《吴潜及其〈履斋诗余〉研究》,兰州大学2014年硕士论文;王山青《南宋名相吴潜及其词研究》,西北师范大学2013年硕士论文。其中有不少学位论文的部分篇章又公开发表在各类期刊,不一一列举。此外还有一些专题论文,如宛敏灏《为吴潜辩诬》,《江淮论坛》1962年第2期;张津津《吴潜家世考》,《宜宾学院学报》2013年第2期;朱文慧《御寇与弭盗:吴潜任职沿海制置使与晚宋海防困局》,《国际社会科学杂志》(中文版)2020年第3期;等等。

② 参见汤华泉《吴潜评传》(上引《吴潜全集》附录一),第542页。

③ 《宋史》卷四一八《吴潜传》,第12519页。

④ 《宋史》卷四七四《奸臣四·贾似道传》,第13781页。

相吴潜用监察御史饶应子言，移之黄州，而分曹世雄等兵以属江闸。黄虽下流，实兵冲。似道以为潜欲杀己，衔之。"①《钱塘遗事》亦载："先是，诏似道移司黄州。黄在鄂下流，中间乃北骑往来之冲要。似道闻命，以足顿地曰：'吴潜杀我。'疑移司出潜意，故深憾之。"②贾似道与吴潜原本没有冤仇，二人的交恶主要缘于此次布置鄂州防御，贾似道认为吴潜的安排是故意将其置于死地，因此记恨于心。之后贾似道利用吴潜与理宗在立储事件上的矛盾，开始排挤吴潜，因为从专权来说，吴潜也是贾似道的一个最大障碍。三是吴潜此次入朝主政树敌过多，亦涉及门户之见等问题。③

总之，一系列因素导致吴潜极大地激怒了理宗。景定元年四月，侍御史沈炎"疏吴潜过失，以'忠王之立，人心所属，潜独不然，章汝钧对馆职策，乞为济邸立后，潜乐闻其论，授汝钧正字，奸谋叵测。请速诏贾似道正位鼎轴'"。随后，"吴潜以观文殿大学士提举临安府洞霄宫"。④ 七月己丑，"侍御史何梦然劾丁大全、吴潜欺君无君之罪"。⑤ 自此，吴潜连连被贬，七月被"夺观文殿大学士，罢祠，削二秩，谪居建昌军"，⑥十月被贬于潮州。景定二年四月，又转至循州。⑦ 直至景定三年六月，"吴潜没于循州，诏许归葬"。⑧ 实际上，自从景定元年四月开始，贾似道暗中安排了一系列亲信，先后指使了行谏议大夫沈炎、侍御史何梦然、监察御史桂阳孙、侍御史孙附凤、监察御史刘应龙连番上疏，对吴潜进行贬谪，直至景定三年五月，贾似道指使其亲信、循州知州刘宗申设计毒害，终使吴潜死于循州。⑨《钱塘遗事》记载了刘宗申毒害吴潜的过程："遣武人刘宗申为循守，欲毒潜。潜凿井卧榻下，自作饮记，毒无从入。一日宗申开宴，以私忌辞。又宴，又辞。又次日，移庖，不得辞，遂得疾而卒。"⑩一代名相以如此惨状而死，充分展现了南宋晚期恶劣的政治生态，也让同时代的文臣武将均感到人人自危。

关于向士璧，目前学界尚未有专文论述。向士璧不仅积极率军防御，且自捐家资作为军费，受到南宋朝廷嘉奖。南宋宝祐六年十二月丁亥（1259 年 1 月 7 日），"向士璧不俟朝命进师归州，捐赏百万以供军费；马光祖不待奏请招兵万人，捐奉银万两以募壮士，遂有房州之功。诏士璧、光祖各进一秩"。⑪ 他与另一位将领马光祖，一同受到朝廷嘉奖。同年夏四月丁丑，以向士璧为湖北安抚副使、知峡州，兼归、峡、施、珍、南平军、绍庆府镇抚使。⑫ 向士璧在《宋史》中有传，载其被吕文德、贾似道陷害之事：

> 开庆元年，涪州危，又命士璧往援，北兵夹江为营，长数十里，阻舟师不能进至浮

① 《宋史》卷四七四《奸臣四·贾似道传》，第 13781 页。
② 《钱塘遗事》卷四《吴潜入相》，第 112 页。
③ 汤华泉《吴潜评传》，第 542—543 页。
④ 《宋史》卷四五《理宗纪五》，第 873 页。
⑤ 《宋史》卷四五《理宗纪五》，第 874 页。
⑥ 《宋史》卷四五《理宗纪五》，第 875 页。
⑦ 《宋史》卷四五《理宗纪五》，第 877 页。
⑧ 《宋史》卷四五《理宗纪五》，第 881 页。
⑨ 汤华泉《吴潜评传》，第 544 页。
⑩ 《钱塘遗事校笺考原》卷四《吴潜入相》，第 114 页。
⑪ 《宋史》卷四四《理宗纪四》，第 864 页。
⑫ 《宋史》卷四四《理宗纪四》，第 865 页。

桥。时朝廷自扬州移贾似道以枢密使宣抚六路,进驻峡州,檄士璧以军事付吕文德,士璧不从,以计断桥奏捷,具言方略。未几,文德亦以捷闻。士璧还峡州,方怀倾夺之疑,寻辟为宣抚司参议官,迁湖南安抚副使兼知潭州,兼京西、湖南北路宣抚司参议官,加右文殿修撰,寻授权兵部侍郎、湖南安抚使兼知潭州。……似道入相,疾其功,非独不加赏,反讽监察御史陈寅、侍御史孙附凤一再劾罢之,送漳州居住。又稽守城时所用金谷,逮至行部责偿。幕属方元善者,极意逢迎似道意,士璧坐是死,复拘其妻妾而征之。其后元善改知吉水县,俄归得狂疾,常呼士璧。时辅佑亦远谪,及文天祥起兵召辅佑于谪所,则死矣。①

《钱塘遗事》记载:

向士璧帅长沙,北兵已围鄂岳。方措置间,皮泉渌家居,访之,问所以为守城之计,向曰:"正为眼中无可任之人。"皮恚之。北兵至,向亲率军民且战且守,既置飞虎军,又募斗弩社,朝夕亲自登城慰劳。卒能保潭,斗弩之力居多。皮入朝,百计毁短。似道妒贤嫉能,乃嗾台谏孙附凤劾之。辛酉,诏夺向士璧从官恩数,令临安府追究侵盗掩匿情节,竟坐迁谪,挤之死地,天下冤之。②

向士璧被杀与贾似道的专权有直接关系,因此这些事件虽然发生在朝堂,但都是关联牵涉宋元战争的直接因素,即《元史·刘整传》所说:"及向士璧、曹世雄二将见杀,整益危不自保,乃谋款附。"③景定二年(1261)八月丁酉,"诏夺向士璧从官恩数,穷竟侵盗掩匿之罪。时以兵退,遣官会计边费,似道忌功,欲以污蔑一时阃臣,士璧及赵葵、史岩之、杜庶皆责征偿。"④如此奋力向前的将领,最后也难免遭到权臣的陷害,这给刘整造成的触动定当不小。

关于曹世雄,文献记载较少,只在《宋史·贾似道传》中有:"曹世雄、向士璧在军中,事皆不关白似道,故似道皆恨之。以核诸兵费,世雄、士璧皆坐侵盗官钱贬远州。"⑤可见,曹世雄与向士璧等将领一样,均有一些桀骜不驯之气,看不起文士出身的贾似道,认为其不知兵、不懂军事,以此得罪了贾似道。于是,贾似道以行打算法的手段将曹世雄、向士璧贬谪。当时许多武将均存在这种看不起文臣的现象。比如高达在鄂州之战时,他倚仗自己作战勇敢,很看不起贾似道。贾似道督战时,他讥笑道:"巍巾者何能为哉!"⑥而且,高达每次出战,都要求贾似道对他进行慰劳,否则就要指使士兵在门前哗变。而吕文德恰恰与这些傲慢的将领相反,他谄媚贾似道,派人呵斥高达:"宣抚在,何敢尔邪!"⑦贾似道对这些桀骜不驯的将领心怀嫉恨,多次向皇帝谏言要求杀掉高达,但理宗认为高达有功,并没

---

① 《宋史》卷四一六《向士璧传》,第12477—12478页。
② 《钱塘遗事校笺考原》卷四《杀向士璧》,第120页。
③ 《元史》卷一六一《刘整传》,第3786页。
④ 《宋史》卷四五《理宗纪五》,第878页。
⑤ 《宋史》卷四七四《贾似道传》,第13781页。
⑥ 《宋史》卷四七四《贾似道传》,第13781页。
⑦ 《宋史》卷四七四《贾似道传》,第13781页。

有听从贾似道。不过最终,贾似道在论功行赏的时候,还是把高达置于吕文德之下。

通过梳理上述若干人物事迹,可知在开庆元年和景定元年这两年间,贾似道迅速掌握了军政大权,并培植亲信、排除异己,推行一系列政治、经济举措,一方面虽有振兴朝纲、整治贪污、抵御外侵的目的,另一方面也是为了立威诸将、树立自身权威。当然,贾似道的擅权固然是一个重要原因,这些将领自身也存在问题,"清者自清,如果一个官员没有贪污行为,不可能被打算出什么问题,也就谈不上会遭到迫害"。①

余　论

1258 年至 1259 年的蒙哥征宋后,至至元四年(1267 年,南宋咸淳三年)忽必烈派军大举南征襄樊地区,这八年是蒙宋相对平静的时期,虽然双方在对峙的前沿地带未停止过不同程度的零散战斗和摩擦,但始终没有发生大规模的战争。双方都在处理各自内部的政局,而刘整反宋降蒙就发生在这个时期。这个时期是战争的相持阶段和平静期,但却是蒙宋双方内部政局的动荡期和转折期。1259 年(己未,南宋开庆元年)蒙古三路大军进攻南宋川蜀、荆襄和两淮三个军事防御区,这对南宋政局和军事布防都产生了很大的影响。刘整反宋降蒙发生在这次战争过后不久的 1261 年(南宋景定二年),时隔仅仅不到两年的时间,表明战争促使南宋政局有了新的变化,战争在某种程度上激化了南宋内部各种不同利益集团的矛盾。贾似道作为权臣登上政坛,使得南宋末年在鄂州之役以后进入了贾似道擅权的时代。②蒙古虽未能够灭掉南宋,但在这次战争中展示了强大的实力,这使得刘整看到了投附蒙古的希望。刘整降附之前,正逢蒙古兵分三路大举进攻南宋。这次蒙哥亲征南宋,调动了总数大约有十余万的军队。他在出征前曾说:"我们的父兄们,过去的君主们,每一个都建立了功业,攻占过某个地区,在人们中间提高了自己的名声。我也要亲自出征,去攻打南家思。"③在南下的三路大军中,蒙哥亲自率军进攻川蜀,川蜀成为此次进攻的重点。蒙哥所部属的三路攻宋大军,计划在 1260 年会师潭州,然后顺江东下,直取临安。可见,这显然是一次旨在灭亡南宋的战略性大进军。④

刘整降蒙是在蒙哥刚刚去世,忽必烈与阿里不哥争夺汗位期间,此时北方汉地基本上在忽必烈势力的控制之下。忽必烈受命出征南宋时,曾召集东平名士宋子贞、李昶等人讨论对南宋的用兵方略等问题。宋子贞提出:"本朝威武有余,仁恩未洽。天下之民,嗸嗸失依,所以拒命者,特畏死尔。若投降者不杀,胁从者勿治,则宋之百城,驰檄而下,太平之业,可指日可待也。"⑤忽必烈对其所言十分认同,称"善其言,礼遇甚厚"。⑥从这个时候,忽必烈就接纳了汉族士人向其提出的要招降纳叛的基本原则,尤其是对待南宋降将,这可以说是刘整等后来的降将能够成功降蒙并被接收从而得以发挥自身作用的一个主要原因。

---

① 何忠礼《南宋全史(二)·政治、军事和民族关系卷下》"第四章 贾似道擅权和理宗一朝的结束",上海古籍出版社,2011 年,第 216—217 页。
② 《南宋全史(二)·政治、军事和民族关系卷下》,第 204 页。
③ 拉施特主编,余大钧、周建奇译《史集》第二卷,商务印书馆,1985 年,第 265 页。
④ 李治安《忽必烈传》,人民出版社,2004 年,第 67 页。
⑤ 苏天爵辑撰《元朝名臣事略》卷一〇《平章宋公》"神道碑",姚景安点校,中华书局,1996 年,第 202 页。
⑥ 《元朝名臣事略》卷一〇《平章宋公》"神道碑",第 202 页。

《宋史》的编者对理宗一朝的政局进行了评价:"理宗享国久长,与仁宗同。然仁宗之世,贤相相继,理宗四十年之间,若李宗勉、崔与之、吴潜之贤,皆弗究于用;而史弥远、丁大全、贾似道窃弄威福,与相始终。治效之不及庆历、嘉祐,宜也。"①这个评价基本上是符合当时南宋理宗一朝的政局特征的。李天鸣《宋元战史》评价道:"虽然,贾似道借着'打算法'除掉了一些不顺从他的将帅;可是,也引发了一个对宋蒙战局有决定性影响的刘整叛变事件。"②衣川强认为:"刘整的投降是伴随着贾似道政策的实施而产生的结果。这对于南宋来说,是一种意想不到的灾祸;而对于蒙古来说,却是一个意外收获。在贾似道掌握并强化权力的过程中,刘整的投降是一个不可避免的事件。对于刘整来说,当时他面临着被杀、被流放、投降或诣事贾似道等几种选择,而刘整则选取了投降蒙古的道路。"③前辈学者都对刘整投附蒙古给予了一定的评价,一致认为这是一件影响了宋蒙(元)关系尤其是双方战争走向的事件。

对于双方来说,这是一个突发性与必然性兼具的事件。"突发性"在于南宋和蒙古两方谁也没有料到会在大规模战争之后发生如此之大的事件,对于蒙古方面来说这还是一次主动降附;而对于刘整自身来说,依照高达、向士璧、曹世雄、吴潜、赵葵、李曾伯等一众受害的文臣武将的遭遇,他是有多种选择的,但是依照他"桀骜不驯"的性格,驱使他作出了投附蒙古之举。"必然性"在于南宋的政治生态之恶劣。贾似道作为当时权臣代表,使南宋末年的政治关系极度恶化,像刘整这样的一众将领和吴潜一般的文臣,几无立锥之地。宋理宗一朝四十余年,始终无法在内忧外患的局面下改善政治生态,奄奄一息的南宋朝廷仅仅维持了一个表面上看似稳定的状态。但是在那些随时面临生死的军事前线,生存是所有士兵和将领最重要的一个信念。因此,从长时段和宋蒙最后的结局来看,刘整背离南宋投附降蒙古是其最好的选择。

Discussions on the Reasons of Famous General Liu Zheng's Rebellion against the Song Dynasty and Surrendering to Mongγul
——Centered on the Political Ecology of the Southern Song Dynasty
Zhai Yu, Inner Mongol Academy of Social Sciences

Abstract: There are not many research achievements on the reason of Liu Zheng's surrendering. The event of Liu Zheng's surrendering is an unavoidable problem in the study of Song history, especially the history of the Southern Song Dynasty, the history of the war between Song and Mongγul (Yuan) and the local history of Sichuan. The direct cause of Liu Zheng's surrendering to the Song Dynasty was that he had conflicts with Jia Sidao (贾似道), generals Lv Wende (吕文德) and Yu Xing (俞兴), which led to his more difficult situation in the worsening political relationship pattern of the

---

① 《宋史》卷四五《理宗纪五》,第 888 页。
② 李天鸣《宋元战史》,食货出版社,1988 年,第 854—855 页。
③ 衣川强《刘整的叛乱》,第 197 页。

Southern Song Dynasty. After his rule，Jia Sidao implemented a series of new policies in various fields，introducing the policy of checking soldier's pay and provisions（Da Suan Fa，打算法）among generals and soldiers in local military defense areas，which examined the military expenditures of generals in the field and recovered the stolen funds. This measure added to Liu's trepidation，who finnally surrendered to the MongɣuI. Under the bad political environment in the late Southern Song Dynasty，Liu Zheng's Rebellion against the Song Dynasty and Surrendering to MongɣuI was inevitable.

Key Words：Song and Yuan Wars；Liu Zheng；Surrendering；Jia Sidao；the Policy of Checking Soldier's Pay and Provisions

（本文作者为内蒙古自治区社会科学院历史研究所研究员）

元代宜兴英烈庙的重修及相关人员考述

范　佳　夏维中

摘　要： 宜兴英烈庙的前身是始建于唐代的周处坟祠。从南唐开始,周处开始演化为宜兴及周边地区的地方神祇,进入地方祀典,其坟祠也改称周将军庙。南宋初期,周将军庙因获得朝廷"英烈"赐额而改称英烈庙,周处也不断获得朝廷封号,进入国家祀典。元代全面继承并发展宋代的这一做法,对英烈庙先后进行过三次重修,使其最终成为影响较大的江南祠庙。官修民助是元代英烈庙重修的基本模式,宜兴地方有力人士是重修英烈庙的主力,而常州路、宜兴州以及江南行御史台的各级官员也乐观其成。宜兴英烈庙的衍变,反映了宋元两朝在江南地方祭祀政策上一脉相承的关系。

关键词： 英烈庙；周处；江南

被尊为"阳羡第一人物"的周处,[①]其墓地立祠的时间是在唐宪宗时期。南唐时专祠改称周将军庙,南宋绍兴年间因获得朝廷所赐"英烈"庙额而改称英烈庙,其规模也不断扩大。入元以后,英烈庙先后经过三次重修,最终成为江南地区颇有影响的特色祠庙。常州路、宜兴州两级官员的出面主持,地方有力之士的积极参与,江南诸道行御史台等官员的鼎力支持,是英烈庙得以重修的重要原因。

一、元代之前的周将军庙和英烈庙

周处葬地,历来存在争议。南京博物院通过两次考古发掘,最终认定今宜兴市宜城镇周王庙附近的周墓墩就是周处的归葬处,也是周处家族墓地。[②] 根据考古资料可知,周处当时是官葬,这与《晋书·周处传》中"追赠平西将军,赐钱百万,葬地一顷"的记载是符合的。按照当时的习惯作法,墓地应该建有地面建筑,用于墓祭。《平西将军碑》可能也是当时树立的,清人徐喈凤《周侯古祠辨》认为此碑应是墓道碑,被后人误认为庙碑。[③]

这些地表建筑,在东晋之后大概就被逐渐损毁。东晋王敦之祸,使"一门五侯,并居列位,吴士贵盛,莫与之比"[④]的周处家族,几近灭门覆宗,仅有幼子周硕幸存。此后的周氏

---

①　周处事迹详见《晋书·周处传》《世说新语·自新》及陆机《晋故散骑常侍新平广汉二郡太守寻除楚内史御史中丞使持节大都督涂中京下诸军事平西将军孝侯周府君之碑》(后世简称《平西将军碑》)。《平西将军碑》的真伪问题,曾长期存在争议,具体可参宜兴市文物管理委员会办公室编《宜兴碑刻集》卷首《夏维中序》,上海古籍出版社,2021年。

②　罗宗真《江苏宜兴晋墓的发掘报告——兼论出土的青瓷器》,《考古学报》1957年第4期;南京博物院《江苏宜兴晋墓的第二次发掘》,《考古》1977年第2期。

③　[清] 李先荣、徐喈凤纂修(康熙)《重修宜兴县志》卷十《杂志》,《无锡文库》第一辑影康熙二十五(1686)刻本,第542页。

④　《晋书》卷五八《周处·周札》,中华书局点校本,1974年,第1575页。

族人,遵守祖训,隐居不仕,农耕为业,①没有能力保护周氏墓产。直到唐宪宗元和六年(811),周氏族人周息瑰等在义兴县令陈从谏的支持下,在周氏墓地重树《平西将军碑》,并兴建了属于坟祠性质的周处专祠。② 这些建筑,一直存留到南唐,集贤学士徐锴曾到过现场,并留下记录。③

周处进入地方祀典的时间可能是在南唐。徐锴当时称周处专祠为"将军之庙",并称"郡县既以时致祠",即地方政府定时祭祀。后人据此而称徐锴奉诏改祠为庙,召集郡县长吏行祠事,此后周将军庙由朝廷派官员主祭,成为官方认定的祠庙,进入朝廷祀典。④其实,周将军庙正式获得"英烈"庙额、周处正式进入国家祀典,是在南宋绍兴年间。

宋代地方性神祇获得赐爵赐号的先决条件是"祈祷灵验"。宋神宗熙宁七年(1074)规定:"应天下祠庙祈祷灵验,未有爵号者并以名闻,当议特加礼命,内虽有爵号而褒崇未称者,亦具以闻。"⑤所谓灵验,是通过地上的通知方式、自然与习俗的稳固秩序——也是宇宙秩序的一部分——以及发生于人身上的事故,来启示人类的。⑥ 官府则通过封赐表示对神祇的敬意。周处的被封也遵循了"祈祷灵验"的原则。绍兴七年(1137),由常州府呈请,镇江军节度判官朱亮功、籴买官李涧两次前往宜兴进行核验,后又经礼部核拟,太常寺勘会等,朝廷最终核定周处保佑百姓免于疾病灾祸、调和晴雨天气、抵御外敌等善德神迹,符合"无不感格,有功于民"的标准,因此授予"英烈"庙额。⑦ 周将军庙因此改称英烈庙。周将军庙的获封,也与周氏家族的复兴有关。而发挥关键作用的,则是周葵。周葵,字立义,宣和六年(1124)进士,官至参知政事兼权枢密院事。⑧此后,周处不断加封,依次为高宗绍兴十年(1140)封忠惠侯,二十六年加封"仁勇",孝宗隆兴二年(1264)加封"兼利",乾道六年(1176)加封"义济",宁宗嘉泰元年(1201)进"忠武公",理宗宝庆二年(1226)加"赫义",绍定六年(1233)加"昭灵",淳祐四年(1244)加"仁勇"。其父母、儿子也不断获得加封。⑨

随着周处地位的提高,其庙宇的规模也不断扩大。北宋先后有过两次较大的修缮工程。第一次是在真宗景德二年(1005),主持人为常州知府周绛(字干臣,常州溧阳人,太平兴国八年进士)与宜兴知县李若谷(字子渊,徐州丰县人)。⑩ 第二次是在哲宗元祐四年(1089),主持者为宜兴知县周明之、主簿胡閶、县尉李宽等。经过这次整修,周将军庙"藻饰绘画,除旧致新,而祠宇粲然复完"。⑪ 不过,规模最大的修缮工程是在南宋孝宗乾道年

---

① [民国]周庚华《周氏宗谱》卷首《周氏续谱序》,1915 年木活字本,上海图书馆藏。

② [清]周顺春《周氏宗谱》第二卷《大同世系表》,光绪十六年(1890)木活字本,上海图书馆藏。

③ [南唐]徐锴《宜兴周将军庙记》,载卢东辉主编《卢文弨全集》第 11 册《常郡八邑艺文志》卷二(上),浙江大学出版社,2017 年,第 76 页。

④ [清]周之冕辑《忠义集》卷三《孝侯公祠堂记》,光绪三年(1877)刻本,上海图书馆藏。

⑤ [清]徐松纂修《宋会要辑稿》第二册礼二〇,刘琳等点校,上海古籍出版社,2014 年,第 988 页。

⑥ (德)韦伯(Max weber)《儒教与道教》,洪天富译,江苏人民出版社,1993 年,第 34—36 页。

⑦ [清]周之冕辑《忠义集》卷一《敕赐英烈庙额牒文》,光绪三年(1877)刻本,上海图书馆藏。

⑧ 《宋史》卷三八五,中华书局点校本,1985 年,第 11833 页。

⑨ [宋]史能之纂修《(咸淳)重修毗陵志》卷十四《祠庙》,《无锡文库》第一辑影国家图书馆藏明初刻本,第 302 页。《宋会要辑稿》中"周将军祠"也记载了有关情况,参见《宋会要辑稿》第二册,第 1073 页。

⑩ [宋]史能之纂修《(咸淳)重修毗陵志》卷十四《祠庙》,第 302 页。

⑪ [宋]沃彦《重修周将军庙记》,曾枣庄、刘琳主编《全宋文》第 117 册,上海辞书出版社、安徽教育出版社,2006 年,第 246 页。

间。乾道八年(1172)底出任常州知府的沈祖德(字德远,浙江湖州人,绍兴三十年进士),捐助巨款,支持宜兴知县吴千乘重修英烈庙。此次重修,"始作寝殿,缭以周垣",①不仅扩大了庙宇规模,而且也基本奠定了庙宇的格局。到宁宗嘉定年间,宜兴县丞洪偰(江西鄱阳人)等又对英烈庙及周处家族墓地进行过一次规模较大的整修。② 理宗宝庆年间,道士刘守和等又募捐田地,作为英烈庙的庙产。③ 英烈庙虽称之为庙,但是实际上属道观性质,其日常管理也由道士承担。

二、入元后的三次重修及相关人员

英烈庙作为宜兴城中的标志性建筑,宋元鼎革时很有可能遭到了破坏。武宗至大二年(1309),英烈庙得到首次重修。近30年后的元顺帝后至元三年(1337),英烈庙第二次重修,规模较大。同年,周处被加封为英义武惠正应王。10余年后的元顺帝至正十一年(1351),英烈庙迎来入元后的第三次重修,规模空前。

至元三十一年(1294),元世祖下令:"其名山大川、圣帝明王、忠臣烈士载在祀典者,所有长吏,除常祀外,择日致祭,庙宇损坏,官为修理。"④周处作为得到元代承认的江南神灵之一,其庙宇也在武宗至大二年(1309)得到首次重修。关于此次重修,现存史料仅有"至大乙酉岁,郡别驾汪良垕复缮治之"⑤一语。汪良垕,字厚卿,徽州路婺源州人,大德十一年(1307)始任常州路总管府治中。⑥

元顺帝后至元三年(1337),英烈庙因"栋宇摧坏,丹碧漫漶"而再次重修。此次重修,由宜兴士绅蒋赟请求常州同知赵俨出面主持。汪泽民《英烈庙新殿记》详细记载了这次工程:

> 里士蒋谬(赟)请于州同知昭信赵俨,表倡士民,拓故址,构新殿,翬飞靓深,栏楯陛阤,整饬备饰,塑像列卫,采章有数,经始于至元再元之三年(1337)春三月,落成于秋七月。费为钱二万五千缗,凡用不足,皆出蒋氏。蒋氏故闻家,孝友乐善,乡党称之。⑦

---

① [元]汪泽民《英烈庙新殿记》,见缪荃孙著;张廷银,朱玉麒主编《缪荃孙全集·金石·江苏金石记(下)》,凤凰出版社,2014年,第735页。

② [宋]董纯儒《题周孝侯庙幡柱》,曾枣庄、刘琳主编《全宋文》第306册,第131—132页。

③ [宋]刘守和《英烈庙置田檀越题名记》,见缪荃孙著;张廷银,朱玉麒主编《缪荃孙全集·金石·江苏金石记(下)》,第491—494页。

④ 《元典章》第一册《崇祭祀》,天津古籍出版社,2011年,第109页。吴兆龙,汪家耀《元代〈汪氏渊源录〉》,《学术交流》,2017年第9期,第211页。

⑤ [元]汪泽民《英烈庙新殿记》,见缪荃孙著;张廷银,朱玉麒主编《缪荃孙全集·金石·江苏金石记(下)》,第735页。

⑥ [元]汪松寿《汪氏渊源录》卷七《风云录》,美国犹他州家谱学会藏,第134页。王继宗校注《永乐大典·常州府》,中华书局,2016年,第555页。

⑦ [元]汪泽民《英烈庙新殿记》,见缪荃孙著;张廷银,朱玉麒主编《缪荃孙全集·金石·江苏金石记(下)》,第735页。缺字部分根据拓片补入,"蒋谬"应为"蒋赟",宜兴市文物管理委员会办公室编《宜兴碑刻集》第二册,第24—25页。

此次重修，前后历时约五个月，从"拓故址，构新殿"一语来看，工程规模应该不小。此次修缮的官方主持人赵俨，常州府志失记，据《至正金陵新志》载，赵俨，字子威，真定人，至正元年（1341）迁南御史台照磨。[1] 而主要组织和出资者则是蒋赟及其蒋氏家族。蒋氏为宜兴著姓，唐宋间名人辈出。蒋赟的生平资料虽已不存，但检索史书，仍可得知他的一些事迹。如大德年间蒋赟曾倡建宜兴中隐禅院，危素《无极禅师塔铭》称"义士蒋赟、徐士满等争致财粟"，[2]由此可见蒋赟财力深厚，对乡里公益事业也十分热心。立石者为宜兴人钱德润。此人不见于史书，但《学圩钱氏宗谱》留有其简要传记："钱德润，为钱氏家族学圩支二十世，字文桂，元理学名儒不违公之曾孙，承奉郎讳贵五公之三子，自西洋溪徙居学圩，是为我学圩始祖。""孝友著于家庭，仁厚传于里闾者。"[3]钱德润是宜兴学圩钱氏的始迁祖，应是一位有一定文化修养的地主。而负责立碑的奉祠道士林德昌的事迹已不可考。

元顺帝至正十一年（1351），英烈庙迎来入元后的第三次重修。在此前的后至元三年（1337），周处被加封为英义武惠正应王，[4]地位再次提升。此次重修，正是因此而起。曹复亨所撰的《重修周将军祠宇记》对此作了详细的记载：

> ……将军庙食于此，犹鲁人祭泰山也。殿宇倾落，而厢廊敝蠹，前代丰碑，多卧于地下。过者拜而礼之，来者必有所祈。贵富贱贫，好善稔恶，祷于神者尤烦，或喜迎神，以夸侈靡，或冻馁父母，称贷装严，而取悦于观者，经营修饰，不闻先施。邑人徐士满凤积厥德，喜吾道仙佛惠济之说，延名士买书教子孙，考祀典以事神。至正辛卯（1351）秋七月，集乡三老，言于州长马合谋、卢僧孺暨同知张完者曰：祭者报而无祈，周将军捍灾御患，法施于民，功业在吾邑人，旧祠寝废，将大建规模，惟长者相之，民父母怀之。众诺不吝，然施者已竭，而执艺者未就，士满乃求假于乡里，鸠工度材，计费千锭，群佣给廪饩者三百人。广寻拓地，四筑垣墉。庙既更新，作廊庑四十八楹，磬折殿宇，而回拱端门，再建三祠，抱翼寝室，右奉王之父母，左列王之诸子。别立斋室十楹，求方士奉祀守赠文，云栋虹梁，金碧照映。千里外内，来祝妥灵。凡梓人饬材，圬人作堵，规矩绳墨之责，动辄数岁，何旬月之间，而落成荐飨，惟诚格神，惟德服人。[5]

此次重修，增建了三祠和廊庑48楹，别立斋室十楹，其规模之大，前所未有。宜兴人徐士满功不可没。曹复亨形容徐士满崇尚仙佛，资产丰厚，为乡里建桥铺路，造福乡里。此前他还修缮过三皇袁府君庙。徐氏家谱保存了他的一些资料：

① [元]张铉《至正金陵新志》卷六《官守》，《金陵全书》影国家图书馆藏元至正四年（1344）集庆路儒学、溧阳州学、溧水州学、明道书院刻本，第258页。

② [元]危素《无极禅师塔铭》，李修生主编《全元文》卷一四八一，凤凰出版社，1998年，第549页。

③ [民国]钱盘宝编《学圩钱氏宗谱》卷五《统宗世表》，卷八《岳父元烈公传》，1943年木活字本，上海图书馆藏。

④ 《元史》卷三九《顺帝纪二》，中华书局点校本，1976年，第839页。

⑤ [元]曹复亨《重修周将军祠宇记》即《晋御史中丞追封英义武惠正应王周将军碑有歌》，见缪荃孙著；张廷银、朱玉麒主编《缪荃孙全集·金石·江苏金石记（下）》，第773—775页。宜兴市文物管理委员会办公室编《宜兴碑刻集》第二册，第26—28页。

　　徐士满,樵之子,字均溢,号渔所,幼从父避难相失后归塘头,殖力起家,积书教子,置田赡族,由郎中任建州知府。元至正间,鼎新周孝侯庙,修袁王庙、祈堂庵等共五十二所,造张泽桥等三十余处。又出谷万余石,食流民,所全活者数千人,构堂于杨淹,额曰"种德",盖自明其生平之隐以垂训后人也,寿八十有三。①

　　支持徐仕满的宜兴知州卢僧孺,字希文,其先范阳人(今河北涿州),后徙濮阳(今河南濮阳),至正十一年(1351)担任常州路宜兴州知州,前后长达七年,官声颇佳。②

　　碑记最后留下了"里人汤信、吴恭、陈润、蒋诚、赵致道、唐悌、钱礼、蒋景安、汪德、刘钊、曹璋、吴德礼、徐齐贤、吴本立"等14名立石者的姓名。这些人的生平虽已不可考,但应该也是当时参与此事的地方有力人士。

　　入元以后的三次重修,除第一次情况不详外,第二次、第三次都是官修民助性质。重修工作由常州路或宜兴州两级官员出面主持,而真正出钱、出力的都是宜兴地方人士。周处之于宜兴地方有着非比寻常的意义,曹复亨称宜兴人祭祀周处"犹鲁人祭泰山也"。事实上,至少从宋代开始,宜兴人就将周处视作是保佑一方的地方神灵,相关的传说家喻户晓,其庙宇香火非常鼎盛,求签十分灵验,百姓争相前往,"百里内外,竞往决疑"。③ 每年的四月初八即周处的生日,宜兴都要举行盛大的迎神赛会。④ 这也是民间力量成为英烈庙重修主力的主要原因。

三、碑刻的撰写者、篆额者及书丹者

　　入元以后的第二、第三次修缮,都留下了珍贵的碑刻资料。碑刻的撰文、篆额及书丹者都是当时非常有名的地方官员。

　　《英烈庙新殿记》的撰文及书丹者,是"承德郎平江路总管府推官汪泽民"。汪泽民是元末婺源显宦,《元史》称:"汪泽民,字叔志,徽之婺源州人,宋端明殿学士藻之七世孙也,授承事郎、同知岳州路平江州事,历南安路、信州路、平江路总管府推官,山东兖州知州。参修辽、金、宋史。"⑤汪泽民的先祖汪藻,"婿于宜兴庄氏,爱溪山之胜,因卜居焉",⑥与宜兴关系密切。其子汪用敬,曾任宜兴州判官。当时汪泽民自苏州赴宜兴扫墓,顺道拜谒英烈庙,应当地官民所请,为新修的英烈庙撰写了碑文并书丹。

　　《英烈庙新殿记》篆额者,为"中顺大夫江南诸道行御史台经历泰不华"。泰不华,字兼善,伯牙吾台氏,历官集贤修撰、秘书监著作郎、江南行台监察御史等。⑦ 泰不华文武兼

---

① 徐林法主编《徐氏宗谱》卷一《来宜初祖传》,犹他州家谱学会藏,2011年,第16页。

② [元]殷奎《有元奉议大夫常州路宜兴州知州卢公权厝志》,李修生主编《全元文》第57册卷一七五五,第738页。

③ [宋]胡靖《英烈王庙籤记》,见缪荃孙著;张廷银,朱玉麒主编《缪荃孙全集·金石·江苏金石记(下)》,第344—346页。

④ [宋]周必大《周必大集校正》第7册《泛舟游山录》,王瑞来校正,上海人民出版社,2020年,第2512页。

⑤ 《元史》卷一八五《汪泽民传》,第4253页。

⑥ [宋]史能之纂修《(咸淳)重修毗陵志》卷十八《人物三》,第349页。

⑦ 《元史》卷一四三《泰不华传》,第3423页。

备,书画造诣颇高,擅长篆、隶、正、行各体,苏天爵曾称赞其"间遇佳纸妙墨,辄书所作诗歌以自适,清标雅韵,蔚有晋、唐风度"。①《书史会要》则称泰不华"篆书师从徐铉、张有,稍变其法,自成一家。行笔亦圆熟,特乏风采耳。尝以汉刻题额字法题今代碑额,极高古可尚,非他人所能及"。② 陈垣先生在《元西域人华化考》一书,将泰不华的书法作品分为"钞文""题额""书匾"三类,开列书碑四通,篆额六块,③惜未提及《英烈庙新殿记》。

《重修周将军祠宇记》的撰写者是曹复亨,字德昭,济宁人,后至元四年(1338)任南台管勾,至正元年(1341)迁南台御史。④ 至正壬辰年(1352),英烈庙重修完毕,当时谪居宜兴的曹复亨,应徐士满等人之请而撰写了碑文,因此其所署的官衔是"前南台监察御史金都水庸田司事"。

《重修周将军祠宇记》的书丹者,是"前国子监祭酒江浙行中书省参知政事苏天爵"。苏天爵,字伯修,真定人,历任江南行台监察御史、奎章阁授经郎、国子监祭酒、江浙行省参知政事等。⑤ 当时身居高位的苏天爵,能为英烈庙书碑,可能与曹复亨有关。苏天爵与曹复亨的父亲曹伯启关系密切,他曾为曹伯启的《汉泉缦稿》作序,后来又为其撰写了墓志铭。⑥ 书碑之年恰为苏天爵卒年,是年(1352)苏天爵被任命为江浙行省参知政事,在饶州、信州一带对抗红巾军的起义,收复了众多失地,最终因病而卒于军中。⑦

篆额者为"前行省左丞江南御史台御史中丞吴铎"。吴铎,翼州信都人,在至正十一年任南台中丞,南台移治绍兴后,转为福建元帅,寻除福建左丞,⑧父亲吴绛官至江浙平章。⑨

这些地位显赫的官员,之所以愿意为宜兴英烈庙碑刻撰文、书丹和篆额,固然有人情请托之类的因素,但最重要的原因还是他们对周处这一忠义人物的高度认可。除汪泽民外,其余的几位官员都有在江南诸道行御史台的任职经历,且全为北方人,其中还有像泰不华这样的非汉族官员。他们在江南长期任职,与江南人打成一片,即使是像泰不华这样的非汉族官员,也"已经完全融进了汉文化士人圈",⑩因此具备参与英烈庙修缮之类文化活动所必须的动机和能力。不过,更重要的原因应是元朝的江南政策。元朝的地方信仰继承和发展了唐宋祀典的惯例。元代周处的加封及其英烈庙的重修,就是其中典型的一例。有意思的是,号称继承唐宋之制的朱元璋,竟然通过洪武三年(1370)的礼制改革,取消了诸多神灵的封号,⑪周处也在其列。从此以后,英烈庙改称周孝侯庙,庙中仅留写有"晋平西将军周孝侯之神"字样的木主。英烈庙的衍变由此进入了一个新的时代。

---

① [元]苏天爵《滋溪文稿》卷三〇《题兼善尚书自书所作诗后》,陈高华,孟繁清点校,中华书局,1997年,第511页。

② [明]陶宗仪《书史会要》卷七《大元·泰不华》,北京师范大学出版社,2016年,第177页。

③ 陈垣《元西域人华化考》,上海古籍出版社,2008年,第90页。

④ 李修生主编《全元文》,卷一七六五《曹复亨》,第73页。

⑤ 《元史》卷一八三《苏天爵传》,第4224页。

⑥ [元]苏天爵《滋溪文稿》卷十《元故御史中丞曹文贞公祠堂碑铭有序》,第152页。

⑦ 《元史》卷一八三《苏天爵传》,第4224—4227页。

⑧ 《元史》卷一九五《彭庭坚传》,第4420页。

⑨ [元]刘岳申《信都吴氏世德之碑》,李修生主编:《全元文》卷六六九,第577页。

⑩ 萧启庆《元代多族士人的诗文唱酬》,《燕京学报》2009年第27期。

⑪ 不著辑者《皇明诏令》卷一《初正山川并诸神祇封号诏》,《续修四库全书》第457册,上海古籍出版社,1996年,第45—46页。

The Rebuilding of the *Yinglie* Temple in *I-hsing* of Yüan Dynasty and Related Personnel Research

Fan Jia & Xia Weizhong，Nanjing University

Abstract：The predecessor of *Yinglie* Temple in *I-hsing* was the *Chou Ch'u Fenci* (Cemetery Temple)，which was built in the Tang Dynasty. Starting from the Southern Tang Dynasty，*Chou Ch'u* began to evolve into a local deity in *I-hsing* and surrounding areas，entering local sacrificial ceremonies，and their graves shrine was renamed *Chou General Temple*. In the early Southern Sung Dynasty，the *Chou* General Temple was renamed the *Yinglie* Temple because of the "*Yinglie*"(heroic and martyred) title given by the imperial court，*Chou Ch'u* also continuously received the title of the court and entered the national sacrificial ceremony. The Yüan Dynasty fully inherited and developed this practice in the Sung Dynasty，and rebuilt the *Yinglie* Temple three times，making it the most influential shrine in the *Chiang-nan*. Official repair and private assistance were the basic modes of rebuilding the *Yinglie* Temple in the Yüan Dynasty. *I-hsing* local powerful people were the main force in rebuilding the *Yinglie* Temple，and officials at all levels in *Ch'ang-chou circuit*，*I-hsing County*，and *Chiang-hsi Zhudao Xingyu-shih t'ǎi* were also optimistic. The evolution of the *Yinglie* Temple in *I-hsing* reflects the relationship between the Sung and Yüan Dynasties in the local sacrificial policies in *Chiang-nan*.

Key Word：Yinglie Temple；Chou-Chu；Chiang-nan

（本文作者分别为南京大学历史学院博士研究生、教授）

东亚大陆游牧文化的产生 [*]

刘迎胜

摘　要：北方游牧民族与南方汉地之间的和战关系,是东亚近二千余年历史的主线之一。人们会问,这个历史可以上溯多远? 公元前7千纪,东亚地区农业经济开始出现,而按考古发现,北方的游牧文化的出现则要晚得多。本文主要聚焦于东亚大陆游牧经济的产生问题。

关键词：游牧经济；畜牧业；牛；马

从生产与社会生活的形态上看古代欧亚大陆,可以发现大致可划分为北部游牧区与南部农耕区两大部分。而与北部游牧区相邻的农耕区主要是旱作农业区。

造成这一区分的原因主要是几千万年前开始的喜马拉雅造山运动改变了亚洲的地貌,形成了大陆中部的高原区：青藏高原、兴都库什山和伊朗高原。高原区迫使东亚的主要大河或向东流,如长江与黄河;或向南流,澜沧江与怒江,这样上述大江大河的中下游低地形成大面积冲积平原区,位于如华北与华中的主要是黄淮平原与长江中下游平原。这些地区因为西太平洋低纬度海域的暖湿气流的影响,成为宜农地域,发展出以定居农耕为主要特征的人口密集区。

亚洲大陆由于面积广大,其中部距东面的西太平洋暖湿气流影响区过远,距南面的印度洋虽然相对较近,但以青藏高原为代表的亚洲中部高地的抬升阻断了来自印度洋向北吹送的暖湿气流,使大陆中部气候干旱,其北部形成森林草原区,而其南部则是大片荒漠地带。高原雪域融化雪水汇成的许多河流,因远离海洋而成为内陆河,如甘肃的黑河、新疆的塔里木河、中亚的锡尔河和阿姆河、流经阿富汗和土库曼斯坦两国的木尔加布河。在这些内陆河流经和渗入沙碛的地方,滋养出成片的胡杨林与芦苇荡,在人类未来之前,是各种野生动物的乐土,经人类开垦后则形成了肥美的绿洲。内陆亚洲的绿洲呈串珠状分布于欧亚大陆的中部,从东面的河西走廊一直延伸到地中海之滨的荒漠之中。古代人类在这里引水灌溉,以谷类为食;他们织布为衣、烧土为陶,发展手工业,形成农耕区和村镇,使之与大江大河流域的平原一起,成为人类农耕文化的另一个产生地。由于生活环境相对稳定,因此人口密集程度较高。绿洲的面积因水源的丰富而有所不同,但最大的绿洲的产出也不足以完全自给自足,那里的人们的许多生活必需品依赖于交换取得。因此内陆亚洲的绿洲居民自古以来便有经商的习惯,在长达数千年的人类文明史上,他们一直扮演着东西方之间沟通者的角色。

游牧民族所占据的中国北方及其周邻地区,与中原汉地之间的历史关系具有典型性。

---

　*　本文为国家社科基金中国历史研究院重大研究专项"草原—沙漠文化带研究专题"重大委托项目"丝绸之路与中原帝国兴衰"(20@WTS004)的阶段性成果。

这种游牧民族与定居民族的历史关系在其他地区也存在。在中国以西的中亚,与当地定居民族发生关系的游牧民族中有不少就是中国北方民族。因此说北方民族对于亚洲历史,以至于世界历史也产生过重要的影响。在人类社会进入工业化时代以前,整个欧亚大陆两三千年的历史中,大致呈现出北部游牧民与南部农耕民之间和战相续的共存模式。

一、史前时代内陆亚洲草原与中原的文化联系

东亚大陆的沿海地区因受东南季风的影响,降水充沛。其天然植被依据纬度的不同,自南向北从热带雨林、阔叶常青乔木、灌木逐渐向落叶乔木、灌木以至针叶林过渡。东南亚和华南地区气温炎热,作物生长快,宜于人类生存,但多山的地理环境不便于交通,信息传递慢。所以东南亚、华南在整个历史上始终没有形成足以影响人类历史进程的强大政权,在相当长的历史时期内这一地区的经济发展速度不快。以长江、黄河为中心的我国中部地区,因为四季分明、气候宜人、天然降水充沛、土地肥沃,利于农业发展和人类居住,而大平原的地理环境又宜于信息传播,自古以来便是人烟稠密之地,屡屡出现强大的国家政权,在过去的数千年中,可以说一直是整个东亚地区政治、经济、文化发展的火车头和动力源。

中原以北、以西地区,随着与海岸距离的增加,东南季风影响逐渐减弱,降水减少,原始天然植被以草原和针叶林为主。蒙古草原分为漠南、漠北两部分,其间是水草贫乏的戈壁地区。这里虽不适于农业发展,但大型食草类动物,如马、驼、牛、羊等的乳、肉和皮、毛为生活在这里的人类提供了衣食之源。生活在草原上的民族经过与严酷的自然环境的长期斗争,创造了与农耕文化不同的游牧文化。游牧生产所获不如农耕稳定,需要逐水草而居,使游牧民一般不建造永久性居处,草原城镇也出现得相当晚。中国古代传统上把游牧民建立的国家称为"行国"。最早在蒙古草原建立强大"行国"的是匈奴。至于匈奴以前统治蒙古草原的民族,汉文文献中虽有一些记载,但语焉不详。

蒙古高原以北与中原有较密切关系的青铜时代游牧文化是卡拉索克(Karasuk)文化,约相当于公元前1200年—公元前700年的青铜时代末期。最初发现于米努辛斯克的卡拉索克河流域。这种文化分布较广,还发现于贝加尔湖周围、阿尔泰和哈萨克斯坦的塞米巴拉金斯克、斋桑泊附近。其普遍特点是文化堆积层薄,反映当时人们从事游牧,流动性大。居民的主要牲畜是羊,墓葬中羊骨较多,甚至以羊头为神,以羊头为柱首。这种文化与阿凡纳西耶沃文化相异之处,除了已经过渡到草原游牧经济以外,更主要的是这里的居民是蒙古人种,其骸骨与青铜器均与殷商文化一致,明显受到殷商文化的影响。这里发现的青铜曲柄刀与商代的相同,其他匕首、矛、斧等也与我国北方一致。陶器形制和纹样均与安德罗诺沃类型不同,而与我国北方的发现物相似。学者们据此认为,在公元前1200年至公元前700年,有大批与狄人有关的部落从中国北方来到南西伯利亚、叶尼塞河流域,与中亚草原的文化发生接触。

现存蒙古高原地区最古老的代表性文物是鹿石。鹿石是古代蒙古草原民族留下的宝贵文化遗产,它是一种断面大体呈长方形的石柱,其中个别为长条形,高度不一。其四面刻有鹿的形象,鹿嘴尖长,特别表现出鹿头上美丽的角叉,显示的是驯鹿。除了驯鹿以外,石体表面还常刻有刀、匕首、弓、箭等图案。鹿石是一种超于物质生活之上、表示草原人类

精神世界的石雕艺术品,它的雕刻需要很高的凿石、雕刻技术,并需花费较长的时间和大量的劳动。只有当一部分手工艺者能够在较长时间内脱离漂泊不定的游牧劳动,通过其他途径获取生活资料,过着相对稳定的生活时,才有可能掌握、发展这种技术。

鹿石通常立于特别选定的地方,一般与墓葬或纪念性建筑有关。鹿石在图瓦、南贝加尔、俄属阿尔泰地区、蒙古和我国新疆均有发现。迄今上述各地所发现的鹿石共有 500 余方,其中蒙古境内发现的就有 450 余方,东部较少,主要分布在西部。此外与鹿石相似的石刻图案在哈萨克斯坦和中亚其他地方、俄罗斯的奥伦堡省、高加索地区、黑海、保加利亚和德国易北河都有发现。苏、蒙学者通常认为鹿石为公元前 1500 年至公元前 800 年时的遗物。鹿石究竟是哪一个民族所立尚无定论,有些学者认为鹿石为古代操印欧语的民族所立。

驯鹿主要生活在森林地区。驯鹿因为奔跑迅速,不像牛羊那样易于驯化放牧。以驯鹿为崇拜对象的古代北方民族不可能是单纯依靠游牧为生的居民,狩猎在他们的生活中占有重要的地位。在欧亚草原民族中,突厥以狼为祖先,各国学者对北亚游牧民族中有关狼的传说一直很注意,但对于有关鹿的传说却研究不多。其实我国古代文献中与北方游牧民族有关的记载中,透露过一些游牧民族对鹿的崇拜。

如唐代段成式的《酉阳杂俎》卷四提到突厥的祖先时说:突厥的祖先是海神射摩舍利,居住在一个称为"阿史德窟"的地方之西。有一位海神女每日傍晚用白鹿引射摩舍利入海同居,至天明方送其归。如此生活了数十年。一日,射摩舍利的部落将要举行大猎,当夜海神女对射摩舍利说:明日狩猎时,在"阿史德窟"中有金角白鹿跃出,你若能射中它,便能与我长久往来,若不能射中,则我们双方的情缘便算了结。次日会猎,"阿史德窟"中果然有金角鹿出现。射摩舍利命左右将此鹿团团围住。鹿左冲右突,就在将要跳出重围之际,射摩舍利手下一个部落的首领杀死了这只金角鹿。射摩舍利大怒,处死了此部首领。但射摩舍利与海神女的情缘也因之断绝了。按此传说,与突厥祖先射摩舍利婚配的海神女应当出自以鹿为图腾的部落。

13 世纪以元朝帝室皇家秘笈为基础编成的《元朝秘史》一开头便说:"当初元朝的人祖,是天生一个苍色的狼,与一个惨白色的鹿相配了,同渡过腾吉思名字的水来,到于斡难名字的河源头、不儿罕名字的山前住着。"这是说,蒙古人的父系祖先是以狼为崇拜对象的部落,而母系则是以鹿为崇拜对象的部落。

上述两则传说有一个共同点,就是突厥祖先在早期曾与崇拜鹿的部落通婚,而蒙古人的母系祖先也是以鹿为图腾的民族。游牧生产中的重体力劳动几乎都是男子承担,因而进入文明时代以后,草原游牧民族几乎无一例外的都是以男性为世系计算中心,而母亲世系则被排除在计算体系之外。突厥人和蒙古人的祖先传说都将以鹿为崇拜对象的部落置于母系位置,这间接地说明了从公元前 2 千纪中叶到公元前 1 千纪中叶以前在欧亚草原和蒙古高原西部称雄的以鹿为图腾的文化,在突厥汗国兴起前已经失去了统治地位。今天我们只能从鹿石的美丽图案和有关文献记载中来追寻它们。

二、畜养牛羊在东亚大陆的出现

欧亚大陆北部的欧亚草原地带极为辽阔,从大兴安岭一直延伸到黑海之滨。这里纬度相对较高,自然降水较少,不适于发展种植农业。虽有山岭,但不足以成为游牧民往来迁移的障碍。这里气候夏季温暖,冬季严寒,生存环境相对较为恶劣。游牧民顺应自然环境,兼以狩猎、畜牧和采集为生。他们把捕获的野生食草动物驯化成家畜,逐水草而居,依四时转移草场。饲养的牲畜以牛、羊、马、驼为主。

古代这里各地的游牧业究竟是各自独立发展起来的,还是最初起源于某一处,再逐步扩散至其他地区的呢? 这个问题其实就是畜牧业的起源问题。里海南部一万年前的中石器时代就开始了家畜的驯养。① 就丝绸之路与中国这个课题而言,可以说农牧关系的发展演变深刻地影响中华文明的形成。人们不禁会问,这种南北经济与社会的差异是何时出现的,又是如何形成的? 有关欧亚大陆的西部的南北差异的形成,我们尚缺乏充足资料。

国内学界近年来在这一问题上的讨论较为热烈,焦点相对集中于欧亚大陆的东部,主要参与者是赵越云与樊志民。他们认为,新石器时代晚期至晚商以前,东亚大陆的北方地区逐渐产生了两个经济结构、文化内涵彼此不同的地理区域:一是南部中原农耕区,二是北方草原游牧区。②

黄牛与羊是地处西亚的新月沃地"新石器革命"的重要成果,时间约在公元前 12 千纪和 11 千纪。中原地区新石器时代遗址中发现的黄牛是野生的。驯养黄牛遗骸多发现在公元前 2500—1500 年期间。研究畜牧史的学者检测过新疆小河墓地牛的骨骼,从测量数据看,认为其形态更接近欧洲黄牛,与中原黄牛有别。古 DNA 研究显示小河出土的牛的遗传构成与近东牛非常接近,暗示驯化牛在小河的存在,很可能是西部欧亚地区驯化牛向东传播的结果。③

从考古资料来看,在新石器时代早中期,我国黄河上游—辽西西拉木仑河流域与渭河—黄河中下游流域开始出现旱作农业,而畜养牛羊在上述两区域到新石器时代晚期才先后出现,并且与旱作农业同属一个经济体系。④ 而家马在上述地区的出现则更晚。

关于家养牛羊在中国的起源问题是近年来动物考古学研究的重要课题。考古学者结合小河墓地出土黄牛遗骸分子考古学研究的结论认为,中国北方的黄牛起源于普通牛,并具有复杂的母系来源,既有来自近东地区黄牛世系,也有本地驯化的黄牛世系。⑤ 另有学者认为,家养牛羊肯定非中国本土起源,而是由西亚北非地区传入。早在距今 1 万年前后,西亚北非已开始驯化畜养牛羊。中国畜养牛羊在黄河上游—辽西西拉木仑河流域出现于

① 《史前"青铜之路"与中原文明》,《新疆师范大学学报》2014 年第 2 期,第 79—88 页,见第 83—84 页。
② 赵越云、樊志民《农牧关系:中华文明早期发展的农史考察——兼论历史早期的"中国"边界》,《南京农业大学学报》2016 年第 4 期,第 139 页。以下简称赵、樊 2016 - 1 文。
③ 蔡大伟、汤卓伟等《中国北方地区三个青铜时代遗址黄牛遗骸分子考古学研究》,《科技考古》第三辑,科学出版社,2011 年,第 100—105 页(原注 64);参见刘学堂、李文瑛《史前"青铜之路"与中原文明》,《新疆师范大学学报》2014 年第 2 期,第 79—88 页,见第 84—85 页。
④ 傅罗文、袁靖、李水城《论中国甘青地区新石器时代家养动物的来源及特征》,《考古》2009 年第 5 期,第 80—86 页;蔡大伟、孙洋、汤卓伟、周慧《中国北方地区黄牛起源的分子考古学研究》,《第四纪研究》2014 年第 1 期,第 166—172 页。兹据上引赵、樊 2017 文尾注[8]及[12]。
⑤ 蔡大伟、汤卓伟等《中国北方地区三个青铜时代遗址黄牛遗骸分子考古学研究》,《科技考古》第三辑,第 100—105 页(原注 64);参见刘学堂、李文瑛《史前"青铜之路"与中原文明》,《新疆师范大学学报》2014 年第 2 期,第 79—88 页,见第 84—85 页。

公元前 3000 年前后，而在渭河—黄河中下游流域出现稍晚，约在公元前 3000 年以后。①

"羊"是汉族特有概念，其实分为绵羊和山羊两个不同的种属。绵羊源于野生盘羊，山羊源于野山羊。而中原地区，迄今尚未发现过早于公元前 2500 年的绵羊骸骨，但此后这里的绵羊畜养突然变得相当普遍。对青海西宁市大通县的长宁遗址、内蒙古赤峰西南部喀喇沁旗的大山前遗址出土的羊骸骨古 DNA 研究成果，结合年代相近的陕西陶寺和河南二里头遗址羊骨样品分析，结果发现"中国绵羊的驯化既有本地因素，也有外来因素，而驯化技术的传播可能是其主要动力"。②

三、共存于原始旱作农业中的牛羊畜养业

人类开始驯养牲畜取得生活资料，是畜牧业的开始，但畜牧业就等于游牧经济吗？其实考古工作者在华北古代旱作农业遗址中已发现动物遗骸，说明饲养动物从一开始就属于农业经济的特点之一。近年来赵越云、樊志民对此作了专门研究。他们提出，以粟、黍等为主要种植品种的旱作农业很早就包含了狗、猪等动物的饲养。这是因为第一，动、植物均为人类不可或缺的食物来源。第二，农耕所获是当时的人类较为稳定的食物来源，也为动物的饲养提供了饲料。因此，古代华北的旱作农业是一种以旱作种植为主、辅以养畜，种养结合的农业类型。

华北以北以及黄土高原以西的内陆亚洲地域，新石器时代晚期出现的是游牧型农业。研究者王毓瑚提出，草原牧民，"虽说习惯于以乳肉为主食，但由于生理上的原因，他们仍然需要一定数量的植物性食物"；③李根蟠等则通过考古学、文献学、民族学等提供的材料，系统说明了"游牧经济是一种不完全的经济，它需要从邻近的部落或民族换取部分必需的粮食和手工业品。畜牧业并不能完全脱离种植业，游牧部落内部种植业基础薄弱恰恰需要外部的种植业的发展为其必要的补充"。④ 赵越云、樊志民认为，游牧型农业出现较晚，是从旱作农业分离出来的，而其出现则以饲养牛羊为开端。⑤

黄河上游—辽西西拉木仑河流域家养牛羊首先是以依附于旱作农业类型的形式出现的。内蒙古朱开沟遗址考古发现，龙山文化早期人工饲养的牛羊不仅已经出现，且牛（0.36）羊（0.45）的比重已经接近猪（1.00）；而在龙山时代晚期，绵羊的比重（1.29）已超过

---

① 傅罗文、袁靖、李水城《论中国甘青地区新石器时代家养动物的来源及特征》，《考古》2009 年第 5 期，第 80—86 页；袁靖、黄蕴平、杨梦菲、吕鹏、陶洋、杨杰《公元前 2500 年—公元前 1500 年中原地区动物考古学研究》中国社会科学院考古研究所考古科技中心《科技考古》第 2 辑，科学出版社，2007 年，第 12—34 页；吕鹏《试论中国家养黄牛的起源》，河南省文物考古研究所《动物考古》第 1 辑，文物出版社，2010 年，第 152—176 页；周本雄《师赵村与西山坪遗址的动物遗存》，中国社会科学院考古研究所编，中国大百科全书出版社，1999 年，第 335—339 页；蔡大伟、孙洋、汤卓伟、周慧《中国北方地区黄牛起源的分子考古学研究》，《第四纪研究》2014 年第 1 期，第 166—172 页。兹据上引赵、樊 2017 文尾注[8]、[9]、[10]、[11]、[12]。

② 蔡大伟、汤卓伟等《青海大通长宁和内蒙古赤峰大山前遗址青铜时代古绵羊分子考古学研究》，《科技考古》第三辑，第 107—112 页（原注 63）。

③ 王毓瑚《我国历史上农耕区的向北扩展》，史念海《中国历史地理论丛》第 1 辑，陕西人民出版社，1981 年，第 122—150 页。兹据上引赵、樊 2017 文尾注[4]。

④ 李根蟠、黄崇岳、卢勋《中国原始社会经济研究》，中国社会科学出版社，1987 年，第 185 页。兹据上引赵、樊 2017 文尾注[5]。

⑤ 上引赵、樊 2016 - 1 文，第 140—141 页。

猪(1.00);进入夏商时代,绵羊与猪始终呈现出略多或持平的迹象;而在晚商以前的夏商时代,黄牛的比重也增至与猪相当或略多[20][1]的程度。这些都表明牛羊数量的增多是西北和北方草原地区游牧农业发展的共同趋势。

　　牛羊作为畜养动物不但为大漠南北的史前居民广为接受,且向南传入华北旱作农耕区。科技考古的发展,使学者们可通过分析古代遗址中的动物骨骸中残留的蛋白质片段,来了解该动物生前的食谱。如陈相龙通过 C、N 稳定同位素分析方法对龙山时代的家畜饲养策略进行研究,认为"郑洛地区和临汾盆地黄牛对粟类食物依赖程度较高,东营(位于黄河下游)黄牛也以粟类食物为主食"。[2] 周本雄对甘肃天水师赵村遗址出土的牛羊遗存进行分析鉴定,认为在师赵村遗址马家窑文化层中所出现的牛"肯定为当时人们饲养的家畜",而在该遗址齐家文化层中出土的羊是家畜,并且是这一时期"新增加的种类",年代为距今 5 400~4 700 年;[3]袁靖等人对龙山时代四个遗址出土的动物骨骼进行研究,认为:在黄河中下游流域,家养绵羊"大致在公元前 2500~公元前 2000 年左右"出现,而"黄牛作为家养动物起源的时间至少在公元前 2500 年左右",[4]即黄牛先于绵羊出现;蔡大伟等通过对新疆地区的小河墓地遗址、甘青地区的长宁遗址、西拉木仑河流域的大山前遗址以及中原地区的陶寺遗址和二里头遗址等五个青铜时代早期的考古遗址中出土的黄牛的线粒体 DNA 进行鉴定分析,结果显示,在五个遗址中各世系在古代黄牛中的频率为:T4 世系仅在位于西拉木仑河流域的大山前遗址和位于中原地区的陶寺遗址、二里头遗址中均有出现,而在位于甘青地区的长宁遗址和位于新疆地区的小河墓地中却不见 T4 世系,考虑到黄牛的"世系呈现一定的地理分布特征……T4 是东北亚的特殊类型……是 T3 的分支,可能是近东黄牛向东扩散的过程中形成的",[5]且公元前 7500~前 3000 年间的内蒙古中南部地区和西拉拉木仑河流域的考古遗址中都发现了野牛的遗存,[6]即当地存在独立驯化黄牛的可能性,那么,上述地区可能是中原地区黄牛的一个来源……对上述材料进行综合分析则可得出进一步结论:若将北方地区划分为两个亚区———黄河上游—西拉木仑河流域与渭河—黄河中下游流域,则家养牛羊大体上先后出现于上述两个区域,且在两大区域之间存在着广泛的文化交流。

　　[1]　韩茂莉《中国北方农牧交错带的形成与气候变迁》,《考古》2005 年第 10 期。兹据上引赵、樊 2016 - 2 文第 139 页尾注[20]。
　　[2]　陈相龙《龙山时代家畜饲养策略研究》,中国科学院研究生院博士学位论文,2012 年,第 1 页。兹据上引赵、樊 2016 - 2 文第 139 页尾注[15]。
　　[3]　周本雄《师赵村与西山坪遗址的动物遗存》,中国社会科学院考古研究所编,中国大百科全书出版社,1999 年,第 335—339 页。兹据上引赵、樊 2016 - 2 文第 139 页尾注[16]。
　　[4]　袁靖等《公元前 2500 年~公元前 1500 年中原地区动物考古学研究——以陶寺、王城岗、新砦和二里头遗址为例》,中国社会科学院考古研究所考古科技中心《科技考古》第 2 辑,第 12—34 页。兹据上引赵、樊 2016 - 2 文第 139 页尾注[17]。
　　[5]　蔡大伟等《中国北方地区黄牛起源的分子考古学研究》,《第四纪研究》2014 年第 1 期。兹据上引赵、樊 2016 - 2 文第 139 页尾注[18]。按,赵、樊文引文"第四纪"误为"第四季"。
　　[6]　上引赵、樊 2016 - 2 文第 139 页尾注[19]:吕鹏《试论中国家养黄牛的起源》,河南省文物考古研究所编《动物考古》第 1 辑,第 152—176 页。

四、马的驯化使用与东亚游牧文化的产生

研究者认为,游牧农业与游牧业之间的区别在于有无马匹。只有当马匹被驯化被引入之后,游牧业才从游牧农业中分离了出来。王明柯曾对鄂尔多斯及其邻近地区游牧农业类型的形成问题进行过详细论证,认为在新石器时代晚期这一区域内存在着一种混合经济族群,而其在较长的时间内未产生专业化游牧业的原因在于家马尚未传入或普及,[①]揭示出马在游牧业形成过程中的重要作用。易华则认为"马使游牧生活如虎添翼,有了纵横欧亚大陆的可能性……游牧民族横跨欧亚大草原具有军事上的优势,其中一个重要因素就是马……马是草原游牧生活或游牧民族的标志"。[②]许倬云也认为,在家马出现之前,"初步的游牧生活,限于人类的体力,不能超越一定的空间……须在驯养马匹的知识,由中亚逐步传入东方草原后,东亚方才有了长程移动的游牧,谋生的能力遂大为增强"。[③]

首先,北方地带的先民在半农半牧的农业类型基础之上,以骑乘术接纳家马,促进了牛羊养殖与谷物种植的分化。前文已述,牛羊养殖的移动性和谷物种植的固定性使得半农半牧的农业类型具有很大不稳定性。家马骑乘的出现,增强了人们的移动性,使人们在从事牛羊养殖的时候如虎添翼。上文中许倬云所讲的初步的游牧生活,事实上便是指半农半牧的农业类型下,人们养殖牛羊的生产活动。除去人的体力之外,另一个因素则是要兼顾谷物种植,所以人们无法长程移动。当人们掌握骑乘术之后,可以骑马放牧牛羊,从而使牛羊养殖的产出大大提高。人们可以仅仅依靠养殖马牛羊等草食性动物的所得,而满足自身的"养体"追求,因此谷物种植的必要性大大降低。当人们可以骑马在草原上赶着牛羊追逐丰茂的水草,而无须顾及谷物种植的时候,牛羊养殖便可以和谷物种植相互分离,一种纯粹的游牧农业类型也随之产生。因此,骑乘术的出现为农业经济结构的演变提供了条件,北方地带由此实现了从半农半牧向游牧农业类型的转变。其次,游牧农业类型的形成为游牧民族的产生提供了经济基础,在这一过程中,家马骑乘也发挥着积极作用。游牧民族从事游牧农业类型,逐水草而居,具有较大移动性,使得人群与人群之间的交流联系较为松散。家马骑乘赋予人们一种远距离交流的能力,为强化游牧民族内部的凝聚力提供了条件。

家马骑乘赋予人们长程移动的能力与速度,无疑为这些相互之间联系较为松散的人群在特定条件下的偶然聚合提供了便利,从而也促进了游牧民族各族群之间的相互认同,加强了游牧民族各族群之间的交流联系。更为重要的是,游牧民族从事的游牧农业类型,主要以养殖马、牛、羊等草食性动物为主,而逐渐抛弃了谷物种植。

马的驯化与在中国的出现问题近些年来成为动物考古的讨论热点,赵越云、樊志民做过详述。[④]他们认为,中国北方地区不是野马的主要活动区域,彼时野马大量生活于欧亚

---

① 王明柯《鄂尔多斯及其邻近地区专化游牧业的起源》,《"中研院"历史语言研究所集刊》,1994 年,第 65 页。兹据上引赵、樊 2016 - 2 文第 139 页尾注[22]。

② 易华《六畜考源》,《古今农业》,2012 年第 3 期。兹据上引赵、樊 2016 - 2 文第 139 页尾注[23]。

③ 王明柯《游牧者的抉择:面对汉帝国的北亚游牧部族》,广西师范大学出版社,2008 年。兹据上引赵、樊 2016 - 2 文第 139 页尾注[24]。

④ 《中国北方地区的家马引入与本土化历程》,《历史研究》2017 年第 6 期,第 4—23 页。以下简称赵、樊 2017 文。

草原地带,马的驯化最初应发生在这一地域。在哈萨克斯坦公元前 3500—3000 年的柏台(Botai)遗址出土了 30 余万块动物遗骨,其中马骨占 80%。布朗(Brown D.)等人认为至少部分为家马,显示了马从野生到驯化的演化。[①] 但学术界对这一结论尚有争议。[②] 而在前 2000—1750 年间安德罗诺沃文化之前身辛塔什塔-彼德罗夫卡文化的遗址中,有"车马,墓中还有马、狗、牛和绵羊殉牲"。[③] 学者们相信,其中存在被驯化的家马。到公元前 17—13 世纪时,安德罗诺夫文化在欧亚草原逐渐兴起并向东扩张,以"发达的冶金业、轻型战车和大量驯养马匹的应用"为文化特色,并零星进入新疆地区,最终在前 12—9 世纪时强势进入新疆西部地区。[④]

根据现有的研究成果来看,中国家马起源应该在晚商西周时期。袁靖比较可信地提出:"至少在黄河中下游地区,家马起源于商代晚期。"同时,鉴于"新石器时代马与人基本上没有什么关系,而到了商代时期在黄河中下游地区突然出现了大量的家马,这可能和外来文化的传播有关"。[⑤] 本文基本认同袁靖提出的上述诸观点。在甘青地区,多数遗址出土马骨骼,根据何锟宇的统计,主要有永靖大何庄遗址、秦魏家墓地,武威皇娘娘台遗址和玉门火烧沟墓地,何锟宇据此进一步认为,这一时期"甘青地区出现的祭祀随葬等文化现象显示马有可能被初步驯化"。[⑥] 此外,从甲骨文和古典文献的记载中也可以看出甘青地区或为家马率先产生的地区。甲骨卜辞中即有"马羌""马方""多马羌""多马方"等记录。陈梦家认为,"'马羌'或为马方之羌或是马方、羌方。"[⑦] 而根据顾颉刚的考证,之所以叫做"马羌,或者是为了他们善于养马的缘故;否则便是以马为图腾……大体说来,他们占有了现今甘肃省大部和陕西省西部"。[⑧] 再如,《诗经》中亦有"古公亶父,来朝走马"的记载,古公时期的周人居于甘青地区附近的关中西部,也可以说明甘青地区在晚商时期家马似已

① Dorcas Brown & David W. Anthony, Bit Wear, Horseback Riding and the Botai Site in Kazakhstan, *Journal of Archaeological Science*, vol. 25, no. 4, 1998, pp. 331–347,兹据赵、樊文 2017 第 8 页,脚注 3。

② 参见李水城、吴小红、王恺《马的管理与驯化:科技考古的最新成果》,《中国文物报》2009 年 6 月 5 日第 7 版,据赵、樊 2017 文第 9 页,脚注 1。

③ 杨建华《辛塔什塔:欧亚草原早期城市化过程的终结》,教育部人文社会科学重点研究基地、吉林大学边疆考古研究中心编:《边疆考古研究》第 5 辑,科学出版社,2007 年,第 216—225 页;兹据赵、樊 2017 文第 9 页,脚注 1。

④ 参见邵会秋《新疆地区安德罗诺沃文化相关文化遗存探析》,教育部人文社会科学重点研究基地、吉林大学边疆考古研究中心编《边疆考古研究》第 8 辑,科学出版社,2009 年,第 81—97 页,兹据赵、樊 2017 文第 9 页,脚注 3。

⑤ 上引赵、樊 2016 - 2 文第 139 页尾注[25]:袁靖《中国古代家马的研究》,陕西省考古研究所编《中国史前考古学研究——祝贺石兴邦先生考古半世纪暨八秩华诞文集》,三秦出版社,2003 年,第 436—443 页。

⑥ 上引赵、樊 2016 - 2 文第 139 页尾注[26]:何锟宇《浅论中国家马的起源》,北京大学考古文博学院编《考古学研究(七)——庆祝吕尊谔先生八十寿辰暨从事考古教学研究五十五年论文集》,科学出版社,2008 年,第 541—549 页。

⑦ 上引赵、樊 2016 - 2 文第 139 页尾注[27]:陈梦家《殷墟卜辞综述》,中华书局,1988 年,第 284 页。

⑧ 上引赵、樊 2016 - 2 文第 139 页尾注[28]顾颉刚《从古籍中探索我国的西部民族——羌族》,《社会科学战线》,1980 年第 1 期。

很普及。由此基本可以看出,位于商周王朝统治核心地区以西的甘青地区是率先出现家马的区域。家马在甘青地区的出现,使得这一区域开始向游牧农业转变。根据王明柯的研究,在齐家文化之后的辛店、卡约文化时期,甘青地区的河湟地带已经开始了向游牧农业的转型。

从现有资料看,甘青地区马的出现较内蒙古中南部地区和辽西西拉木仑河流域早,那里虽然夏家店下层文化时期至少已经存在家马起源的可能性,[①]但直到春秋战国时期的考古遗址中家马遗存才大量出现。蔡大伟等通过对赤峰地区青铜时代古马线粒体DNA的检测分析,认为当地"古马的母系遗传呈现出高度多样性……从一个侧面反映了中国家马起源的复杂性"。[②] 学者们推测,北方地带的家马首先从域外引入,之后随着气候变迁转变为适于野马生存,又开始驯化当地的野马。换而言之,畜牧业很可能起源于欧亚大陆的西部,而其传播到与中原为邻的蒙古高原本身就是上古时代东西远距离交往的结果。

除了牛羊马之外,骆驼不但是草原民族畜养的主要家畜之一,也是在现代运输工具发明之前人类远距离陆上交通的主要工具。驼有单峰驼和双峰驼两种,单峰驼生活于炎热的近东地区,双峰驼则生存在冬季寒冷的欧亚草原。

游牧民以乳、肉为食,以皮毛为衣。用发酵的乳制成各种食品和饮料,把皮毛鞣制得十分轻暖,用羊毛、驼毛纺成线,织成毯和各种纺织品,或锤打滚拖成毡。他们用毡搭成毡帐以为居处,毡帐易于拆装,便于转场迁移。从希罗多德《历史》的记载看,欧亚草原的斯基泰人至少在公元前4—3世纪已经使用可拆卸安装的毡房。他们伐木制车,在转场时用以装载家用什物;锻铁为兵,弯木为弓。

马匹从欧亚草原引入大漠南北,使这里从游牧型农业社会转为游牧社会,与大漠以北以南的旱作农业社会差异越来越大。先秦时代,农耕与游牧文化与生活方式的区别,成为华夏与戎狄彼此认知的主要标准。《左传·襄公十四年》称"我诸戎饮食衣服不与华同"。[③]《礼记·王制》也讲:"中国戎夷,五方之民,皆有其性也,不可推移。东方曰夷,被发文身,有不火食者矣。南方曰蛮,雕题交趾,有不火食者矣。西方曰戎,被发衣皮,有不粒食者矣。北方曰狄,衣羽毛穴居,有不粒食者矣。"[④]当代,钱穆提出:"所谓诸夏与戎狄,其实只是文化生活上的一种界线,乃耕稼城郭诸邦与游牧部落之不同。"[⑤]而王玉哲则认为:"戎狄因营游牧生活,故其居处无定,常逐水草而迁徙……这和诸夏营农业居城郭的定居生活是迥然不同的。华夏与戎狄由于生产方式这一基本的条件不同,因而使各方面都

---

① 王立新《大山前遗址发掘资料所反映的夏家店下层文化的经济形态与环境背景》,《边疆考古研究》2007年。参见上引赵、樊2016-2文第139页尾注[35]。

② 蔡大伟等《内蒙古赤峰地区青铜时代古马线粒体DNA分析》,《自然科学进展》2007年第3期;兹据赵、樊2017文第17页,脚注4。

③ 洪亮吉《春秋左传诂》,中华书局,1987年,第530页。参见上引赵、樊2016-2文第138页尾注[1]。

④ 王云五《礼记今注今译》,新世界出版社,2011年,第118页。参见上引赵、樊2016-2文第138页尾注[2]

⑤ 钱穆《国史大纲》,商务印书馆,1996年第56页。参见上引赵、樊2016-2文第139页尾注[3]。

有了差异。"①

但那种将先秦时代中原对戎狄的认知绝对化,特别是上推至农牧分野之前,认为新石器时代晚期至晚商以前,"我国整个北方地区在晚商以前并不存在严格意义上的族群差异","区别于华夏族群的戎狄族群尚未真正产生,甚至从某种程度上来讲,这一时期的北方地区仅仅存在华夏族群,并无所谓的戎狄族群"②的观点,则是有昧于现代语言学与体质人类学基础知识的。从语言上讲,中原古代华夏族群属汉藏语系,而大漠南北的族群则是使用粘着语(aglutivative language family)。从血缘上讲,北亚民族当属早期进入东亚北部的现代智人,而华夏族群则是稍晚从东南亚北上的智人集团分支。

如同汉族与蒙古高原的游牧民之间互相依存与对抗一样,欧亚草原的游牧民与相邻的沙漠绿洲居民之间也有着天然的依存与对立关系。绿洲定居民族御冬需要毛皮和毛织品,饮食需要牛羊肉乳,军旅需要战马;而游牧民为稳定生计需要粮食、纺织品和其他手工业产品。进入文明时代以来,古代社会便没有平等的观念。较大的绿洲部落在力量强大时,不仅会把自己的势力伸及相邻的其他绿洲,而且会迫使北方为邻的游牧民族服从自己。游牧民族强大时,也会南下入侵绿洲地区。在和平时期,双方通过贸易交换产品,在战争时期则通过武力取得对方的财物。绿洲居民和游牧民常常把取得的对方的货物通过自己的运销渠道交换给其他民族,他们都是东西方物质文化交流的中间人。

游牧文化形成后,欧亚大陆北部成为游牧民族的居所。游牧民族有很大的流动性。不但内陆亚洲的游牧民强烈地影响当地的绿洲地区,而且中国边境的游牧民族也时常迁移到中亚,在那里立足,繁衍生息,建国立业。这种民族大迁移历史上曾经发生过许多次。人们常常谈论中国对亚洲和世界历史的影响,而这种影响在相当程度上,是通过北方草原游牧民族的活动实现的。

On the Origin of the Nomadic Culture in East Asian Continent
Liu Yingsheng，Nanjing University

Abstract：Long term communication history，peace or war，between northern nomads and southern sedentary population can be seen East Asia. How old this kind of pattern of south-north relations can be traced in East Asia? Agriculture has begun in East Asia since 7 millenniums B.C. so far as we know. According to archaeological findings，nomadic culture appeared much latter than this date. This paper focuses on the issue when and how nomadic economy appeared in East Asian.

Key words：Nomadic economy；Animal husbandry；Cattle；Horse

（本文作者为南京大学元史研究室/民族与边疆研究中心教授）

---

① 王玉哲《论先秦的"戎狄"及其与华夏的关系》,收入氏撰《古史集林》,中华书局,2002年,见第382—406页。参见上引赵、樊2016-2文第139页尾注[4]。
② 见上引赵、樊2016-2文。

蒙藏文史籍所记林丹汗宗教信仰问题辨析

达力扎布

摘　要：清前期蒙、藏文史籍中都充分肯定林丹汗的黄教（藏传佛教格鲁派）信仰并颂扬其在传播黄教方面的贡献。自乾隆四年成书的达尔玛固始喇嘛《金轮千辐》开始否定和诋毁林丹汗的黄教信仰，称其率领察哈尔部西迁是欲入藏消灭黄教。之后，诸多喇嘛史家沿袭其说，逐次增饰细节。达尔玛等喇嘛曲解《五世达赖喇嘛传》有关明末康、青、藏地区各种政治势力的记述，编造出了诋毁林丹汗的不实之词，捕风捉影，歪曲事实。本文通过比勘蒙藏文史籍相关记载，对其不实之词予以辨析，以澄清史实。

关键词：林丹汗；蒙古文史籍；黄教

　　清代有些蒙、藏喇嘛史家认为林丹汗没有一定的信仰，喜欢红教（藏传佛教宁玛派），不喜欢黄教（藏传佛教格鲁派），率领察哈尔部西迁是为进藏消灭黄教。目前学术界有些学者全部或部分地采纳了喇嘛史家观点，亦有学者认为林丹汗西迁与藏巴汗和却图汗结盟是政治问题，不是红、黄教派之争。本人曾考证了林丹汗率部西迁的过程，以西迁的历史事实驳斥了喇嘛史家所谓林丹汗率部进藏欲灭黄教的观点，然而限于篇幅未能从史源和文献学角度展开深入的讨论，[①]本文拟检索蒙、藏文史籍中的相关记载予以比勘和辨析，揭示喇嘛史家臆造的观点和以讹传讹的过程。

一

　　林丹汗率部西迁是喇嘛史家诋毁其宗教信仰、教派倾向的重要原因之一。事实上，林丹汗并不是像后来喇嘛史家所说是为消灭黄教而率察哈尔部直接前往西藏的，其西迁是为躲避后金的攻击。林丹汗西迁经历了三个阶段。1627年（后金天聪元年），林丹汗为躲避后金攻击及控制蒙古与明朝的贸易市口率部西迁至明宣府、大同两镇迤北，兼并了喀喇沁、土默特、鄂尔多斯等蒙古右翼三部。1632年（天聪六年）后金组织科尔沁、喀尔喀、敖汉、奈曼等部兵共同出征察哈尔，林丹汗被迫率部第二次西迁，至黄河河套迤西地区。1634年闻后金欲出征，第三次西迁，在前往青海途中病逝于大草滩（今甘肃民乐县永固镇一带）。林丹汗第三次西迁时大量部众不愿随其迁往青海，脱离林丹汗，各自结队东返。林丹汗率领一部分人行至甘肃境内染痘症，旋去世，这部分人后来携其子额哲亦调头随大众东返。后金皇太极闻知察哈尔部众有东返者，亲率大军出征，收集了察哈尔部返回至黄河河套迤东的部众，并允准鄂尔多斯和归化城土默特两部返回故地。林丹汗子额哲所部至黄河河套内的托里地方，滞留于此。第二年，后金派遣多尔衮等四贝勒率兵西征河套，逼降额哲及其属众，最终统一了漠南蒙古各部。所谓林丹汗率部西迁是为灭黄教的说辞

---

　　①　达力扎布《林丹汗西迁"土白特"灭格鲁派考》，《中国藏学》2021年第1期。

与史实不符。①

明、清时期的汉、满文官私史乘对林丹汗的宗教信仰和教派倾向都有一些记载,从未有否定或怀疑其黄教信仰的记述。至于林丹汗率部西迁一事,清代官方档案和史籍中均记其惧怕后金而远避。清前期蒙古文史籍中亦无异议。例如明末成书的《黄册》记载:

> 林丹巴图尔台吉于甲辰年(1604),十三岁即可汗位,从迈达里法王、卓尼绰尔济为首之人接受了精深密乘之灌顶,扶持佛教。二十六岁时拜见萨思迦·沙儿巴·丹津·呼图克图,接受了精深密乘之灌顶。修筑寺庙,塑造释迦牟尼佛像,会集贡嘎·斡斯尔为首译师以蒙古文翻译《甘珠尔》经。称林丹呼图克图·福荫成吉思·大明薛禅·战无不胜者·吉祥察卡喇瓦尔地·大太宗·天之天·宇宙天帝·转金轮教法汗。在极美妙地建立政教二道之际,因先前的因缘和命运,六万户的汗、哈剌出内乖张之事增多,由此分解,故以武力收集六大国,在位三十一年,向西方迁移,在叫做失喇·塔喇的地方于四十三岁去世。②

佚名作者认为林丹汗分别从格鲁派和萨迦派高僧接受密教灌顶,建立寺庙,蒙译佛经,极好地建立"政教二道"。林丹汗冗长的汗号也反映了他的信仰。作者从因缘和命运解释了蒙古内部出现不尊大汗,各自为政的局面,林丹汗被迫采取武力统一,及其西迁和去世。

明末佚名作者《黄金史纲》记述林丹汗在位期间黄教传播状况称:

> [四世]达赖喇嘛赴西藏后,迈达哩胡图克图诺们汗奉达赖喇嘛谕旨来到蒙古地方,赐坐于达赖喇嘛的法座,极大地阐扬了在六大兀鲁思传播的**宗喀巴之宗教**。其后曼殊室利呼图克图行幸蒙古之地。再将宗教传布得如日〈照耀〉一般。③

虽然没有直接言及林丹汗,但是从侧面印证了林丹汗在位期间对黄教的态度和政策。之后,罗布藏丹津《黄金史》(约成书于1651—1675年间)记载:

> 此后不彦扯臣合罕将珍贵的经教阐扬光大,得到原来太宗合罕失掉的玉玺,使大国之政更加稳固,广大国民得以休息。布彦扯臣合罕的儿子莽古思台吉未即位而殁。此莽古思台吉的儿子是林丹呼图克图合罕。林丹呼图克图合罕的称号为:福荫成吉思大明薛禅战无不胜者太宗天之天宇宙天帝转金轮教法合罕。将佛教经典译为蒙古文使其广为传播。④

---

① 达力扎布《林丹汗西迁"土白特"灭格鲁派考》,《中国藏学》2021年第1期。
② [明]佚名《大黄册》,乌力吉图校勘、注释,巴·巴根校订,民族出版社,1983年,第122—123页。
③ [明]佚名《汉译蒙古黄金史纲》,朱风、贾敬颜译,内蒙古人民出版社,1985年,第202页,上引文从所附蒙古原文译改,这段蒙古文内容与却玛整理影印的《黄金史纲》完全相同,见《黄金史纲》,[蒙]却玛整理,内蒙古教育出版社,2016年,第187页。有关四世达赖喇嘛进西藏记载,见[清]罗卜藏丹津《黄金史》,乔吉校注,内蒙古人民出版社,1983年,第644页。
④ [清]罗卜藏丹津《黄金史》,乔吉校注,第648页。

作者罗布藏丹津喇嘛记述了不彦扯臣汗和林丹汗祖孙二人扶持和传播黄教的事迹，未加避讳地记录了林丹汗汗号的全称，赞扬其主持蒙译《甘珠尔》，阐扬宗教。①

鄂尔多斯部台吉萨冈彻辰所著《蒙古源流》(成书于 1662 年,康熙元年)记载：

> (林丹巴图尔台吉)于甲辰年十三岁时即位,以"忽秃图合罕"之称扬名各方,从迈答哩法王、卓尼·绰儿只等人接受了精深密乘的灌顶等等,扶崇佛法。[他]在丁巳年二十六岁时拜见萨思迦·答察·沙儿巴·虎督度,再次接受了精深密乘的灌顶,修建了宏伟的殿宇和金刚白城,在城中兴建了[供奉]释迦牟尼像的众多庙宇,一个夏季当中即迅速建成,[寺]内的众佛像[也]全部完工。[他]依照前规均平地建立了[政教]二道,[但是]由于五百[年]的灾难时代已经临近,散居于六大兀鲁思的答言合罕后裔、诸合罕的宗亲以及众多臣民之中,违法的行为经常发生,以至于已经无法以仁政来加以统治。说来正如古时旧谚说的,"合罕一怒而政权毁,大象一怒而围栅摧"。由于合罕的明慧之心蒙生愤懑,因此,六大国[被]大清国收服。[林丹·忽秃图合罕]在位三十一年,于甲戌年遭受厄运去世,享年四十三岁。②

萨冈彻辰台吉书中参考和利用了《黄册》等书,充分肯定了林丹汗尊崇黄教和建立"政教二道"的功绩。认为林丹汗对其属下违法之事"心生愤懑",故以武力统一各部,因逢厄运,以至亡国。鄂尔多斯部是在林丹汗第一次西迁时被兼并的,1632 林丹汗再迁黄河河套迤西时,鄂尔多斯济农额璘臣(被林丹汗革济农号)与萨冈彻辰台吉等率众随之西迁。林丹汗迁往青海时,额璘臣济农和萨冈彻辰等人没有跟随,率领部众返回了故土。③ 萨冈彻辰的曾祖父忽图黑·切尽·黄台吉曾经协助俺答汗将黄教传入蒙古,萨冈彻辰本人也是虔诚的黄教信徒,每以其家族在传播黄教方面所作出的贡献为荣,林丹汗率众(包括附属于察哈尔的鄂尔多斯等部)西迁若是为消灭黄教,萨冈彻辰在《蒙古源流》一书中不可能不予置评。

喀尔喀赛音诺颜部善巴台吉所著《阿萨喇克其史》(1677 年,康熙十六年成书)记载：

> 答言扯臣合罕的儿子莽古速台吉没即罕位前就去世了。莽古速台吉的儿子林丹库图克图福荫成吉思大明薛禅战无不胜者吉祥察卡喇瓦尔地大太宗天之天宇宙天帝转金轮教法合罕。④

该书成书于喀尔喀入清之前,记录了林丹汗即位时间和完整的汗号。⑤

乌珠穆沁右旗台吉、清朝唐古特学总监衮布扎布所著《恒河之流》(1725 年,雍正三年成书)记载：

---

① 《黄金史》等蒙古文史籍中所谓的"宗教"一般指宗喀巴之教,即黄教。
② 乌兰《〈蒙古源流〉研究》,辽宁人民出版社,2000 年,第 361 页。
③ 达力扎布《林丹汗西迁"土白特"灭格鲁派考》,《中国藏学》2021 年第 1 期。
④ 乌云毕力格《〈阿萨喇克其史〉研究》,中央民族大学出版社,2009 年,第 119—120 页。
⑤ 乌云毕力格《〈阿萨喇克其史〉研究》,第 16—17 页。

林丹呼图克图汗壬辰年生,十三岁时甲辰年即大位。在位三十一年,四十三岁时,于甲戌年明朝明帝汗(明毅宗)崇祯七年,舍弃政权,在叫做失喇·塔喇的地方病死。①

此书记载亦简略,记林丹汗于失喇·塔喇地方病死,与清代官方记载相同。

八旗蒙古人罗密纂、博清额重纂《蒙古世系谱》(1735 年,雍正十三年)记载:

> 林丹呼图克图汗,汗,布衍塞臣之长孙,莽古思墨尔根台吉之子也。自巴图孟克大衍汗以来,国家承平日久,汗废弛政事,恣肆欺凌宗族,扰乱四国。率其倾国之众,亲征图伯忒,西行至西拉他拉,崩。在位三十一年。②

此书内容参考了《蒙古源流》,其中对林丹汗为政过失的描述及称"率其倾国之众,亲征图伯特"等与乾隆四十年成书的《水晶念珠》相近,目前无法判定这是博清额于乾隆四十六年重纂时增入的内容,还是《水晶念珠》之前抄录之罗密《蒙古世系谱》。

如上所述,清前期蒙古文史籍对林丹汗的宗教信仰、教派倾向和阐扬黄教的功绩都予以肯定,记其死因有逢厄运和病死两说。有关西迁,《黄册》笼统地提到"向西方迁移",在《蒙古源流》中具体记述了鄂尔多斯部跟随林丹汗迁移及其脱离大汗返回故地的情况。《蒙古世系谱》称林丹汗"亲征图伯忒"。都没有提及林丹汗率部西迁与其宗教信仰和教派倾向有何关联。

与林丹汗生活在同一时代的五世达赖喇嘛阿旺洛桑嘉措,在其自传(即《五世达赖喇嘛传》,1681 年,康熙二十年成书)中记林丹汗在战争中违背蒙古各部间旧规约,残忍地杀戮宗亲,③与前引蒙古文史籍记载相同。达赖喇嘛记 1636 年(天聪十年)事称:"察哈尔汗王的军队在汉地染上的天花,在措卡(青海)流行,并由蒙古左翼向后藏方面蔓延,只有前藏还算是净土。"④而未提及林丹汗患天花病死和西迁之事。林丹汗西行至明甘肃境内染疾去世,其部众未至青海而东返,可能未引起西藏方面的注意,清朝则是从东返的察哈尔人得知的。五世达赖喇嘛对直接威胁和破坏黄教利益的西藏藏巴汗、在青海的喀尔喀却图父子以及四川白利土司的活动特别关注,在其自传中记述颇详。

二

达尔玛固始喇嘛是所谓林丹汗西迁欲灭黄教之说的始作俑者。达尔玛在其《金轮千

---

① [清]官布扎布《恒河之流》,乔吉校注,内蒙古人民出版社,1980 年,第 99 页。

② [清]罗密纂《蒙古世系谱》(1735 年,雍正十三年),博清额重纂(1781 年,乾隆四十六年),见佚名《汉译蒙古黄金史纲》附《蒙古家谱》,朱风、贾敬颜译,第 237 页。

③ [清]五世达赖喇嘛阿旺洛桑嘉措《五世达赖喇嘛传》(上),陈庆英、马连龙、马林译,中国藏学出版社,2005 年,第 101 页。在记 1632 年事时称:"蒙古永邵卜部的四位官人迁移到恰达木地方,其原因是察哈尔王林丹汗毁掉了他们的统治。"(第 91 页)在其《西藏王臣记》中记:"过去蒙疆六大部区(六万户——引者)中所有与西藏订有文约的部区,后来都因洽噶尔王(察哈尔王——引者)毁约而发生战争。"见[清]五世达赖喇嘛《西藏王臣记》,郭和卿译,民族出版社,1983 年,第 177 页。

④ [清]五世达赖喇嘛阿旺洛桑嘉措《五世达赖喇嘛传》(上),陈庆英、马连龙、马林译,第 104 页。

辐》(1739 年,乾隆四年成书)一书中记载林丹汗事迹曰:

> 林丹巴图尔生于第十饶迥水龙年(1592),于第十饶迥木龙年(1604)十三岁即汗位。他将八鄂托克察罕儿万户分为左右(翼)三万户,在阿巴嘎·哈喇山修筑白城,握有六万雄兵,势力强盛,总揽朝政。自迈答哩法王、钟彻利(卓尼绰儿只)等受精深金刚乘灌顶,护持佛教。在二十六岁时,由萨思迦·沙儿巴·丹津·呼图克图受深金刚乘、金刚念珠灌顶,封以"瓦只剌·答喇·呼图克图喇嘛"称号,修建金顶白墙庙宇,塑造众多释迦牟尼像等,命贡嘎·斡斯尔通事为首三十三位固什以蒙古文翻译《甘珠尔》,用金字缮写。林丹汗号称"呼图克图·成吉思·大明·薛禅·战无不胜者·大太宗·天之天·宇宙天帝·转金轮法王",敬奉迈答哩法王、瓦只剌·答喇·沙尔巴·丹津·呼图克图为顶饰,召集敬奉贡嘎·斡斯尔·麦里艮、曼殊室利·班第达·固什、希第图阿难达·固什为首诸多贤哲。令绰啰思拓不能管理右翼三万户,失儿忽纳黑·杜棱管理左翼万户,指令诺扪·阿儿斯兰等诸贤明诺颜掌握朝政,两位索那木为首三百勇士守护朝廷,亦迭儿·阿儿思兰、多伦·赤答忽二人为首大臣执掌政务。将天下政教二道扶持的如日般〈辉煌〉时,由于前世因果轮回之律,时运交替、盛极而衰、聚齐而散,汗心中附魔,同朝举兵,同族使刃,政事荒弃,诤言受斥,震动大国之政,折磨倾国之人,动摇盛平之世,荼毒倾国之民。未能和睦地统治六万户,猜忌明哲之士,斥散旧时贤臣,致令母后伤心愤怒。**驱逐圣僧,废弃佛尊及经典,带领六万户人众,迁出安乐之地白城,联合吐蕃、喀尔喀却图,欲谋尽除黄教。**由于缘分察罕儿万户人众虽不愿意,因时运和政令无奈相随,破坏阿勒坦格根汗的政教,渡过黄河迁徙至失喇·塔喇地方。明崇祯七年,木蛇年,无故于失喇·塔喇地方归天,享年四十三岁。①

达尔玛是扎噜特人,有固始(国师)喇嘛称号,曾参与编写《智慧之源》和蒙译《丹珠尔》的工作,精通蒙藏文。② 其书参考了《黄册》《蒙古源流》等书,增添了林丹汗属下大臣及其职司等,特别是增加了否定和指斥林丹汗的内容。例如指责林丹汗杀戮亲族、暴虐无端,不能和睦地统治六万户,毁弃盛平朝政,排斥贤臣大德等。在宗教方面,称林丹汗驱逐圣僧,废弃佛尊经典,率六万户离开安乐之地,联合吐蕃和喀尔喀却图,欲谋尽除黄教。他第一个提出林丹汗"联合吐蕃、喀尔喀却图,欲谋尽除黄教"之说。此说是从《五世达赖喇嘛传》有关却图、藏巴汗、白利土司等人的记载中获得的灵感(参见后文),纯属臆测。其书中将《蒙古源流》"合罕的明慧之心蒙生愤懑"改为"心中附魔",以解释林丹汗从尊崇佛教变为与黄教为敌的原因。

达尔玛的政治立场与清代其他蒙古史家相同,在书中盛赞清太宗以来诸帝的宗教政策,对蒙古贵族获得的优渥待遇和平安生活感恩戴德,而与众不同的是痛斥反叛清朝的蒙

---

① [清]答里玛《金轮千辐》,乔吉校注,内蒙古人民出版社,1987 年,第 148—150 页。汉译文参考和利用了乌兰译文,有所修改和润色,见乌兰《〈金轮千辐〉研究》,中国社会科学院研究生院博士论文,2016 年,第 201—202 页。

② 乌兰《论〈金轮千辐〉作者及诸抄本》,《内蒙古民族大学学报》2018 年第 1 期。

古贵族。如斥责察哈尔布尔尼亲王、扎赉特部噶尔珠赛特尔等人,指责他们不能敬顺天命,安享太平盛世,举兵反叛,以至属民离散,职爵被削,子嗣断绝。对于曾经与清朝对立的察哈尔林丹汗谴责尤甚,几乎搜罗了历史上昏庸、残暴之君所有的恶行来形容林丹汗。如果说清前期史家对林丹汗的指责主要是其为政的过失,达尔玛开始从宗教信仰方面予以诋毁,从而在政、教两个方面全盘否定林丹汗,可谓"欲加之罪何患无辞"。达尔玛编造的不实之词后来被一些喇嘛史家沿袭,不断增添细节和内容,愈演愈烈。

青海佑宁寺主持松巴堪布·益希班觉所著《松巴佛教史》(1755 年,乾隆十三年撰)①记述了明末青藏地区的情况和林丹汗的事迹,现移录如下:

> (铁鸡年,藏巴汗被蒙古军队击败,归还其占据的格鲁派寺院庄田后)……藏巴汗仍在寻求恶伴。以前,察哈尔林丹汗破除六大部的法规契约,引起内乱时,与许多人逃往喀尔喀。后来首领内部互相倾轧争斗,却图被驱逐,从喀尔喀跑到青海湖畔,击败土默特的火硕赤(亦称火洛赤)部,占据其地。他听信后藏红帽派热绛巴的话,欲灭格鲁派。于木猪年派其儿子阿尔斯兰(亦称阿巴兰)领兵一万余来到卫藏,但阿尔斯兰没有侵害格鲁派,红帽派热绛巴遂向青海湖的却图去信。后来他们按却图的回信所示计杀阿尔斯兰,军队亦如虹失散。**这时,为支持藏巴汗从察哈尔而来的成吉思汗后裔林丹呼图克图汗亦死于青海湖地区的夏拉塔拉。**后来,巴喀木的白利土司顿悦多杰及其属众欲共灭萨迦、格鲁、噶玛、主巴等佛教教派,弘广苯教。……就在这个时候,他(固始汗——引者)接到了第悉索南群培带给他要求护教的信。于是,带着大军,于藏历火牛年的正月来到青海湖畔(以巴图尔洪台吉为助伴),以一千之兵全歼喀尔喀却图的四万军队于乌兰和硕,并杀死却图。②

> 林丹巴图尔(水龙年生)于木龙年(1604)即位,在位三十一年,木狗年(1634)失去蒙古政权,此年林丹汗去世。……最后一任汗王林丹胡图克图心中入魔,被他化自在天王的小妾莲花鬘顶上的五箭射中,且他化自在天子魔的战轮等四器复入据臣民之心,故抢夺鄂尔多斯济农的妃子,并欲主青海,统治藏区,想压制格鲁派教法而引兵藏区。但因护法神外、内、秘密三者的咒力,使林丹汗行至青海湖北部的沙喇塔拉时一命呜呼。③

> 往昔藏族的巴日部落居住在青海湖地区,后被藏族阿齐部占领,阿齐部后来又被土默特部的和洛奇所征服。当时康区的白利土司顿岳多杰敬奉苯教,仇恨一切佛法,喀尔喀却图汗、成吉思汗后裔察哈尔林丹汗及西藏的藏巴汗三人,亦商定要彻底摧毁格鲁派。却图汗至青海征服了土默特王。西藏的索南琼培长官和达孜第巴派出信使至准噶尔集会上,禀告了上述情况。火鼠年(1636),为了解情况,固始汗及随从十多

---

① 1748 年(乾隆十三年)撰,1755 年(乾隆二十年)补撰。M.乌兰《松巴堪布对〈如意宝树史〉的补撰》,《西北民族大学学报》2009 年第 6 期。

② [清]松巴堪布·益西班觉《松巴佛教史》,蒲文成、才让译,甘肃民族出版社,2012 年,第 174—175 页。

③ [清]松巴堪布·益西班觉《松巴佛教史》,蒲文成、才让译,第 527 页。但在第 529 页又记:"其子图门扎萨克图汗在位三年,继布延图薛禅汗在位四十九年,莽和克台吉在位十年,林丹呼图克图汗在位三十年。"此记载是错误的,显然这两处记载史源不同。

人装扮成香客进入拉萨,时却图汗派遣其子阿尔斯兰去杀害喇嘛仁波且,但阿尔斯兰对达赖喇嘛生起净信,未做损害而返回。火牛年(1637)固始汗率准噶尔部和硕果齐额尔德尼的援军(三千人)等进兵青海,在青海湖上部以不足万数之众打败了却图汗的三万多军队。①

松巴堪布参考了达尔玛和五世达赖喇嘛的著作,其中有关林丹汗"心中入魔",林丹汗、却图汗和藏巴汗三人商定欲彻底摧毁黄教等内容沿袭自《金轮千辐》;有关青藏地区情况参考了《五世达赖喇嘛传》等藏文著作及传闻。松巴堪书中有三处记林丹汗西迁,一处称林丹汗"为支持藏巴汗从察哈尔而来",一处称林丹汗"欲主青海,统治藏区,想压制格鲁派教法而引兵藏区",又一处讲康区白利土司仇视西藏佛教各教派,"喀尔喀却图汗、成吉思汗后裔察哈尔林丹汗及西藏的藏巴汗三人,亦商定要彻底摧毁格鲁派"。在三处记载中林丹汗的角色各不相同,有配角、有主角,互相矛盾,显然所获传闻不同,或为臆测。其书中相互矛盾的记述很多,例如同书中对林丹汗在位时间、固始汗来青海时所带军队人数、消灭的却图汗军队人数各有不同的记载,如一说固始汗一千兵在乌兰和硕消灭却图四万兵,又说以不足万人在青海湖上部击败却图三万多人。蒙古大汗系谱中亦有前后不一致之处,例如有一处记为"恩克卓里克图汗",另一处为卓里克图汗、恩克汗,显然是综合了两种史籍的记载。松巴堪书是采摘多种资料和传闻编辑而成,所谓林丹汗欲主青海,统治藏区,压制格鲁派教法,在护法神咒力下死去等都是达尔玛固始喇嘛观点的引申和发挥。

松巴堪布晚年所撰《青海历史》(1786 年,乾隆五十一年成书)从宗教方面又有新的归纳和阐发,称:

> 其中从心底里崇信格鲁派的主要有:北方的厄鲁特蒙古四部、安多华热等地区以及东部的蒙古诸部。不信奉格鲁派而笃信藏传佛教其他教派的有:后藏的藏巴汗尕玛彭措南嘉及其儿子丹江旺布先后敬奉噶玛噶举和主巴噶举。康巴地区的白利顿月土司信奉苯教。蒙古喀尔喀部的却图汗口称信奉佛教,实际上他喜欢汉地的道教。成吉思汗的第三十七世孙林丹汗(译者注,此处原文有误,林丹汗应为成吉思汗的第十七世孙)并没有一定的信仰,但对卫地从雍·古日法自在时兴起的宁玛教派比较亲近。以上四位王臣的信仰虽然如此不一致,但都极不喜欢格鲁巴。……准噶尔部的固始汗来到这里,从根本上清除了黄帽派的教敌,格鲁派如同天空的太阳一样,光芒四射,照亮了一切。②

他说林丹汗没有一定信仰,与宁玛派亲近,不喜欢格鲁巴,纯属臆测。对以上四个主要首领信仰的论述,都是为其歌颂固始汗清除黄帽派教敌的功绩而进行的铺垫。其中有关白利土司和却图汗的宗教信仰的记载源于五世达赖喇嘛著作。例如,《五世达赖喇嘛传》中有一处记白利土司曰:

① [清]松巴堪布·益西班觉《松巴佛教史》,蒲文成、才让译,第 535 页。
② [清]松巴·益西班觉《青海历史》,谢健、谢伟译,《青海民族学院学报》1983 年第 4 期,第 36 页。

土兔年（1639）除夕，在举行施食法事时，白利土司给藏巴汗寄去一封信，内称："在神山上已插置神幡。由于甘丹颇章没能保证蒙古人不进攻康区，明年我将带兵到卫藏。那座称为觉卧任波且的铜像是招致战争的根源，应当扔到河里去。把色拉、哲蚌和甘丹三大寺破坏以后，应在废墟上各垒筑一座灵塔。藏巴汗应当与我亲善起来，一同供养卫藏和康区的佛教徒和苯教信徒。"据说藏巴汗通过商人扎拉坚给白利土司回信答复了。……这个白利土司十恶不赦，他是应进行诛灭的主要对象。①

五世达赖喇嘛在《西藏王臣记》记载：

在丑年冬季，因康区中部白利发生了对于佛教徒进行残害，而只许发展'苯教'的事件，所以他再次来到措喀。因此，他于己卯五月发动大军到达白利，当即收服了那里的民众。在庚辰年十一月二十五日，所有白利顽强的官吏头人等，虽一度远遁他方，但他们难以抵抗那福威强大的铁钩，结果如磁石吸铁般地都被捕回，全数置于法庭，依法惩办。这样从区域中消除了一切痛苦不安的根源，将所有受害的萨迦、格鲁、住巴噶举、达垅噶举等各派的僧官们从牢狱中解救出来，而送回他们各自的乡土。②

《西藏王臣记》中记却图汗的信仰称，他从喀尔喀被驱逐来到青海：

在暂短的时间里，土却（却图）的权威也就大起来了。他受魔力的牵引，心情也就骄横起来，他对于佛教，特别是对于宗喀巴大师的教法，生起邪见和怒恨，而恶意破坏。③

《五世达赖喇嘛传》又记载却图父子：

过去，由于受人诅咒之灾祸，蒙古六大部落基本上日趋于衰落。而今他们父子得到保护，不仅如此，他们时来运转，阔绰一时。却图伪称信奉噶举派，其实信仰汉地的道教，是一个想把佛教改为外道的狂徒。④

却图台吉在喀尔喀是一个虔诚的黄教信徒，达赖喇嘛因憎恶却图父子，故斥其为外道，"受魔力牵引"与黄教为敌，这些都是对政敌的诋毁之言，未必是事实。

《青海历史》又记：

当时盛传于蒙古六大部的大法典中，除规定对外战争中可以杀生外，并没有部落

① ［清］五世达赖喇嘛阿旺洛桑嘉措《五世达赖喇嘛传》（上），陈庆英、马连龙、马林译，第126页。
② ［清］五世达赖喇嘛《西藏王臣记》，郭和卿译，第177页。
③ ［清］五世达赖喇嘛《西藏王臣记》，郭和卿译，第177页。
④ ［清］五世达赖喇嘛阿旺洛桑嘉措《五世达赖喇嘛传》（上），著，陈庆英、马连龙、马林译，第109页。

打内战所抓获的人象宰羊一样杀掉的条文；但在林丹汗和却图汗时期，却滋长了这种杀戮的恶习。如在第十一个绕迥的土龙年（公元一六二八年）林丹汗破坏了成吉思汗制定的部落内部法典，挑起了察哈尔部的内乱，杀了很多人，又移师西上去支持那些危害格鲁派的人，并在途中征服了土默特和鄂尔多斯的一些部落。木狗年（公元一六三四年），当他来到藏族居住的夏热塔拉地方时，在三位法王神灵的威力下，病逝了。①

松巴堪布两部书中有关林丹汗破坏内部法典，挑起内乱，杀很多人的记述皆源自前述《五世达赖喇嘛传》的相关记载。

巴林右旗协理台吉拉西彭楚克所著《水晶念珠》（1775 年，乾隆四十年成书）记曰：

> 青龙年（甲辰，万历三十二年，1604 年——引者）是林丹·呼图克图汗元年。自此他将八鄂托克察哈尔万户分为左右（翼）三万户，于阿巴嘎·哈喇山阳建城，朝气蓬勃，势力强盛，依礼法治国。令绰依如克（绰啰思）拓不能管理右翼三万户，失儿忽纳黑·杜棱管理左翼万户，指令诺扣·阿儿斯兰等诸贤哲掌管朝政，亦迭儿·阿儿思兰、多伦·赤答忽二人为首聪慧之人治理政事，两位索那木为首三百勇士为将军。自迈答哩法王、珠格彻利（卓尼绰儿只）、萨思迦呼图克图·沙儿巴·巴丹·瓦只剌·喇嘛听佛经，接受灌顶，修建金顶庙宇，塑造三佛尊之像，召集贡噶·斡斯尔·麦里艮、曼殊室利·班第达、希第图阿难达为首三十五位贤能译者将无与伦比的佛教经典《甘珠尔》从藏文译为蒙古文，广传神圣宝贵的佛教，使其成为生灵之福田。如此扶持天下政教二道时。合罕沉湎于欲望和福乐，政法败坏，大增阿勒巴赋役，折磨全体国民，无论做何事皆以为误，无论说真话和正确的话都受训斥，驱逐圣贤大德，毁坏珍贵的宗教，故政事紊乱。喀尔喀和科尔沁为首背叛大汗，各自为政，擅自称汗，反对大汗。故于青狗年，在位第三十一年，合罕被迫为占据吐蕃而居率全部察哈尔人迁移，至名为失喇·塔喇的地方，病逝了。在位三十一年，享年四十三岁。②

拉喜彭素克是三等台吉。作为世俗史家，书中虽然大量参考了《金轮千辐》的内容，但是没有采纳达尔玛林丹汗"心中附魔"乱政之说，认为林丹汗是沉湎于欲望和福乐，致法治败坏，政事紊乱。虽有"毁坏珍贵的宗教"一句，但没有采纳林丹汗"联合吐蕃、喀尔喀却图，欲谋尽除黄教"的说法，认为喀尔喀和科尔沁部为首的蒙古贵族擅自称汗，各自为政，反对大汗，林丹汗不得已而率察哈尔人众西迁，试图占据吐蕃而居，病逝于失喇·塔喇。

阿芒·贡却群派的藏文著作《汉蒙藏史略》（1820 年，嘉庆二十年成书）记载：

---

① ［清］松巴·益西班觉《青海历史》，谢健、谢伟译，《青海民族学院学报》1983 年第 4 期，第 37 页。此页注称"三法王"指松赞干布、赤松德赞和热巴巾这三位对西藏佛教的兴起和发展有重大贡献的藏王。而前引《松巴佛教史》中记林丹汗去世是"因护法神外、内、秘密三者的咒力"，这是松巴堪布的本意，谢健、谢伟的注解不够准确。

② ［清］拉喜彭斯克《水晶珠》，胡和温都尔校注，内蒙古人民出版社，1985 年，第 851—852 页。

林丹汗"他曾夺占了俄尔朵斯觉囊的叫卓噶尔的后妃。他合同藏巴汗,为消灭格鲁派来青海,死在夏拉塔拉(河西九曲地)的途中。后妃及公子等人返回,去投降了女真努尔哈赤皇帝,把永世玉玺呈献给了女真皇帝。"

此书内容大量参考了松巴堪布书,有关林丹汗的记载亦同,增加了济农妃子的名字,女真皇帝努尔哈赤误,应为皇太极。

阿巴哈纳尔左旗固山贝子纳塔《金鬘》(1817年,嘉庆二十二年成书)记:

第十一饶迥第八木狗年,为同吐蕃汗斗争出征,途中在名为失喇·塔喇地方去世。即大明崇祯七年。①

纳塔即阿巴哈纳尔左旗固山贝子衮布旺扎勒。书中沿袭了《蒙古源流》有关林丹汗尊崇佛教的记述,②所谓"为同吐蕃汗斗争出征"显然源自《水晶念珠》的记载。

卓索图盟噶居巴·洛桑泽培喇嘛所著《蒙古佛教史》(1819年,嘉庆二十四年成书)记:

此林丹·呼图克图合罕虔信佛法,广作利益佛法之功业。……受林丹·呼图克图合罕信赖之一名汉人,没法哄骗他,画了一条一个头许多尾巴的蛇和一条许多头一只尾巴的蛇,寄送给合罕。合罕问"此是何意?"使者答道:"我们汉地只有一个皇帝,治下官吏俱由其任命,犹如此一头多尾之蛇,尾虽多俱跟随于头。贵国蒙古自立为王及首领者众多,犹如此多头之蛇,众头心思难合,因此国政难以长治久安。"林丹·呼图克图合罕深以为然,于是与自己亲近之大首领们生起内乱,凶恶粗暴,为害深重。……其亲近之大首领们悔恨厌弃,纠纷离开青城土默特之地,率其属民,迁居各处。有鄂木布楚琥尔诺颜等前来此方,归降于宽仁雍和博克达彻辰合罕(即清太宗皇太极),与哈布图哈撒尔之后裔科尔沁地方的大首领们一起成为博格达皇帝(清太宗)之主要内臣。不仅如此,林丹·呼图克图合罕于四十三岁之时,又被侍从曲森赞等人迷惑,……有达延合罕第十子格呼森扎的七个儿子中的第三子诺诺和卫征之孙名楚库尔·却图者,从喀尔喀部被驱逐,来到青海湖边,他写信给林丹·呼图克图合罕说:"我等地方以前兴盛萨迦派的教法,如今却兴盛格鲁派的教法,应当以摧毁格鲁派为好。"林丹·呼图克图合罕以此恶言为有理。……林丹·呼图克图合罕与西藏之王第悉藏巴·彭措南杰联合,打算将格鲁派的教法摧毁得名号不存,率领军队向西藏进发,行至青海湖以北的锡拉塔拉(黄草滩)时,林丹·呼图克图合罕如同被护法神大力天神解说,其性命与蒙古社稷全部丧失。③

---

① [清]纳塔《金鬘》,乔吉校注,内蒙古人民出版社,1991年,第52—53页。
② [清]纳塔《金鬘》,乔吉校注,第109—111页。
③ [清]固始噶居巴·洛桑泽培《蒙古佛教史》,陈庆英、乌力吉译注,天津古籍出版社,1990年,第19—20页。

噶居巴·洛桑泽培喇嘛为卓索图盟人,其书沿袭清前期蒙古文史籍的记载,承认林丹汗"虔信佛法,广作利益佛法之功业"。将林丹汗为政过失归结为听信明朝使者之言,不辨是非。宗教方面,认为林丹汗听信却图之言,欲联合西藏王第悉藏巴·彭错南杰消灭黄教,以致"大力护法神"的威力使其丧失了生命和社稷。有关林丹汗西迁和去世都沿袭自《松巴佛教史》,增添了明使之言及却图的信等情节。

鄂尔多斯准格尔旗喇嘛耶喜巴勒登所著《宝鬘》(汉译名为《蒙古政教史》,1835 年,道光十五年成书)记载:

> 蒙古最末之可汗林丹·巴图尔,邪魔入心,率众离住地而去。沿路攻破青城,夺鄂尔多斯济农之后妃,企图入主青海,联合藏巴汗废格鲁派。行至青海北面之莎勒塔拉殁。①
> 察哈尔林丹·呼图克图时,以贡嘎·敖色尔为首之众多译师,将全部《甘珠尔》译为蒙文。蒙古末代可汗林丹汗自亡其国,蒙古王朝至此终止。②

耶喜巴勒登喇嘛撰写此书主要参考了松巴堪布益西班觉和第三世土观活佛罗卜藏却吉尼玛等人的藏文著作。③ 有关林丹汗的记述亦源自松巴堪布等人的著作。

鄂尔多斯扎萨克旗协理台吉官楚克扎布所著《珍珠鬘》(1835 年,道光十五年成书)记载林丹汗:

> 早期很好地扶持两道,突然心中入"魔",喜极自在魔王妄莲花鬘顶上的五枝箭落于头顶,以转轮战者为首的魔及四器进入了汗、大臣和阿勒巴图们的心中。军队出征,将最末端的(西面的)臣僚及鄂尔多斯击败,夺了博硕克图济农的哈敦,将成吉思汗额真的灵柩迁走。汗身上出现了疼痛疲劳等多种不祥征兆,于是将灵柩送回原处安置,以一千件银器奉祭、叩头后走了。去占领青海,在那里同吐伯特藏汗一起作战,欲毁灭黄教向西方去了。在威猛咒师诺们罕的毒害,成吉思额真的危害下,至青海北面西喇塔喇去世了。④

此书是以官楚克扎布为首编纂的,参加编写者有甘珠尔庙的喇嘛和管理成吉思汗八白室的太师、宰桑等。⑤ 该书参考《蒙古源流》等史籍肯定了林丹汗扶持"政教二道"的记载,同时采纳松巴堪布有关林丹汗"心中入魔"和西迁占领青海,欲入藏灭黄教之说,还增添了林丹汗曾欲迁走成吉思汗灵柩受到成吉思汗神灵危害等内容。⑥

---

① [清]耶喜巴勒登《蒙古政教史》,苏鲁格译注,民族出版社,1989 年,第 21 页。蒙古文见[清]耶喜巴拉登《宝鬘》,(蒙)特·布仁整理,内蒙古教育出版社,2017 年,第 30 页。

② [清]耶喜巴勒登《蒙古政教史》,苏鲁格译注,民族出版社,1989 年,第 58 页。苏鲁格译自藏文本,蒙古文本见[清]耶喜巴拉登《宝鬘》,(蒙)特·布仁整理,第 66 页。

③ [清]耶喜巴拉登《宝鬘·序》,(蒙)特·布仁整理,第 3 页。

④ [清]官楚克扎布《珍珠鬘》,(蒙)却玛整理,内蒙古教育出版社,2017 年,第 60—62 页。

⑤ [清]官楚克扎布《珍珠鬘·序》,(蒙)却玛整理,第 2 页、第 8 页。

⑥ 所谓林丹汗欲移走成吉思汗灵柩又送回原处之说不能成立,鄂尔多斯部随察哈尔林丹汗西迁时八白室已经迁走,返回时带回。见前引《蒙古源流》,第 471 页。

乌兰察布盟乌喇特部极佑寺达喇嘛金巴道尔吉《水晶鉴》(1849年,道光二十九年成书)记载:

> 林丹汗,越来越违法肆行,将许多属下百姓失之于天聪汗,最终心生毁灭萨迦派之念时,吐伯特藏地有一个汗不信奉黄教,稍微危害黄教,林丹汗与其勾结,通信联络时,满洲车臣汗大军来征察哈尔,林丹汗惧而弃故土和属民避而西走,为破坏黄教,携带哈敦和孩子等,率军在途中夺取了(其西行)末端的土默特和鄂尔多斯和硕,以及夺了鄂尔多斯济农额璘臣的哈敦,革其济农号。在成吉思汗陵柩前宣布其"林丹巴图尔汗"之号,将成吉思汗灵柩迁往西方。此时在林丹汗身上出现了疼痛疲劳为首的不祥征兆,于是将灵柩送回,以一千件银器奉祭、叩头后迁往西方之地。由此占领青海之厄鲁特而居。喀尔喀称作绰合尔绰克图(即却图汗)的顽愚之人,亦占据了青海厄鲁特,有四万兵。林丹汗与其为友,又与白利之地不喜欢佛教的顿悦德汗(顿月多吉)勾结商议,因此,林丹汗、藏汗、白利汗、喀尔喀名为绰合尔绰克图的诺颜四个人联合,欲毁黄教之时。天聪八年,林丹汗因护法大力天神的咒力,死于夏日塔拉之地。此欲毁坏宗教的四恶汗,林丹汗、藏巴汗两人不喜欢黄教,而喜欢红教。白利汗不信仰任何宗教,喜欢苯教。绰合尔绰克图不信仰任何宗教,而喜欢汉地的道教。[①]

金巴道尔吉喇嘛的《水晶鉴》综合了上述蒙藏文史籍及清朝官方史著的记载,是集大成之作。金巴道尔吉在松巴堪布所说林丹汗亲近宁玛派(红教)的基础上又称林丹汗和藏巴汗皆喜欢红教,将宁玛派和藏巴汗信奉的噶玛噶举红帽派相混淆,还依据噶居巴·洛桑泽培《蒙古佛教史》的记载称林丹汗心生灭萨迦派之念,与藏巴汗勾结。有关喀尔喀绰克图台吉信奉汉地道教,白利土司信奉苯教、四恶汗联合欲灭黄教皆沿袭了松巴堪布《青海历史》的记载。清朝官方史籍认为林丹汗西迁是惧后金而远避,达尔玛则认为是为入藏消灭黄教,金巴道尔吉则兼采两说。对林丹汗死因采纳了《蒙古佛教史》的记载。沿袭松巴堪布的林丹汗欲入主青海之说,称林丹汗"占据青海厄鲁特而居",又说绰克图诺颜(却图)亦占据了青海厄鲁特,众所周知和硕特1637年才入居青海,此前并无青海厄鲁特。有关林丹汗攻掠土默特和鄂尔多斯部,夺济农妃子等事是综合了松巴堪布、官楚克扎布等人的记载。除上述史籍外,后出的《安多政教史》(1865)有关林丹汗的记载沿袭了松巴堪布书的记载。[②]

从以上蒙、藏文史籍相关记载的比勘可以得知,在《金轮千辐》之前,明末和清前期成书的《黄金史纲》《黄册》《黄金史》《蒙古源流》《阿萨拉克其史》《恒河之流》《蒙古世系谱》等书都记林丹汗尊崇黄教,行"政教二道"。而达尔玛在其《金轮千辐》一书中首次提出林丹汗"心中附魔",废弃佛尊和经典,率众西迁,联合吐蕃特汗和却图欲尽除黄教。松巴堪布沿袭其说,之后噶居巴·洛桑泽培、耶喜巴勒登、金巴道尔吉都沿袭松巴堪布的记述,而世俗史家拉西彭楚克、纳塔没有采纳他们的观点,官楚克扎布书是喇嘛参与编写的,因此部

---

① [清]金巴道尔吉《水晶鉴》,留金锁校注,民族出版社,1984年,第483—486页

② 该书记曰:"林丹汗想危害格鲁派,但他行至夏拉塔拉死去。却图汗伪称是噶举派信徒,实际上他信仰汉族的道士教,是一个异教徒。"见[清]智观巴·贡却乎丹巴绕吉《安多政教史》,吴均、毛继祖、马世林译,甘肃民族出版社,1989年,第39页。

分地采纳了他们的观点。喇嘛史家习惯于将其否定的人物从宗教信仰上指斥为外道或异端，如松巴堪布称清代西藏郡王颇罗鼐信仰宁玛派，是被诅咒而死的，①对于却图、林丹汗等人的评价亦属此类，对于政治人物的宗教信仰妄指鹿马，完全不符合史实。事实上正是在林丹汗第一次西迁兼并右翼三部之后组织高僧完成了蒙译《甘珠尔》经。对于林丹汗西迁学术界主要有三种意见，一是为躲避后金攻击，二是为统一蒙古各部，三是为入藏灭黄教。第三种即达尔玛的说法，林丹汗西迁首先是为躲避后金攻击，获得立足之地。最后迁往青海是迫不得已之举。达尔玛等清后期的喇嘛史家并不了解林丹汗西迁的历史背景及具体原因，于林丹汗败亡一百多年之后，妄称其西迁进藏欲灭黄教，毫无事实根据。从林丹汗西迁时的当事人、参与者、清代官方及清前期的蒙藏文史籍都没有此类的说法，可以证实达尔玛之说是后人的臆测和诋毁之言。喇嘛史家受其宗教思想、教派倾向及政治立场的局限，轻率地臆测和编造出神化故事，有关记载不顾史实，缺乏史家应有的严谨态度。

达尔玛的猜测是基于《五世达赖喇嘛传》中对当时形势的记述。1627 年林丹汗西迁兼并右翼三万户后，明代入驻青海保护蒙古各部进藏通道和作为黄教寺院集团坚强后盾的右翼土默特、永邵卜部失去了故里的支持，致使窜入青海的喀尔喀却图台吉有机可乘，兼并了驻青海的土默特和永谢布等部人。1634 年，却图台吉在青海诱杀从西藏熬茶返回的同族人阿克岱青台吉，又派其子阿尔斯兰率兵至达木杀掠逃至此地的永邵卜部人，随后进藏，虽未侵害黄教，使西藏方面虚惊一场。② 五世达赖喇嘛认为蒙古人互相杀戮的情况很凶险，迁入青海一带活动的喀尔喀人，西迁黄河河套迤西的察哈尔部人，康区的白利土司都是不可预测的潜在威胁，青海作为外界赴西藏的通道形势动荡，香客受阻，布施不至，影响了西藏僧侣生计，危害了黄教及各教派的利益。达赖喇嘛自传中称：

> 工布噶居巴及其随行伙伴贡塘然坚巴熬茶献礼。在此时期，察哈尔人、却图汗、白利土司等阻断了黄金之桥，各个高僧和施主的成千上万的礼品只有很少一部分能寄过来，因此，（工布噶居巴的熬茶献礼）起了很大作用。③

这些势力阻断"金桥"，影响了西藏僧侣的生计，黄教寺院集团对这些势力的态度是必欲除之而后快。《青海历史》中依据《五世达赖喇嘛传》的记载描述当时情形说：

> 木狗年（公元一六三四年），却图汗挑起内战，因其作恶多端，被喀尔喀部众驱赶到了青海。他夺取了土默特呼洛切部的臣民，占据了青海地区，这就是有名的却图汗。当时，上有西藏的藏巴汗迫害格鲁派的僧众，下有康巴的白利土司杀害和关押了一大批信奉佛教的僧侣，而却图汗又杀害和监禁了一批黄帽僧伽。同时，白利土司和却图汗二人

---

① ［清］松巴堪布·益西班觉《松巴佛教史》，蒲文成、才让译，第 176 页。其书记："颇罗鼐（其内心信仰宁玛派，但因慑于清朝和蒙古）任第悉二十一年间，于拉萨设祈愿供，其规模堪与宗喀巴大师所献相比，并为噶丹和宗喀巴的塔尔寺新铺盖金顶，维修哲蚌寺的大经堂和桑洛扎仓的密殿。第十三绕迥的土龙年（1748），颇罗鼐郡王去世（被诅咒而死），其子达赖巴图尔——一位举止粗野凶残者管辖着卫藏。"

② ［清］五世达赖喇嘛阿旺洛桑嘉措《五世达赖喇嘛传》（上），陈庆英、马连龙、马林译，第 108 页，1636 年，轮布台吉和红帽系然坚巴二人征得却图汗同意，杀死了阿尔斯兰，"使却图汗一方的权势化为云烟"。

③ ［清］五世达赖喇嘛阿旺洛桑嘉措《五世达赖喇嘛传》（上），陈庆英、马连龙、马林译，第 101 页。

还切断了信教众生前往西藏的通途，宗喀巴大师创立的教派陷入了困难境地。①

因此格鲁派寺院集团派人赴卫拉特部求援。达赖喇嘛在自传中记载于火牛年（1637）6 月显现了"汉藏金桥关系即将建立起来的象征"。②随即厄鲁特蒙古固始汗率领联军击败却图汗，控制了青海。之后在黄教寺院集团授意或支持下固始汗次第铲除白利土司及藏巴汗，统一康青藏地区，从而确立了黄教在这些地区的统治地位。

综上所述，达尔玛固始喇嘛所谓林丹汗废弃佛尊和经典，率部西迁欲联合藏巴汗和却图汗灭黄教的说法是依据《五世达赖喇嘛传》中所述蒙、藏各方势力在康青藏地区的活动情况捕风捉影编造出来的，毫无根据。有些喇嘛史家沿袭其说，不断添油加醋，以讹传讹。林丹汗败亡有其为政的缺失，也有其他诸多因素的影响，但是，没有证据表明林丹汗的佛教信仰和尊崇黄教的立场发生了变化，所谓林丹汗没有信仰，喜欢宁玛派，不喜欢黄教和欲灭黄教等，都是喇嘛史家强加给他的不实之词，应予以推翻，恢复其本来面目，客观地评价林丹汗。

A Analysis on the Record about Belief Problem of Ligden Qaɣan in Mongolian and Xizangan Annals

Dalizhabu，Fudan University

Abstract：The Mongolian and Xizangan annals were written in the prophase of Qing dynasty affirmed that Ligden Qaɣan belief yellow sect of Xizangan Buddhism and made great contribution to propagation the religion. But Darma Gush Lama negated the belief of Ligden Qaɣan and slandered him，he claimed that Ligden Qaɣan lead Čahar tribe move to west would go to Tibet and eliminate the yellow sect in his works *Altan hürdün minɣan kegesütü Bicig* published in 1739（the fourth year of Qian Long emperor）. henceforth many Lama historians agreed with his opinion and added some details successively，but it did not accept by secular historians. Darma and his followers misinterpret the situation of political powers in Kang，köke nuɣur and Tibet record in the autobiography of fifth Dalai Lama，and compile the false information on hearsay evidence to slander Ligden Qaɣan. This paper will compare the records within Mongolian and Xizangan annals and make analysis on it，want to clarify the falsity words of Lama historians.

Keyword：Ligden Qaɣan；Mongolian Annals；Yellow Sect

（本文作者为复旦大学历史学系教授）

---

① ［清］松巴·益西班觉《青海历史》，谢健、谢伟译，《青海民族学院学报》1983 年第 4 期，第 37 页。
② ［清］五世达赖喇嘛阿旺洛桑嘉措《五世达赖喇嘛传》（上），陈庆英、马连龙、马林译，第 108 页。

论辽朝的鸭绿江流域经略及其
对东北亚地缘政治的影响

魏志江

摘　要：辽朝圣宗时期，为了有效控制鸭绿江流域，并牵制和打破宋朝与鸭绿江女真以及原渤海国残余政权定安国可能结成的对抗契丹的军事同盟，辽朝先后展开对鸭绿江流域女真和定安国的数次征伐。辽朝的鸭绿江流域经略，不仅控制了鸭绿江流域，还在鸭绿江下游江口屯驻军队，以切断定安国和鸭绿江女真等通过鸭绿江口与宋朝登州交通的地缘战略要道，而且彻底解除了辽朝在辽东侧翼的地缘政治威胁，并控制了定安国位于鸭绿江中、上游的平原腹地和长白山三十部女真与宋朝贸易的集散地，迫使鸭绿江女真诸部归附辽朝。此外，随着辽朝对鸭绿江流域的控制，为辽圣宗的高丽征伐奠定了地缘战略基础，并改变了辽朝与高丽以及女真诸部的地缘政治版图，从而，对东北亚地缘政治格局产生了重要的历史影响。

关键词：辽圣宗；鸭绿江；女真；宋朝；高丽；地缘政治

辽朝圣宗时期(983—1030)，其先后通过对鸭绿江下游滨海女真、鸭绿江中、上游渤海残余政权定安国及其所辖女真诸部等的征伐以及在鸭绿江口筑城驻军等方式，展开对鸭绿江流域的经略和控制，并有效地控制了鸭绿江流域的地缘战略要道和鸭绿江东岸的女真故地。辽朝对鸭绿江流域的经略，不仅切断了鸭绿江女真和原渤海残余政权定安国等通过鸭绿江下游入海口与宋朝的朝贡和贸易的交通要道，迫使鸭绿江女真诸部落归附辽朝，而且进一步控制了鸭绿江口等地缘战略要地，从而建立起辽朝海陆兼备型的地缘防御态势，也使以原渤海国南海府所辖的以咸兴平原为根据地的长白山三十部女真归附辽朝，并进一步牵制和打破了鸭绿江女真、定安国以及高丽等势力与宋朝结成军事同盟从东部侧翼威胁契丹的地缘政治格局，因而对东北亚地缘政治的演进产生了重大的历史影响。

本文主要探讨辽朝对鸭绿江流域经略的原因、过程及其对东北亚地缘政治产生的历史影响。对本课题的研究，国内学术界研究成果十分薄弱。① 但是，从 20 世纪 20 年代以

---

① 迄今为止，据知网等查询，国内学者少有从辽朝地缘政治之视角论述其对鸭绿江流域之经略及其对东北亚地缘格局影响的专题研究。国内学术界有关本课题的研究，其代表性成果主要有郑毅所撰《辽朝的建立及其边疆经略》(东北大学出版社，2019 年)、黄金辉、袁迪嘉《辽丽关系视域下辽朝的东疆经略》，载《东疆学刊》2021 年第 38 卷第 1 期、武玉环《论辽与高丽的关系及辽的东部边疆政策》，载《吉林大学学报(社会科学版)》2001 年第 4 期、苗威《定安国考论》，载《中国边疆史地研究》2011 年第 21 卷第 2 期等，但研究论题主要从边疆史的视角探讨辽朝对辽东地区的边疆征伐以及辽朝与女真的关系，或考订定安国的兴亡和地理范围等，或从辽丽关系的视角探讨辽朝的东部边疆政策。此外，武玉环所撰《契丹史》(中国社会科学出版社，2019 年)以及孙进己、孙泓等所撰《女真民族史》(广西师范大学出版社，2010 年)、《契丹民族史》(广西师范大学出版社，2010 年)等，主要从民族史的视角论述契丹和女真的民族 （转下页）

来,日本学者池内宏、津田左右吉、和田清、松井等以及日野开三郎等发表了一系列有关论文,①其中津田左右吉、和田清和松井等主要从历史地理角度考证定安国的族源和地理范围以及辽朝在东北的疆域等,而池内宏则主要探讨高丽成宗时期与契丹和女真的关系。战后日本学者日野开三郎对辽圣宗的辽东征伐及其与鸭绿江口筑城的关系进行了考证,为海内外学者研究本课题的一篇力作,迄今仍具有重大的学术价值。遗憾的是日野开三郎对辽朝经略鸭绿江流域对东北亚地缘政治影响的探讨,仍缺乏进一步深入论证。韩国学者较早从事本课题研究之学者为金渭显先生,其所著《契丹的东北政策》②主要探讨辽朝对辽东经略,但其对辽朝与鸭绿江女真以及高丽的关系并未作深入研究。韩国学者卢启铉等主要致力于高丽与辽朝外交史之研究,其对辽朝的鸭绿江经略则语焉不详,其论点亦多踵袭上述日本学者之观点,而韩国著名史学家李丙焘在其所著《韩国史》以及尹武炳等学者有关论著多从韩国史视角讨论辽朝对高丽的入侵及其对鸭绿江边界的影响。笔者不揣浅陋,仅以上述国内和日韩等国学者的研究为基础,从地缘政治的视角,对辽朝的鸭绿江经略及其对东北亚地缘政治的影响进一步加以论述。不当之处,敬请指正!

一、辽朝对鸭绿江下游的经略

辽朝灭渤海后,辽太宗天显三年(928)将原渤海国和东丹国遗民迁移至辽阳,并升为南京。天显十三年(938)辽改南京为东京,府曰辽阳,并先后设立东京留守司、东京兵马都部署司等军政机构,辽阳遂成为辽朝经略辽东和鸭绿江流域的行政和军事中心。然而,辽朝圣宗以前,由于辽宋关系一直处于军事对峙和战争状态,辽朝地缘战略的重点是防御宋朝的北伐,尤其是为了牵制可能建立的宋朝与高丽以及鸭绿江女真诸部和定安国的军事同盟,辽朝对高丽采取遣使通聘的睦邻友好政策,也未能有效控制鸭绿江流域原渤海国西京鸭绿府所辖之地,对于鸭绿江流域的女真和以咸兴平原为根据地的长白山三十部女真诸部一直采取羁縻政策,并未直接进行行政和军事的统治。因而,鸭绿江以东迄高丽西北边境之鸭绿江女真故地,成为辽朝与高丽边境的缓冲地带,辽丽双方由于并不接壤,故彼此亦无直接的地缘政治压力。但是,由于原渤海残余势力以西京鸭绿府为基地,建立定安国,并通过鸭绿江女真和宋朝进行交聘,试图建立反辽军事同盟,并一直控制鸭绿江流域女真诸部与宋朝山东登州交通往来的出海口,因而对辽朝构成了重大的地缘战略威胁。因此,辽圣宗即位伊始,随即展开了对鸭绿江下游女真的征伐和经略,而辽朝鸭绿江经略

(接上页)起源、迁徙及分布以及契丹、女真族政治、经济和文化风俗等,于辽朝的鸭绿江经略亦有涉猎。唯其中郑毅所撰《辽朝的建立及其边疆经略》一书为国内仅见的一部从辽朝地缘政治的视角论述辽朝对辽东边疆经略的专著,由于该论著从契丹与漠北、中原和东北边疆全方位地论述辽朝的边疆地缘战略,因而对辽朝的鸭绿江流域的经略却着墨不多。不过该论著对作者撰写本文亦提供了颇多有价值的启示,谨特为致谢!

① 参见(日)池内宏《高麗成宗朝における女真と契丹との関係》,载《満鮮史研究》中世编(2),吉川弘文馆,1937年;(日)松井等《満州における遼の疆域》,载《満洲歴史地理》(第二卷),(日)东京,丸善株式会社,大正二年;(日)和田清《定安国》,载(日)《东洋学報》第六卷;(日)日野开三郎《統和初期における契丹聖宗の東方経略と九年の鸭绿江口築城》,载(日)《朝鮮学報》,天理大学,昭和33年第1、2期合刊;(韩)卢启铉《高丽外交史》,延边大学出版社,2002年,第23—67页、第109—114页等;(韩)尹武炳《高丽北界地理考》(上),载《历史学报》1952年第4期;(韩)李丙焘《韩国史》中世编,1961年。

② (韩)金渭显《契丹的东北政策》,(台)华世出版社,1981年。

的首要目标即是征伐鸭绿江下游滨海女真部落，以控制鸭绿江出海口，并切断定安国和女真诸部与宋朝的海上地缘交通要道，以解除宋朝和定安国以及高丽等对辽朝可能从东部侧翼构成的地缘战略威胁。

辽统和元年（983）十月，"上将征高丽，亲阅东京留守耶律末只所总兵马。丙午，命宣徽使兼侍中蒲领、林牙肯德等将兵东讨，赐旗鼓及银符"。① 显然，辽圣宗即位，即以征高丽的名义展开对鸭绿江下游滨海女真的征伐。"统和二年（984）二月丙申，东路行军、宣徽使耶律蒲宁奏讨女直捷，遣使执手奖谕"，②同年"夏四月丁亥，宣徽使、同平章事耶律蒲宁、都监萧勤德献征女直捷，授普宁兼政事令，勤德神武卫大将军，各赐金器诸物"。③ 案：耶律蒲宁，据《辽史》卷七九《本传》亦作"蒲领""蒲邻"或"普宁"，均为一人；"肯德""勤德"等，据《辽史》卷八八《本传》为萧恒德，字逊宁。辽圣宗统和元年，辽丽并无接壤，高丽对辽亦无地缘政治之威胁，其时横亘在辽丽鸭绿江流域的是鸭绿江下游女真部落和盘踞在鸭绿江中、上游的定安国渤海残部以及长白山三十部女真。而北宋为了收复幽云十六州积极联络定安国和鸭绿江流域女真部落，以试图从侧翼夹击契丹，宋太宗"太平兴国中，太宗方经营远略，讨击契丹，因降诏其国，令张掎角之势。其国亦怨寇仇侵侮不已。闻中国用兵北讨，欲依王师以攄宿愤，得诏大喜"。④ 此外，宋太宗进一步诏谕鸭绿江流域女真部落"今欲鼓行深入，席卷长驱，焚其龙庭，大歼丑类。素闻尔国密迩寇仇，迫于吞并，力不能制，因而服属，困于率割。当灵旗破敌之际，是邻邦雪愤之日，所宜尽出族帐，佐予兵峰，俟其剪灭，沛然封赏，幽蓟土宇，复归中原；朔漠之外，悉以相与"。⑤ 因此，为了配合宋朝北伐，鸭绿江女真诸部不仅控制了鸭绿江下游出海口，还积极与定安国一起遣使宋朝，试图联宋抗辽，而且不断侵扰辽朝东京辽阳地域，威胁辽朝的辽东地区。保宁五年（973）五月辛未，"女直侵边，杀都监达里迭、拽剌斡里鲁，驱掠边民牛马"。⑥ 保宁八年（976）八月，"女真侵贵德州东境，九月辛未，东京统军使察邻、详稳锢奏女直袭归州五寨，剽掠而去"。⑦ 由于鸭绿江女真诸部对辽朝构成了重大的地缘战略威胁，故辽圣宗以征伐高丽为名而实际上首先展开了对鸭绿江下游的经略和鸭绿江滨海女真的征伐，以剪除其对辽朝侧翼的战略威胁，并控制鸭绿江下游及其入海口。

辽统和元年（983）十月，辽朝展开第一次对鸭绿江下游女真的征伐，契丹从东京辽阳出兵，渡过鸭绿江，对鸭绿江下游及其东岸的女真进行征伐。据《宋史》卷四八七《高丽传》记载其经过谓："俄而契丹云集，大击女直，杀获甚众，余族败散逃遁，而契丹压背追捕。及于当道西北德昌、德成、威化、光化之境，俘擒而去。时有契丹一骑，至德米河北，大呼关城戍卒而告曰：'我契丹之骑也，女真寇我边鄙，率以为常，今则复仇已毕，整兵回矣！'"⑧可见，契丹军队第一次征伐鸭绿江女真即越过鸭绿江流域，直抵清川江北高丽德昌、德成、威

---

① 《辽史》卷一〇《圣宗纪一》，中华书局点校本，2016 年，第 121 页。

② 《辽史》卷一〇《圣宗纪一》，第 121 页。

③ 《辽史》卷一〇《圣宗纪一》，第 121 页。

④ 《宋史》卷二五〇《定安国传》，中华书局点校本，1999 年，第 10899 页。

⑤ 《宋史》卷二五〇《渤海传》，第 10901 页。

⑥ 《辽史》卷八《景宗纪上》，第 101 页。

⑦ 《辽史》卷一〇《景宗纪上》，第 103 页。

⑧ 《宋史》卷四八七《高丽传》，14039 页。

化等边境地带,然其并无侵略高丽之意图,而是致力于征伐鸭绿江下游两岸的女真部落,此举虽然是以所谓"复仇"的名义,但显然是为了控制鸭绿江口,以切断鸭绿江下游通往宋朝的地缘战略要道。虽然鸭绿江下游女真败散逃遁,或逃往高丽避难,但由于契丹军队抵达高丽边疆关城时旋即返回,并未入侵高丽,故辽朝第一次以"征高丽"的名义出兵,实为征伐鸭绿江下游以及江东女真部落,其作战目标主要是控制鸭绿江下游入海口的地缘战略要道。

然而,尽管契丹对鸭绿江下游的征伐,迫使鸭绿江下游若干女真部落归附契丹,如"东京留守兼侍中耶律末只奏:女直木不直、赛里等八族乞举众内附。诏纳之"。① 但是,由于契丹并未在鸭绿江下游左岸建立军事据点,并屯驻军队,也未能对控制鸭绿江中、上游以渤海移民为主体的定安国和以咸兴平原为根据地不断往来宋朝进行朝贡和贸易的长白山三十部女真进行军事打击,故契丹军凯旋后,鸭绿江下游及其与宋朝往来的入海口交通要道仍然被定安国和三十部女真所控制。由于宋朝对战马的需求,三十部女真与定安国持续通过鸭绿江下游泛海抵达宋朝的登州进行马匹贸易,所谓(女真)"今有首领三十,分领其众,地多良马,常至中国贸易"。② 亦即契丹并未能够切断三十部女真以及定安国与宋朝的海路交通,而鸭绿江入海口的支配权也仍然控制在定安国和三十部女真之手。因此,为了彻底切断长白山三十部女真和定安国与宋朝交通往来的战略要道,并控制鸭绿江口,以防止宋朝与鸭绿江中、上游三十部女真以及定安国等可能建立对抗契丹的军事联盟,辽统和三年(985)秋七月至统和四年(986)正月,契丹遂展开了第二次以鸭绿江中、上游定安国为中心的征伐和对长白山三十部女真的经略。

二、辽朝对鸭绿江中、上游的经略

定安国,据日本学者和田清和日野开三郎考证,③其地理范围大体位于鸭绿江中、上游的山林地带和下游的平原地带,为原渤海国的西京鸭绿府所辖之地,所辖为神(今吉林临江)、桓(今吉林集安)、丰(今吉林抚松县东北)、正(今吉林通化县境内,一说辽宁桓仁县)四州,其都城为原渤海国西京鸭绿府治神州(今吉林省临江县)。由于西京鸭绿府所辖之地多山林险峻,尤其是神、丰二州濒临鸭绿江中、上游,地势险要,契丹军队长于沙漠骑兵突击作战而不善于山地作战,故契丹灭渤海后,鸭绿江中、上游仍然为渤海遗民聚集之地,并建立定安国。定安国依靠山林之险继续与契丹抗争,并积极联络宋朝,以对契丹构成东西夹击之势。此外,作为定安国的经济中心桓州(今吉林集安)平原位于鸭绿江和佟佳江之要冲,土壤肥沃,物产富饶,其可以经过鸭绿江左岸连接满浦、江界和清川江上游重镇熙川等进入高丽,为辽朝南下进入高丽西北部边境的战略枢纽,而沿鸭绿江上溯神州,并通过显德(今吉林敦化)、渤海东京龙泉府(即渤海东京),经通化等地南下开原、沈州(今辽宁沈阳),则为定安国和长白山三十部女真对宋贸易之枢纽,其地缘战略地位十分重要。

---

① 《辽史》卷一○《圣宗纪一》,第 122 页。
② 〔清〕徐松《宋会要辑稿》,第 196 册,蕃夷三之一,中华书局影印本,1957 年,第 7711 页。
③ 参见(日)和田清《渤海疆域考》,载《东亚史研究·满洲篇》,第 78 页;(日)日野开三郎《统和初期における契丹圣宗の东方经略と九年の鸭绿江口筑城》,载(日)《朝鲜学报》,天理大学,昭和 33 年第 1、2 期合刊,第 136 页。又参见《中国历史地图集释文汇编·东北卷》引金毓黻《渤海国志长编》卷一四所载,见《汇编》第 138 页,中央民族学院出版社,1988 年。

因此，辽统和三年(985)九月，辽朝对鸭绿江中、上游的经略即以征伐定安国及其统辖范围的三十部女真部落为中心，从东京辽阳进兵，沿太子河和佟佳江流域，直抵定安国境内的桓州平原，以控制定安国以及三十部女真与宋朝交通贸易的战略枢纽。故辽朝的第二次鸭绿江经略，契丹军沿太子河东进，首先进占正州(吉林通化县境内，一说今辽宁桓仁)，盖正州为辽东京辽阳进出太子河的要道，向东经满浦、江界和长津湖一线可以抵达高丽的咸兴平原，并控制位于其地的三十部女真以及滨海女真等根据地，从而进一步控制濒临日本海沿岸原渤海国南海府所辖之战略要地。

辽朝对鸭绿江中、上游的经略也是以征高丽的名义出兵，辽统和三年(985)秋七月，"诏诸道缮甲兵，以备东征高丽"。① 然而，却以"辽泽沮洳，罢征高丽。命枢密使耶律斜轸为都统，驸马都尉萧肯德为监军，以兵讨女直"。② 此次征伐以"辽泽沮洳"的理由从征伐高丽转换为征伐女真，令人殊不可解。盖高丽和长白山三十部女真均位于契丹进兵的辽河下游，无论征伐高丽，还是征伐女真以及定安国都必须从辽河下游进兵，若以"辽泽沮洳"为由，则契丹对女真和高丽的征伐均无法进行，是年七月，所谓"东征都统所奏：'路尚陷泞，未可进讨'。诏俟泽涸深入"。③ 即是明证。故此次契丹东征仍然是以征高丽的名义所进行的对鸭绿江中、上游长白山三十部女真和定安国进行的掩袭作战，其对鸭绿江中、上游三十部女真以及定安国的征伐采取了"声东击西"的军事策略。是年闰九月，"诏谕东征将帅，乘水涸进讨"。④ 契丹对鸭绿江中、上游三十部女真诸部和定安国的征伐所采取的奇袭作战，主要是以桓州为中心，对鸭绿江中、上游三十部女真以及定安国与宋朝进行大宗马匹贸易的交通枢纽造成了重大打击，并迫使鸭绿江中游桓州、正州平原地带的三十部女真部落向辽朝朝贡，如"女直宰相术不里来贡"。⑤ 因此，契丹军此次对鸭绿江中、上游的经略，主要还是以太子河与佟佳江合流处以桓州(今吉林集安)为中心的平原地带展开，盖桓州为长白山三十部女真以及定安国与宋朝登州交通贸易之枢纽，人口众多，物产富饶，其沿鸭绿江下游可以直接渡航抵达宋朝登州进行马匹贸易，早在宋太祖建隆年间即以女真贡马"下诏登州曰：'沙门岛人户等，地居海峤，岁有常租而女真远隔鲸波，多输骏足。当风涛之利，涉假舟楫以为劳。言念辛恳，所宜蠲复……止令多置舟楫，济渡女真马来往'"。⑥ 所谓"雍熙、端拱间，沿边收市，河东则……京东则登州"。⑦ 又据宋真宗时张齐贤上疏论登州与女真马匹贸易云："旧日，女真贩马岁不下万匹，今已为契丹所隔。"⑧ 此外，鸭绿江中、上游长白山三十部女真不仅向宋朝贡，而且还为定安国携带外交文书与宋朝联络，宋太祖乾德三年(965)九月："(女真)遣使来贡，并赍定安国王列万华表以

---

① 《辽史》卷一〇《圣宗纪一》，第 123 页。

② 《辽史》卷一〇《圣宗纪一》，第 123 页。

③ 《辽史》卷一〇《圣宗纪一》，第 124 页。

④ 《辽史》卷一〇《圣宗纪一》，第 124 页。

⑤ 《辽史》卷一〇《圣宗纪一》，第 124 页。

⑥ (清) 徐松《宋会要辑稿》，第 196 册，蕃夷三之一，第 7711 页。

⑦ (宋) 李焘《续资治通鉴长编》卷一〇四天圣四年九月条，中华书局点校本，1985 年版，第 2421 页。

⑧ (宋) 李焘《续资治通鉴长编》卷五一咸平五年三月癸亥条，第 1122 页。

闻。"①因此,经过契丹对鸭绿江中、上游三十部女真部落和定安国桓州平原地带的征伐,辽朝取得了一系列重要的战果。如辽统和三年(985)十一月丙申,"东征女直,都统萧达览、菩萨奴以行军所经地里物产来上"。② 辽统和四年(986)正月,"林牙耶律谋鲁姑、彰德军节度使萧达览上东征俘获,赐诏奖谕。丙子,枢密使耶律斜轸、林牙勤德等上讨女直所获生口十余万、马二十余万及诸物"。③ 如此大规模的俘获人口和马匹等战利品,对散处于鸭绿江中、上游的三十部女真和定安国构成了重大的威慑,辽朝也乘战胜之威,遣使招揽以控制三十部女真诸部落,因而迫使以咸兴平原为根据地散处于鸭绿江中、上游的长白山三十部女真也不得不归附辽朝。据《辽史》载:置"长白山女直国大王府,圣宗统和三十年(1012),长白山三十部女直乞授爵秩"。④ 此举表明长白山三十部女真已归附契丹。日本学者池内宏认为契丹军从太子河流域进兵并侵入定安国,攻击佟佳江流域和桓州平原一带,固为不刊之论。⑤ 但是,由于定安国以都城神州为中心的山岳地带的阻隔,尚无史料证明契丹军深入鸭绿江上游对定安国都城神州以及丰州一带的山岳地带进行征伐,故其对定安国的都城神州及其鸭绿江中、上游山林腹地并未能构成重大的打击,其政权仍然继续维持了对鸭绿江中、上游山岳地带乃至鸭绿江下游的控制。由于契丹对鸭绿江中、上游的经略属于奇袭作战,仍然未能屯驻军队以控制鸭绿江下游入海口,因而未能从根本上解除定安国与宋朝结盟以形成掎角之势对契丹进行东西夹击的地缘战略威胁,即使一度接受辽朝招揽的长白山三十部女真也仍然从鸭绿江下游入海口渡航宋朝登州继续进行贸易,并将辽朝招揽其归附的文书向宋朝禀报,宋太宗雍熙四年(辽统和五年、987 年):"(女真)首领遣国人阿那诣登州上言:'本国为契丹以书诏诱,今遣使以书诣州。'诏书嘉答之。"⑥可见,契丹第二次对鸭绿江中、上游三十部女真的征伐并未能切断女真以及定安国与宋朝的海上交通。而定安国也于辽统和七年(989)托三十部女真使宋的人员向宋朝进贡马匹、雕羽、鸣镝等,⑦此亦表明定安国虽然其受到契丹的军事打击,但是仍然没有放弃其进一步与宋朝结成军事同盟以夹击契丹的意图。因此,契丹先后于统和六年(988)和统和八年(990)先后再度对鸭绿江流域女真诸部进行征伐,并进一步迫使鸭绿江下游滨海女真遣使辽朝朝贡,史称:"滨海女真遣使速鲁里来朝。"⑧"东路林牙萧勤德及统军石老以击败女直兵,献俘"。⑨ 这样,辽朝终于切断了鸭绿江中、上游长白山三十部女真和定安国通过鸭绿江口与宋朝往来的海上交通要道,并进一步于统和九年(991)二月在鸭绿江口筑城,屯驻军队以控扼鸭绿江口。据《辽史》载:辽圣宗统和九年(991)二月甲子"建威寇、振

① (清)徐松《宋会要辑稿》,第 196 册,蕃夷三之一,第 7711 页。
② 《辽史》卷一〇《圣宗纪一》,第 124 页。
③ 《辽史》卷一〇《圣宗纪二》,第 127 页。
④ 《辽史》卷四六《百官志二》,第 847 页。
⑤ 参见(日)池内宏《高丽成宗朝における女真と契丹との関係》,载《满鲜史研究》中世编(2),吉川弘文馆,1937 年。
⑥ [清]徐松《宋会要辑稿》,第 196 册,蕃夷三之二,第 7712 页。
⑦ 《宋史》卷四九一《定安国传》记载:"端拱二年(辽统和七年),其王子因女真使附献马、彫羽、鸣镝。"
⑧ 《辽史》卷一二《圣宗纪三》,第 141 页。
⑨ 《辽史》卷一二《圣宗纪三》,第 141 页。

化、来远三城,屯戍卒"。① 来远城,位于今辽宁丹东九连城与朝鲜义州之间鸭绿江下游的黔同岛,而威寇、振化二城,其地虽不详,然据日本学者日野开三郎考证,②当位于鸭绿江口附近,并与来远城构成犄角之势,以相互防守,并负责切断鸭绿江下游滨海女真和鸭绿江中、上游定安国、长白山三十部女真以及高丽等与宋朝的地缘交通战略要道,故宋太宗淳化二年(991)(女真)"首领罗野、里鸡等上言:'契丹怒其朝贡中国,去海岸四佰里,置三栅,栅置兵三千,绝其贡献之路,故泛海入朝来,发兵与三十首领,共平三栅,若的师期,即先赴本国,愿聚兵以俟。'帝但降诏抚谕而不为发兵。其后遂归高丽"。③ 故契丹在鸭绿江口筑城,并屯兵防守,不仅对鸭绿江流域及其入海口加以有效控制,并极大地牵制和消除鸭绿江流域女真诸部、定安国以及高丽等试图与宋朝达成的反契丹军事同盟,而且,也有助于增强契丹在鸭绿江口防御宋朝从海上攻击的能力,从而形成辽朝海陆兼备的地缘战略优势。

三、辽朝的鸭绿江经略对东北亚地缘政治的影响

辽圣宗从统和元年(983)决定出兵经略鸭绿江流域,并先后数次征伐鸭绿江下游及其左岸滨海女真、鸭绿江中、上游长白山三十部女真和定安国,迄辽统和九年(991),在鸭绿江口筑城,不仅完全控制了鸭绿江流域,而且对东北亚地缘政治格局也产生了重大的历史影响。

首先,辽朝的鸭绿江经略对辽宋地缘政治产生了重要的影响。辽朝建立后,其长期奉行"东守南侵"的地缘战略,即对辽阳府以东原渤海国统辖的地域基本采取消极防御的地缘战略态势,而将军事、政治实力主要用于对付南边的北宋政权。但是,由于东部渤海遗民的叛乱和对辽朝边境的侵扰,尤其是据守于契丹黄龙府的渤海遗民在燕颇率领下进行叛乱,并归附后渤海的兀惹政权,而位于鸭绿江上游,并实际控制鸭绿江流域的定安国,通过散处于鸭绿江中、上游的长白山三十部女真和鸭绿江下游滨海女真经鸭绿江口不断与宋朝进行贸易和外交往来,并试图结成军事同盟以形成犄角之势夹击契丹,从而对契丹政权构成重大的地缘战略威胁。因此,辽圣宗继位伊始,即先后展开对鸭绿江流域的经略,其地缘战略无疑是要切断并控制鸭绿江下游入海口通往宋朝山东登州的海上战略要道,并与宋朝试图从东、南两翼形成犄角之势以夹击契丹的地缘战略进行博弈和对抗,这也是辽圣宗为何从鸭绿江下游展开地缘政治经略的原因所在。

宋太宗太平兴国四年(979),宋以统一五代十国,灭亡北汉之兵威征伐契丹,试图一举收复后晋政权割让给契丹的燕云十六州。为此,宋太宗在军事领域展开对辽朝的北伐之前,亦积极展开对后渤海政权残余势力定安国的外交联络,以试图与后渤海政权残余势力定安国结成军事同盟,以形成对付契丹的犄角之势,从东、南两翼夹击契丹。因此,宋太宗通过长期从鸭绿江下游入海口往来于宋朝山东登州进行贸易的长白山三十部女真向定安国等后渤海政权传递有关外交文书,并提议结成共同对付契丹的军事同盟。"先是,上将

---

① 《辽史》卷一三《圣宗纪四》,第153页。
② 参见(日)日野开三郎《统和初期における契丹圣宗の东方经略と九年の鸭绿江口筑城》,载(日)《朝鲜学报》,天理大学,昭和33年第1、2期合刊,第153页。
③ [清]徐松《宋会要辑稿》,第196册,蕃夷三之二,第7712页。

讨击契丹,乃以诏书赐定安国王,令张掎角之势。其王乌元明亦怨契丹侵侮不已,欲依中国以摅宿愤,得诏书大喜!于是女真遣使朝贡,道出定安,乌元明托使者附表来上,且言:'扶余府昨叛契丹归其国,此契丹灾祸大至之日也。'表称元兴六年十月。上复优诏答之,付女真使者令赍以赐焉。"①宋朝与后渤海残余势力定安国的军事同盟将对契丹构成重大的地缘战略威胁,因此,切断鸭绿江下游与宋朝交通的战略要道就成为辽朝经略鸭绿江流域的首要地缘战略目标。所以,辽圣宗继位伊始,即出兵东征鸭绿江下游,其主要目的即是要征伐控制鸭绿江流域的女真诸部和定安等后渤海势力,以牵制和消解其可能与宋朝形成掎角之势从东翼配合宋朝与契丹作战的军事同盟。然而,由于辽朝旋即凯旋,并未能控制鸭绿江下游的战略要地,因而亦未能达成经略鸭绿江流域的地缘战略目标。因此,针对宋朝积极联络控制鸭绿江流域的定安国和鸭绿江流域三十部女真等反契丹势力,辽圣宗不得不于统和三年(985)再度展开对鸭绿江中、上游的经略,并于统和四年(986)正月凯旋,其目的仍然是为了进一步打击鸭绿江流域的后渤海势力定安国以及三十部女真和鸭绿江滨海女真等,以切断鸭绿江口与宋朝山东登州往来之战略通道,并扩大和控制鸭绿江流域契丹的地缘战略空间。辽统和四年(宋雍熙三年、986年)三月,宋太宗经过多方准备和外交联络,趁契丹军队在鸭绿江流域征战之际,决定兵分三路北伐契丹,史称雍熙北伐。接到宋军北伐奏报的辽圣宗急令东征凯旋的契丹将领蒲领、耶律休哥和辽东京留守耶律末只等率东征军应援河北对宋战场,以抗击宋军的北伐。是年三月"于越休哥奏宋遣曹彬、崔彦进、米信由雄州道,田重进飞狐道,潘美、杨继业雁门道来侵。岐沟、涿州、固安、新城皆陷。诏宣徽使蒲领驰赴燕南,与休哥议军事。分遣使者征诸部兵益休哥以击之。复遣东京留守耶律抹只以大军继进"。② 同时,又"诏林牙勤德以兵守平州之海岸,以备宋"。③ 是年五月,岐沟关之战,宋军大败。至此,宋朝不得不对契丹采取消极防御的政策,并放弃了与鸭绿江流域后渤海政权势力定安国和鸭绿江流域女真以及高丽结成军事同盟以夹击契丹的地缘战略,而辽朝进一步通过对鸭绿江下游及其左岸女真诸部的征伐和在鸭绿江口筑城,并驻兵防守,不仅完全控制了鸭绿江中、下游的地缘战略要地,减轻了其东部鸭绿江流域地缘政治的压力,而且,也进一步取得了征伐高丽的地缘战略优势,并有助于遏制高丽向鸭绿江流域的疆土扩张。

其次,辽朝对鸭绿江流域的经略,对契丹与女真的地缘政治也产生了重大的影响。辽朝时期的女真主要分布在鸭绿江下游及其左岸和鸭绿江中、上游平原地带以及原渤海国南海府所辖咸兴平原一带,其主要部落为位于鸭绿江下游之鸭绿江女真和以咸兴平原为根据地的散处于鸭绿江中、上游的长白山三十部女真等,其在鸭绿江中游以桓州平原为中心建立了贸易集散地,并长期通过鸭绿江下游入海口与宋朝的山东登州进行马匹和其他物资贸易以及朝贡往来。因此,鸭绿江流域女真与宋朝的贸易交通对辽朝构成了重大的地缘战略威胁。契丹第一次对鸭绿江下游及其左岸女真诸部的征伐即是以封锁鸭绿江口为作战目标,但由于并未在鸭绿江口驻军,散处于鸭绿江中、上游的长白山三十部女真与控制鸭绿江流域的后渤海政权定安国等仍然持续不断地通过鸭绿江口航海宋朝山东登

---

① [宋]李焘《续资治通鉴长编》卷二二太平兴国六年十一月甲辰条,第504页。
② 《辽史》卷一一《圣宗纪二》,第128页。
③ 《辽史》卷一一《圣宗纪二》,第128页。

州,并试图与宋朝结成军事同盟从东翼威胁契丹。因此,辽朝不得不再次进行第二次对定安国以桓州、丰州为中心的平原地带进行征伐,以切断长白山三十部女真和定安国利用鸭绿江流域与宋朝进行朝贡和贸易往来。通过辽统和九年(991)的鸭绿江口筑城,并屯驻军队留守,终于切断了鸭绿江女真和定安国与宋朝朝贡和贸易往来的海上交通要道,鸭绿江下游女真和鸭绿江中、上游以咸兴平原为根据地的长白山三十部女真等也不得不归附契丹,从而,辽朝有效地控制了原渤海国南海府所辖之地,并极大地拓展了辽朝在辽阳以东以及原渤海故地直至日本海沿岸的东北亚的地缘战略空间。

最后,辽朝的鸭绿江经略对高丽与女真以及宋朝的地缘政治也产生了重要的影响。由于契丹虽然以"征高丽"的名义出兵征讨,但高丽与契丹并不接壤,鸭绿江左岸为女真领地,其与高丽西北关城德昌、德成以及威化等城镇相邻,故辽朝此举只不过是掩袭其征伐鸭绿江女真和定安国的声东击西之策略。契丹军队在越过鸭绿江,对鸭绿江下游及其左岸女真诸部进行征伐后旋即撤兵,其并未继续侵入高丽西北疆界。而契丹出兵前夕,鸭绿江下游女真曾经多次向高丽传递警示信息,以试图联络高丽共同防御契丹的入侵,但高丽并未加以响应。高丽对契丹的鸭绿江经略及其对女真的征伐基本上采取静观其变的态势,甚至利用女真战败之际,趁机向西北鸭绿江东岸拓展疆土,修筑城池,试图控制鸭绿江口,其结果遭到女真袭击大败而归。据《宋史》卷四八七《高丽传》载:"前岁冬末,女真驰木契来告称:'契丹兴兵入其封境,恐当道未知,宜预为之备。'当道与女真虽为邻国而路途遐远,彼之情伪素知之矣。贪而多诈,未信之矣! 其后又遣人告曰:'契丹兵骑已济梅河。'当道犹豫不实,未暇营救,俄而契丹云集,大击女真,杀获甚众,余族败散逃遁,而契丹压背追捕。及于当道西北德昌、德成、威化、光化之境,俘擒而去。时有契丹一骑,至德米河北大呼关城戍卒而告:'我契丹之骑也,女真寇我边鄙,率以为常,今则复仇已毕,整兵回矣!'当道虽闻师退,犹豫不测,乃以女真避兵来奔二千余众,资给而归之。"[1]契丹兵骑所济之"梅河",据日野开三郎考证,即为中朝界"鸭绿江"。[2] 可见,对于辽朝的鸭绿江经略和对江东女真的征伐,高丽一方面采取静观其变,闭关固守边城的政策,并积极招揽战败的女真部落归附。另一方面,高丽太祖以来,一直致力于北拓政策,其趁女真战败之机,亦积极向西北拓展疆土,并试图在鸭绿江口筑城,以控制鸭绿江下游地缘战略要道。据《高丽史》载:高丽成宗三年(辽统和二年、984 年),"命刑官御事李谦宜城鸭绿江岸以为关城,女真以兵遏之,虏谦宜而去。军溃不克城,还者三之一"。[3] 盖鸭绿江口为定安国及其所辖鸭绿江下游女真以及中、上游长白山三十部女真与宋朝进行朝贡和贸易之地缘战略要道,高丽以女真战败之际,在鸭绿江口岸筑城,试图进一步越过清川江北拓疆土至鸭绿江左岸,并吞并鸭绿江左岸女真故地,显然对女真的政治和经济利益构成重大的地缘战略威胁。因此,女真倾全力与高丽争夺鸭绿江左岸之地缘战略要地,终于击溃高丽的筑城军队,从而遏制了高丽向西北鸭绿江左岸的疆土开拓。此后,直至宋朝雍熙北伐,试图联络高丽共同夹击契丹,但是高丽始终不敢应允出兵,在契丹与女真集团势力的双重地缘政治

---

① 《宋史》卷四八七《高丽传》,14039 页。

② （日）日野开三郎《統和初期における契丹聖宗の東方経略と九年の鴨緑江口築城》,载（日）《朝鮮学報》,天理大学,昭和三十三年第 1、2 期合刊,第 127 页。

③ 《高丽史》卷三《成宗世家》,(首尔)亚细亚文化社,1990 年,第 68 页。

的压力下,高丽直至显宗时期辽朝征伐高丽,其不得不放弃以武力向西北拓展疆土的政策,并对鸭绿江左岸疆土开拓采取慎重的立场。

此外,由于辽朝对鸭绿江流域的经略,虽以"征高丽"的名义发动对鸭绿江流域女真和定安国的征伐,但是,辽朝为避免东西两翼作战,其经略鸭绿江流域,并无征高丽的企图和野心,其至在第二次征伐鸭绿江中、上游长白山三十部女真时,辽朝还向高丽"遣厥烈来请和"。① 盖辽圣宗第二次征伐鸭绿江中、上游三十部女真和定安国凯旋之际,宋朝即发动雍熙北伐,试图收复燕云十六州。因此,为避免东、西两翼作战,辽朝遣使高丽"请和",无疑有助于牵制和消解高丽与女真和宋朝结成的军事同盟。据《宋史》卷四八七《高丽传》载:宋太宗雍熙三年(辽统和四年、986 年),遣监察御史韩国华出使高丽,要求高丽发兵与宋朝夹击契丹,所谓"申戒师徒,迭相犄角,协比邻国,同力荡平。奋其一鼓之雄,歼此垂亡之寇。良时不再,王其图之"。②"乃命发兵西会,治迁延未及奉诏。国华屡督之"。③ 但高丽对宋朝的雍熙北伐始终采取了避免参战的慎重且消极的立场。在地缘政治上,女真横亘于契丹和高丽之间,故高丽对女真提醒其提防契丹进犯的报告亦并未加以重视,而是坐观女真溃败,并借机向鸭绿江沿岸开拓疆土。但由于遭到控扼鸭绿江流域定安国以及三十部女真的打击,迫使高丽不得不放弃北拓疆土的计划,而采取固守清川江一线边境城池的政策,亦未能再次出兵鸭绿江左岸。因此,辽朝在击溃宋朝的进攻,尤其是在鸭绿江口筑城驻军,完全控制了鸭绿江流域及其出海口以后,不仅切断了定安国和鸭绿江流域女真诸部与宋朝的交通要道,而且也遏制了高丽向鸭绿江左岸的疆土北拓。直至辽统和十一年(宋淳化四年、高丽成宗十二年、993 年)辽圣宗展开大规模的对高丽的征伐,迫使高丽向辽朝朝贡,并建立辽丽宗藩关系。但是,高丽却以开拓向辽朝贡道的名义取得了其征伐西北鸭绿江左岸女真的权力,并获得了鸭绿江下游"江东六城"④的领有权,遂将鸭绿江下游左岸原女真故地并入高丽的版图,终于使高丽的西北疆土得以拓展至鸭绿江沿岸。因此,辽朝的鸭绿江经略,对东北亚地缘政治的变迁产生了重大的历史影响。

综上所述,辽朝对鸭绿江流域的经略,通过对鸭绿江中、上游原渤海国残余政权定安国和长白山三十部女真以及鸭绿江下游及其左岸女真诸部进行的数次征伐,不仅有效地打击了原渤海国残余政权定安国和鸭绿江流域女真诸部,彻底控制了鸭绿江流域,并屯驻军队,而且也切断了定安国和鸭绿江流域女真诸部通过鸭绿江口与宋朝山东登州交通往来的海上地缘战略要道,从而解除了辽朝在辽东侧翼面临的鸭绿江流域女真、定安国以及高丽等的地缘政治威胁。辽朝对鸭绿江流域的经略,不仅有效控制了鸭绿江流域,并迫使鸭绿江女真和以咸兴平原为根据地的长白山三十部女真等部落归附辽朝,从而也极大地

---

① 《高丽史》卷三《成宗世家》,(首尔)亚细亚文化社,1990 年,第 70 页。
② 《宋史》卷四八七《高丽传》,中华书局点校本,1985 年,第 14038 页。
③ 《宋史》卷四八七《高丽传》,第 14039 页。
④ 高丽在辽朝的允许下通过征伐鸭绿江女真,不断向鸭绿江沿岸开拓疆土,并在清川江与鸭绿江之间的女真领地修筑六城,即龟州(龟城)、兴化镇(义州东南三桥川北侧)、龙州(龙川)、铁州(铁山)、通州(宣川)、郭州(郭山)。"江东六城"由于位于清川江至鸭绿江的交通要道,其战略地位十分重要,高丽控制"江东六城",不仅可以控制西北通向鸭绿江的战略要道,将高丽的势力拓展到鸭绿江南岸,而且也是阻击契丹南下征伐的重要战略据点。因此,"江东六城"的修筑,使高丽不仅控制了鸭绿江女真的领地,而且其西北疆土从清川江流域一直拓展至鸭绿江下游沿岸。

拓展和控制了辽朝在东北亚的地缘战略空间,使辽朝取得了东至日本海沿岸、南迄鸭绿江左岸,并进一步征伐高丽的地缘战略基地,而且也有助于进一步遏制高丽对鸭绿江沿岸疆土的北拓。因此,辽朝对鸭绿江流域的经略,无疑对东北亚的地缘战略格局的变迁也产生了重大的历史影响。

On the Yalu River Valley Strategy of the Liao Dynasty and Its Influence on Northeast Asia's Geopolitics

Wei Zhijiang, Sun Yat-sen University

Abstract: During the Shengzong Period of the Liao Dynasty, in order to effectively control the Yalu River basin and contain and break the military alliance against Khitan that the Song Dynasty may have formed with the Yalu River Nuzhen and the former Bohai State's residual regime, Ding'an, the Liao Dynasty successively launched several punitive expeditions against the Yalu River Nuzhen and Ding'an. The strategy of the Yalu River basin in the Liao Dynasty not only controlled the Yalu River basin and stationed troops at the lower reaches of the Yalu River estuary to determine the geostrategic route of communication between Anguo and the Yalu River Jurchen and Dengzhou in the Song Dynasty through the Yalu River estuary, but also completely removed the geopolitical threat of the Liao Dynasty on the eastern flank of Liaoning, and controlled the plain hinterland of Ding'an in the middle and upper reaches of the Yalu River and the distribution center of 30 Jurchen in Changbai Mountains and the Song Dynasty, The Yalu River Nuzhen tribes were forced to submit to the Liao Dynasty. In addition, with the control of the Yalu River basin by the Liao Dynasty, it laid a geostrategic foundation for Liao Shengzong's expedition to Korea, and changed the geopolitical map of the Liao Dynasty, Korea and Jurchen, thus having an important historical impact on the geopolitical pattern of Northeast Asia.

Keywords: Liao Shengzong(辽圣宗); the Yalu River; Nuzhen(女真); the Song Dynasty; Gaoli(高丽); Geopolitics

(本文作者为浙江越秀外国语学院东北亚研究中心教授、中山大学韩国研究所所长/教授)

黎族地区的自然灾害及其防御方法

——基于 20 世纪 50 年代调查资料的研究

王献军

摘　要：20 世纪 50 年代，海南的黎族地区曾进行过几次民族调查，之后整理出版了一批非常有价值的调查资料，这些调查资料中记载了一些有关自然灾害的内容。本文依据这些调查资料仔细研究了黎族地区当年曾经发生过的各种自然灾害，包括自然灾害的种类、自然灾害给人们带来的危害和损失以及人们为了应对各种自然灾害所采取的防御方法。

关键词：黎族地区；自然灾害；种类；危害；防御方法

在 20 世纪 50 年代，发生了当代中国民族学人类学历史上的重大事件——"民族大调查"，也即在中国的各个民族地区展开了一系列的实地调查，海南的黎族地区也不例外。黎族地区 20 世纪 50 年代的民族大调查主要有四次：1951 年中央中南访问团二分团对黎族地区的民族调查；1954 年中南海南工作组对黎族地区的民族调查；1956 年中国少数民族语言调查第一工作队海南分队对黎族语言的调查；1956 年开始的广东调查组对海南黎族地区的社会历史调查。

这四次黎族地区的民族大调查之后，形成了一系列成果丰硕的调查资料，这些调查资料一开始是作为内部资料印刷成册，后来陆陆续续得以正式出版，主要包括：欧阳觉亚、郑贻青著《黎语调查研究》，中国社会科学出版社 1983 年版；广东省编辑组编《黎族社会历史调查》，民族出版社 1986 年第一版、2009 年第二版；中南民族学院本书编辑组编《海南岛黎族社会调查》（上、下卷），广西民族出版社 1992 年版；广东省民族研究所编《广东海南少数民族社会历史调查资料汇编》，民族出版社 2009 年版。

这些调查资料的总字数达到 200 余万字，学术价值极高，因而得到了社会各界的高度重视，调查资料的内容被广大的黎学研究专家所广泛引用，在各个方面都产生了巨大影响。在这些调查资料中，有关自然灾害的记载主要集中在《海南岛黎族社会调查》（上、下卷）中。这本书共汇集了 22 个点的调查资料，对每一个点都有全面详细的调查，包括人口情况、历史来源、经济结构、社会组织、物质文化和精神文化六个方面，对自然灾害的记载主要集中在书里的经济结构这一部分中。此外，《黎族社会历史调查》一书和《广东海南少数民族社会历史调查资料汇编》一书中的保亭县第三区毛道乡、乐东县三平区番阳乡、白沙县什运区毛贵乡、保亭县什玲乡、陵水乡兴隆小乡这 5 个点的调查资料也记载了有关自然灾害的内容。本文正是依据这些调查资料中的相关记载，对在 20 世纪 50 年代黎族地区曾经发生过的自然灾害的种类，以及这些灾害给黎族百姓带来了危害和损失，人们采取的应对这些自然灾害的防御方法展开研究。

需要说明的是，从古代一直到近现代，汉文史籍中对黎族地区自然灾害内容的记载都是极为简略的,只是大体上简单描述了几种自然灾害的名称和危害程度而已,以至于学者们根本无法依据这些三言两语的记载对黎族地区历史上曾经发生过的自然灾害进行研究,所以迟至今日我们发现学术界竟然没有一篇对黎族地区自然灾害进行研究的论文发表。有鉴于此,笔者充分利用了目前已经出版的关于 20 世纪 50 年黎族地区的几部调查资料中的相关记载,对这一时期曾经发生过的黎族地区的自然灾害进行了一个较为全面和深入的研究。

一、黎族地区自然灾害的种类

根据上述调查资料中的记载,黎族地区在 20 世纪 50 年代曾经发生过的自然灾害,主要有风灾、水灾、旱灾、鸟害、兽害和病虫害这六种。

(一) 风 灾

黎族地区的"风灾"并不是一般意义上的大风所引起的灾难,而是特指由"台风"的到来所引起的风灾。台风是指发生在北太平洋西部风力达 12 级或以上的热带气旋,习惯上亦泛指各强度等级的热带气旋,古称"飓风"。整个海南岛的气候属于热带海洋季风气候,台风频繁。《海南省志·自然地理志》统计:"由宋太平兴国七年(982)至民国时期的 967 年中,有记载的严重热带气旋灾害 142 次,平均每 6.8 年一次。其中 1423 年、1572 年、1672 年、1863 年、1933 年、1948 年等年头的热带气旋(台风)灾害较为严重,造成的损失极大。"[1]又"据不完全统计,每年平均在本岛登陆的台风为 2.6 个(次),影响本岛的台风 5.3 个(次),每年有台风 7.9 个(次)"。[2] 但是,登陆或影响海南岛的台风并非每月都有,而是主要"集中在 7—10 月这 4 个月内,平均每月两次,每次时间 2—4 天"。[3]

由于每次台风来临,都会给整个海南岛带来影响,所以尽管黎族的居住地位于海南岛的中部、南部和西部,也几乎每年都要受到来自台风的影响,只不过在不同的地区受到影响的程度不同而已。20 世纪 50 年代黎族地区的调查研究资料显示,各个黎族地区的调查点几乎每年都有"风灾"的发生,以至于在黎族民间普遍将每年台风来临频繁的 8、9、10 三个月称作是"台风季节"。[4]

(二) 水 灾

中国是个自然灾害频发的国家,水灾更是其中较为普遍的一种自然灾害,在中国南方地区尤盛,海南岛也不例外。"海南降雨量很集中,暴雨强度大,降雨时空分配不均,加上河流短小、弯曲、上游坡陡、下游平缓,河口又受海潮顶托,因此下游平原地区和沿河两岸低洼地常遭洪涝灾害。"[5]海南的黎族地区同样也是个多水灾的地区,大的水灾经常有,小的水灾年年有。不过海南黎族地区的水灾与大陆地区的水灾有所不同,它不是一般情况

---

① 海南省地方志办公室编《海南省志·自然地理志》,海南出版社,2011 年,第 330—331 页。
② 曾昭璇、曾宪中著《海南岛自然地理》,科学出版社,1989 年,第 45 页。
③ 曾昭璇、曾宪中著《海南岛自然地理》,第 45 页。
④ 中南民族学院本书编辑组编《海南岛黎族社会调查》(上卷),广西民族出版社,1992 年,第 111 页,第 460 页。
⑤ 海南省地方志办公室编《海南省志·自然地理志》,第 395 页。

下由于下雨而导致的水灾,而主要是由于台风的来临所带来的倾盆大雨而导致的水灾,如白沙县第一区白沙乡儋州村的调查资料记载,该村的水灾"每年都有两次到三次之多,以阴历7—9月所发生的危害最严重,因为这时是台风季节。台风来时,大雨随着倾盆而下,往往冲毁田基,将禾苗冲倒。同时雨水过多,一时不易排泄,部分低田往往积水成灾"。①有资料显示,黎族地区台风所带来的降雨量约占年降雨量的30%—50%。②

由于黎族历史上的水灾多是由于台风所带来的雨水所致,因而20世纪50年代的调查资料中多把风灾和水灾合在一起称呼为"风(雨)灾"。③

(三) 旱　　灾

海南岛是个多雨的地区,降水充沛,年降水量在1 500—2 500毫升,黎族居住的地区,年均降水量也在1 500毫升以上。④而且黎族地区所属的琼中县的年降雨量更是高达2 400毫升,为全岛降雨量最多的地区之一。⑤所以从常理来看,黎族地区出现旱灾似乎是不可思议的。但从20世纪50年代的民族调查资料来看,实际情况却恰恰相反,黎族地区的旱灾不仅有,而且广泛存在,在所调查的几十个点中大都存在不同程度的旱灾,且发生频率极高,有的地方甚至年年都有,如东方县第三区罗田乡田头村、保亭县第四区加茂乡毛淋村;⑥也有的地方虽不是年年都有,但每隔三五年就有一次,或者每十年就会发生七八次,如乐东县第一区南筹乡南只纳村、琼中县第三区堑对乡堑对村。⑦当然,在这些旱灾中以小旱灾为多,大的旱灾通常是很多年才会发生一次。

那么,为什么多雨的海南岛的黎族地区会出现旱灾,而且还如此普遍和频繁?如何解释呢?原来,虽然海南岛雨量多,但分布并不均匀,这个不均匀体现在两个方面:一是季节分布不均匀。海南岛的降雨量多集中在夏秋季,这两个季节的降雨量往往占到全年降雨量的80%以上;⑧而冬季和春季则降雨量偏少,以至于形成了海南岛气候特有的"冬春连旱"现象。⑨二是地区分布不均匀。五指山脉屹立于海南岛的中部,阻挡住了来自东南的湿润季风和台风,使得海南岛的东部降水量大,西部降水量偏少。所以,有学者根据干湿情况把海南岛分为潮湿、湿润、半干旱和干旱四个地区,其中半干旱地区指的是环岛山地外围丘陵地区,干旱地区指的是海南岛的西部、西南部海岸沙地区。⑩而海南黎族居住的几个县恰恰就位于海南岛的山地外围丘陵地区和西部、西南部的海岸沙地区,也即专家们所说的半干旱和干旱地区。因此海南黎族地区普遍存在旱灾,频繁发生旱灾的现象也

①　中南民族学院本书编辑组编《海南岛黎族社会调查》(下卷),第323页。
②　王学萍编《中国黎族》,民族出版社,2004年,第26页。
③　中南民族学院本书编辑组编《海南岛黎族社会调查》(下卷),第323页。
④　王学萍编《中国黎族》,第25页。
⑤　编写组《海南黎族苗族自治州概况》,广东人民出版社,1986年,第5页。
⑥　中南民族学院本书编辑组编《海南岛黎族社会调查》(下卷),广西民族出版社,1992年,第152页,第488页。
⑦　中南民族学院本书编辑组编《海南岛黎族社会调查》(下卷),第36页;中南民族学院本书编辑组编《海南岛黎族社会调查》(上卷),第602页。
⑧　曾昭璇、曾宪中著《海南岛自然地理》,第34页。
⑨　曾昭璇、曾宪中著《海南岛自然地理》,第38页。
⑩　曾昭璇、曾宪中著《海南岛自然地理》,第44页。

就不难解释了。

（四）鸟　　害

海南岛是祖国的宝岛，优越的光热水条件培育出了茂盛的热带林木，这里野果终年不绝，昆虫众多，为鸟类的觅食和栖息提供了良好的环境，因而使得海南岛成为中国鸟类种类最为集中的地区之一。据统计，中国目前已知的鸟类有 1 244 种，海南省就有 344 种，占到全国鸟类的 27.6%。[1] 但是在各种鸟类中，既有吃各种害虫的林中益鸟，如夜莺、啄木鸟、黄鹂、山椒鸟、百劳鸟等，[2]也有啄食粮食作物的害鸟。

在 20 世纪 50 年代的调查资料中，被提及最多的害鸟是一种黎语称之为"巴利鸟"的鸟，另外还有只有黎语发音的两种鸟，一种叫"daf"，一种叫"San53"。[3] 更多的记载则泛称为"飞鸟"，也即说不清楚这种啄食粮食作物的鸟是一种什么鸟，反正是会飞的鸟。不过，也有当年的调查人员具备了一些鸟类的知识，能够分辨出许多鸟类，于是将他们认识的一些害鸟给记载了下来，它们分别是：山雀、麻雀、斑鸠、乌鸦、山鸡、鹧鸪、布谷鸟、画眉鸟。

海南的山雀是一种学名叫"Parus major Linnaeus"的大山雀，体型较小，轻巧活泼，常跳跃于灌木丛或各种果树的枝叶间。山雀为留鸟，遍布全岛，黎族地区的各个市县均有分布，其主要食物为松毛虫、瓢虫、蝗虫、浮尘子等各种昆虫和少量谷类及植物种子。[4]

麻雀，学名"Passer montanus"，体型较小，头顶栗褐，因上体有显著的黑褐色纵纹，成斑朵状，故叫麻雀。麻雀为留鸟，遍布全岛各地，农耕地带，尤其稻作区数量较多。性好结群，往往数十只或更多集群。喜吃谷类，也吃昆虫。它们成群危害稻谷时，造成的损失是严重的。此外，他们还残害蔬菜的幼苗和嫩叶，在粮仓盗食时往往撒下粪便，导致食物发霉。[5]

斑鸠，海南的斑鸠有"山斑鸠"和"火斑鸠""珠颈斑鸠"等几种。在海南南部黎族地区活动的主要是珠颈斑鸠，学名"Streptopelia Chinensis"。这种斑鸠体型较小，在丘陵和平原都常见，多栖息于林区附近的杂木林、竹林，以及耕作区周围的树上。成熟的稻田、秧苗地、刚出芽的黄豆地等，都是此鸟喜爱的食场。[6]

乌鸦有多种，在海南岛南部黎族地区活动的，主要是一种"大嘴乌鸦"，学名为"Corvus frugilegus Linnaeus"，因嘴粗大而得名。该鸟栖息于林边的树上，或远处的乔木之上，平时在新垦的耕地或播种地、火烧迹地、田头茅舍附近，垃圾堆、屠宰场附近常可见到他们，有时三两只集成小群，有时成大群。食性杂，吃多种农作物种子、野果、昆虫，也吃蚯蚓、小蛙、蛇、鼠以及其他腐烂肉类。[7]

山鸡，又名野鸡、原鸡，学名为"Gallus gollus"，体型与家鸡十分相似，但个体较小，喜

① 编纂委员会编《海南百科全书》，中国大百科全书出版社，1999 年，第 127 页。
② 曾昭璇、曾宪中著《海南岛自然地理》，第 217—218 页。
③ 中南民族学院本书编辑组编《海南岛黎族社会调查》（上卷），第 111 页。
④ 广东省昆虫研究所动物室、中山大学生物系著《海南岛的鸟兽》，科学出版社，1983 年，第 263—264 页。
⑤ 广东省昆虫研究所动物室、中山大学生物系著《海南岛的鸟兽》，第 273 页。
⑥ 广东省昆虫研究所动物室、中山大学生物系著《海南岛的鸟兽》，第 120 页。
⑦ 广东省昆虫研究所动物室、中山大学生物系著《海南岛的鸟兽》，第 211 页。

爱栖息的环境是很低海拔的山地丛林和灌木丛,常常三五只结成小群活动。山鸡几乎遍布全岛,为留鸟。鸟食性杂,常吃各种野生的坚果、种子、幼嫩的竹笋、树叶、各种花瓣,还有蚯蚓、白蚁、幼蛾等,农作物成熟季节或收割之后,也常到地里吃稻谷、花生、甘薯等,甚至还吃播下的种子。[1]

鹧鸪,学名为"Francolinus pintadeanus",头顶黑褐,羽缘缀以黄褐色。该鸟广泛分布于全岛各地,为留鸟。该鸟不善飞,善奔走,平时一般单独或成对活动。鹧鸪营巢于树丛之下,用细枝和杂草堆成,常在耕作区周围沟渠和稻田边活动,以野果、稻谷、草籽等为主食,也吃蟋蟀、蚯蚓、蚱蜢以及多种昆虫。鹧鸪虽吃稻谷但所吃的多为遗散在地的谷粒,对于水稻和其他农作物并无显著危害,它还吃害虫,有利于农林业。[2]

布谷鸟,即杜鹃。海南的杜鹃种类有 8 种,在西部和南部黎族地区活动的主要是四声杜鹃,学名为"Cuculus micropterus Gould"。该鸟栖息于山地或平原的林间,常在林间鸣叫,以甲虫、毛虫及其他昆虫为食,偶尔吃些植物种子。[3]

画眉鸟,学名为"Garrulax canorus"。该鸟白色眉纹显著,眼圈也白,故得名"画眉鸟"。画眉鸟遍布全岛,为留鸟。在黎族居住的五指山外围山地一带最为常见,多单独或成对,偶尔也聚集成群。该鸟食性杂,主要以各种昆虫为食,如蝗虫、蚂蚁、金龟子等,也吃果实和种子。据群众反映,此鸟害啄吃玉米等作物种子。[4]

以上是 20 世纪 50 年代调查资料中明确提到的几种"害鸟"以及笔者依据《海南岛的鸟兽》一书对这几种"害鸟"的一一考证。从上述考证中我们不难发现,黎族老百姓眼中的"害鸟"对农作物所带来的危害并不一样,有的大一点,有的小一点。另外,这些所谓的"害鸟",有的其实也同时吃一些害虫,所以从另一个方面说它又是有益于农作物和树木的"益鸟"。

(五) 兽　　害

长期以来,海南岛的森林面积所占比例一直居于全国的前列,位于中南部的黎族地区的植被保存更是海南地区最好的,全岛主要的天然林区五指山、尖峰岭、霸王岭、吊罗山、黎母岭等林区均位于黎族地区,这些广袤繁盛的森林为野生动物的生存提供了良好的环境。因此,黎族地区不仅是一个巨大的植物王国,也是一个天然的大动物园,园中活动的野生动物众多。海南岛共有陆脊椎动物 561 种,除了 344 种鸟类之外,尚有两栖类动物 37种,爬行类动物 104 种,兽类 76 种。[5] 这些各类野生动物大都集中在海南的黎族地区。

所以我们在各类资料中发现,黎族人民的日常生产生活几乎都要和野生动物打交道,闲来无事时上山打猎,是多数地区黎族村寨男人们的不二选择。也有一些野生动物,它们会不请自来,主动跑到黎族百姓的庄稼地里去偷吃庄稼,特别是在庄稼即将成熟的季节,更是令百姓们头痛不已,黎的百姓们把这些野生动物看作是"害兽"。据 20 世纪 50 年

---

① 广东省昆虫研究所动物室、中山大学生物系著《海南岛的鸟兽》,第 72 页。
② 广东省昆虫研究所动物室、中山大学生物系著《海南岛的鸟兽》,第 68 页。
③ 广东省昆虫研究所动物室、中山大学生物系著《海南岛的鸟兽》,第 126 页。
④ 广东省昆虫研究所动物室、中山大学生物系著《海南岛的鸟兽》,第 235 页。
⑤ 编纂委员会编《海南百科全书》,第 126 页。

代的调查资料统计,经常出来祸害农作物的"害兽"主要有:山猪、猴子、黄猄、山鹿、老鼠、箭猪。

山猪,是黎族民间对这种野生动物的叫法,其正式名称应是"野猪",学名为"sus scrofa ctirodonta"。海南岛的野猪长的似家猪,但鼻吻显著长,突翘,背毛毛尖分叉,成年体重一般为60—70公斤,比大陆的野猪略小。野猪在海南岛分布甚广,几乎遍布全岛的丘陵山地。海南岛的野猪一般多为个体行动,较少集群,多种植物的果实根茎叶子都吃,也吃一些动物,如虾、蟹、昆虫、蚯蚓以及蚧壳之类,亦经常盗食农作物。海南岛野猪的主要食物随栖息环境不同而不同。在原始森林和深山区的野猪主要觅食果子、树根、草根、蕨类、蕉芋、竹笋之类,所以野猪很少下山吃农作物;在一般的山地和灌丛草坡地区活动的野猪,当农作物成熟季节经常到耕作区盗食,种在离村庄略远一点的农作物几乎会被践踏迨尽,颗粒无收。①

猴子,海南岛上的猴子属于猴科中的猕猴,学名为"Macaca mulatta",体型瘦小,头顶无"漩毛",肩毛较短,尾较长。猴子在海南岛分布较广,除人烟稠密区外,各种类型的丛林中都有。这些猴子喜欢集群生活,群体自几头、十几头到几十头不等。其主食植物,采食野果时不论成熟与否,一律采摘,但只食熟的,未熟果会被丢弃;也食竹笋、芭蕉花、椰子花等植物。当农作物成熟时,猴子们经常会成群结队下田偷食玉米、甘薯、花生等农作物,往往是反复糟蹋,造成相当大的危害。②

黄猄,是海南岛极为常见的一种野生动物,几乎遍及岛内各地,尤以海南黎族苗族所在的原自治州丘陵山地的林灌地带最多,黄猄在动物学界的正式名称应为"赤麂",学名是"Muntiacus muntjak nigripes"。这种野生动物体型不大,成年后也只有十几公斤重,雄兽有角,犬齿发达,它主要活动于树林、草灌丛中,白昼隐匿,入夜活动。黄猄属草食性动物,植物的幼嫩枝叶、青果、浆果、肉质核果等都是黄猄的经常性食料。黄猄偶尔会偷食农作物,主要是甘薯、花生、豆类作物的叶苗,对农作物的危害不是很大。③

山鹿,是海南黎族民间对活动于山林中的海南水鹿(学名为"Cervus unicolor hainana")和海南坡鹿(学名为"Cervus eldi hainanus")的泛称。山鹿成年体型一般为60—80公斤,主要分布在海南岛西部和西南部的森林或草丛之中,喜欢集群行动,主要食料是青草、树叶和浆果之类。其中的坡鹿对农作物危害不大,对农作物带来较大危害的是水鹿,因为当食物缺乏时,水鹿会跑到农田中盗食农作物,水稻、玉米、花生、甘薯、蔬菜等农作物都在它们的食谱之中,尤其是爱吃孕穗前期的稻苗。④

老鼠,广泛分布于全世界各地的一种动物。其种类繁多,海南岛已知的老鼠就有包括狨鼠、笔尾树鼠、海南尾顶鼠、黄胸鼠、大足鼠和黄毛鼠在内的4属11种,其中农田中最常见的为黄毛鼠。黄毛鼠又名"田鼠",学名为"Rattus rattoides exiguus",其适应性极强,栖息环境要求不严,但以作物区为主,尤以稻田区为多,故得名"田鼠"。黄毛鼠是海南岛作物区的主要鼠种,咬食水稻、甘蔗、甘薯、花生、蔬菜等,危害严重。特别是在水稻抽穗扬花

---

① 广东省昆虫研究所动物室、中山大学生物系著《海南岛的鸟兽》,第388—389页。
② 广东省昆虫研究所动物室、中山大学生物系著《海南岛的鸟兽》,第314页。
③ 广东省昆虫研究所动物室、中山大学生物系著《海南岛的鸟兽》,第392—394页。
④ 广东省昆虫研究所动物室、中山大学生物系著《海南岛的鸟兽》,第396—400页。

季节,黄毛鼠极喜欢咬吃穗浆,破坏性极大。又常于堤岸打洞,破坏堤防,是典型的农田"害兽"。[①]

箭猪,正式名称为"豪猪",学名为"Hgstrix hodgsoni papac",因全身长着棘刺而得名"箭猪"。箭猪在全国主要分布于长江以南地区,在海南岛则主要分布于原黎族苗族自治州各县的山地,也即黎族苗族的聚居地。箭猪栖息于山地草坡、灌木丛中或树林之中,挖洞而居,白昼休息,夜晚外出。箭猪一般以根茎为食,如草根、树根、竹笋等,在农作物成熟季节,也经常盗食甘薯、木薯、花生、蔬菜和玉米。吃食玉米时,无玉米苞或已变老的玉米棵株,它绝不啮咬,被咬断处俨如刀削。[②]

（六）病 虫 害

世界上凡是有农作物的地方,都免不了有这样或那样的病虫害,黎族地区也不例外。在20世纪50年代的调查资料中,几乎所有被调查的黎族村寨都反映他们那里发生过病虫害,不过大部分的调查资料中都没有提及是哪一种害虫导致的病虫害,而只是笼统地说是有病虫害;也有一个地方的调查资料中说不出害虫的名字,只是说"每年从5月起,便出现病虫害,有黑、红、白等各种各样的软体小虫,开始吃秧苗,接着吃禾叶,直到阳历8月才逐渐绝迹"。[③] 只有三份调查资料中明确提到了害虫的名称,一份是东方县第三区罗田乡田头村的调查资料中说,这个村的"每年农历六、七月间,往往有虫灾发生,主要有剃枝虫、蝗虫等。此外,群众反映当地还有一种'虻虫',肉眼不易看见,一旦稻田内生了'虻虫',禾苗会由青转黄变黑而后枯死,但这种情况很少";[④]一份是保亭县第三区毛道乡的调查资料,它提到了这个乡的"病虫害也很严重,有行军虫、花虫、黑虫、禾虫等"。[⑤] 一份是《海南岛黎族社会调查》上的综述材料,它对当时的海南黎族苗族自治区的七个县的病虫害情况进行了归纳总结,说当时的黎族苗族自治州"在稻子的病虫害方面,三年来以剃枝虫、稻苞虫、浮尘子等较为严重"。[⑥]

由此可见,黎族地区农作物的害虫当时能叫出名字的有:剃枝虫、稻苞虫、浮尘子、蝗虫、虻虫、行军虫、花虫、黑虫、禾虫。

剃枝虫,海南农民俗称"天蚕""猪仔虫""行军虫",是水稻叶夜蛾、粘虫、劳氏粘虫和白脉粘虫的总称。全岛均有分布,局部地区受害较重。

稻苞虫,海南农民俗称"打苞虫""稻青虫"。全岛均有发生,尤以山区发生较重,主要为害于晚造分蘖期,易造成局部成灾。

浮尘子,海南农民称"叶跳虫"。常见种类有黑尾浮尘子、白翅浮尘子、电光浮尘子和二点浮尘子。以黑尾浮尘子发生最多,分布于全岛。尤以西部及西南部干旱地区受害较重。[⑦]

① 广东省昆虫研究所动物室、中山大学生物系著《海南岛的鸟兽》,第377—378页。
② 广东省昆虫研究所动物室、中山大学生物系著《海南岛的鸟兽》,第368页。
③ 中南民族学院本书编辑组编《海南岛黎族社会调查》(下卷),第323页。
④ 中南民族学院本书编辑组编《海南岛黎族社会调查》(下卷),第152页。
⑤ 广东省编辑组编《黎族社会历史调查》,民族出版社,2009年,第16页。
⑥ 中南民族学院本书编辑组编《海南岛黎族社会调查》(上卷),第21页。
⑦ 海南省地方志办公室编《海南省志·农业志》,南海出版公司,1997年,第266页。

蝗虫,属昆虫纲,直翅目,蝗科。种类很多,全世界约有 12 000 种,中国有 700 余种,主要危害禾本科植物,是农作物的重要害虫。中国自有记载以来的大蝗灾有 800 余次,成为我国历史上最为严重的三大自然灾害之一。海南岛的蝗虫,目前已知有 48 属、79 种,分别隶属于 6 科。① 在海南省分布最为广泛的蝗虫种类为"东亚飞蝗",学名为"Locusta migratoria manilensis",体绿或黄色,头大,颜直垂直,前后翅发达。这种蝗虫也是海南岛西南部黎族居住地最普遍的蝗虫。② 不过,从历史上看,东亚飞蝗大发生的地区主要是在海南岛北部、东部的汉族地区,而在海南岛西部、南部的黎族地区,由于森林覆盖率较高,东亚飞蝗为害的严重程度并不高。

而虹虫、花虫、黑虫、禾虫则并非该种昆虫正式的名称,应该是黎族老百姓民间的通俗叫法,难以考证。

二、各种自然灾害给黎族人民带来的危害及损失

每一种自然灾害,都会给人民带来不同程度的危害和损失,否则它就不叫自然灾害了。海南黎族地区所发生的风灾、水灾、旱灾、鸟害、兽害、病虫害,也给黎族人民带来了各种各样、程度不一的危害和损失。

(一) 风灾带来的危害和损失

台风,由于其强劲的风力,历史上一直是海南岛的主要自然灾害之一。查阅海南明清地方志,其中关于"灾异"的记载中,"飓风"(即台风)的内容不绝于史,所带来的危害往往触目惊心。不过台风的风力有大有小,小的台风风力不大,所带来的危害和损失也不大,有时甚至还有益,因为其所带来的充沛的雨水对于某些干旱的地区来说无异于雪中送炭;而大的台风则不然,它风力猛烈,所过之处建筑物被摧毁,树木被吹断、农作物被吹倒,带来的危害巨大。所以,我们通常所说的台风的危害,一般都是指大台风所带来的危害。在20 世纪 50 年代的调查资料中,记载的多是大台风所带来的危害和损失,其中最多的就是1954 年 4 月的一次大台风给黎族地区的百姓所带来的危害和损失。因为当时从事民族调查的人员都是在 1954 年下半年以后进入黎族地区的,1954 年 4 月的大台风刚过,大家记忆犹新,给调查人员的讲述也较为详细,调查人员将其认真地记入了调查资料之中。③

据笔者统计,一共有 4 个地点的调查资料记载了 1954 年 4 月的这次台风给当时黎族地区的人民带来的危害和损失,它们分别是:

乐东县第二区毛农乡毛或村:"1954 年 4 月风势较大,损失也较严重。毛或村稻田受害的约有种子 5 斗(约 15.68 亩),倒塌房屋两间,淹死两头牛,包谷损失约种子一斗(等于

---

① 刘举鹏著《海南岛的蝗虫研究》,天则出版社,1995 年,第 165 页。
② 海南省地方志办公室编《海南省志·动植物志》,第 184 页。
③ 《海南省志·自然地理志》记载:"1954 年 5 月 11 日,第 2 号台风从陵水登陆,全岛 230 个乡受灾,死亡 39 人,伤 284 人;房屋全塌 4 543 间,半塌 1.1 万多间;损失稻谷 93.8 万斤,大米 218.9 万斤;农作物损失水稻 15.35 万亩,杂粮 31.47 万亩,经济作物 8 872 亩;船舶全坏 122 艘;家畜死亡牛 182 头,猪5 241 头;林木损失椰树 5 228 株,槟榔 8 831 株。"(海南省地方志办公室编《海南省志·自然地理志》,海南出版社 2011 年版,第 335 页)正文中所说的台风应当就是指的这个台风,它所说的 4 月应是阴历,阳历当为 5 月——笔者注。

3 亩左右）。"①

保亭县第三区通什乡福关、毛利、什勋："1954 年 4 月曾遇台风侵袭,三个表计毁房屋 4 间,谷仓 6 个;什勋一个表损失菠萝蜜 400 个。"②

白沙县第二区毛栈乡番满村："1954 年 4 月间,台风猛烈,番满村早造田损失 3.4 斗种子面积（折合 8.5 亩）。什够村则毁坏房屋 5 间,谷仓 1 间,死猪 1 头。另外四个'合亩'损失早造水田 1.5 斗种子面积（折合 3.75 亩）。"③

白沙县第三区红星乡番响村："今年（也即 1954 年）4 月间曾一度遇大风,除损坏水车 12 架（包括牙模村）和部分包谷外,据说早稻无大损失。"④

由上述四份资料我们大体上可以看出台风给当地的黎族人民带来的危害和损失。

此外,台风对黎族农民普遍种植的"山栏稻"这种农作物危害尤大。"山栏稻"是黎族百姓对他们所种植在烧垦过的山坡上的旱稻的称呼。黎族百姓种植山栏稻的历史极为悠久,唐代黎族地区所产的"火米",宋代黎族地区所产的"峒米",都是指的山栏稻。⑤ 山栏稻一度是黎族地区的主要粮食作物之一。如白沙县第一区南溪乡什甫、什茂、禾好村的调查资料显示,"这里主要种山,而风灾对山栏稻危害最严重而经常,黎胞难以预防。如 1951 年风灾很严重,种植在高坡上的山栏稻颗粒无收。灾害比较轻微的,如乡代表符亚福,在 5 斗种的山栏地里只收了稻谷 60 把,约 1 080 斤;若在普通年成,则应收 115—120 把,减产约一半"。⑥"风灾是这里最严重而且损失最大的一种灾害,每年七八月间台风季节到来,如果风势很猛,就有不少的农作物被吹倒,甚至连根拔起。假使山栏稻这时正在开花,就有全部失收的危险（一般在 9 月扬花,10 月收割）。"⑦

（二）水灾带来的危害和损失

海南的水灾多是伴随台风而来的倾盆大雨所致,而台风对海南来说是较为普遍的,因而水灾对海南来说也是较为常见的,其所带来的灾害往往是冲毁房屋、淹没农田。

不过,由于黎族居住的各个地区有的地势高,有的地势低,因而受水灾影响的程度也不一样,地势低的地区受到水灾危害比较大,地势高的地区受到的水灾危害则会小一些。如位于乐东县三平区的番阳乡,地处山间河谷地带,地势较高,排水容易,因而历年来遭受到的水灾就很少,十余年来才发生过一次大洪水。⑧ 因而在 20 世纪 50 年代的一份"海南岛黎族社会调查综述"材料中,对当时的海南黎族苗族自治区的水灾给予了一个全面总结,全文是"全区水灾仍很普遍,山区因排水较易,除遇禾苗扬花抽穗时会招致损失之外,受淹的机会是很少的;平原地带则易受山洪淹没,故情况又比山区为严重。如 1954 年陵

① 中南民族学院本书编辑组编《海南岛黎族社会调查》（上卷）,第 111 页。
② 中南民族学院本书编辑组编《海南岛黎族社会调查》（上卷）,第 197 页。
③ 中南民族学院本书编辑组编《海南岛黎族社会调查》（上卷）,第 311 页。
④ 中南民族学院本书编辑组编《海南岛黎族社会调查》（上卷）,第 460 页。
⑤ 费孝通主编《中国少数民族大辞典·黎族卷》,香港当代文艺出版社,2005 年,第 145 页。
⑥ 中南民族学院本书编辑组编《海南岛黎族社会调查》（下卷）,第 238 页。
⑦ 中南民族学院本书编辑组编《海南岛黎族社会调查》（下卷）,第 251 页。
⑧ 广东省编辑组编《黎族社会历史调查》,第 130 页。

水县的水旱稻恰在抽穗期被淹没了二三天,造成了很大的损失"。①

（三）旱灾带来的危害和损失

从 20 世纪 50 年代的调查资料来看,海南的黎族地区还普遍发生过旱灾,所以有关旱灾方面的记载远多于其他各种灾害的记载。综合这些对当时黎族地区旱灾记载的资料,我们可以得出黎族地区的旱灾所带来的危害和损失有如下三个特点:

一是地区分布不均衡。虽然各地都会有不同程度的旱灾,但以地处海南岛西南部和西部的乐东、东方两县的旱情最为严重,所遭受的危害与损失也最大。有一份调查资料显示,在当时的黎族苗族自治区 7 个县中,"以乐东、东方的旱灾比较严重。如 1953 年,乐东县因受旱灾,其中包谷 60% 都没有收获;1954 年,自治区 7 县从 6 月至 8 月初又普遍受旱,其中乐东、东方受灾更严重,有部分稻田没有插秧。根据自治区粮食的统计,仅乐东一县因旱灾 1954 年比 1953 年减产 18 105 500 斤,东方县也因旱而减产"。② 至于为什么乐东、东方二县旱灾严重,所遭受的危害和损失也最大,原因在于这两个县位于海南岛的西南部和西部,而这两个地区恰好就是海南岛从自然地理学角度上划分出的干旱地区。③

二旱灾对农作物所带来的危害和损失比其他任何灾害都要严重、彻底。黎族地区的旱灾在有的地方是年年都有,在有的地方却是隔几年一次,但通常都是小旱灾,带来的危害和损失并不大,然而一旦遇到大的旱灾,它给当地农作物带来的危害是巨大的,给当地百姓造成的损失是非常严重的——这有多个点的调查资料可以证明:

乐东县第二区毛农乡毛或村,1954 年 6、7 月间,"受旱比较严重,全村山栏稻因受旱过甚而失收的达到 1/3。其余损失情况:包谷 2 斗种子,黑豆 21 斗 1 升半,花生 1 斗,而芝麻种子 3 升也全部旱死"。④

白沙县第二区毛跨乡牙开村,1954 年 4 至 7 月发生旱灾,"包谷和山栏稻损失严重。据了解,全村 10 个'合亩'就有 6 个'合亩'所种的包谷全部旱死,颗粒无收,其余 4 个'合亩'也收成有限,不过百十斤,仅可供明年下种之用"。⑤

保亭县第一区番文乡什柄村,1954 年 7、8 月间发生过一次旱灾,"也是近年来比较严重的一次。由于 6、7 里里没有水,晚造迟至 8 月底才插秧。玉蜀黍几乎全部旱死,全村今年收获量只及往年总产量的 1/10(880 市斤)"。⑥

乐东县三平区的番阳乡,"距今 15 年前是旱灾较严重的一年,当年的庄稼全部歉收,群众便结队上山采野果、蔬菜充饥。最后野果也没有了,因此,空套村饿死了人"。⑦

不过需要说明的是,旱灾给农作物所带来严重的危害和损失并非仅限于黎族地区,包括汉族地区在内的整个海南岛范围内都是如此,因为《海南省志·自然地理志》一书曾将海南境内的各种自然灾害的危害程度做过比较,指出"海南旱灾的危害程度仅次于台风灾

---

① 中南民族学院本书编辑组编《海南岛黎族社会调查》(上卷),第 22 页。
② 中南民族学院本书编辑组编《海南岛黎族社会调查》(上卷),第 21 页。
③ 曾昭璇、曾宪中著《海南岛自然地理》,第 44 页。
④ 中南民族学院本书编辑组编《海南岛黎族社会调查》(上卷),第 111 页。
⑤ 中南民族学院本书编辑组编《海南岛黎族社会调查》(上卷),第 281 页。
⑥ 中南民族学院本书编辑组编《海南岛黎族社会调查》(上卷),第 357 页。
⑦ 广东省编辑组编《黎族社会历史调查》,第 130 页。

害,每年遭受各种自然灾害的农田面积和粮食减产损失中,旱灾占一半以上"。①

三旱灾给黎族百姓种植的"山栏稻"所造成的危害和损失特别大。由于山栏稻通常都是种植在山坡上,也即烧垦过的山地上,无法灌溉,完全依赖天上的雨水,因而一旦受旱,损失会特别严重。如白沙县第二区红星乡番响村的"山坡地也是全赖雨水,别无其他水利,因而今年大旱仅第一组便死去山栏稻的四成"。② 又如琼中县第三区堑对乡堑对村,大概每 10 年内就要发生七、八次旱灾,"今年的旱灾是近几年来较为严重的一次,由 5 月起到 8 月止,旱期达四个月。本村的山栏稻约有四成旱死"。③

(四) 鸟害带来的危害和损失

20 世纪 50 年代的调查资料中,对鸟害的记载相对较少,可能是鸟害与其他灾害相比,它给百姓带来的危害和损失要小得多。在当时的黎族地区,每当稻谷开始抽穗即将成熟的时候,各种害鸟便会飞来啄食稻谷,给农作物带来危害和损失。如果害鸟是单个过来啄食,对农作物的危害并不大,但如果是成群结队地飞来,那对农作物带来的危害也不小,给黎族百姓也会造成一定的损失。

在黎族地区的各种害鸟当中,有一种鸟叫"巴利鸟",它就喜欢成群结队活动,因而对当地造成的危害不轻。如在白沙县第二区红星乡番响村,"每当山栏稻扬花结谷时,'巴利鸟'丁清晨便开始成群结队飞来吃禾花及谷穗。此种鸟极难防范……'巴利鸟'之为害,仍然严重"。④

(五) 兽害带来的危害和损失

前已述及,在 20 世纪 50 年代的黎族地区,经常出来祸害农作物的"害兽"有:山猪、猴子、老鼠、山鹿、黄琼、箭猪。

不过,虽然同为"害兽",但给农作物带来危害的程度却并不相同,危害程度最大的当为山猪和猴子,几乎所有提及兽害的调查资料中,无不把山猪和猴子当作最大的"害兽",并详细列举它们对农作物所带来的危害和损失,如在乐东县第二区毛农乡一带的自然灾害中,"以兽害最为严重。其中山猪为害最甚。1953 年毛或村被山猪吃去 10 箩谷(约350 斤)。包谷受害最大,每年每个'合亩'多者被吃去 2/3,少者也达到 1/3。群众虽然加以猎杀和防御,但始终无法根绝。同时,山中还有成群的猴子,在稻谷、包谷、番薯和木薯等成熟时,结队到田间为害"。⑤ 又如在乐东县第一区南筹乡南只纳村,"兽灾有山猪、猴子、黄琼等。山猪出动,少则一二头,多则 10 余头,一个晚上可吃光 2 斗种面积的谷物;猴子更是成群结队出动,往有 100 只左右,对作物损害也很厉害"。⑥ 再如在东方县第二区水头乡老村,"这里靠近山岭,遍布着丛林,所以野兽很多,其中对农作物危害最大的,是山

---

① 海南省地方志办公室编《海南省志·自然地理志》,第 365 页。
② 中南民族学院本书编辑组编《海南岛黎族社会调查》(上卷),第 460 页。
③ 中南民族学院本书编辑组编《海南岛黎族社会调查》(上卷),第 602 页。
④ 中南民族学院本书编辑组编《海南岛黎族社会调查》(上卷),第 461 页。
⑤ 中南民族学院本书编辑组编《海南岛黎族社会调查》(上卷),第 110 页。
⑥ 中南民族学院本书编辑组编《海南岛黎族社会调查》(下卷),第 36 页。

猪和猴子。山猪在阴历9—10月出动,每晚要吃去大量快要成熟的稻谷和番薯等。至于猴子,在阴历八月间就开始危害尚未露头的幼穗,9—10月间更要吃已经成熟的谷子,一来便是一大群,往往有一、两百只,所以危害也很严重"。①

老鼠对农作物的危害也有几份调查资料提及,如在东方县第三区罗田乡田头村的调查资料中,提到"老鼠在谷子成熟后,到田中将禾秆咬断来吃谷粒。谷子收割回家后,又被老鼠来吃,由于老鼠数量多,对农作物的损害也很大"。② 在白沙县第一区白沙乡儋州村的调查资料中,提到"这里山多林密,所以野兽很多,主要有山猪、猴子和老鼠等……而老鼠则不仅在田野里咬断秆吃谷粒,而且在谷子收割回家后,又藏在屋子里长期吃谷物。所以这些兽害本身是相当严重的"。③

山鹿对农作物的危害情况只在东方县第三区罗田乡田头村的这一份调查资料中谈及,说这里的"山鹿在禾苗尚未抽穗时便来吃禾叶,一只山鹿在一个晚上便可以吃光约半亩的禾苗"。④

至于黄琼和箭猪,调查资料中只提及了它们的名字,对于它们是如何祸害农作物的,则未提及。

(六)病虫害带来的危害和损失

在20世纪50年代的调查资料中,记载有关病虫害的内容并不多,可能是因为病虫害这种自然灾害虽然广泛存在,但其给农作物带来的危害与其他灾害相比,要小得多。的确,在调查资料中,对病虫害的描述大多是轻描淡写或一笔带过,只有在某个村寨发生过较为严重的病虫害时才会多费一些笔墨。如在白沙县第二区红星乡番响村,"这里每年都有病虫害,多发生于插秧除草之后的6月间,特别是今年病虫害比过去严重。如王政法于今年6月初的晚造田被虫吃去稻芯损失达1斗种籽的面积,占播种面积的1/3;又王任长亦损失达1斗种籽,王政宣损失5升种籽,第二组全组稻田损失约1/5"。⑤ 又如在东方县第三区罗田乡田头村,"每年的农历六、七月间,往往有病虫害发生,主要有剃枝虫、蝗虫等。发现田中有大量害虫时,要马上捕杀,否则到了晚上,整块田禾都会被吃光……1954年又发生了蝗灾,损害了稻田约11亩。此外,群众反映当地还有一种'虻虫',肉眼看不见,一旦稻田内生了'虻虫',禾苗会由青转黄变黑而枯死,但这种情况很少"。⑥

最后,需要说明的是,调查资料中反映,各种害虫所损害的农作物主要局限于"稻子"这种农作物上,对其他农作物的损害记载则没有见到。

三、黎族人民应对各种自然灾害的防御方法

20世纪50年代,在中国的历史上是一个承上启下的时代,一方面是国民党政权刚刚被推翻,但旧的传统的观念和认识仍然在民间广泛保留,另一方面是新生的中华人民共和

① 中南民族学院本书编辑组编《海南岛黎族社会调查》(下卷),第451页。
② 中南民族学院本书编辑组编《海南岛黎族社会调查》(下卷),第152页。
③ 中南民族学院本书编辑组编《海南岛黎族社会调查》(下卷),第323页。
④ 中南民族学院本书编辑组编《海南岛黎族社会调查》(下卷),第152页。
⑤ 中南民族学院本书编辑组编《海南岛黎族社会调查》(上卷),第461页。
⑥ 中南民族学院本书编辑组编《海南岛黎族社会调查》(下卷),第152页。

国政权已经建立,现代的、科学的观念和认识开始进入黎族社会,人们从而对于自然灾害有了全新的认识。这反映在调查资料中的是:对于自然灾害,过去的黎族百姓除了防御鸟、兽还有一些办法外,对于风、水、旱、虫等灾害,则根本谈不上什么防御;而随着新中国的建立,现代的科学技术逐渐传入黎族地区,加上人民群众被很好地动员组织起来了,一些对付各种自然灾害的新的防御方法开始出现。

(一) 应对风灾与水灾——从无力抵抗到可以防御

黎族地区的风灾与水灾,往往是合在一起的"风雨灾",它主要是随着台风的到来,倾盆大雨也同时降临所造成的。在过去,由于气象预报系统的缺失,人们根本无法预知台风会在什么时候到来,"虽然有部分老农凭经验看天色,可以在一天或几个小时之内预知台风或暴雨降临,但因时间短迫,已来不及防御,只得听天由命"。[1] 台风一旦到来,狂风裹挟着暴雨,往往是连续几天,从而会造成巨大的破坏。所以,在1949年以前,黎族百姓对于风灾和水灾的认识是:这是一场无法防御的天灾,根本无力抵抗,因而谈不上有什么防御方法。因此我们在20世纪50年代的调查资料中发现的基本上都是风灾和水灾给当地老百姓造成的损失,至于防御方法,则没有记载。

1950年5月1日以后,中华人民共和国的各级地方政权和各个机构开始在海南岛各地建立,气象部门也随之建立,可以提前预报台风的到来了。于是我们发现,在黎族地区,人们防御台风的方法开始出现了——这可是以前从来没有过的事。如在乐东县三平区的番阳乡的调查资料中说道:"解放前群众对风灾是无力抵抗的,解放后乡政府及时传达气象部门通知的风警,使群众做好抗灾的准备,减少了风灾的损失。他们抗灾的办法,一般是用绳子或藤条将房子的梁柱系紧,像在沙漠中撑帐房那样,拉伸拴在房屋四周的木桩上,以防倒塌;对农作物及时抢救或采取防御措施。"[2]

(二) 应对旱灾——从依靠"禁忌"到多管齐下

1949年以前,绝大部分的黎族地区都没有什么水利设施,所以一遇到灾旱,除了上山采野果、野菜充饥外,几乎束手无策;如果说黎族百姓还有什么办法来抗旱的话,那就是用"禁忌"的办法阻止旱灾的到来。比如说在保亭县第四区加茂乡毛琳村,每年过旧历年未过年初四,忌搞生产,忌入别人家串门,或进别村,否则天旱,生产不丰。[3] 当然这种荒诞不稽的抗旱方法自然是毫无用途的,旱灾该到来时依旧会到来的。

1949年以后,随着中华人民共和国的建立,海南也回到了人民的怀抱。在海南各级地方政府的领导下,黎族人民采取了种植耐旱作物、挑水抗旱和修建水库等各种办法进行抗旱。如在乐东县第二区头塘乡头塘村,村委会组织大家开垦了新的坡地,在坡地上全年都轮种着各种耐旱作物,其中以红薯和花生为主,"每年4月种下花生和小米,8月收获后种红薯,到次年3月收红薯后又种花生,如此年年反复轮种"。[4] 在乐东县三平区番阳乡,

① 中南民族学院本书编辑组编《海南岛黎族社会调查》(上卷),第122页。
② 广东省编辑组编《黎族社会历史调查》,第130页。
③ 中南民族学院本书编辑组编《海南岛黎族社会调查》(下卷),第550页。
④ 中南民族学院本书编辑组编《海南岛黎族社会调查》(下卷),第39页。

"1953年发生旱灾时,人民政府领导群众挑水抗旱,大力进行救济,帮助群众度荒,是年没饿死人。政府在抱隆村山下修建的水库竣工后,将减轻旱灾对人民的威胁"。①

(三) 应对鸟害——传统的防御方法仍然有效

在黎族地区,飞鸟对农作物的危害主要体现在两个时候:一是在稻谷播种的时候,飞鸟会来啄食谷种;一是在稻谷即将完全成熟的时候,飞鸟会来啄食稻穗上的谷粒。

对于第一个时候,人们为了预防飞鸟啄食刚播下的谷种,会在谷种上盖一层稀泥。②

对于第二个时候,黎族百姓采用的办法主要是以下三种:"一种是用竹筒造成梆子,另以竹壳系一根短棍与梆子上方,使短棍与梆口接触,然后以一根长木或(竹)插于稻田中央或山栏地内,风吹竹壳摇动,则短棍不断敲打,梆子不时'咽咽……'地响,鸟闻声害怕,则不敢接近;另一种是拿枪去看守,见大鸟来则用枪打,小鸟来则大声吓唬,令其飞走。"③第三种办法是"在田中插稻草人,或者由老人和小孩在茅寮里看守,发现鸟群飞来,拉动藤绳子,以它发出的'噼啪'响声驱鸟。"④

以20世纪50年代的调查资料来看,以上这几种办法都是黎族地区多少年来一直在使用的传统的防鸟方法,简单有效。所以到了新中国成立以后,防御飞鸟祸害农作物并没有采用什么新的办法,仍然用的是这几种传统的防御方法。

(四) 应对兽害——多种防御方法相结合

黎族地区的"害兽"不少,有山猪、猴子、黄琼、山鹿、老鼠、箭猪等。这些害兽时常出来祸害农作物,特别是庄稼成熟以后而即将收割时,它们的活动更加频繁。黎族群众在长期的日常生活中,摸索出了许多种对付除老鼠之外的各种防御方法,主要有:

第一,晚上或白天上山巡逻,遇上它们就用粉枪或弓箭射击或放狗追逐;第二,在它们常出没的路口设岗,待其经过时出其不意地射击;第三,在它们经过的地方挖陷阱捕捉;第四,在它们往来的道上,放置活绳套,待其经过触动时,即被捆缚;第五,用竹木做栅篱,把农作物围好,以免遭其损害;第六,用细竹削成刺,一排排插在它们经过的地方;第七,在它们活动频繁的地方,放些烧焦了的头发,山猪闻其味即逃,或在高树上、木栅边悬上竹片,当月黑风大时,竹片会发出不同的声响声,它们闻声也逃。⑤

除了上述七种方法外,还有一些其他的方法:
一、看守。即每天傍晚,便拿枪到田旁预搭的棚内看守至天亮才回家。⑥

---

① 广东省编辑组编《黎族社会历史调查》,第130页。
② 中南民族学院本书编辑组编《海南岛黎族社会调查》(下卷),第246页。
③ 中南民族学院本书编辑组编《海南岛黎族社会调查》(下卷),第252页。
④ 广东省编辑组编《黎族社会历史调查》,第168页。
⑤ 广东省编辑组编《黎族社会历史调查》,第130页。
⑥ 中南民族学院本书编辑组编《海南岛黎族社会调查》(上卷),第123页。

二、在田中做些假人吓唬野兽,使其不敢前来。①

三、"用山猪炮猎山猪。一般是这样进行的,选择种有番薯的地方,用 4 个番薯,将 3 个摆成三角形,中间再放一个夹有山猪炮的番薯。待山猪吃到中间的一个番薯时,火药爆炸,山猪就被炸死而猎获。"②

而对付老鼠,黎族百姓通常使用的是用竹子做的捕鼠器具,效果良好。③

(五)应对病虫害——从听天由命到开始捕杀

在中华人民共和国建立之前,黎族百姓对田里出现的害虫,是不敢捉的,因为他们认为这些害虫都是天神放下来的,不能捉,如果捉了,会触犯鬼怪,罹病闯祸,人畜遭殃,因而只能听之任之,听天由命。

不过这些田里的害虫虽然不能捉,但却可以"赶"。赶虫的办法有两种:一是把吃剩的鱼肚内的肠和血用竹筒藏起,让其臭烂。遇田里生虫时,便将臭烂的鱼肠冲水,用稻草扎成小帚,蘸此水洒于禾上,虫闻臭味即逃跑;二是若遇禾苗长得还不够高时生虫,则将田水灌满,用竹竿把禾苗压于水中一刻,待虫浮出水面,再赶至田的一角,然后把水排去,虫即随水冲至溪中。④ 另外,也可以引诱鸟雀来吃虫子,比如在保亭县第四区加茂乡毛淋村,这里的黎族百姓会"在田的四周插上树枝,给鸟雀停留,让它易于啄食禾中虫类"。⑤

中华人民共和国建立之后,在当地人民政府的宣传、教育、指导和组织下,各地的黎族百姓开始捕捉害虫,如"1954 年 6 月间,福关、毛利两个表共捉虫 14 斤,什勋表捉了 1 090 条"。⑥ 与此同时,人民政府还向黎族百姓发放了六六六杀虫药,用于杀灭害虫。采取了上述捕杀害虫的措施之后,黎族百姓田地里病虫害所带来的损失大大减少了。

四、调查资料对自然灾害记载中存在的问题与不足

以上三节是笔者利用 20 世纪 50 年代的民族调查资料所进行的论述,在使用这些调查资料时笔者一方面要向当年不辞辛劳赴黎族地区进行调查的工作人员表示由衷的谢意,感谢他们为后世留下了一笔宝贵的财富;另一方面笔者也为调查资料中对自然灾害记载里存在的问题与不足感到遗憾。

存在的问题与不足主要体现在两个方面:

(一)是对自然灾害记载的内容过少

前已述及,关于黎族自然灾害多方面的记载主要是在《海南岛黎族社会调查》《黎族社会历史调查》和《广东海南少数民族社会历史调查资料汇编》这三部调查资料中。《海南岛

① 中南民族学院本书编辑组编《海南岛黎族社会调查》(下卷),第 495 页。
② 中南民族学院本书编辑组编《海南岛黎族社会调查》(上卷),第 625 页。
③ 广东省编辑组编《黎族社会历史调查》,第 16 页。
④ 中南民族学院本书编辑组编《海南岛黎族社会调查》(上卷),第 122 页。
⑤ 中南民族学院本书编辑组编《海南岛黎族社会调查》(下卷),第 495 页。
⑥ 中南民族学院本书编辑组编《海南岛黎族社会调查》(上卷),第 197 页。

黎族社会调查》一书中对黎族自然灾害的记载是在其每一个调查点的第三部分"经济结构"的第一节"基本情况"里的第一小节"自然灾害"里,但内容并不多。每一个调查点中"自然灾害"的内容多的也只有一千余字,少的仅有三四百字,非常有限,对每一种灾害大都是点到为止,几乎没有深入的描述。更何况并不是每一个调查点中都有对自然灾害的记载。笔者通过对22个调查点材料的分析,发现记载了自然灾害方面内容的仅有14个点,也就是说,还有8个点的调查材料根本没有涉及自然灾害。在《黎族社会历史调查》中一共有6个点的调查资料,其中记载有自然灾害方面内容的只有3个点,这3个点中每个点对自然灾害内容的记载都只有二三百个字,比《海南岛黎族社会调查》一书中的记载更少。而在《广东海南少数民族社会历史调查资料汇编》中包含有5个乡的黎族社会调查资料,其中只有2个乡的调查资料谈及自然灾害,其中一个乡用了200多字,另一个乡只用了34个字,更是少得可怜。

因此,这就严重影响到了我们对当时黎族地区自然灾害的分析和研究。而之所以会出现这种情况,笔者分析主要原因是当时的调查人员仅仅只是把自然灾害作为他们调查范围中一个很小的、甚至是可有可无的问题对待,重视程度不够,自然就不会投入过多的精力和时间,也不会在最后形成的调查资料中花费更多的笔墨。

(二) 是对一些自然灾害种类记载的缺失

何谓"自然灾害"? 自然灾害是指给人类生存带来危害或损害人类生活环境的自然现象,包括干旱、高温、低温、寒潮、洪涝、山洪、台风、龙卷风、冰雹、风雪、霜冻、暴雨、暴雪、冻雨、大雾、大风、结冰、霾、雾霾、地震、海啸、滑坡、泥石流、浮尘、扬沙、沙尘暴、雷电、雷暴、球状闪电、火山喷发等。中国的国家科委、国家经贸委自然灾害综合研究组将自然灾害分为七大类:气象灾害、海洋灾害、洪水灾害、地质灾害、地震灾害、农作物生物灾害和森林火灾。

对比上述自然灾害的种类,我们发现,黎族地区在20世纪50年代时仅记载了风灾、水灾、旱灾、鸟害、兽害和病虫害六种自然灾害,而很多种类的自然灾害并没有记载。当然,如火山喷发、暴雪、沙尘暴这样的自然灾害在黎族地区自然是没有的,用不着记载;但是的确还是有一些种类的自然灾害在历代的地方志中有记载,而20世纪50年代的调查资料却看不到的,例如:

1. 雷电。即由于电闪雷鸣现象而出现的行人被击死击伤的现象,这种现象在黎族地区经常出现,从古到今的地方志中常有记载,而在调查资料中没有见到。

2. 低温寒害。海南岛尽管处于热带地区,年平均气温是比较高的,但不代表月月气温都高。有资料显示,在每年的12月至次年2月之间,偶尔会出现低温阴雨或霜冻等天气,此时正值早造播种、育秧、插秧时节,往往会造成烂秧、死苗等现象。[①] 这种自然灾害的现象在海南的黎族地区并不罕见,可是调查资料对这一自然灾害的记载是缺失的。

3. 地震。海南岛属于地震多发区,黎族地区也偶尔会发生地震。例如:"1950年,林

---

① 编纂委员会编《白沙县志》,南海出版公司,1992年,第60页。

旺、藤桥地区(均在黎族地区——笔者注)西北方向发生 3.1 级地震。"①我们发现,没有哪一份调查资料里提到过地震。

此外,在调查资料中记载的病虫害,完全局限于给稻子这种农作物带来危害的病虫害。但是,黎族百姓种植的农作物可并非稻子这一种,还有番薯、玉米、高粱、花生之类的杂粮作物,南瓜、冬瓜、丝瓜、萝卜、豆角、白菜等蔬菜类作物,椰子、槟榔、芒果、甘蔗、荔枝、龙眼、香蕉之类的经济作物。这些作物同样会受到来自各种害虫的危害,如危害番薯的害虫有番薯小象鼻虫、番薯茎螟、番薯暖地麦蛾等,危害玉米的害虫有玉米螟等,危害花生的害虫有花生蛀牙、斜纹夜蛾、花生卷叶虫等,危害蔬菜的害虫有菜蚜、菜螟、菜蛾、粉蝶、二十八星瓢虫、豆卷叶虫等,②危害椰子的害虫有椰心叶甲等,危害槟榔的害虫有黑刺粉虱等,危害芒果的害虫有芒果扁啄叶蝉、芒果切叶象甲等,危害甘蔗的害虫有甘蔗棉蚜,甘蔗蓟马等,危害荔枝的害虫有荔枝蝽、荔枝小灰蝶等,危害龙眼的害虫有龟背天牛等,危害香蕉的害虫有香蕉冠网蝽、香蕉弄蝶、香蕉交脉蚜等,③这些众多种类的害虫同样也给黎族百姓种植的农作物带来了不同程度的危害和损失——但遗憾的是,上述 20 世纪 50 年代的调查资料中完全忽略了这些。

因此,我们可以说黎族地区的自然灾害种类在 20 世纪 50 年代的调查资料中的记载并不全面,是有缺失的。之所以会出现这种情况,可能与他们当年记载自然灾害时,过于强调只记载给农作物中的稻子带来危害和损失的自然灾害种类有关。

五、结　语

以上我们论述了 20 世纪 50 年代调查资料中记载的发生在黎族地区的多种灾害以及这些灾害带来的危害、损失和黎族人民的应对防御措施,从这些记载中我们还可以发现出如下一些特点:

(一)是黎族地区 50 年代存在的各种自然灾害大都是千百年来周期性发生的,是难以根除的。黎族百姓长期以来形成的一些传统的应对防御方法尽管有些是有效的,但要达到从根本上去除这些自然灾害,还是做不到的。所以,我们发现,此后上述多种自然灾害,在黎族地区仍然周期性地频繁发生,以至于到了今天依然如此。

(二)是黎族地区发生的自然灾害有多种,但并不是每一种自然灾害带给人们的危害和损失程度都是相同的,而是有差异的,有的危害大些,如风灾、旱灾、兽害;有的危害轻一些,如鸟害、病虫害。因而人们对于不同的自然灾害有不同的认识,也有不同的应对防御方法。

(三)是 20 世纪 50 年代,正是国民党政权被推翻新中国刚刚建立的一个新旧交替时期,也是黎族社会从传统走向现代的一个承上启下的时期。这一时期,体现在应对各种自然灾害的防御方法方面就非常明显。我们发现,既有使用了不知多少年的传统方法,也有在人民政府建议和组织下采用的新方法,因而呈现出多姿多彩的状态。

---

① 编纂委员会编《三亚市志》,中华书局,2001 年,第 159 页。
② 海南省地方史志办公室编《海南省志·农业志》,第 267—273 页。
③ 程立生等编著《热带作物昆虫学》,中国农业出版社,2006 年,第 2—5 页。

Natural Disasters are in Li Nationality Areas and their Defense Methods
——Based on the Research of Survey Data in the 1950s
Wang Xianjun，Hainan Normal University

Abstract： In the 1950s，several ethnic surveys were carried out in the Li ethnic areas in Hainan，after which a batch of very valuable survey data was compiled and published. These survey data record some natural disasters. Based on these survey data，this article carefully studied the various natural disasters which occurred in the Li nationality areas that year. The research included the types of natural disasters，the harm and losses that natural disasters brought to people，and the defense methods that people took in response to various natural disasters.

Key Words： Li Nationality Areas；Natural Disasters；Type；Harm；Defense Methods

（本文作者为海南师范大学历史文化学院教授）

元纳钵史地杂识

特木勒

摘　要：元代两都之间辇路及其沿线纳钵的位置一直是蒙古史、元史学者关注的问题。本文考证了有关两都之间辇路的两个纳钵——马家瓮和夺罗欢火失温的地理方位，考察了涉及纳钵事务管理的经正监（奴都赤）职掌和差役火里孙。

关键词：两都巡幸；辇路；纳钵；马家瓮；夺罗欢火失温；经正监；奴都赤；火里孙

一

忽必烈及其以后的历代元朝皇帝每年在大都和上都之间例行季节性移动，是元朝政治生活的重要组成部分，学者称为两都巡幸。这种移动本身和移动路径历来受到学者的关注。北京大学罗新教授一行 2016 年夏躬自行踏，用半个月时间完成了徒步走完全程的壮举。他的旅行记《从大都到上都：在古道上重新发现中国》2018 年出版，也使得这条古道在全球中文读者群中广受关注。作者选择的路径"黑谷辇路"主要是根据陈高华和史卫民两先生在《元上都》中确定的。《元上都》第二章《两都巡幸与交通》根据周伯琦扈从纪行诗，列出了黑谷辇路上大口、黄堠店、皂角、龙虎台、棒槌店、官山、车坊、黑谷、色泽岭、程子头、颉家营、沙岭、失八儿秃至南坡店等十八处地名。① 贾敬颜先生从文人文集中发掘出更多的史料，对周伯琦纳钵名录进行疏证，拓宽了我们的视野。相较于辽金纳钵（捺钵），元代纳钵名在文集和公文书中多次出现，这使元代纳钵研究有了更广阔的空间。随着《至正条格》的发现和刊布，元代纳钵史料的这一特点更加凸显。晚近纳钵研究的新成果就是对这种特点的回应。② 居庸关内的纳钵，地理位置大体是清楚的。龙虎台之名，《元朝秘史》第 247、272 节和元武宗八思巴字圣旨碑文里出现过。这碑文就是至大二年武宗皇帝颁赐给平遥太平崇圣宫的圣旨，其末尾以蒙古语说明时间和空间坐标 takiy-a ǰil namur un ečüs sara in tabun šine de dekter-e büküi dür bičibei。硬译体汉文写为"鸡儿年九月初五日龙虎台里有时分写来"。③ 其位置在居庸南口之新店。④ 还有皂角纳钵，《永乐大典》所收《南台备要》的文书里有记录："至正十二年四月三十日，皂角捺钵里马上来时分写来"云。关于皂角捺钵的方位，陈晓伟教授认为就"在龙虎台之南，两地相近"。

---

① 陈高华、史卫民《元大都元上都研究》，中国社会科学出版社，2020 年，第 153 页。
② 陈晓伟《释"答兰不剌"》，《历史研究》2015 年第 1 期；朱翠翠《元代纳钵若干问题新论》，《青海民族研究》2018 年第 1 期。
③ 按，《元朝秘史》两次出现"失舌剌迭克秃儿"（šira dektür），旁译都是"龙虎台名"，参见《元朝秘史》乌兰校勘本，中华书局，2012 年，第 340、383 页。呼格吉勒图、萨如拉《八思巴字蒙古语文献汇编》，内蒙古教育出版社，2004 年，第 87 页。
④ 贾敬颜《五代宋金元人边疆行记十三种疏证稿》，中华书局，2004 年，第 315 页。

出居庸以后到沙岭之间的纳钵地理位置,很多都还有待考察。陈晓伟教授的文章《释"答兰不剌"》证明,纳钵"答兰不剌"在缙山县香水园一带。他的研究提醒我们,纳钵的汉语名和蒙古语名似乎经常不对称。周伯琦《扈从集》有"过居庸关而北,遂自东路至瓮山"句。① 按,《扈从集》是被清人灾梨祸枣较深的元人文集之一。例如,"纳钵"被改为"巴纳",是四库馆臣据满语 ba na(意谓地方)强改的。但是也有例外,《扈从集》所记纳钵名"瓮山",未必有改动。中国国家图书馆藏两种清抄本印证了一点。② 关于这个瓮山,贾敬颜先生《周伯琦〈扈从诗前后序〉疏证稿》引用虞集《道园学古录》卷二《题滦阳胡氏雪溪卷》说:

> 去年予与侍御史马公同被召,出居庸未尽,东折入马家瓮,望缙山,度龙门百折之水,登色泽岭,过黑谷,至于沙岭乃还。道中奇峰秀石,杂以嘉木香草,辇道行其中。予二人按辔徐行,相谓颇似越中,但非扁舟耳。适雨过流潦如奔泉,则亦不甚相远。③

"去年"应该是指天历二年(1329)虞集与马祖常受文宗召往上都,他们经行的就是辇路。贾先生据"出居庸未尽,东折入马家瓮"句推断"瓮山,殆此马家瓮也"。④ 笔者认为推断是能够成立的。马家瓮纳钵应该是出居庸关以后的第一个纳钵,其位置应该就在过岔道城以后,在西新路岔道新村或者旁近。2016 年,北京大学罗新教授一行过了岔道城以后也是在这里折向东北的。⑤ 马家瓮纳钵在元朝公文书里也出现过,该书《元典章·户部》卷十收录的文书《科添二分税粮》说:

> 延祐七年四月二十一日,也先帖木儿怯薛第二日,马家瓮纳钵里,火儿赤房子内有时分,速古儿赤定住、昔宝赤买驴、怯烈马赤站班、必阇赤也里牙、给事中也灭劫歹等有来。⑥

留存至今的元代公文书,至少有三个共同要素:首先是时间坐标,就是年月日等信息。在硬译体文书中,格式多类似"龙儿年某月某日"。其次是空间坐标,格式多类近"答兰不剌里有时分写来"句;第三个维度就是参与议政的官员和当时在场的怯薛官的名字会作为见证人会出现在公文中。马家瓮纳钵名就是作为空间坐标出现在上引公文书中的。延祐七年四月,适值英宗即位不久,在往上都途中,队伍经过这个马家瓮纳钵。按,《扈从集》所列辇路纳钵名录中有一处名为"瓮山",是过居庸关以后的第一个纳钵,此处《元上都》写作"官山",指出"官山在今延庆县永宁城西北十五里处,原名牧牛山,今名'独山',山下有牧

① 周伯琦《扈从集》,《影印文渊阁四库全书》本,台湾商务印书馆,1986 年。
② 《周翰林近光集》卷三《扈从诗前序》,中国国家图书馆藏清抄本。
③ 虞集《道园学古录》卷二,《四部丛刊初编》第 76 册,第 31 页。《元诗选初集》丁集的句读稍有不同,中华书局,1987 年,第 858 页。
④ 贾敬颜著《五代宋金元人边疆行记十三种疏证稿》,第 356 页。
⑤ 罗新《从大都到上都:在古道上重新发现中国》,新星出版社,2018 年,第 84 页。
⑥ 陈高华、张帆、刘晓、党宝海点校《元典章》,中华书局、天津古籍出版社,2011 年,第 949—950 页。洪金富校定本《元典章》,"中研院"史语所,2016 年,第 894 页。

牛泉,可能就是九十九泉",①其依据应该是《圣武亲征录》贾敬颜先生校注本的意见。贾敬颜先生发掘大量史料认为元太宗辛卯年(1231)"避暑于官山"之官山"似非"今乌兰察布境内的官山和九十九泉,而是《水经注》所记,位于永宁县的牧牛山及其下的九十九泉。②看来所谓瓮山就是官山了。

虞集和马祖常过了马家瓮纳钵之后就"望缙山"。如此说来,应该距离答兰不剌不远了。元朝皇帝在答兰不剌之地停留次数很多,留下多个记录,《元典章》和《经世大典·站赤》所录文书里多次出现"答兰不剌",元成宗大德二年颁赐给彰德路林州宝严禅寺的圣旨碑文就是"狗儿年三月初三日七十个井儿有时分写来。"这个"七十个井儿",八思巴字写为dalan-bolaq,意谓七十眼泉。这个地名就是《元典章》文书所记"答兰不剌",陈晓伟教授认为也是一处纳钵名,考证其位置"最有可能在缙山县境内"。③ 他据时间和旅程推算,答兰不剌之地应该在缙山附近。虞集所谓"度龙门百折之水"以及《水经注》关于牧牛山下九十九泉的记录让我们联想到"答兰不剌",即所谓"七十眼泉"的画面。

如果说答兰不剌在缙山境内,我们大体可以推断,马家瓮和答兰不剌两纳钵应该都算是八达岭山后的山间平地。车坊,《元上都》认为在缙山县东。官山和车坊应该都在山间平地。这两个地名可能与马家瓮和答兰不剌有对应关系。答兰不剌之后,到黑峪口,巡幸队伍就要进入山区了。行近色泽岭,《元上都》引周伯琦诗句"车坊尚平地,近岭昼生寒。拔地数千丈,凌空十八盘"说"色泽岭今名佛爷崮,海拔1 252米"。④ 关于这个山地道路的地形,周伯琦描写说:"其山高峻,曲折而上,凡十八盘而即平地。"这段曲折险峻的山路,罗新教授认为就是从黑峪口到分水岭盘云岭山口之间的盘山路段。

二

周伯琦诗文说,他在"十八盘"山路之后"历龙门及黑石头,过黄土岭,至程子头"等地。此龙门恐怕不是虞集所说的龙门。《元上都》的作者推断,周伯琦所说的龙门就是龙门所,至于"程子头今地不详,似应为龙门所东北的东万口。"⑤在龙门所附近右拐向东,翻越山坡,在岭东左拐向北,进入黑河谷地,这应该就进入了黑河谷地,在进入黑峪口之前的地形和黑河流域山间平地的地貌风光令虞集与马祖常二人联想到越中风貌,两人不禁"相谓颇似越中,但非扁舟耳"。《元典章》收录的文书还出现了一个纳钵名,那就是"夺罗欢火失温"。与答兰不剌之名一样,夺罗欢火失温也应该是纳钵的蒙古语名,在周伯琦诗文名录里的哪个纳钵相对应,尚待考订。此地名出自《元典章·兵部》卷三所收的文书《禁约差役站户》:

> 皇帝圣旨:行中书省官人每根底,行枢密院、行御史台、宣慰司官人每根底,廉访

---

① 陈高华、史卫民《元大都元上都研究》,第138、153页。
② 贾敬颜校注,陈晓伟整理《圣武亲征录》(新校本),中华书局,2020年,第316—320页。
③ 陈晓伟《释"答兰不剌"》,《历史研究》2015年第1期。按,答兰不剌之地有所谓"四角殿",我们或许可以期待此地以后能发现元代建筑遗址。
④ 陈高华、史卫民《元大都元上都研究》,第153页。
⑤ 同上。

司,管城子的达鲁花赤每根底:火失不花奏将来:"蛮子田地里有的站户每说有:'自立站以来,除当站外,不拣甚么差役不当有来。如今管民官每重要差役有。忙的、不忙的使臣每都骑铺马有。'么道奏将来。如今"忙的根底铺马里,不忙的使臣每根底牛、驴、船与者,站户每根底,除当站外,不拣谁休重科差役者!"道来。这般宣谕了呵,不忙的骑铺马的,站户每根底重科差役的人每,有罪过者!圣旨俺的,蛇儿年三月初六日夺罗欢火失温有的时分写来。①

文书的主题是"蛮子田地里"的站户们被地方管民官"重科差役",中书省、枢密院和御史台的官员报请皇帝,严厉禁止。这件文书末尾所署的日期是"蛇儿年三月初六日"。我们要解决的第一个问题是,这个蛇儿年是哪个蛇年?洪金富先生认为是至元三十年。文书中出现的火失不花是通政院官员,活跃于至元二十九年,也就是壬辰年(龙儿年)前后。我们可以据此推断,这个蛇儿年就是龙儿年之后的至元三十年癸巳年吗?《元典章》所收录的文书本身没有更多用来佐证的信息。这件文书同样被收录在《经世大典·站赤》里,文字完全相同。有所不同的是,《经世大典·站赤》在其所收录的这件文书之后还收了一件大德元年的文书,为我们确定时间坐标提供了证据:

> 大德元年,湖广行省札付,据通政院呈,本院官奏奉圣旨,分院前来镇江置立,整治江南四省站赤。除钦遵外,后站户人等往往赴院陈告:各路府州县差充里正、主首杂泛差役,耽误应当站赤。于至元三十年三月初六日奏奉圣旨节该:站户每除当站外,不拣谁休重科差役者!这般宣谕了呵,重科差役的人每有罪过者!钦此。②

大德元年这个文书援引了至元三十年的圣旨。这个圣旨就是前引蛇儿年的圣旨,所谓至元三十年三月初六日就是蛇儿年三月初六日。这件文书所讨论的是同一件事,也就是江南四省各路府州县强迫站赤充当里正主首等杂泛差役。这就是"蛮子田地里"的站户,管民官让他们"重科差役"。现在我们可以得出结论:前引文书的时间蛇儿年就是至元三十年癸巳年。洪金富先生的考订是正确的。

接下来的问题是,"写来"圣旨的夺罗欢火失温之地在哪里?"夺罗欢火失温"是蒙古语地名 Doloγon qošiγun 的汉字音写,意谓七个山峰。③这个蒙古语地名相信早已吸引很多元史学者的关注,但是关于其地望,却无从知晓。辇路途径今日河北赤城县。赤城县博物馆原馆长李沐心关注赤城县境内的文物古迹,考察的足迹遍及县内所有地域,长期注意

---

① 陈高华等点校《元典章》,第 1256—1257 页;洪金富校定本《元典章》,第 1131 页。

② 《永乐大典》,中华书局影印本,1986 年,第 7272 页下。

③ 按,"夺罗欢"之"夺"字本是入声,宋代以后入声消失,在《中原音韵》和《蒙古字韵》中,"夺"、"罗"、"火"都属歌戈韵部。元明时代音写蒙古语词,歌戈韵部汉字多写蒙古语第四元音 o 音节,夺对应 do,罗对应 lo 和 ro,火对 qo;欢,属桓欢韵部,对应 on 结尾的蒙古语音节。总之,蒙古语"七"本写为 doloγan,因为元音后同化,读作 doloγon,因此有了"夺罗欢"的音写。歌戈韵字写蒙古语第四元音音节例子,《元史》所记"博罗欢"、《圣武亲征录》所记地名"莫那察",亦可形成类比。关于后者的读音考订,参见亦邻真蒙古文论文《莫那察山与金册》,载《亦邻真蒙古学文集》,内蒙古人民出版社,2001 年,第 374—383 页。

搜集和研究赤城县文物古迹信息。2022 年 12 月,李先生发表的微信朋友圈文章《七峰山下报恩寺》为我们考订夺罗欢火失温的地理位置提供重要线索。我们终于可以清楚地说明这个问题了。文章说:"在赤城县东万口乡喜峰嵯村西北 2 千米处的黑河西岸,有一条东南向西北方向延伸的山谷,当地人称之为西寺沟。"2019 年 4 月,李沐心先生对此地进行文物调查,发现龙纹琉璃瓦当、汉白玉石质的龙形碑首残件和赑屃型碑座。更为重要的是,李馆长一行发现了多个带有蒙古文的碑刻残片,这为断定这些古建筑构建的年代提供了重要物证。碑刻的畏兀字蒙古文的字体显然属元代无疑。李馆长认为此地即元代感恩寺遗址。喜峰嵯原名七峰山,笔者推断,夺罗欢火失温恰好对应汉语之七峰。元代黑谷辇路的纳钵之一夺罗欢火失温位于七峰山之地,也就是喜峰嵯。

这里我们还有一个问题要提出来,《元史》的《世祖纪》以后的历代本纪多次记录某某日"车驾幸上都"。所谓"幸",是皇帝从大都出发的日期?还是到达上都的日期?上引记录"夺罗欢火失温"的文书或许可以帮助我们说明这个问题。《元史·世祖纪》至元三十年二月丁未,元世祖忽必烈"车驾幸上都"。这一天是二月二十日(1293 年 3 月 29 日)。所谓"车驾幸上都",应该是从大都启程出发的日子。到三月初六日(4 月 13 日)在夺罗欢火失温之地生成文书,已经是第 14 天了。

三

《扈从集》诗文的题记说黑谷辇路上有十八纳钵。今天我们在赤城境内可以看到沿山脊蜿蜒的雄伟的明代边墙,这些边墙的建设就是为了阻隔内外人群之间的交往,是森严的壁垒。元代没有边墙,但是以往学者研究元代纳钵,多赋予辇路皇家专用专有的特权属性。辇路沿线和纳钵周边的情况究竟如何?我们需要回答以下两个问题:黑谷辇路上有没有站赤?

《元典章》等书所收录的文书中,有一个现象需要引起重视,龙虎台、皂角、答兰不剌、马家瓮、夺罗欢火失温等纳钵名都是在元朝公文书里出现的。有的公文书记录皇帝到达纳钵还很有画面感,"皂角纳钵马上来时"云,这些都说明,元朝皇帝在纳钵停留期间都在处理政务,发出文书。这些公文应该都是在做出决议,形成文书以后就立即发出的。《站赤》记录有一篇至元十六年通政院的文书:

> "'大王每来的时分,去的时分,民户里不交纳钵站家铺马里行有'么道奏有。这的有忙勾当呵,站家铺马里骑者。无忙勾当呵,民户准备钵纳钵着来呵怎生?商量了来也"么道奏呵,"那般者"么道圣旨了也。[1]

结合前后句子进行理解,笔者以为,诸王、公主、驸马到大都"朝见",如果有"忙勾当"可以直接用纳钵站家的铺马。否则,就用民户在纳钵准备相应的物资,接送这些"大王每"。"民户"之后的"里"是工具格助词。这段文书告诉我们至少两点,诸王、公主、驸马到大都朝觐,也经行辇路,此其一;第二,传递文书应该是所谓"纳钵站家"的主要功能。诸王、公主、驸马只有在"有忙勾当"的时候才能使用。关于纳钵,我们还需要提出另外一个问题:

---

① 《永乐大典》,第 7268 页。

辇路沿线的纳钵周边有没有居民？如果有，双方关系如何？纳钵的管理，涉及哪些权力机构？这方面《至正条格》收录的一件元统二年(1334)的文书《侵耕纳钵草地》提供了重要信息。这一年五月二十二日，经正监官员向皇帝报告：

> 在前累朝皇帝时分，大都至上都等处有的纳钵营盘，奉圣旨，教有司官提调者，俺委付火里孙当阑有来。近年以来，盖是有司提调正官，不肯用心提调，火里孙当阑不得有。如今相邻着的百姓每好生侵耕踏践了有。又比及车驾行幸，先行的诸王、公主、驸马，并各枝儿怯薛歹、女孩儿、火者，各爱马人等，于纳钵内，将自己的车辆、头足安下，作践草茇。火里孙每当阑者，倚气力，将火里孙每好生打拷有。为这上头，草长不出来的缘故，是这般有。①

元世祖忽必烈及其以后的历代皇帝统治时期，"大都至上都等处有的纳钵营盘"是划定了固定范围作为禁区的。经正监自称"俺"，说"俺委付火里孙当(挡)拦有来"。需要注意的是，在这一句之前，经正监官员还说还有"有司官提调"又是什么意思？除了经正监"委付"的火里孙以外还有别的官员吗？经正监官员说"有司提调正官不肯用心提调"，所以火里孙不能挡拦，进而导致"相邻着的百姓每好生侵耕践踏了有"。

《至正条格》的发现和刊布激发了蒙古史、元史很多课题的新研究。有幸被收录其中的《侵耕纳钵草地》，为我们提供了很多有趣的信息。这个文书使我们追踪经正监和奴都赤等职官之间的关系。经正监官员为什么指责"有司提调正官不肯用心提调"？《侵耕纳钵草地》还有更多信息，请允许我们继续征引如下：

> 奉圣旨："如今奴都赤内差好人，与中书兵部文书，教他每行与拘该有司。若有司提调官不曾当阑呵，教怹差去的使臣，受敕官就便打肆拾柒下者，受宣官要了他每的招伏，我根底奏者。侵耕的百姓每根底，打柒拾柒下者。自意倚气力入去的，怹将他每的头足挈了，打陆拾柒下者。各处纳钵营盘内，怹委付火里孙每，合着和雇、和买、杂泛、夫役，教有司官出与他每执把的文书，便教除免了者。"钦此。

这个报告源起是经正监向仁宗皇帝报告，提出两都之间纳钵草地被破坏的问题。皇帝的批复说"如今奴都赤内差好人，与中书兵部文书，教他们行与拘该有司"云云，这是要求奴都赤里派人送文书给中书兵部。奴都赤与经正监是什么关系？关于经正监的设立，《元史·仁宗纪》记至大四年七月"甲午，置经正监，掌蒙古军牧地，秩正三品，官五员"。②《元史·百官志》记："经正监，秩正三品。掌营盘纳钵及标拨投下草地，有词讼则治之。大卿一员，正三品；太监二员，从三品；少监二员，从四品；监丞二员，正五品。经历、知事各一员，令史八人，译史四人。至大四年置。监卿、太监、少监并奴都赤为之。监丞流官为

---

① 韩国学中央研究院编《至正条格》，Humanist，2007年，校注本第170—171页；影印本断例24。按，这里的火者指宦官，女孩儿指宫女。
② 《元史》卷二四《仁宗纪一》，中华书局点校本，1976年，第544页。

之。"①关于奴都赤,《至正条格》校注本指出奴都赤就是具体执行经正监职掌的官员。②笔者认为,既然监卿、太监、少监并奴都赤为之",那么元顺帝所说的奴都赤就是指经正监而言的。或者说,奴都赤未必指代某一个或几个具体的人,它就是经正监蒙古语名。《侵耕纳钵草地》有明确答案:

> 七月二十四日,中书省奏:"兵部备着经正监文书里,俺根底与文书:累朝时分,大都、上都等处有的纳钵营盘,教有司官提调着,俺委付火里孙当阑来。近年以来,盖是有司提调正官,不肯用心提调,火里孙当阑不得有。相邻百姓每,好生将纳钵地土侵耕踏践了有。'他每奏过文书的上头,俺教兵部定拟呵:'今后宽纳钵拟设火里孙肆名,窄纳钵贰名,从经正监选择公勤能干之人,依上委用。火里孙不为用心,纵令诸色人等,于纳钵内安下,牧放头疋呵,决肆拾柒下。有司提调不严,致使百姓侵耕,并头疋食践,本管上司取问,受敕官决参拾柒下,受宣官取招呈省。经正监官不为用心提调,依上取问。侵耕并倚气力于纳钵安下牧放人等,钦依奏准罪名科断。'定拟了有。俺商量来,纳钵营盘经正监官,失于整治,量事罚俸。其余的,依着兵部定拟来的行呵,怎生?"奏呵,奉圣旨:"那般者。"

我们之所以引出冗长的文书,是要说明"兵部备着经正监文书里,俺根底与文书"意即兵部据奴都赤咨文,呈文给中书省。兵部文书中从"累朝时分……好生将纳钵地土侵耕踏践了有"部分是兵部文书所援引的"奴都赤"咨文原话。奴都赤的意见认为,两都之间纳钵的管理,向来是有司,也就是中书省兵部派提调正官进行,而奴都赤(俺)则"委付火里孙当拦有来"协同配合管理。但是近年以来,"盖是有司提调正官不肯用心提调",导致"火里孙当阑不得有",进而导致"相邻百姓每,好生将纳钵地土侵耕踏践了有"。奴都赤分明是在责备兵部,也就是"有司提调正官不肯用心提调",才导致纳钵草地被"侵耕"。究竟是"有司提调正官"工作不负责任,还是奴都赤有意在推卸责任,我们还无从审断。无论如何,中书省命令兵部定拟了一个方案:"今后宽纳钵拟设火里孙四名,窄纳钵二名,从经正监选择公勤能干之人,依上委用。"这个"公勤能干之人"充当火里孙。如果"火里孙不为用心,纵令诸色人等,于纳钵内安下,牧放头匹呵,决四十七下"。这是对经正监所派官员的要求;另一方面,"有司提调不严,致使百姓侵耕,并头匹食践,本管上司取问,受敕官决三十七下,受宣官取招呈省。"总之,经正监(即奴都赤)和中书省兵部这两个机构各派各官,协同管理,各负其责,出了问题,各负其罚。最后需要说明的是,经正监派出"勤能公干之人"充当火

---

① 《元史》卷九十《百官志六》,第 2295 页。

② 韩国学中央研究院编《至正条格》校注本,第 171 页注释 27。经正监,法夸尔英译为 The Directorate for Mongolian pastures. 参见 David Farquhar, *The Government of China under Mongolian Rule: A Reference Guide*, Franz Steiner Verlag Stuttgart, 1990. p.349. Mongolian pastures 对应的是"蒙古军牧地"。笔者以为,《元史·百官志》所谓"蒙古军牧地"可能主要指纳钵地土。至于《元史·百官志》该词条的"营盘纳钵",法夸尔英译为 grazing lands among the apanage of Mongolia,理解为蒙古人封地的牧场。笔者认为,辇路上的纳钵草地,应该是皇家季节性的牧场,应与蒙古诸王封地牧场有别。

里孙。这个"火里孙"（qoriɣulsun）①与《元朝秘史》所记录的能只兀勒孙一样，应该是差役名，而不是官职名。

需要特别讨论的是，兵部"备着"的"经正监文书"就是仁宗皇帝敕谕"奴都赤内差好人"给中书省兵部发去的文书。笔者认为，奴都赤就是经正监的蒙古语名，是皇宫内廷机构。《仁宗本纪》所谓"置经正监"，只是给奴都赤加了个汉名，并非新创机构。与作为内廷官员的奴都赤与此相对，"有司提调正官"则是中书省兵部派出的官员，是外朝官员。这里职责和分工很明确，中书兵部派出的就是"有司提调正官"，负责管理纳钵附近的大数目百姓，而奴都赤也就是经正监派出的火里孙则负责管理巡幸队伍方面的人群，包括诸王公主驸马以及怯薛、各爱马方面的人员。至于火里孙，笔者认为应该是经正监差役名。

文书的文字显示，皇家纳钵的牧场似乎格外注重草场的保护。《至正条格》编者给这篇文书题名《侵耕纳钵草地》，但是细读其内容，并不专注牧场被"侵耕"而已。先期行进的诸王、公主、驸马和怯薛队伍的车辆和马匹对牧场草地造成破坏，他们也是"为这上头，草长不出来的缘故"。与此同时，车驾行幸的辇路纳钵周边有定居农耕村落，这是确定无疑的，看来这些纳钵牧场与百姓的农田之间似乎并没有壁垒，"相邻着的百姓"扩大耕种面积，结果是"侵耕纳钵草地"。纳钵周围这些"相邻着的百姓"和诸王、公主、驸马以及怯薛队伍都对纳钵草地造成破坏，引起了元朝中央政府的关注，才产生了这个公文书。关于纳钵牧场周边"相邻着的百姓"，周伯琦也注意到了。当他们到达沙岭以后回望说："自车坊、黑谷至此，凡三百一十里，皆山路崎岖，两岸悬崖峭壁，深林复谷，中则乱石荦确，涧水合流，淙淙终日。深处数丈，间有桥。浅处马涉颇难。人烟并村邬僻处，二三十家各成聚落。"②辇路固然是元朝皇帝"车驾岁清暑上都"之路，但是辇路沿线显然有很多村落。这些村落的土地和纳钵牧场之间看来也没有森严壁垒。

四

游牧于两都之间的巡幸队伍，他们对纳钵的利用应该是季节性的，但是纳钵周近农耕人群却是定居的。辇路上发生于纳钵牧场的两个人群之间特殊的"游牧—农耕关系"看来颇为复杂。《至正条格》收录了泰定三年的公文书《巡绰食践田禾》，文书说："每年上位大都、上都往来经行时分，扎撒孙内差拨，教为头，领着一百名怯薛丹巡绰，但有将百姓田禾食践的，禁约有来。"③是关于巡幸队伍的马匹、骆驼食践沿途庄稼的问题。这似乎更像是秋季返回大都途中发生的问题。之所以这样推测，我们在《至正条格》中还看到，至大四年七月答己太后发文书给李孟，要求他转告仁宗皇帝，禁止先期出发的昔宝赤、帖灭赤人等"踏践田禾"。这件事在《元史·仁宗纪》中有旁证，至大四年闰七月甲辰"车驾将还大

---

① 宫海峰据《元朝秘史》等书史料推断蒙古以-ɣulsun/-gülsün为后缀的职官名词的蒙古语原型。孛可孙（bökegülsün），脱脱和孙（totqaɣulsun），扎撒孙（ǰasaɣulsun），火里孙（qoriɣulsun），参见《蒙元时期的亦里哈温及相关音译问题》，《元史及民族与边疆研究集刊》（第二十六辑），上海古籍出版社，2014年。

② 《周翰林近光集》卷三《扈从诗前序》，中国国家图书馆藏清抄本。

③ 《至正条格》校注本，第172页。

都,太后以秋稼方盛,勿令鹰坊、驼人、卫士先往,庶免害稼扰民"。①

除了土地资源的争夺,还有哪些互动关系?《元典章·刑部》卷十一《剜豁土居人物以常盗论》为我们提供了一个案例。延祐四年(1317)刑部议奏顺德路广宗县发生的剜开瓦房后墙并偷盗财物案件。江西行省为此向中书省请示量刑标准。

> 延祐四年九月,江西行省准中书省咨:
>
> 刑部呈:"顺德路申:'推官朱承德牒:广宗县获贼吴九儿,与逃贼董大秃儿,将王德义瓦房后墙剜开窟穴,偷盗讫财物。若依剜房子例断遣未审外路与大都是否一体。申乞照验。'本部议得,札鲁花赤奏准前例,盖为怯薛歹诸色人等随从车驾,及野处行营之家,凡有资囊行李,尽随车辆帐房,居止去处又无城郭垣篱,遇有剜房豁车之盗,所以重法绳之。使人不敢轻犯。今内外官府往往将州城村落穿取财,伏辕切物贼徒准依上例一体科断,甚失朝廷立法之意。以此参详:今后如有将土居人民房舍、行驾车辆剜豁而取财物者,照依切盗计赃定罪。强取者以强盗论。具呈照详。"

两都之间巡幸的队伍有大量"资囊行李",其中会有哪些贵重物品?罗新教授《从大都到上都》引周伯琦诗文说:"侍从常向北方游,龙虎台前正麦秋。信是上都无暑气,行装五月载貂裘。"皇家御用的貂裘是非常贵重稀有的物品。以往大都及腹里地区发生"剜房子"和"豁车子"的案件,对于这类盗贼,官府曾经"重法绳之",构成了特殊案例。顺德路地方发生同类案件,"若依剜房子例断遣,未审外路与大都是否一体"?刑部的意见认为,虽然罪名都有所谓"剜房",但是"土居人民"的房舍也就是农耕地区的土房瓦房与皇家游牧的蒙古包毕竟不同。内外官府只盯住"剜房"一名,笼统比附,"一体科断"是不对的,这样做"甚失朝廷本意"。这段话的意思总起来说就是,以往皇家巡幸时驻在营盘里的蒙古包被剜开窃取财物的案子,是按特例审断的,曾经"重法绳之"。但是后来"内外官员"审理土居人民剜房子的案件的时候也援以为例,同样"重法绳之",量刑过重,偏离了"朝廷本意"。刑部最后的建议是消除差异,无论是土居人民还是行驾车辆的帐房,只要是剜房切盗(窃盗),都以盗窃罪"计赃定罪",至于强抢的案子,则以强盗论罪。

本文关注的文书的重点是,文书中以往大都"剜房豁车之盗"案件曾经被特别看待,"重法绳之",为什么?刑部官员查到之前札鲁花赤的报告说"盖为怯薛歹诸色人等随从车驾,及野处行营之家,凡有资囊行李,尽随车辆帐房,居止去处又无城郭垣篱,遇有剜房豁车之盗,所以重法绳之,使人不敢轻犯。"②笔者认为,所谓"随从车驾,及野处行营"就包括了两都之间巡幸时候在纳钵里宿顿。元朝皇帝两都巡幸,经行于辇路,住的是帐房蒙古包。宛如草原牧民的转场,途中用度都要提前购置。所有的生活物品,"资囊行李尽随车辆帐房"。纳钵周围经常"无城郭垣篱",也就是说没有任何防护。朝廷为了自我保护,才树立严刑重法,"使人不敢轻犯"。这个文书产生的时间是延祐四年,此前两都之间纳钵之地应该是有此类案件发生,曾经"重法绳之",看来之前就已然有此类案例,才有"内外官员"援以为例,"一体科断"。据此看来,元朝皇帝游猎或者在两都之间巡幸,在纳钵宿顿。

---

① 《至正条格》校注本,第 56 页。《元史》卷二四《仁宗纪一》,第 545 页。
② 陈高华等点校《元典章》,第 1641 页。洪金富校定本《元典章》,第 1142—1143 页。

这些纳钵与周边定居村落人群之间似乎并没森严的壁垒。

鸣谢：在本文即将完稿之际,承蒙复旦大学陈晓伟教授提示和帮助,得以参考中国国家图书馆藏《周伯琦近光集》清抄本。谨此致谢!

Notes on locations and the institute of *Nab*o during the Yuan

Temur，Nanjing University

Abstract：Yuan emperors observed their annual cycle of nomadic activities along the special route between Daidu and Shangdu or *nianlu*. As recorded in Chinese sources there were 18 camps(*nabo*) along the route. Some camps' locations have been discussed and known while others still remained unknown hitherto. This paper is to locate two camps，Doloɣon-qošiɣun and Majiaweng，and to talk about the offices and functions that in charge of governing the *nabo*s.

Key Words：camps(*nabo*)、Doloɣon-qošiɣun、Majiaweng、*Jingzhengjian*，*nuduchi*(*nutuqči*)、*huolisun*(*qoriɣulsun*)

(本文作者为南京大学元史研究室/民族与边疆研究中心教授)

伊利汗国时期南波斯(法尔斯)地区
道路体系的变与不变略谈 *

韩中义　李盼盼　韩紫芸

摘　要：我国文献中出现的波斯(Bosi 或 Posi)就是法尔斯(Fārs)之音,英语中 Persian(波斯语、波斯人)也是从法尔斯(Fārs)这一词转化而来的。法尔斯地区在伊朗历史上占有显要的地位,伊朗很多王朝发祥于此或建都于此,其分布着许多历史名城。因此这里文化发达,名人辈出。法尔斯作为伊利汗国的南部之地,是该汗国双重管理地区,一方面当地有较为独立的地方统治者管理,另一方面伊利汗国派监治官。因此形式上或名义上是伊利汗国的管理地。此地今天的道路交通是古代交通的延续,也是伊利汗国庞大道路体系的有机组成部分,在当时的道路交通中发挥了重要作用,尤其在与元朝交往中起到举足轻重的作用。本文对伊利汗国时期这一地区的道路体系作较全面的考察。

关键词：伊利汗国;法尔斯;道路

一、简述法尔斯地区历史沿革

法尔斯地区是伊朗文化的发祥地,今天此地仍然对伊朗文化有深远影响。伊朗人所讲的语言和使用的文字,被称作波斯语或波斯文,即巴列维文或法赫拉维或婆罗迷(Pahlavi,或 Pahlevi)文,而不称伊朗语或伊朗文①。

该地区位于伊朗东南部,尽管靠近波斯湾和印度洋,但由于地理位置、气压之因,带有水汽的季风很难到达这里,加之低纬度,造成气候干燥炎热,植被稀少,自然条件欠佳。法尔斯地区自然条件的局限并不意味着其社会经济、文化发展的落后。相反,这里历来是伊朗重要的农业地区,主要利用山间溪水和地下坎儿井来灌溉,由于阳光充足,盛产水果。这里也是伊朗最为重要的文化和政治中心,与伊朗古典时期的历史息息相关。

众所周知,古波斯帝国中的阿契美尼德王朝、萨珊王朝就发源于此地,后来逐渐扩展,控制了整个伊朗高原,由此用法尔斯或波斯来称呼整个伊朗地区,尤其在中国古籍中。但这里还要指出的是今天整个伊朗、伊拉克、小亚细亚、埃及一部分、阿富汗、阿姆河以南的辽阔地区在历史上也被称作"伊朗之地(Irān-Shāhr)"。② "伊朗之地"往往和阿姆河以北

---

* 本文获得陕西师范大学 2023 年"一带一路"高水平成果资助计划"《世界境域志》与中世纪中亚历史地理研究"(批号 23YDYLG005)资助。

① Yakut, *Dictionnaire géographique*, *historique et littéraire de la Perse et des contrées adjacentes*, ed by Charles Barbier de Meynard, Paris 1861, p. 428.

② Dr. J. Marqurt, *Ērānšahr nach der Geographie des Ps.Moses Xorenas'i*, Berlin, 1901.

的"图兰（Turān）"是对应的，而"图兰"通常在波斯历史上就是指蛮荒不服管束的地区，如中国之"胡""夷"；西欧之 Babarian。文献中还有"图兰沙（Tūrān-Shāh）"之名。① 这种对立在伊朗著名史诗《列王纪》中做了夸张的渲染叙述。② 实际上《列王纪》不是信史，只是伊朗民族英雄传说的史诗。但这些史诗中提到的一些地名反映了波斯 7 世纪前后的状况。因此，有时候"伊朗之地（Irān-Shāhr）"就是广义的法尔斯或波斯，即整个伊朗。③

法尔斯地区历史上最为辉煌的时期莫过于前文提到的阿契美尼德王朝。今设拉子④东北约 60 公里之地有阿契美尼德王朝留下来的宫殿遗址、巨大石、精美雕刻等，展现了当时王朝的奢华、艺术成就与巨大进步。这里至今是伊朗最负盛名的历史遗迹和文化遗产，是伊朗人回忆古代文化辉煌的活化石，在伊朗历史上具有特殊地位。后来的文献将法尔斯地区说成是伊朗诸朝王都所在地。⑤ 这一说法实际上是不准确的，诸如安息王朝兴起于伊朗东部，都城不在法尔斯地区，而是在东部呼罗珊的纳撒（Nasa）城，后来迁都到赫卡通皮洛斯（Hecatompylos）、⑥泰西封（Ctesiphon）。⑦

3 世纪的萨珊王朝也兴起于此，在古波斯帝国中国祚最久，达 427 年，都城先设在设拉子西北的伊斯塔赫尔城，而后迁到设拉子南边的今菲鲁扎巴德（Firuzabād）城，曾经被称古尔（Gur）城。这里地势险要，自然条件优越，建为团城，城墙有三围，最后将都城迁到泰西封。萨珊王朝是与我国往来最为密切的古波斯帝国，往来关系从三国一直延续到唐初，而且记载极为准确。《魏书》称："波斯国，都宿利城，在忸密（布哈拉）西，古条支国也。去代二万四千二百二十八里。城方十里，户十余万，河经其城中南流。土地平正。"同书记载物产丰富，奇珍繁多。

上文的宿利城，也称苏蔺城，均为 Seleucia 的音译，是泰西封的希腊语名称，⑧位于今天巴格达东南底格里斯河东岸的马达因（Madain），与"河经其城中南流"的记载是一致的。还记述称："国人王曰'医嚖'（Ikhzān，即 Shāhānshah，引者，下同），妃曰'防步率'（Bānbishnan bānbishan），王之诸子曰'杀野'（Shāh）。大官有'摸胡坛（mowbedān）'，掌国内狱讼；泥忽汗（Nixorakan），掌库藏开禁；地卑（Dypwrpt⑨），掌文书及众务；次有遏罗

① 伊本·胡尔达兹比赫《道里邦国志》，宋岘译，第 19 页，中华书局，1991 年。
② 图兰与突厥没有任何关系，后来的各种附会之说也是没有依据的。按照《列王纪（*Shāh Name*）》的说法：图尔（Tur）是法里顿（Faridun）的次子，掌管阿姆河以北的地区，这里的居民是非波斯系的民族，由此将这个地区称之为图兰（Firdausi, *the Shāh Name of Firdausi*, trans by Arthur George Warnar, M. A. London 1905, V1, p. 188；V4, p. 383）。
③ Touraj Daryaee, *Sasanian Persia The Rise and Fall of an Empire*, I. B. Tauris & Co Ltd, New York 2009, p. 39.
④ ［明］宋濂《元史》卷六三《地理志·西北地附录》作设剌子，第 1571 页，中华书局，1976 年。
⑤ Ibnu'l-Balkhī, *Fārsnāmah*, London 1921, p.1.也见 G. Le Strange, *Description of the province Fars*, London, 1912.(后简称《法尔斯志》)。
⑥ 达姆甘西南呼罗珊大道上，今天还能找到遗址，伊朗人称为百门（Sad Darvāzah），和希腊文 Hecatompylos 的含义相同。
⑦ Negin Mir, Historical Geography of Fars during the Sasanian Period, e-sasanika 10, 2009, pp. 1 - 65.
⑧ Strabo, *Geograpy of Strabo*, V3, trans by C. Hamilton, London 1903, pp.152,156,162.
⑨ Philippe Gignoux, Glossaire des Inscriptions Pehlevies et Parthes, London, 1972, p. 22.

诃地(hazarbed),掌王之内事;恭波勃(Spahbed),①掌四方兵马。其下皆有属官,分统其事。"神龟中,波斯国王居和多(Kavad,488—531)遣使者携国书到北魏。②

上述记载说明萨珊王朝与中国往来频繁,留下大量的资料,也对历史和文化产生过深远的影响。

7世纪中叶,阿拉伯(大食)人打败了萨珊波斯,攻占了包括法尔斯地区在内的广大波斯地区,③由此法尔斯地区成为大食帝国、布伊王朝、塞尔柱王朝、大蒙古国至伊利汗国的一部分,并成为重要的税收来源地。

阿拉伯初期四大哈里发之一的阿里在位时期,将法尔斯地区根据土地状况划分出不同等级,并收取不同额度的税赋。阿拔斯王朝哈里发瓦斯格(Wāthiq,842—847)时期,税收达到3千3百万银币(dirham),外加15万头驴驮重量的小麦。914年哈里发穆格塔迪尔(Muqtadir,908—932)时期,税赋差不多增加了一倍,达到6300万,折算成伊利汗时期的比值,就是1500万金币(dinār)。布伊王朝(Buyids,932—1062)时期,税收达到5500万阿瓦勒('Awwāl)金币,还要额外收80万金币上贡给阿拔斯王朝,因布伊王朝名义上是阿拔斯王朝的藩属,实际上哈里发大权旁落,完全被布伊王朝控制,这些额外的税赋就是哈里发享用的。④

10世纪,法尔斯地区在布伊王朝统治时期达到了空前的繁荣。⑤此时,法尔斯地区仍然使用波斯历⑥。10世纪末到11世纪初,该地成为哥吉宁王朝控制下的地区。

11—12世纪,塞尔柱王朝统治时期,这里获得了较大发展,成为诸侯阿塔别(Atabeg)的封地,一直到蒙古西征初年。12世纪末到13世纪初,此地一度名义上受到花拉子模王朝的统治。

伊利汗国时期,法尔斯地区处在相对独立的地位,这与前文提到的塞尔柱王朝时期分封诸王有关。这里成为土库曼人萨拉戈尔(Salghur)或萨鲁尔(Salur)部落首领穆扎法尔丁(1148—1161在位)阿塔别(Atabeg)的采邑地,后随着塞尔柱王朝的衰落,地方势力逐渐坐大,各地诸侯纷纷独立。穆扎法尔丁⑦乘机建立了萨拉戈尔王朝(Salghurids,1148—1270)⑧。该王朝建立之初服从式微的塞尔柱王朝,后又臣服于花剌子模王朝(Khwārazmshāh,1077—1231)。

蒙古西征,消灭了花剌子模王朝后,萨拉戈尔王朝臣服于蒙古人,因此法尔斯没有受到根本性的破坏。但蒙古统治者派来税官和监治官,采取各种手段进行盘剥,导致社会经

① *Sasanian Persia The Rise and Fall of an Empire*,pp. 43‑44.

② [北齐]魏收《魏书》卷一〇二《西域传》,第2270—2271页,中华书局,1974年。

③ Martin Hinds,*The First Arab Conquests in Fārs*,Iran,Vol. 22(1984),pp. 39‑53.

④ Hamd Allah Mustawfi Qazwinī,*The Geographical Part of the Nuzhat al-Qulūb*,trans by & ed. Guy Le Strange,London 1919,pp. 112.(后简称穆斯塔菲)。

⑤ Ibn Khalikan,*Ibn Khalikan's Biographical Dictionary*,trans by De Slanev,V.I,Paris 1843,pp. 407.

⑥ Mukaddasī,*The Best Divisions for Knowledge of the Regions — Aḥsan at-Taqāsīm fī Màrifat al-aqālīm*,trans by Basil Collins,Garnet,British,1994,p. 389(后简称穆卡迪斯)。

⑦ C. E. Bosworth,*The Islamic Dynasties*,Edinburgh at the University Press,1967,p. 125.

⑧ 萨拉戈尔(Salghār)王朝(1148—1287)是由土库曼人建立的,1148年萨拉戈尔后裔之一孙库尔·本·毛都迪(Sunkur ibn Mawdud)宣称自己是法尔斯地区的主人,并建立了萨拉戈尔王朝,后来该王朝臣服于大蒙古国的窝阔台与统治波斯的伊利汗国,1287年,失国。

济受到较大影响,甚至民不聊生。伊利汗国建立后,沿袭大蒙古国的旧制,继续承认萨拉戈尔王朝的存在,①并加强了双方之间的政治、经济关系,尤其还进行了和亲。但 1270年,该王朝断嗣,被纳入到伊利汗国的直接统治。

因此,法尔斯地区基层社会没有发生根本性变化,仍然是受当地酋长头目控制,只是上层统治者不断发生变化。这种现象在西亚、中亚具有普遍性。我认为这是强大的波斯文化或地方文化起作用的结果。

在蒙古西征时期,尤其是后来伊利汗国统治时期,该地区采用双重管理模式:一方面当地有较为独立的地方王朝,实际掌握着权力,管理着地方事务。② 另一方面蒙古大汗、伊利汗国派监治官,主要收取税收,还临时派军队驻守或平叛。因此,这里仍是蒙古大汗或伊利汗国的管理地。

法尔斯道路交通网络体系深受政治中心变化的影响。阿契美尼德王朝时期,政治中心在法尔斯,因此其道路交通就是以法尔斯地区为中心辐射到其他各地。但后来随着政治中心的变迁,法尔斯的道路网络也随之发生了变化,而其在政权道路网络体系中的重要地位并没有发生根本性变化,依然是东西道路交通或者丝绸之路上的重要一环。尤其后来设拉子成为了该地区的交通中心,诸如 12 世纪"所有道路启程都是从设拉子开始,是这里地区的中心"。《波斯志》还谈及了去往各地的道路。③ 伊利汗国时期,其政治中心发生了数次变化,但大致就在今天伊朗的西部。这里成为了前往各地道路的启程点,而东南道路就去往法尔斯再到波斯湾,而后到印度洋、南海到中国,成为海上丝绸之路重要的组成部分,发挥着重要影响。

二、法尔斯地区道路体系的变与不变

法尔斯地区道路体系十分发达,且在伊利汗国道路体系中占有重要地位。如下按照道路方位作简要考察。

(一) 东南道路: 从孙丹尼牙到波斯湾的道路交通

阿契美尼德王朝时期,这条道路是从苏萨或者波斯波利斯出发的御道的一部分。萨珊波斯时期,道路启程点发生了变化,即从泰西封到法尔斯地区或其他地区。大食帝国时期,启程点同样发生了变化,是大马士革或库法或巴格达等地。伊利汗国时期,道路先启程于马腊格,后为大不里士、孙丹尼牙等,而后到法尔斯及其沿海区域。元或伊利汗国使臣、旅人多半选择上述通往波斯湾的道路,因这是去往伊利汗国西北都城最短的行程。就文献记载而言,穆斯塔菲记述最为详细且准确。他说:"道路从孙丹尼牙呈对角线向伊朗边境的凯斯岛的路程为 254 法尔萨赫。"今天孙丹尼牙一般音译为苏丹尼亚,是伊朗西边的小城。从孙丹尼牙到波斯湾的全程距离为 254 法尔萨赫,也就是 1 625 公里,但和伊利

---

① (波斯)拉施特《史集》第 3 卷第 104 页说:"阿不-别克儿作为阿塔毕后裔统治法尔斯(法尔斯)。"此人全名为 Qutlugh Khan Abu Bakr b. Sa'd I (1226—1260)。这一家族和蒙古王室及贵族联姻,地位显赫(余大钧,周建奇译,第 25、72 页,商务印书馆,2017 年。后简称《史集》)

② Bertold Spuler, *Die Mongolen in Iran*, Berlin1955, pp. 140 - 145.

③ *Description of the province Fars*, p. 881.

汗国早前的首都马腊格和大不里士相比,里程缩短了近300公里。每程大致是一天马车行驶的距离,通常1天大约为35—50公里之间,关键决定于路况。这段路程分为几段,其大致向东南方向行进,具体如下:

1. "从孙丹尼牙到萨韦(Sāvah)①的道路里程:从孙丹尼牙行5天路程或24法尔萨赫到如前所记的萨格扎巴德(Sagzābad)村,这里有条道路分开向呼罗珊方向。从萨格扎巴德行6法尔萨赫到哈吉布·哈散卫所(Rubāt Hajib Hasan),再行7法尔萨赫到达瓦尼格卫所(Rubāt Dawānīq),再行5法尔萨赫到萨韦城。从孙丹尼牙到萨韦共计42法尔萨赫,萨韦是很多道路的启程地。"②

这段路程一共是42法尔萨赫,大致260公里,今天通过卫星地图测量是230公里,古今里程数比较接近。其需要5天的时间,也就是每天差不多行8法尔萨赫,即1天行进50公里左右。从地理环境来看,这段道路路途十分平坦,因此行经速度较快。

2. "从萨韦到卡尚(Kāshān)③的道路里程:从萨韦行4法尔萨赫到阿瓦(Avah),再6法尔萨赫到库姆(Qūm),再12法尔萨赫到卡尚,从萨韦到卡尚共计22法尔萨赫。"④

阿瓦今天音译为阿韦季(Aavah),在萨韦西南26公里处,和文献记述的距离较接近。这里的阿瓦河是库姆河北岸的最大支流,沿河有大片的田野,自然条件相对较好,是重要的农业区和商业通道。⑤ 萨韦到卡尚是22法尔萨赫,即140公里左右,和今天卫星地图测量所得的147公里,十分接近。

从上述记载来看,每天的行程距离也是不一样的,有长有短,平均为45—50公里。

3. "从卡尚到伊斯法罕⑥的道路里程:从卡尚行8法尔萨赫到库赫鲁德(Quhrūd)村,再行6法尔萨赫到瓦斯塔赫(Wāsitah)村,再行6法尔萨赫到穆尔察·库尔德卫所(Rubāt-i Mūchah Kūrd),再行8法尔萨赫到幸(Sīn)村,也可从瓦斯塔赫经米亚姆(Mayam)⑦荒无人烟之路行12法尔萨赫直接到幸村。从幸村4法尔萨赫到伊斯法罕新城。从卡尚到伊斯法罕共计为32法尔萨赫,从萨韦为54法尔萨赫,从孙丹尼牙为96法尔萨赫。"⑧

去往伊斯法罕有多条道路可供选择,上文的这条道路经过漫长的沙漠戈壁和山区,路途艰险,翻山越岭,人迹罕至。今天库赫鲁德村依然存在,大约距离卡尚有43公里,和文献记载较接近,位于山间河谷地带,景色优美,树木茂密,587号公路经过这里。瓦斯塔赫村可能写法有些变化,应该是在梅梅(Maim)城附近的一村庄。穆尔察·胡尔德卫所(Rubat-i Mūchah Khūrd)今天写作穆尔察·胡尔德(Mūchah Khūrd),是交通要道,665号、70号等几条公路在此汇合,并通往伊斯法罕。往南23公里就是今天还存在的幸

---

① 《元史》卷六三《地理志·西北地附录》作撒瓦,第1571页。

② 穆斯塔菲:第175页。

③ 《元史》卷六三《地理志·西北地附录》作柯伤,第1571页。

④ 穆斯塔菲:第175页。

⑤ Peter Christensen, *The Decline of Iranshahr Irrigation and Environment in the Middle East, 500 BC - AD 1500*, I. B.Tauris, London 2016, pp. 156 - 157.

⑥ 《元史》卷六三《地理志·西北地附录》作亦思法杭,第1571页。

⑦ 今梅梅。

⑧ 穆斯塔菲:第175页。

村,和文献记载 50 公里一定的差距。幸村到伊斯法罕有 22 公里,和文献记载基本一致。

4."从伊斯法罕到亚兹德哈斯特的道路里程为:从伊斯法罕行 3 法尔萨赫到伊斯法罕纳克(Isfahanak)村,再 5 法尔萨赫到伊斯法罕边陲的马赫亚尔(Mahyar)村,再 6 法尔萨赫到法尔斯的边界库米沙赫(Qūmishah)城。""从伊斯法罕到库米沙赫共计为 14 法尔萨赫。从库米沙赫行 5 法尔萨赫鲁德坎(Rūdkān)村。再 7 法尔萨赫到亚兹德哈斯特。从库米沙赫到亚兹德哈斯特共计为 12 法尔萨赫,从伊斯法罕为 26 法尔萨赫。从亚兹德哈斯特有条冬季道路向左拐,而夏季路(近路或西路)经库什克扎尔德(Kūshk-Zard)向右转。"①

穆斯塔菲记述道路里程的第一段是从伊斯法罕到库米沙赫即今沙阿礼扎(Shahriza)。伊斯法罕纳克(Isfahanak)今天尚存,是伊斯法罕省伊斯法罕县中心区卡拉季(Karaj)乡的一村庄,2006 年人口有 3 600 余人。再从伊斯法罕纳克南行 25 公里到今天尚存的马赫亚尔村,这自古以来是交通要道。这是今伊斯法罕省沙阿礼扎(Shahrazā)县中心区达什特乡的一个村,2006 年人口 1 000 余人。从此向南 32 公里就到今天的沙阿礼扎(Shahrazā)城,此城是古代的库米沙赫城,两地相距略有出入,但基本接近。从伊斯法罕到沙阿礼扎有 81 公里,和文献记载的里程基本一致,说明伊利汗国时代大城市之间的里程较为准确,这和古波斯人注重里程的测量和记述有关。②

第二段是库米沙赫到亚兹德哈斯特。这段距离实际测量有 63 公里,但穆斯塔菲说是 14 法尔萨赫,大致 75 公里左右,有较大出入。重要的是亚兹德哈斯特城附近形成了西边的冬季道和东边的夏季道。这点从今天的卫星地图看得清楚,说明文选记载是准确的,确实有条路沿着亚兹德哈斯特河在迪赫·吉尔德(Dih Gīrd)向西南方向行进,而后到库什克扎尔德,再越过扎格罗斯山脉的支脉。这条路线上至今有条通往设拉子方向的简易公路。

(二) 南北方向:从亚兹德哈斯特经夏季路到设拉子的道路

这是一条从吉巴尔省到法尔斯的道路,大致南北走向,贯穿了伊利汗国中部,然后到波斯湾沿海,直到近代是南北的干线,尤其通往阿巴斯港。③《波斯志》以与穆斯塔菲相反的方向记述了从设拉子到伊斯法罕的道路里程。称有三条道路,从设拉子经过不同的城市到亚兹德哈斯特。具体为:

第一条道路经过马因(Māyīn)和伦(Rūn),即达什特·伦(Dasht④-Rūn)平原,并称:"此路从设拉子到亚兹德哈斯特 52 法尔萨赫,亚兹德哈斯特在法尔斯地区与伊斯法罕州的交界处。第一站从设拉子行 6 法尔萨赫到迪赫·古尔格(Dih Gurg);第二站行 6 法尔萨赫过了库尔(Kūr)河的桥头。第三站行 4 法尔萨赫到马因。第四站行 6 法尔萨赫到达什特·伦(Dasht-Rūn)平原的库什克沙赫里亚尔(Kūshk-i-Shahriyār)。第五站行 6 法尔

---

① 穆斯塔菲:第 175—176 页。

② Isidoreof Charax, *Parthian Stations Isidoreof Charax*, trans by Wilfred H. Schoff A. M., Philadelphia 1914,亦见余太山:《伊西多尔〈帕提亚驿程志〉译介》,《西域研究》2007 年第 4 期。

③ Willem Floor, *The Bandar ' Abbas-Isfahan Route in the Late Safavid Era* (1617-1717), *Iran*, 1999, Vol. 37 (1999), pp. 67-94.

④ Dasht,含义为草原,但有时候也用作专有名词。

萨赫到达什特·乌尔德(Dasht Ūrd)草原的迪赫·巴什特(Dih Bāsht)。第六站行 7 法尔萨赫到库什克扎尔(Kūshk-i-Zar),即达什特·乌尔德。第七站行 7 法尔萨赫到迪赫·高兹(Dih Gawz①)。第八站行 10 法尔萨赫到亚兹德哈斯特。"②

此条道路为中道,是相对比较平坦和距离较短的道路,也就是后文穆斯塔菲提到的道路,只在夏季通行。伊本·白图泰从伊斯法罕向南经亚兹德哈斯特、马因到设拉子的行程就是经过这条路线。③

第二条道路经过波斯古城伊斯塔赫尔,再到亚兹德哈斯特,全程 69 法尔萨赫。《波斯志》记述称:"比经过马因的道路要长。这是冬季道,因为其他道路(因降雪)无法通行。第一站从设拉子行 7 法尔萨赫到扎尔干(Zarqān);第二站行 6 法尔萨赫帕达什特或帕瓦达什特(Pādust 或 Pāvdast)。第三站行 4 法尔萨赫到伊斯塔赫尔(Istakhr)。第四站行 6 法尔萨赫到卡玛赫(Kamah)。第五站行 4 法尔萨赫到卡姆杭(Kamhang)。第六站行 6 法尔萨赫到迪赫·比德(Dīh Bīd,即今代比德)。第七站行 7 法尔萨赫到迪赫·普兰(Dīh Pūland)。第八站行 7 法尔萨赫到苏尔玛格(Surmaq)。第九站行 5 法尔萨赫到阿巴代(Abādah)。第十站行 7 法尔萨赫到舒利斯坦(Shūristān)。第十一站行 8 法尔萨赫到亚兹德哈斯特。"④

这条道路是东道,路途较远,但冬季可以通行,也被称为冬季道,至今仍是南北的重要通道。

第三道路经过苏麦拉姆(Sumayram),设拉子到此地有 45 法尔萨赫。其"第一站从设拉子行 5 法尔萨赫到珠外姆(Juwaym);第二站行 3 法尔萨赫白扎(Baydā)。第三站行 4 法尔萨赫到图尔(Tūr)。第四站行 5 法尔萨赫到卡姆费鲁兹的提尔·玛伊建(Tīr Māyijān-i Kāmfīrūz)。第五站行 4 法尔萨赫到加尔马克(Jarmaq)。第六站行 4 法尔萨赫到库拉德(Kūrad)。第七站行 5 法尔萨赫到卡拉尔(Kallār)。第八站行 7 法尔萨赫到迪赫·塔尔萨安(Dīh Tarsaān)。第九站行 8 法尔萨赫到苏麦拉姆"。⑤ 而后到亚兹德哈斯特。

这是西道,其穿行于高原山区之间,路途艰险,尤其冬季。

上述《波斯志》提到的三条道路是从设拉子向北经亚兹德哈斯特到伊斯法罕的交通要道,至今仍然是两城往来的交通干线。下面要讨论的穆斯塔菲所记述的道路,即《波斯志》所记述的第一条道路。⑥

穆斯塔菲的记述与《波斯志》相比,出入较大。他只记载了一条从亚兹德哈斯特到设拉子的道路,并称:"从亚兹德哈斯特行 3 法尔萨赫到迪赫·吉尔德,再行 7 法尔萨赫到库什克扎尔德(Kūshk-Zard),经吉里瓦马德尔与都赫塔尔关(Girivah-i-Madar wa Dukhtar,母女关)再行 5 法尔萨赫到叫做达什特·伦(Dasht-Rūn)平原上的萨拉赫丁卫所(Rubāt-

---

① 即核桃村。
② *Description of the province Fars*, p. 881.
③ 伊本·白图泰《伊本·白图泰游记》,马金鹏译,第 160 页,宁夏人民出版社,1985 年。
④ *Description of the province Fars*, p. 881.
⑤ *Description of the province Fars*, p. 881.
⑥ 需要指出来的是穆斯塔菲所记述的法尔斯地区道路交通很大程度上是抄录了《波斯志》的材料,但略有差异。

Salāh-ad-Dīn),再行 3 法尔萨赫到普勒沙赫里亚尔(Pūl-Shahriyār)桥(靠近乌建,在库尔河①上游)附近的卫所,再行 7 法尔萨赫经过马因(Mayin)的巉岩关到马因城,所有通往马因的道路都怪石林立,十分艰险。再行 4 法尔萨赫过伊斯塔克尔堡和什卡斯特(Shikastah)堡,道路向右到普勒瑙(Pūl-i-Naw,新桥,经过库尔河),后行 5 法尔萨赫到迪赫·古尔格(Dih Gurg)再行 5 法尔萨赫到设拉子。从亚兹德哈斯特到设拉子共计为44 法尔萨赫,从库米沙赫为 56 法尔萨赫,从伊斯法罕为 70 法尔萨赫,从卡尚为 102 法尔萨赫,从孙丹尼牙为 166 法尔萨赫。"②

上文简要提到了夏季道的情况。顾名思义,这条道路只能在夏季时使用,冬季因气候原因不能使用。③ 从亚兹德哈斯特向南行 3 法尔萨赫,约 20 公里到迪赫·吉尔德,今天此地难以找寻,应在亚兹德哈斯特城南边同名的亚兹德哈斯特河的岸边。沿着河流和扎格罗斯山脉,再行 7 法尔萨赫,约 46 公里就到了库什克扎尔德,此地难以找到,应该在沙德卡姆(Shādkām)河岸边,今天这里还有一条便道。从这里经过吉里瓦马德尔与都赫塔尔关,此关今无法找到。再行 5 法尔萨赫,约 31 公里,到达什特·伦平原上的萨拉赫丁卫所,此地今天很难找到,应该距离今天的阿布·巴里克(Abū Bārik)小镇不远。再 3 法尔萨赫,即 20 公里到普勒沙赫里亚尔(Pūl-Shahriyār)桥附近的卫所,同样难以找到,应该距离马赫甘(Mahgān)不远。再行 7 法尔萨赫,也即 46 公里到马因城。马因城再行 4 法尔萨赫,即 25 公里,过伊斯塔克尔堡和什卡斯特(Shikastah)堡,道路向右到普勒瑙(Pūl-i-Naw),即新桥。这里的有些地名至今尚存,有些发生变化,如普勒瑙(Pūl-i-Naw)应该就是现在的普勒汗(Pūl-Khān)。再行 5 法尔萨赫,即 31 公里后到迪赫·古尔格(Dih Gurg),此地难以找到,应在设拉子的东北边。再 5 法尔萨赫,即31 公里就到了设拉子。最后两段距离里程显然有问题,因库尔河岸边到设拉子只有35 公里,也就是说只有 6 法尔萨赫左右,和文献上记载的 10 法尔萨赫,即 60 余公里,有较大差距。

伊利汗国时期,有从设拉子到伊斯法罕,而后再连接东西大动脉的呼罗珊大道。此大道是古今的交通要道,也是丝绸之路的干线,在古典大食地理志中有大量记述。这条路线也是蒙古西征和伊利汗国时期南北走向的主要道路,在汗国交通网络中占有十分重要的地位,但篇幅之因,不再赘述。

(三)向南向西:从设拉子到波斯湾海岸的道路

这条道路实际上和前边道路是一体的,只是前一条道路的终点站是设拉子,而这条道路的起点则是设拉子,由此体现设拉子在法尔斯地区的交通中心地位。穆斯塔菲记载称:"从设拉子到伊朗边境的道路里程:从设拉子行 5 法尔萨赫到沙赫拉克(Shahrak)村,再

---

① A. Houtum-Schindler, *Note on the Kur River in Fârs, Its Sources and Dams, and the Districts It Irrigates*, Proceedings of the Royal Geographical Society and Monthly Record of Geography, May, 1891, Vol. 13, No. 5 (May, 1891), pp. 287 – 291.

② 穆斯塔菲:第 176 页。

③ Willem Floor, *The Bandar 'Abbas-Isfahan Route in the Late Safavid Era* (1617 – 1717), Iran, 1999, Vol. 37 (1999), pp. 67 – 94.

行 5 法尔萨赫到卡瓦尔城,经过吉里瓦·赞吉兰(Girivah-i Zanjirān,项链关)向右 7 法尔萨赫,到菲鲁兹扎巴德;(向东)行 5 法尔萨赫到贾穆甘卫所(Rubāt Jamkān),再行 5 法尔萨赫到梅满德(Maymand),再行 6 法尔萨赫到斯穆坎(Sīmkān)区的边界,再行 6 法尔萨赫走出这个区(斯穆坎),而后 7 法尔萨赫经萨尔·萨费得(Sar-i-Safid,白头)关到卡尔扎穆(Karzm),再行 5 法尔萨赫到拉吉尔(Lāghīr),再行 6 法尔萨赫到法尔阿布(Fārāb)区,再行 6 法尔萨赫到洪季(Khunj)城,再行 5 法尔萨赫到达阿布·安巴尔·吉纳尔(Ab-Anbār-Kinār),再行 5 法尔萨赫到达霍尔木兹(Hurmuz),[①]再行 6 法尔萨赫经陡峭的山关到达鲁克(Dāruk)村,再行 6 法尔萨赫到马汉(Māhān),再行 6 法尔萨赫经拉尔达克关到海边的胡祖(Hūzū)。从这里渡海 4 法尔萨赫凯斯(此为该岛之名)城。从设拉子城到凯斯共计为 88 法尔萨赫,从伊斯法罕为 158 法尔萨赫,从卡尚为 190 法尔萨赫,从萨韦为 212 法尔萨赫,从孙丹尼牙为 254 法尔萨赫。"[②]

这段路程从设拉子向南,在卡瓦尔之南后经过了吉里瓦·赞吉兰(Girivah-i Zanjirān,项链关)。今天这地名为沙赫拉克·赞吉兰(Shahrak-i Zanjirān)、卡拉·赞吉兰(Qal'ah-i Zanjirān,项链关),或简称赞吉兰,是菲鲁兹扎巴德县梅满德区霍加伊(Khwājāy)乡一小村,人口有 400 余人。从吉里瓦·赞吉兰直接向南,越过山脉就可到菲鲁兹扎巴德。两者中途处向东拐,就可以到菲鲁兹扎巴德东边山谷的梅满德城,其与设拉子和费鲁扎巴德形成了丁字的道路。斯穆坎城今难以找到,但从距离判断就在今天的沙昆(Shāghūn)或附近。萨尔·萨费得(Sar-i-Safid)关现在也已找不到了。而后道路沿着曼德(Mand)河,即别名位卡拉·阿噶吉(Qara-Aghaj)河河道,南下到达卡尔津。[③]

至于穆斯塔菲的卡尔扎穆(Karzm)很可能就是卡尔津的误拼。过了梅满德后,穆斯塔菲的记载开始混乱起来,路线也有些模糊,但拉吉尔之后,基本路线是清楚的。拉吉尔东边约 12 公里是法尔阿布,今不存,应该在距离拉吉尔 10 多公里的塔赫特(Takhtah)附近,但不是穆斯塔菲说的 6 法尔萨赫,也就是 38 公里左右。因为现代地图测量拉吉尔到洪季只有 49 公里,但穆斯塔菲记述称 12 法尔萨赫,就是 77 公里,里程显然有问题。斯特兰奇给出的地图也是 50 余公里。[④] 尤其注意的是经过洪季以后道路向东方向,基本路线较清楚。霍尔木兹(Hurmuz),今天一般写作霍尔木德(Hurmud,Hormūd,Harmood,Harmud,Hormoz,Hormūd-e Bāgh),是法尔斯省拉里斯坦萨赫莱(Sahrāy-ye Bāgh)区同名的村庄,2006 年人口有 560 人,是位于该县县城拉尔(Lār)城南边的村子。

从设拉子向南到波斯湾的道路在拉吉尔(Lāghīr)分成两道:一条是向东南到撒那威(Sīrāf)港;一条是向西南到胡组港,是后来的阿夫塔布港(Bandar Aftab)。此港对面就是

① 此地不是霍尔木兹岛。此地名在穆卡迪斯的书中有记述(al-Muqaddasī, *Kitāb Aḥsan at-Taqāsīm fī Maʿrifat al-Aqālīm*, Garnet, Uk1994, p. 401.)。

② 穆斯塔菲:第 176—177 页。

③ E. C. Ross, *Notes on the River Mand, or Kara-Aghatch (The Sitakos of the Ancients) in Southern Persia*, Proceedings of the Royal Geographical Society and Monthly Record of Geography, Vol. 5, No. 12 (Dec., 1883), pp. 712 - 716.

④ Strange, *The Lands of Eastern Caliphate: Mesopotamia, Persia, and Central Asia From the Moslem conquest to the Time of Timur*, London 1905, p. 248.

凯斯岛,也即今天的伊朗旅游胜地基什(Kesh)岛,①穆斯塔菲记述的就是这条东南的道路。《波斯志》则记述了从设拉子正南到撒那威港的道路,并称:

> 设拉子经菲鲁扎巴德(Fīrūzābād)到撒那威,距离为86法尔萨赫。从设拉子出发,第一站到卡夫拉赫(Kafrah)②,为5法尔萨赫。第二站行5法尔萨赫到库瓦尔(Kuvār)。第三站行5法尔萨赫到胡奈夫甘(Khunayfqān)。第四站行5法尔萨赫到菲鲁扎巴德。第五站行8法尔萨赫到斯穆甘(Ṣimkān)。第六站行7法尔萨赫到哈布拉克或希拉克(Habrak或Hirak)。第七站行7法尔萨赫到卡尔津(Kārzīn)。第八站行8法尔萨赫到拉吉尔(Lāghir)。第九站行8法尔萨赫到库兰(Kurān)。第十站从库兰到撒那威行4天的路程,有30法尔萨赫。③

《波斯志》中尽管拉吉尔之前的道路和穆斯塔菲所记述道路有几个站点是相同的,但也有差异,可能的解释是14世纪初,从设拉子南下的这条道路,尽管南下的方向并没有根本变化,但部分站点发生了变化。

如前文提到穆斯塔菲所记述的道路在拉吉尔向东南朝洪季(Khunj)城方向行进,最后到波斯湾凯斯岛对面的胡祖港,与海路连接在一起。亚库特提到了洪季的另一个名称法勒(Fāl)城,并说从此地可以到基什(凯斯)岛。④ 伊本·白图泰也到过洪季,但拼写略有变化,记为Khunj Ubāl,⑤并说从这里去往霍尔木兹岛。⑥ 由此说明在伊利汗国时期这是一条去往波斯湾的重要通道。⑦

除了上文两条设拉子向南的道路,还有一条是从设拉子经菲鲁扎巴德,直接向南到撒那威的道路,这是去往波斯湾最为便利的道路。10世纪的穆卡迪斯记述从撒那威到居尔(Jūr),即菲鲁扎巴德的道路,具体历程为:

> 撒那威到贾姆(Jamm)为1站路程,再到巴尔扎拉(Barzara)是一站路程;再到吉兰德(Jīrand)为一站路程;再到马赫(Mah)为一站路程;再到莱坎(Rāikān)为一站路

---

① [宋]赵汝适《诸蕃志校释》卷上第109页:"记施国在海屿中,望见大食,半日可到,管州不多。王出入骑马,张皂伞,从者百余人。国人白净,身长八尺,披发打缠,缠长八尺,半缠于头,半垂于背,衣番衫,缴缦布,蹑红皮鞋。用金银钱。食面饼、羊、鱼、千年枣,不食米饭。土产真珠、好马。大食岁遣骆驼负蔷薇水、栀子花、水银、白铜、生铁、朱砂、紫草、细布等下船,至本国,贩于他国。"杨博文校释,中华书局,1996年。《元史》卷六三《地理志·西北地附录》作怯失,第1571页。

② 此城今天拼写为Kafari,位于设拉子城的西南13公里,是现在设拉子城向外扩展的结果。

③ *Description of the province Fars*, p. 881.

④ Charles Barbier de Meynard: *Dictionnaire géographique, historique et littéraire de la Perse et des contrées adjacentes*, Paris1861, p. 415.

⑤ 现代地名Khunj u Fal。汉译本《伊本·白图泰游记》翻译为宏和,伊本·白图泰《伊本·白图泰游记》,马金鹏译,第160页。

⑥ Ibn Battuta, *The Travels of Ibn Battuta*, V2, trans by C. Defremery and B. R. Sanguinetti, Cambridge University Press 1962, pp. 305、404.

⑦ Jean Aubin, La Survie de Shīlāu et la Route du Khunj-ō-Fāl, *Iran*, 1969, Vol. 7 (1969), pp. 21 - 37.

程;再到比亚布舒尔阿布(Biyābshurāb)为一站路程;再到居尔为一站路程。

穆卡迪斯也记述了从库兰(Kurān)到撒那威的里程,并称是一站路程。① 与《波斯志》所说的 4 天路程,相差甚远,但从现代卫星地图测量可知,库兰与撒那威之间的直线距离约为 50 公里,因此穆卡迪斯所记述的路程较为准确。

撒那威是波斯湾沿岸著名的港口,一度是法尔斯地区的枢纽港口。② 12 世纪以前的大食地理文献中有大量记述,此后少见于文献记述。实际上,此地依然是很繁盛的,在宋元文献中经常提到,诸如《桯史》作尸罗围;③《诸蕃志》作施那帏,④《元史》作"泄剌失(夫)"。⑤ 元人吴鉴的《重立清净寺碑》碑文记载称:"宋绍兴元年(1131),有纳只卜·穆兹喜鲁丁(Najib Muzahir ud-Dīn,引者)者,自萨那威(Sīrāf)从商舶来泉(州)。"⑥这说明此地与中国,尤其与泉州关系密切。同时,考古发掘和田野调查表明,近现代在这里发现大量唐宋元钱币、瓷器碎片,也是古城遗址所在地。⑦

尽管 12 世纪撒那威经历了塞尔柱王朝统治时期的乱世,城市遭到破坏,但商业贸易依然活跃,甚至得到了一定的恢复。13 世纪初的亚库特到过撒那威,并称其为波斯湾沿岸的重要城市和港口。⑧ 13 世纪蒙古统治伊朗之地时,撒那威仍是很重要的港口城市。⑨有学者认为《岛夷志略》中提到的挞吉那是 Tāhirī 的音译,为撒那威的别名。⑩ 这种说法值得商榷,但伊利汗国时期撒那威的重要性在当时亲历此地的伊本·白图泰的记述中有所反映。⑪ 这说明此时撒那威不仅是波斯湾重要海港,也是法尔斯地区海陆交通的中心之一,连接内陆与海洋,重要性不言而喻。

除了穆斯塔菲记述的两条道路外,还有几条通往波斯湾的道路。

第一条就从设拉子到撒那威西边纳吉拉姆(Najīram)的道路,其与撒那威、设拉子呈锐角三

① *Kitāb Aḥsan at-Taqāsīm fī Maʿrifat al-Aqālīm*, p. 399.

② G. Le Strange, *The Lands of the Eastern Caliphate — Mesopotamia, Persia, and Central Asia from the Moslem conquest to the time of Timur*, London, Cambridge 1905, p. 11.

③ [宋]岳珂《桯史》卷十一,第 125 页,中华书局,1981 年。

④ [宋]赵汝适《诸蕃志》卷上,第 91 页,中华书局,1996 年。

⑤ 《元史》卷六三《地理志·西北地附录》,第 1571 页。

⑥ [明]何乔远《闽书》卷七《方域志》,第 166 页,福建人民出版社,1994 年。

⑦ Sir Arnold T. Wilson, *The Persian Gulf- An Historical Sketch From The Earliest Times To The Beginning Of The Twentieth Century*, Oxford At The Clarendon Press 1928, pp. 92 - 93.

⑧ *Dictionnaire géographique, historique et littéraire de la Perse et des contrées adjacentes*, p. 330.

⑨ Valeria Fiorani Piacentini, *The mercantile empire of the Ṭībīs: economic predominance, political power, military subordination*, Proceedings of the Seminar for Arabian Studies, 2004, Vol. 34, pp. 251 - 260.

⑩ (元)汪大渊《岛夷志略校释》,苏继庼校释,第 306 页,中华书局,1981 年。

⑪ 《伊本·白图泰游记》第 222 页称:"后来,我从此地(拉尔)出发改斯(基什)城,又称锡拉夫(撒那威),该城位于也门、波斯海相连的海岸上,城区宽大,地势适当,家家有新颖花园,院内花草芬芳,树木茂密。居民饮用山泉水,他们是波斯贵族。居民中有一批阿拉伯人,是赛法夫族,他们能潜水取宝。"他还详细记载撒那威附近采珍珠的情况:"潜取珠宝(珍珠)的场地在锡拉夫和巴林群岛之间,那里象是一大平静海湾。阴历四、五月间,万船云集,船上载着潜水员和波斯、巴林、卡提夫的商人们""无论大小搜到一起,素丹取其五分之一,下余的由船上的在场商人购买。这些商人多数是潜水员的债主,他们用珠宝还债或购买必须的物品。"

角。因此,与撒那威相比,纳吉拉姆距离设拉子要近一些。《波斯志》记述其距离设拉子有:

> 65 法尔萨赫。第一段行 4 站,共计行程 20 法尔萨赫到宫迪建(Ghundijān)。第五站行 7 法尔萨赫到布什塔甘(Būshtakān)。第六站行 5 法尔萨赫到布什卡纳特(Būshkānāt)。第七站行 10 法尔萨赫到沙纳纳(Shanānā)村。第八站行 8 法尔萨赫到曼迪斯坦(Māndistān)边界一端。第九站行 7 法尔萨赫到曼迪斯坦(Māndistān)边界另一端。第十站行 8 法尔萨赫到卡尔津(Kārzīn)。第八站行 8 法尔萨赫到拉吉尔(Lāghir)。第九站行 8 法尔萨赫到纳吉拉姆。[1]

纳吉拉姆之名已不存在,应在今布什尔附近,或东边。穆卡迪斯记述从设拉子到纳吉拉姆为 60 法尔萨赫。[2] 与《波斯志》的里程比较接近。这条道路在伊利汗国时期应该还在使用,但要翻越崎岖的扎格罗斯山脉,路途比较遥远,因纳吉拉姆或布什尔的直线距离约 180 公里,但文献记载实际道路的距离约有 380 公里,多出一倍多。

从经济角度而言,这条道路是根本不合算的。因此,伊利汗国时期文献对此道关注不多,也是情理之中的。

第二条是到海边地区(A'māl-i-Sīf)的道路。《波斯志》记述:

> 从设拉子到海边地区有 39 法尔萨赫。第一站行 7 法尔萨赫到马萨拉姆(Māsaram)。第二站行 6 法尔萨赫到河道的斯塔建(Sittajān)。第三站行 3 法尔萨赫到基拉(Jirrah)。第四站行 4 法尔萨赫到宫迪建(Ghundijān)。第五站行 6 法尔萨赫到拉瓦·兹弯(Rawā-adh-Dhīwān)。第六站行 6 法尔萨赫到塔瓦基(Tawwaj)。第七站行 7 法尔萨赫到海岸。[3]

这条从设拉子去往海边的道路,尽管去往纳吉拉姆时和一条在宫迪建正西的道路重合,但两条道路所采用的路线不同。该道从设拉子出发向西南直接到基拉,而后在塔瓦基(Tawwaj)向南到波斯湾海岸,对岸就是哈尔克(Hārk)岛。此岛是从阿拉伯河口乌克巴拉('Ukbarā)[4]到东方海路的第一站,是历史上著名的海岛港口,也是重要的补给站,伊利汗国时期也不例外。这条路线也是设拉子到波斯湾的重要路线,且里程较短,但伊利汗国时期文献对其记载较少。

第三条路线为从设拉子去往波斯湾岸边的各城市(Sāhiliyyāt),即加纳巴(Jannābā)、施尼兹(Sīnīz),再到马赫鲁班(Mahrūbān)的道路:

> 这条路线里程为 62 法尔萨赫。第一站(从设拉子出发)行 4 法尔萨赫到朱兹尔甘或朱希尔甘(Juzhīrkān 货 Jūhīrkān)。第二站行 6 法尔萨赫到达什特·阿尔赞

[1] *Description of the province Fars*, p. 886.
[2] *Kitāb Aḥsan at-Taqāsīm fī Ma'rifat al-Aqālīm*, p. 401.
[3] *Description of the province Fars*, p. 886.
[4] 《道里邦国志》,第 62 页。

(Dasht Arzān)。第三站行 10 法尔萨赫到卡泽伦①。第四站行 9 法尔萨赫到吉什特
(Khisht)。第五站行 7 法尔萨赫到塔瓦基(Tawwaj)。第六站行 4 法尔萨赫到迪
赫·马利克(Dīh Mālik)。第七、八站行 10 法尔萨赫到加纳巴。第九站行 6 法尔萨
赫到施尼兹。第 10 站行 6 法尔萨赫到马赫鲁班。②

需要说明的是这条路线在塔瓦基向西,先到波斯沿岸的加纳巴,而后沿着波斯湾向西
到施尼兹,再从施尼兹沿波斯湾到马赫鲁班。这些沿海的港口城市是海上丝绸之路重要
组成部分,也是内陆与海洋连接的通道。伊本·白图泰从设拉子出发经过卡泽伦,沿波斯
湾到巴士拉选择的是这条道路。③

这条从设拉子出发经过卡泽伦去往波斯湾沿岸港口,再到巴士拉、阿巴丹、巴格达、图
斯塔尔等地的道路,在伊利汗汗国的交通网络中扮演着十分重要的角色,也是西亚传统道
路体系的重要组成部分,中世纪文献有大量的记述,由于篇幅之限,不再赘述。

上文我们简要考察了设拉子向波斯湾的道路体系,这些路线是整个伊利汗国道路的
有机组成部分,也是丝绸之路的重要组成,在西亚道路体系中发挥着重要作用。

(四) 凯斯岛到印度河的交通

该道是从霍尔木兹海峡的凯斯岛到印度河的路线,也就是水路通道,是和前边从设拉
子到海岸的道路连接在一起的,也就是前文提到的伊利汗国与元朝往来的道路。穆斯塔
菲记载说:

> 从凯斯岛到亚当(易卜拉欣)天堂降落到地面的萨兰迪波(锡兰)剩余的东方向道
> 路里程:从凯斯(岛)行 18 法尔萨赫到阿巴尔卡凡(Abarkafan)岛,再行 7 法尔萨赫
> 到乌尔姆斯(Urmūs,即霍尔木兹)岛,再行 70 法尔萨赫到法尔斯边界与信德之间的
> 巴尔(Bār)岛,再 80 法尔萨赫到达伊布勒(Daybul),其距离米兰大河(Mihrān,印度
> 河)河口 2 法尔萨赫,该河是信德的一条大河。再行 40 法尔萨赫到安吉尔(Ankir,乌
> 塔金,Utakīn),这里是印度的地界。
> 从凯斯岛到锡兰全程为 317 法尔萨赫,从设拉子为 405 法尔萨赫,从伊斯法罕为
> 475 法尔萨赫,从卡尚为 507 法尔萨赫,从萨韦为 529 法尔萨赫,从孙丹尼牙为 571 法
> 尔萨赫。④

此道为水路,也是海上丝绸之路的重要组成部分,在大食古典地理志中现存保留最早
的文献就是胡尔达兹比赫的记述,其称:

> 从巴士拉出发,沿波斯海岸航行到东方的道路:从巴士拉至哈莱克(Khārrak)岛

---

① 《元史》卷六三《地理志·西北地附录》作可咱隆,第 1571 页。
② *Description of the province Fars*, p. 885.
③ *The Travels of Ibn Battuta*, V2, pp. 319 - 320.
④ 穆斯塔菲:第 177 页。

为 50 法尔萨赫，其面积为 1 法尔萨赫的平方，岛上产谷物、葡萄、椰枣。从哈莱克岛至拉旺（Lāwan）岛①为 80 法尔萨赫，其面积为 2 法尔萨赫的平方，岛上产谷物和椰枣。再至艾布隆（Abrun）岛②为 7 法尔萨赫，其面积为 1 平方法尔萨赫，岛上产谷物和椰枣。再至海音（Khayn）岛③为 7 法尔萨赫，其面积为 0.5 密勒④的平方，岛上无人居住。再至钦斯（Kis）岛⑤为 7 法尔萨赫，其面积为 4 法尔萨赫的平方，岛上有椰枣、谷物、牲畜及优质珍珠的采珠场。再至伊本·卡旺（Ibn Kāwan）⑥为 18 法尔萨赫，其面积为 3 法尔萨赫的平方，岛上居民是"伊巴底亚"人的采购者（Shurāt lbādiyyah）。从伊本·卡旺岛至乌尔木兹（Urmüz）为 7 法尔萨赫。⑦

后来的路线也是大致沿着这条道路到东方去的。伊利汗国时期，凯斯岛一路向东到锡兰，其第一站就是距离 18 法尔萨赫，也就是 67 公里，应该就是今天的福鲁尔（Fārūr）岛，这是一座 26 平方公里的岛屿，属于霍尔木兹甘省阿布·穆萨（Abū Mūsa）县，今天这里除了军事人员，无人居住，但是保留有很多建筑遗迹和水井，这里曾经是重要的海上要道。⑧ 从福鲁尔岛向前 7 法尔萨赫，就是 43 公里到乌尔姆斯（Urmūs）岛，⑨应该就是今天的格什姆（Qishm）岛或霍尔木兹岛，显然此距离的里程有问题，因为现在两者之间最短距离 93 公里，最长距离 210 公里，也就是相距 13—32 法尔萨赫之间。从乌尔姆斯岛到巴尔岛有 70 法尔萨赫，也就是 450 公里，已难以找到，大致在伊朗锡斯坦-俾路支斯坦省库纳拉克（Kunarāk）城附近。而后 80 法尔萨赫，约 510 公里到伊布勒。此城位于卡拉奇附近，诸多文献对该地名有记载。⑩ 文献记述距离印度河有 2 法尔萨赫的说法不准确，实际上应在印度河西边支流上，与东边干流还有 90 余公里。⑪ 米兰大河就是印度河，很多文献提到过，唐代文献也记载过。⑫

这条道路是伊利汗国时期连接东方和西方的通道，也是海路与陆路的重要网络。

（五）西部方向：从设拉子到卡泽伦（Kāzirūn）的道路

这条是从法尔斯省的首府向西南卡泽伦的道路，一直向西就可以到达胡齐斯坦，而后

---

① 今天此岛保留着原来的名称，位于基什岛的西边。
② 应该是今天的希德瓦尔（Shidwar）岛。
③ 就是今天的亨多拉比（Hindurabi）岛。
④ 即阿拉伯 mīl，与英里等同。
⑤ 即基什岛。《道里邦国志》第 40 页称：钦斯"年收入为 111 500 迪尔汗（银币）"。是比较富庶的。
⑥ 从距离来测定，应该为今拉腊克（Lālak）或者格什姆（Qishm）东头。
⑦ 《道里邦国志》，第 64—65 页。
⑧ https://en.wikipedia.org/wiki/Faror_island
⑨ Seydī Ali Reis, *The travels and adventures of the Turkish Admiral*（*Mirat ul-Memalik*），trans by A. Vambery, London1899, p. 10.
⑩ 《道里邦国志》，第 65 页。
⑪ https://en.wikipedia.org/wiki/Debal
⑫ ［宋］欧阳修等《新唐书》卷四三《地理志》第 1153 页称："有弥兰大河，一曰新头河（即印度河，引者），自北渤昆国来，西流至提颭国北入海。"中华书局，1975 年。《道里邦国志》第 65 页也说："米赫朗（米兰大河）就是信德河（印度河）。"

就可以到伊拉克的幼发拉底河,再沿着水路可到达巴格达,即伊利汗国后期的都城。此道是传统的海上丝绸之路的一部分,只因政治中心发生了变化,也导致了道路中心的变化。同样,穆斯塔菲对这条道路有较详细的记述,其称:

> 从设拉子到卡泽伦道路里程,从设拉子行 5 法尔萨赫到哈吉·奇瓦穆(Hājji Qiwām)墙,再行 8 法尔萨赫到达什特·阿尔增(Dasht Arzin)村,再行 6 法尔萨赫到马兰(Malān)关尽头的卫所,此关很陡峭。再过胡沙纳克(Hūshanak)关,也很陡峭,再行 3 法尔萨赫到卡泽伦城。从设拉子到卡泽伦共计 22 法尔萨赫。[①]

该道从设拉子向西行经的道路,今天 86 号公路一段经过这里。设拉子西边 5 法尔萨赫,即约 31 公里的哈吉·奇瓦穆,已难以找到,距离哈吉阿巴德(Hajjiabād)不远。从此地向西 8 法尔萨赫,即 50 公里的达什特·阿尔增,至今尚存,是 86 号公路经过之地。再往西边 6 法尔萨赫,约 38 公里就是马兰关,现不存,但距离卡泽伦东边的扎瓦里(Zāvālī)不远。再向西约 20 公里就到了卡泽伦。

此路是设拉子向西南通往波斯湾和巴格达的干道,在伊利汗国时期发挥着重要作用。

(六) 从设拉子东南到霍尔木兹的道路

此道是从设拉子东南到霍尔木兹的道路,和前面设拉子向南道路有所不同。其优势在于相对海路风云难测相比,陆上行走相对安全,尤其伊利汗国早期局势较稳定,商贾、使臣、游人喜欢选择这条道路。此外,这是一条捷径,费用方面也会节省。[②] 穆斯塔菲记载说:从设拉子到霍尔木兹(Hurmūz)道路里程是:

> 从设拉子行 12 法尔萨赫到萨尔韦斯坦(Sarvistān),再 8 法尔萨赫到法萨(Fasā)城,再 6 法尔萨赫到提马里斯坦(Timarstān)村,再 8 法尔萨赫到达尔坎或扎尔坎(Darkān, Zārkān)。从此处道路向左转到沙班卡拉(的首府);而向右转的道路继续向前就到霍尔木兹。从设拉子到达尔坎为 34 法尔萨赫。从达尔坎行 10 法尔萨赫到达拉布吉尔德,再行 3 法尔萨赫到海尔(Khayr)村,再行 6 法尔萨赫到沙班卡拉,再行 3 法尔萨赫到鲁斯塔格(Rustāq),再行 3 法尔萨赫到布尔格普尔格、夫尔格(Burk, Purg, Forg)。从此地行 6 法尔萨赫到塔什鲁(Tashlū),再行 6 法尔萨赫到塔罗姆(Tarūm),再行 4 法尔萨赫到拉尔(Lār)地区之界的加纳德(Janad)或齐纳尔(Chinar),再行 48 法尔萨赫到察赫·齐勒(Chāh Chil)村,再行 8 法尔萨赫到海岸的图萨尔(Tūsar),经水路 4 法尔萨赫到霍尔木兹(Hurmūz)岛。从设拉子到霍尔木兹共计 95 法尔萨赫。[③]

---

① 穆斯塔菲:第 177 页。

② Maryam Mir-Ahmadi, *Marco Polo In Iran*, *Oriente Moderno*, 2008, Nuova serie, Anno 88, pp. 1-13.

③ 穆斯塔菲:第 177 页。

该道是海上丝绸之路的重要组成部分,也是古典和现代伊朗联系东方与海洋的重要组成部分。其从设拉子经过萨尔韦斯坦到法萨的道路现在地图测量距离为 134 公里,文献记载是 20 法尔萨赫,是比较准确的。距离法萨 6 法尔萨赫,约 38 公里的提马里斯坦村现在已不存,但应该在去往达拉卜方向的马赫迪阿巴德(Mahdi Abād)附近不远。文献记述再 8 法尔萨赫,约 68 公里到达尔坎或扎尔坎城,应该是丁达尔鲁(Dindarlū),但提马里斯坦村和达尔坎或扎尔坎城之间相距 8 法尔萨赫,显然文献记载有误或者地名发生了变化。

上文提到的达尔坎城到达拉布吉尔德,即今达拉卜是 10 法尔萨赫,约 64 公里。文献记载从法萨到达拉卜的距离为 24 法尔萨赫,也就是 176 公里,但现代测量的距离约为 105 公里。达拉卜向东行 3 法尔萨赫,即 19 公里就到海尔(Khayr)村。这是法尔斯省达拉卜县中心区的一个村庄,现被称作迪赫·海尔·佩因(Dih Khay-i Pā'īn,下佩因村),2006 年人口近 2 000,①是去往霍尔木兹的重要通道。

海尔村向东再行 6 法尔萨赫,即 38 公里到沙班坎(Shabankan)。该地今不存。文献记载沙班坎东边 3 法尔萨赫,约 20 公里就到鲁斯塔格,今测量只有 13 公里,和文献记载的里程略有出入。鲁斯塔格向东 3 法尔萨赫,即 20 公里就到布尔格或普尔格或夫尔格(Burk,Purg,Forg)城。今天测量可知和文献记载完全一致,说明了文献记述的准确性。从夫尔格向东再行 6 法尔萨赫,即 38 公里到塔什鲁(Tashlū),距离和文献记述完全一致,但这一地名的写法略有变化,即塔什奎耶(Tāshkūīyeh),是霍尔木兹甘省哈吉阿巴德(Hājiābād)县中心区塔罗姆乡的一个村庄,2006 年人口两千余人。② 92 号公路经过此地,连接着伊朗西北、东北、东南的要道。

塔什奎耶向东再行 6 法尔萨赫,即 38 公里就到塔罗姆(Tarūm),其东边的噶赫库姆(Gahkum)。此地道路分成南北两道:

1) 北边的道路向东北到县城哈吉阿巴德,再向东到克尔曼③和向北到呼罗珊地区,是伊朗西南部的道路枢纽。

2) 塔罗姆向南行 4 法尔萨赫,即约 25 公里到拉尔(Lār)地区之境的加纳德(Janad)或齐纳尔(Chinar),此地今不存,大致应在 71 号公路上的萨尔察汗(Sarchāhān)。从加纳德或齐纳尔再向南 48 法尔萨赫即约 310 公里就到察赫·齐勒(Chāh Chil)村,今天这个村子名称不存在,应该在萨尔泽赫(Sarzeh)东边不远的 71 号公路上,但这个距离是不正确的,今天的阿拔斯港才 150 余公里,文献给出的里程超过 370 公里,显然差距太大。从察赫·齐勒村再行 8 法尔萨赫,即约 50 公里就到海岸的图萨尔(Tūsar)。古典文献对此地的记载是不同的,伊斯塔赫尔记载为沙赫鲁(Shahrū);豪卡勒记载为苏鲁(Sūrū),④即今

---

① https://en.wikipedia.org/wiki/Deh_Kheyr-e_Pain.

② https://en.wikipedia.org/wiki/Tashkuiyeh,_Hormozgan.

③ 〔元〕刘郁《西使记》记述:"黑契丹国,名乞里弯,王名忽教马丁算滩,闻王大贤,亦来降。"《王国维遗书》,第 13 册第 11 页,上海古籍书店,1983 年。也见陈得芝《刘郁〈〔常德〕西使记〉校注》,《中华文史论丛》2015 年 1 期。

④ Istakhrī, *Kitāb al-Masālik wàal-Mamālik*, V1, *Bibliotheca Geographorum Arabicorum*(BGA), ED. M. J. De Geoje p. 167; Ibn Haukal, *Kitāb al-Masālik wàal-Mamālik*(*Kitāb al-Sūrat al-Aradh*), V2, BGA, p. 224, Brill 1873.

天的阿拔斯港。从这里经水陆4法尔萨赫,即约25公里到霍尔木兹岛。这个岛不是今天的霍尔木兹岛,而是格什姆岛。而1294年马可波罗返程时,经过的霍尔木兹岛是今天的霍尔木兹岛,而后登陆向西北方向,到了苏丹尼亚。① 由此说,伊利汗国时期这条道路是海上丝绸之路的重要连接点和通道。

(七) 从设拉子到沙班卡拉(Sabānkārah)首府的道路

在历史上有段时间由法尔斯省的东南部和克尔曼省的西南部组成了一个独立的省或地区,即沙班卡拉,首都为伊格(Ig)城。有关伊利汗国时期的沙班卡拉,笔者已作过详细的考察,不再赘述。② 此处简要阐述其道路系统。

如文献记述,这段路程方向是从设拉子城东南到达伊格城。穆斯塔菲说:

> 从设拉子到达尔坎(Dārkān),共计34法尔萨赫,而后4法尔萨赫到伊格城,这是沙班卡拉的首府,因此从设拉子到伊格共计38法尔萨赫。③

此路从伊格城继续向东行进可到达克尔曼城,或者向西南可到达波斯湾,过了波斯湾到霍尔木兹岛。这里是伊利汗国和后世的贸易中心,马可波罗、汪大渊、伊本·白图泰等人到过此岛,如马可波罗记载说:

> 骑行二日,抵于大洋,海边有一城,名曰忽鲁模思(Ormus)。城有港,商人以海舶运载香料、宝石、皮毛、线绸、金锦与象牙暨其他货物数种,自印度来此,售于他商,转贩世界各地。此城商业极其繁盛,盖为国之都城。所属城村不少。国王名称鲁墨耽阿合马(Ruomedam Ahomet)。阳光甚烈,天时酷热。城在陆上,外国商人殁于此者,国王尽取其资财。④

后来的郑和也到过此岛,由此说明此岛的重要地位。

由此,这条道路将设拉子、克尔曼、呼罗珊和霍尔木兹岛连接在一起,成为东西方的贸易、道路、往来的重要一环和连接点。

(八) 从设拉子到克尔曼城的向东道路

这条道路从设拉子经沙赫尔·巴巴克(Shahr-i Bābak)⑤向东到克尔曼城,而后就可

① 求芝蓉《马可·波罗回程经波斯行踪考》,《历史研究》2021年第1期。
② 韩中义《南波斯历史地理研究——以伊利汗国时期的萨班卡拉地区为视角》,《中东研究》2020年第2期。
③ 穆斯塔菲:第178页。
④ (意大利)马可波罗《马可波罗行纪》,冯承钧译,党宝海新注,第113—115页,河北人民出版社,1999年。
⑤ von Klaus Schippmann, *Die iranischen Feuerheiligtümer*, Walter de Gruyter Berlin 1971, p. 73.

到呼罗珊地区。^① 历史上,该道在丝绸之路发挥着重要作用,呼罗珊地区的商人沿着这条道路到达波斯湾,然后沿海路到中国,我们在泉州碑刻中看到一些里海南岸和呼罗珊地名后缀的人名,可以知道很多商人选择这一道路。^② 原因就是费用较低,运货量大,相对安全。穆斯塔菲也比较详细记述了这条从设拉子到克尔曼的道路,其称:

> 从设拉子行 8 法尔萨赫到达里彦(Dariyan),再行 8 法尔萨赫到胡拉姆(Khurramah),再行 4 法尔萨赫到胡兰建(Khūlanjān),再行 6 法尔萨赫到坎德(Kand)或基德(Kid),再行 6 法尔萨赫到海拉赫(Khayrah),再行 5 法尔萨赫到察赫·乌格巴(Chāh 'Uqbah),再 8 法尔萨赫到布兰甘(Bulagān),再行 8 法尔萨赫到恰哈克(Chāhak),再行 7 法尔萨赫到撒鲁沙克(Sarūshak),再行 7 法尔萨赫到沙赫尔·巴巴克。从设拉子到沙赫尔·巴巴克共计 67 法尔萨赫。从沙赫尔·巴巴克行 8 法尔萨赫到库什克·纳穆(Kushk Na'm),再行 4 法尔萨赫到阿班(Aban),又 4 法尔萨赫到锡尔詹(Sirjān)城。从沙赫尔·巴巴克到锡尔詹共计 16 法尔萨赫,从设拉子为 83 法尔萨赫。从锡尔詹行 10 法尔萨赫到巴坎(Bakān)或拉坎(Lakān),再 8 法尔萨赫到克尔曼城。从设拉子到克尔曼共计 101 法尔萨赫。^③

我们这里主要是以穆斯塔菲的记载为依据,然后借助现在的一些资料作简要说明。这条道路从设拉子东行 8 法尔萨赫,约 50 公里,到达里彦(Dariyan),该村子至今存在,是设拉子县中央区的一个村,2006 年人口有近万人,^④位于马哈尔鲁湖的东北边,距离设拉子大约 40 公里,和文献记载略有出入,但至少知道向东所经的确切线路。达里彦再行 8 法尔萨赫,约 50 公里,到达里彦东边的胡拉姆(Khurramah),今为卡拉米或哈米拉(Karameh,Kharāmeh),是卡拉米县县城所在,人口 2 万余人,周边有巴赫特甘湖、塔什克(Tashk)湖和马哈尔鲁湖。周边有平原,是农业大县,主要种植小麦,距离设拉子有 80 公里。^⑤ 胡拉姆再行 4 法尔萨赫,即 25 公里到胡兰建(Khūlanjān),今已不存,应在今巴赫特甘湖南岸的哈纳·卡特(Khānah Kāt)西边不远。胡兰建再行 6 法尔萨赫,即 37 公里,就到坎德(Kand)或基德(Kid),此地难觅,应该在海拉赫(Khayrah)西北方向不远。坎德再行 6 法尔萨赫即 37 公里,就到海拉赫,这一名称略有变化,被称为哈吉阿巴德(Hāj Abād),在内里兹(Neyriz)县境内,2006 年人口有 300 余人。

海拉赫再行 5 法尔萨赫,即 31 公里就到察赫·乌格巴,今名称略有变化,被称作迪赫·察赫(Dih Chāh),是内里兹县普什图库赫(Pushtkūh)区迪赫·察赫乡的一个村子,

---

① Paul Schwarz, *Iran im Mittelalter nach den arabischen Geographen*, V2, Leipzig 1910, pp. 191–192.

② 相关内容见《泉州伊斯兰教石刻》(福建省泉州海外交通史博物馆编,宁夏人民出版社、福建人民出版社,1984 年)、《泉州石刻》(吴文良 吴幼雄,科学出版社,2005 年)、《杭州凤凰寺藏阿拉伯文、波斯文碑铭释注译注》(莫尔顿等,中华书局,2015 年)等著述。

③ 穆斯塔菲:第 178 页。

④ https://en.wikipedia.org/wiki/Darian,_Iran

⑤ https://en.wikipedia.org/wiki/Kharameh

2006 年人口 2 100 余人。① 该道显然没有经过内里兹,而是从它的西边直接向北行进,是古今重要的线路,尤其在古代这是去往伊朗北部和中亚的重要路线。察赫·乌格巴再行 8 法尔萨赫,即约 50 公里到布兰甘,今不存,应该在察赫·乌格巴北边。恰哈克再行 7 法尔萨赫,即 43 公里,就到撒鲁沙克(Sarūshak),现无法找到,应该在恰哈克西北方向,拉巴特(Rabat)附近。从此地再行 7 法尔萨赫,到沙赫尔·巴巴克,至今尚存。而后向南就到了锡尔詹。

穆斯塔菲只是记述了从设拉子到克尔曼城的北边道路。实际上,从设拉子到克尔曼的道路有多条,而且在中世纪文献中也存在差异。诸如《波斯志》中记述了去往克尔曼地区的三条干道,即如下:

1. 锡尔詹(Shīrjān)道。这是北道。《波斯志》记述了此道路,并称:

从设拉子到锡尔詹 80 法尔萨赫。第一站行 4 法尔萨赫到迪赫·布丹(Dih Būdan)。第二站行 3 法尔萨赫到达里彦(Dariyan)。第三站行 7 法尔萨赫到胡拉姆(Khurramah)。第四站行 6 法尔萨赫到卡特或吉什特(Kath 或 Kisht)。第五站行 7 法尔萨赫到海拉赫(Khayrah)。第六站行 9 法尔萨赫到内里兹(Nayrīz)。第七站行 9 法尔萨赫到库图鲁赫(Qutruh)。第八站行 7 法尔萨赫到玛什拉阿赫(Mashra'ah)。第九站行 5 法尔萨赫到帕尔巴勒或巴巴克(Parbāl 或 Parbāk)。第十站、第十一站行 15 法尔萨赫到玛什拉阿赫·穆哈法法赫(Mashra'ah Muhaffafah)。第十二站行 10 法尔萨赫到锡尔詹的盐泽原边。②

这条路线和穆斯塔菲的道路大致一致的,但不完全相同。首先,所经过的站点名称不一致。其次,里程有差异,《波斯志》记述设拉子到锡尔詹 80 法尔萨赫,而穆斯塔菲说是 87 法尔萨赫。因此,穆斯塔菲尽管参考了《波斯志》的记述,但没有完全抄录。原因有二:一应该是穆斯塔菲亲自作田野调查所得。二是参考了其他文献的记述,诸如古典大食地理文献中记述了从设拉子到锡尔詹所经过的站点名称,但名称多有差异;站点数量也不尽一致,穆卡迪斯说有 12 站,③与《波斯志》一致,但穆斯塔菲多了一站历程。

2. 塔罗姆(Tārum)道。这是中道,与前文穆斯塔菲所记的设拉子东南到霍尔木兹道路塔罗姆段历程基本重合,但《波斯志》所记述沿途经过的站点和里程有所差异,将其引述如下:

此道从设拉子经过普尔格(Purg)到塔罗姆(Tārum)的道路,其"全长 70 法尔萨赫。第一站行 6 法尔萨赫到马哈路亚(Māhalūyah)④。第二站行 9 法尔萨赫到萨尔韦斯坦(Sarvistān)。第三站行 9 法尔萨赫到胡尔姆(Kurm)⑤。第四站行 5 法尔萨赫到帕萨

---

① https://encyclopedia.thefreedictionary.com/Neyriz + County.
② *Description of the province Fars*, p. 885.
③ *Kitāb Aḥsan at-Taqāsīm fī Maʿrifat al-Aqālīm*, p. 400.
④ 就是今天设拉子东南部的马赫泰甘湖,是法尔斯地区著名的旅游胜地。
⑤ 穆斯塔菲写作胡拉姆(Khurramah)。

(Pasā,即法萨)①。第五站行 7 法尔萨赫到福斯塔建(Fustajān)村。第六站行 4 法尔萨赫到达拉卜吉尔德(Dārābjird)②地区交界。第七站行 6 法尔萨赫到达拉卜吉尔德(Dārābjird)。第八站行 6 法尔萨赫到鲁斯塔格·鲁斯塔格(Rustāq-ar-Rustāq)③。第九站行 12 法尔萨赫到普尔格(Purg)④。第十站行 10 法尔萨赫到塔罗姆。"⑤

如前所述,尽管《法尔斯志》和穆斯塔菲所记路线基本一致,但路线、路段、站点、里程等有差异。由此说明两者资料来源有一定的差异。

塔罗姆是十字路口,向北可以通往锡尔詹,而后到克尔曼,更远到呼罗珊中亚。向东到克尔曼沙区。向南就可以到阿巴斯港。

3. 鲁丹(Rūdān)道。其为南道,"从设拉子到鲁丹有 75 法尔萨赫"。共有 9 站历程。⑥ 鲁丹距离霍尔木兹岛东北约 110 公里,距离西边的苏鲁(阿巴斯港)有 85 公里。此地是去往呼罗珊、克尔曼城、设拉子、锡斯坦、马克兰等地的要道。⑦ 也是重要的商业贸易、交通中心。⑧ 马可波罗虽然没有提到鲁丹之地,但按当时的道路体系来判断,他必定要经过此地,再到霍尔木兹岛。⑨

伊利汗国时期,这条道路是去往东部和南部,尤其波斯湾的干道,发挥着重要作用。

上文为从设拉子去往克尔曼的三条道路,与穆斯塔记述的克尔曼道路既有重合也有差别,是伊利汗国时期道路体系重要组成部分,也是丝绸之路的有机组成部分。

(九) 从设拉子到亚兹德的向东道路

这是向东北去往亚兹德的道路,是传统丝绸之路的一部分,也是呼罗珊大道的组成部分。其分为两段:

1. 从设拉子到阿巴尔古(Abarqūh)的道路。

这段路程不很长,共计 39 法尔萨赫,从设拉子往东到达阿布古尔城。穆斯塔菲记载称:

> 从设拉子行 5 法尔萨赫到扎尔甘(Zargān)村,再行 3 法尔萨赫到库尔河岸边称作阿米尔坝(Band-i Amīr)的地方,再行 3 法尔萨赫到哈夫拉克(Hafrak)与马夫达沙特区的吉纳拉赫(Kinārah)村,再行 3 法尔萨赫到法鲁克(Farūq),再行 3 法尔萨赫到卡敏(Kamīn),再行 4 法尔萨赫到马什哈德·马德尔·苏莱曼(Mashhad-i-Madar-i-

---

① 即法萨(Fasā)。

② 即达拉卜(Dārāb)。

③ 即罗斯塔格(Rustāq)。

④ 即夫尔格(Furg)。

⑤ *Description of the province Fars*, p. 885.

⑥ *Description of the province Fars*, p. 885.

⑦ Valeria Fiorani Piacentini, *The eleventh — twelfth centuries: an ʿUmān-Kīy-Kirmān/Harmuz axis?*, *Proceedings of the Seminar for Arabian Studies*, 2013, Vol. 43, pp. 261 - 276.

⑧ al-Idrisi, *Géographie D'Edrisi*(*Nuzhat al-muštāq fī ʿḫtiraq al-āfāq*), Tome1, ParisMDCCCXL, pp. 419 - 420.

⑨ 《马可波罗行纪》,第 113 页。

Sulayman，苏莱曼之母墓，实际即大流士墓帕尔加德)，再行 6 法尔萨赫到麻什克卫所 (Rubat Mashk)，再行 12 法尔萨赫到阿巴尔古城。从设拉子到阿巴尔古共计 39 法尔萨赫。①

从穆斯塔菲的记述来看，此道从设拉子行 5 法尔萨赫，即约 31 公里到扎尔甘 (Zargān)村，该村至今存在。再行 3 法尔萨赫，即 19 公里到库尔河岸的阿米尔坝(Band-i Amīr)，今天还存在。此处需要指出的是从扎尔甘村向南沿着库尔河行了 14 公里，而后道路过了库尔河，不像今天直接过库尔河东行。阿米尔坝再行 3 法尔萨赫即 19 公里到哈夫拉克与马夫达沙特区的吉纳拉赫村。再行 3 法尔萨赫即 19 公里到法鲁克。再行 3 法尔萨赫即 19 公里到卡敏。再行 4 法尔萨赫即 25 公里到马什哈德·马德尔·苏莱曼。

马什哈德·马德尔·苏莱曼再行 6 法尔萨赫即 37 公里到麻什克卫所，今不存，应该在帕尔加德北边的沙黑德阿巴德(Shāhīd Abād)附近。从这里向北到代比德(Dihbīd)，再向西北方向，行 12 法尔萨赫，即 75 公里到了阿巴尔古城。

因此，文献记载说从设拉子到阿巴尔古共计 39 法尔萨赫，即 241 公里。今天测量的距离为 242 公里，看来十分精确。

2. 从阿巴尔古到亚兹德的道路。

此路"从阿巴尔古启程行 13 法尔萨赫到迪赫·什尔(Dih Shīr, 狮子)村，再行 6 法尔萨赫到迪赫·焦泽(Dih Jawz, 核桃)村，再行 4 法尔萨赫到麦竹思堡(Qal'at-i-Majūs, 袄教堡)，再行 5 法尔萨赫到位于朱玛(Jūmmah)区的卡塔(Kathah)或亚兹德城。阿巴尔古到亚兹德共计 28 法尔萨赫，从设拉子为 67 法尔萨赫。从亚兹德到克尔曼城 58 法尔萨赫，从设拉子经此路到克尔曼为 125 法尔萨赫"。

上文穆斯塔菲将去往亚兹德的道路分成两段来记述，而在《波斯志》中只是作为整体记述，且和穆斯塔菲的记述有差别。因此，其可与《波斯志》记述作比较，并称：

> 从设拉子到亚兹德有 60 法尔萨赫。第一站行 6 法尔萨赫到扎尔甘(Zarqān)村。第二站行 6 法尔萨赫到帕杜斯特(Pādust)，再行 4 法尔萨赫到伊斯塔赫尔。第三站行 6 法尔萨赫到卡玛赫(Kamah)。第四站行 4 法尔萨赫到库姆航(Kamhang)。第五站行 4 法尔萨赫到代比德(Dīh Bīd)。第六站行 12 法尔萨赫到阿巴尔古。第七站行 5 法尔萨赫到迪赫·什尔(Dih Shīr)。第八站行 4 法尔萨赫到图马拉赫·巴斯塔尔或图法拉赫·巴斯卜(Tūmarah Bastar 或 Tūfarah Basb)。第九站行 9 法尔萨赫到亚兹德。②

依据现代电子地图来看，《波斯志》记录相对要准确，尤其一些不起眼的小地名保留至今，是对文献记述准确性的一种验证。

这条从设拉子向东到著名古城亚兹德的道路是伊利汗国的交通大动脉之一，也是丝绸之路陆上干道之一。该道从亚兹德出发可以去往克尔曼、锡斯坦、阿富汗、印度，或去往

---

① 穆斯塔菲：第 178 页。
② *Description of the province Fars*，p. 885.

呼罗珊、察合台汗国等地,再到元朝大都或者金帐汗国。其重要性不言而喻。

(十) 从设拉子经瑙班建(Nawbanjan)到胡齐斯坦首府图斯塔尔的西北道路

道路从设拉子西北到法尔斯边界的瑙班建。穆斯塔菲记述称:

> 从设拉子行 5 法尔萨赫到朱外因(Juwaym),再行 5 法尔萨赫到胡拉尔(Khullar),再行 5 法尔萨赫到哈拉拉(Kharrarah),再行 4 法尔萨赫到高兹村(Dih-i-Gawz,核桃,引者),其在提尔·穆尔丹(Tir Murdān)区,再行 3 法尔萨赫到库兹甘(Kuzgān),再行 3 法尔萨赫到瑙班建。从设拉子到瑙班建共计 25 法尔萨赫。①
>
> 从瑙班建到胡齐斯坦的首府图斯塔尔(Tustar)的道路里程为:从瑙班建行 4 法尔萨赫到哈布丹(Khābdān),再行 6 法尔萨赫到吉什什(Kishish),再行 5 法尔萨赫到贡巴德·马拉甘(Gunbad Mallaghān②),再行 4 法尔萨赫到察赫察赫(Chāchah),再行 4 法尔萨赫到哈布斯(Habs),再行 6 法尔萨赫到费鲁祖克(Furzuk),再行 4 法尔萨赫到阿拉建(Arrajān),再行 4 法尔萨赫到布斯塔纳克(Būstānak),这里是法尔斯和胡齐斯坦之间的边界。从瑙班建到布斯塔纳克共计 37 法尔萨赫,从设拉子为 62 法尔萨赫。③

上述内容和《法尔斯志》基本相同,由此说明穆斯塔菲的资料是来源于《法尔斯志》,但地名拼写有一定的差异,诸如哈布丹(Khābdān)为哈瓦布丹(Khwābdān);吉什什(Kishish)为吉什申(Kishn);察赫察赫(Chāchah)为萨哈赫(Sāhah)等。

该道经瑙班建、阿兰建到胡齐斯坦的首府图斯塔尔,而后可去往扎格罗斯山脉,也可到巴格达等地。这条从设拉子向西北的道路,在伊利汗国道路网络体系中占有重要的地位,也是古波斯帝国"御道"的干线道路,因图斯塔尔(舒什塔尔)西北 60 公里的苏萨就是御道起点,连接着东南的波斯波利斯与地中海沿岸以弗所,在当时的道路体系中发挥着重要作用。

该道也是海上东方和西边相结合的道路,尤其在阿拉伯帝国时期是连接巴格达的重要路线,在伊利汗国时期尽管重要性有一定降低,仍是一条通往海洋或者连接伊利汗国腹地干线之一④。

小　　结

法尔斯地区的道路体系是旧有道路的延伸或者重组,不是重新修建的道路,是古代西亚的道路体系的重要组成部分,也是丝绸之路的有机组成部分,在世界道路体系中占有十

---

① 穆斯塔菲:第 179 页。

② 即加奇萨兰。

③ *Description of the province Fars*,p. 885.

④ 华涛《关于乌马里"树形地理图"及其论述的初步研究》,《元史及民族与边疆研究集刊》(第三十八辑),上海古籍出版社,2019 年。

分重要的地位，由此体现了道路的变与不变。

伊利汗国时期，这些道路不仅连接着汗国各地，也连接汗国以外地区，尤其与元朝在陆路、海路上保持着密切的往来，体现了两地间交流的辉煌过往。[1]

Changing or No Changing: On System Routes of Fārs in the Īlkhānate

Han Zhongyi & Li Panpan & Han Ziyan, Shaanxi Normal University

Abstract: Fārs is named as Bosi or Posi in Chinese literature, and as the Persian in English, where is occupied an important position in the history of Iran. Here are so many dynasties of Iran originated or established their capitals. So Fars is enjoyed the high quality culture and there are a lot of celebrities. As the southern part of the Īlkhānate, it is carried out the dual administrations in Fārs, namely, On the one hand, there are relatively independent local rulers, on the other hand, where the Shahna is sent by the Īlkhānate government.

The paper is focused on traffic system of Fārs, which is not only a part of the huge net of transport controlled by Īlkhānate, but also a part of the ancient transportation in the Middle East. It played an important role in the connection of road at that time, especially communication with the Yuan Dynasty.

Key words: Īlkhānate Fārs Routes

（本文作者分别为陕西师范大学历史文化学院研究员、陕西师范大学历史文化学院博士研究生、陕西师范大学中亚研究所硕士研究生）

---

[1] 刘迎胜《旭烈兀时代汉地与波斯使臣往来考略》，《蒙古史研究》1986 年第 1 期。

论旗人家谱的功能

——兼论满族的形成 *

许淑杰　段卓琳

摘　要：清代旗人群体较为复杂，因此旗人家谱的功能也具有一定独特性，除发挥了家谱在一般意义上的尊祖、敬宗、收族和道德教化功能，在旗人的族源建构、政治身份强化、民族习俗和宗教信仰传续方面也发挥了重要作用，从而对满族的形成也产生了重要影响。

关键词：旗人；满族；家谱；功能

清代旗民分治、八旗恩养之制使旗人修谱之风长盛不衰，而旗人家谱也因旗人这一特殊群体的复杂性，在功能上与一般意义上的家谱也有所不同。旗人家谱除记载旗人家族血缘传递的脉络，发挥家谱在通常意义上所具有的尊祖、敬宗、和亲、睦族功能，在满族族源的追溯与建构、旗人政治身份的标榜与强化、满族民间萨满教信仰与祭祀习俗的传续等方面也发挥了重要作用，从而深刻影响了满族共同体的形成。

一、族源的追溯与建构

家谱作为私家文献，一个基本特点就是重视对家族源流的追溯，汉满家谱都是如此。所不同的是，汉人修家谱，大都乐于将家族起源追溯到上古某王，或历史上的某位名士、伟人，如欧阳修将其祖上追溯为初唐著名书法家欧阳询。旗人家谱也不例外，但与汉人极为不同的是，旗人家谱对族源追溯不太拘泥于历史名人，而趋同性地追溯共同族源地——长白山。这样的例子在旗人家谱中非常多见，如八旗满洲《钮祜禄氏谱书》载，钮祜禄氏"原居长白山，后迁英额峪，顺治十四年拨归打牲乌拉，康熙年间又迁三姓。"《白氏源流族谱·凌云堂白氏事宜录》载："吾白氏满洲人也，北有长白，是吾故里，清太祖在此发祥，招服满洲，编立八旗，吾白氏编入正黄旗黑太佐领下。"[①]《福陵觉尔察氏谱书》载："氏族原住长白山之东，花脸山迤北，卧莫河必罕鄂多里和陈，由此迁到长白山觉尔察地方，践土而居，因以为氏。"[②]《伊尔根觉罗氏家谱》载："赵姓伊尔根觉罗氏，古长白山建州女真部，隶满洲镶红旗。"《马佳氏族谱》载："我马佳氏系出长白山，为满洲望族。"《扈什哈理宗谱扈》载："扈什哈理者，长白山东瓜尔察地方女真人也。"岫岩《洪氏谱书》载："溯吾洪氏发轫长白

---

* 本文为国家社科基金项目"东北民间八旗谱牒文献收集整理与研究"（批准号：14BZS012）的研究成果。

① 瑜瑞纂修《白氏源流族谱·凌云堂白氏事宜录》，吉林师范大学八旗谱牒馆藏民国十一年（1922）本复印本，K820.9/58/3 - 1。

② 佚名《福陵觉尔察氏谱书》，吉林师范大学八旗谱牒馆藏民国续修本复印本，K 820.9/6/5 - 1。

山，隶属正兰(蓝)旗吉昌牛录，实满族中之望族。"《长白山瓜尔佳氏谱书》载："本支原居长白山讷音、朱舍里等地方，明万历二十三年(1595)，族长胡瞻率全族从朱舍里出发，投奔努尔哈赤……明万历四十三年(1615)编入镶黄旗，后驻防吉颜地方。"顺治元年(1644)从龙入关，四世祖黄海娶皇太极四子之长女，遂为国戚，"康熙五十七年(1718)，大部族众"回到盛京驻防，居大东关、小南关一带。①《沙岔氏千秋记》载：满族沙岔氏(谢氏)，"本长白山望族，后迁居奉天，入燕京(今北京)，康熙二十六年始祖达色回防岫岩，其后人遂家焉"。②《永陵喜塔腊氏谱书》载："喜塔腊氏始祖昂武都理巴彦，在明朝中期迁居长白山喜他拉(塔腊)地方，明末迁兴京(今辽宁新宾)。顺治元年，除二世祖都理金护守永陵外，其余从龙入关。康熙二十六年(1687)，都理金十世孙图黑，升任永陵防御。"③《索绰罗氏谱书》则记："回溯我先祖自长白山随我朝太祖高祖皇帝创业，东方乾坤一统。"虽没有直接说本族出自长白山，但间接表述的也是这个意思。北京旗人也是如此。如恒敬纂《讷音富察氏谱传》云："顾我满洲人氏，基始于长白一带……厥后族大丁繁，四方散处，遂又有一姓而各异其地者，同姓不同宗之说，因是而起。"④

有些旗人家谱还将族源进一步追记为源自长白山的某某道沟。如《佛满洲镶白旗金州东门外瓜尔佳氏宗谱》载："镶白旗金州瓜尔佳氏世居长白山五道沟，先祖于明末移居苏克苏护河，一世祖雅思哈顺治元年从龙入关，居北京草帽胡同，康熙二十六年(1687)回防盛京所属金州城"。⑤《瓜尔佳氏谱书》载：桓仁瓜尔佳氏"原籍京城厢红旗扎兰卧善佐领下，祖居长白山三道沟，系康熙二十六年(1687)拨至盛京所管金州城(今辽宁海城)满洲厢白旗入册，居住在金州城东古山前大关家屯"。⑥《八旗满洲他塔喇氏宗谱》载："我远祖世居长白山三部的讷殷江部的二道沟，即今吉林省抚松县讷殷江二道河一带，姓他塔喇氏"。⑦

还有旗人家谱在族源地记述上存在矛盾，既载实际源出地，又说源自长白山。如《穆舒氏·花氏全族谱书》就记载家族祖居"长白山"，又说发祥于"三姓"，乾隆四十七年(1782)由京城拨迁辽中，隶正白旗佛满洲达牛录下。更有趣的是，《八旗满洲氏族通谱》对该氏记载阙如，未收此姓，却也没有影响其源于长白山这一在族源上的认同。

耐人寻味的是，满人大致兴起于黑龙江流域、大兴安岭地区、松花江流域、长白山地区等明代野人女真、海西女真和建州女真活动区域，八旗满洲将族源追记为长白山，尚可理解，但是，八旗中的蒙古、汉军等，甚至明知世居之地，也有此举，就显得不同寻常。如八旗

①　关捷纂修《长白山瓜尔佳氏谱书》，2005年续修本。收入常裕钺、关捷编著《盛京满族家谱精编》，北方文艺出版社，2007年，第1—2页。

②　佚名《沙岔氏千秋记》，纂修时间不详，吉林师范大学八旗谱牒馆藏复印本，K820.9/61/8-1。

③　宝春纂修《永陵喜塔腊氏谱书》，清光绪二十三年(1897)本，吉林师范大学八旗谱牒馆藏，K820.9/58/1-1。

④　恒敬等纂《讷音富察氏谱传》，清嘉庆十二年本。收入《北京图书馆藏家谱丛刊·民族卷》，北京图书馆出版社，2003年。

⑤　佚名《镶白旗佛满洲金州东门外瓜尔佳氏宗谱》，吉林师范大学八旗谱牒馆藏民国初年本复印本，K820.9/59/8-1。

⑥　佚名《瓜尔佳氏谱书·关门宗族枝派》，吉林师范大学八旗谱牒馆藏清道光二十七年(1847)本复印本，K820.9/7/5-2。

⑦　唐远德三修《八旗满洲他塔喇氏宗谱》，吉林师范大学八旗谱牒馆藏2006年续修本复印本，K820.9/7-1。

蒙古白氏《白氏宗谱·序》载："我白氏原系蒙古族，世居察哈尔，清前迁徙至长白山六道沟，国初先祖投奔努尔哈赤，效命疆场；崇德元年攻击朝鲜，两次入关征明崇祯皇帝，隶陈满洲正白旗音得牛录。康熙二十六年始祖巴扎力由京城拨往盛京奉天，调入岫岩做骑兵官，被老鹤岭后高家招为养老女婿，二位老人所留遗产，均归后人，后传几世而生吾辈。"①果尔勒斯（高氏）也是如此，在《正蓝旗满洲果尔勒斯高氏宗谱书·序》中说："溯思满洲正蓝旗果尔勒斯之系也，曰高姓。然而考历史以来系何民族，而北方则为通古斯族，西方则为蒙古民族，南方则为汉民族，惟长白山脉近于东北一部，以通古斯为肃慎，即满洲人之先祖名称。但我先祖籍占长白山西部张五道沟，系果尔勒斯公旗界内，因地而名曰果尔勒斯姓，即高氏也。自我六世祖随征至奉天城东正蓝旗内上伯关屯占地立祖，而秀祖于顺治二年入北京内务府正黄旗满洲额恒佐领下，籍居北京城南门外，官职诰封中宪大夫。而荣祖灵在上伯管官屯，其后人拨入义州正蓝旗满洲永恒佐领下……"②八旗锡伯赵氏《依尔根觉罗鞅伯肇宗谱》记载，该族先世系长白山西伯部落地方人氏，康熙二十八年（1689）迁归盛京镶红旗满洲第二佐领处。

此外，清代加入八旗的汉军，也不乏这种情况。尽管一些汉军没有混淆族源，如汉军《祖氏家谱》序中自称祖氏是商祖乙之裔，晋以后"世居范阳，至镇西将军逖（东晋名将祖逖）之少子，始流寓于滁，历数十传而至明初，有自滁从戎渡辽者，累功授宁远卫指挥世职，遂家于宁远"。汉军《甘氏族谱》自称甘氏是周惠王之子带的后人。但是，与满洲趋同者大有人在。如初修于乾隆时期的吉林《刘氏谱书》记载，汉军厢红旗刘氏，原籍山东登州府蓬莱县，居城东三十里刘家沟，后投至长白山。据有学者调查，清代福建水师驻防（今福建省长乐县琴江村），本为清代八旗汉军，到琴江已200余年，然至今仍在当地聚族而居，使用一种与当地不同的北方方言，且极少与当地人通婚。在这些驻防旗人的墓碑上，都刻有"来自长白山某某道沟的文字"。③

正如我们所知，满洲先民所出并非一处一地，黑龙江、松花江流域，大兴安岭地区，当然也包括长白山地区，都是其源出之地。后来的满洲共同体来自祜尔哈、卦尔察、尼玛察、费雅喀、库雅喇、索伦、赫哲、蒙古、汉人等不同部族，也本非一族，然而，这些所出并非一地，所源并非一族的族群，最后却大都认定源出于长白山，这一方面是满洲统治者通过《满洲实录》《八旗满洲氏族通谱》的编写建构民族历史的引导，同时，通过旗人家谱的一续再续而进行的对本族过去经历的"历史叙述"，也不断强化了这种认识，这种不断被突出，反复被强调的共同记忆，最后也促成了满洲共同体意识被不断强化，最后形成。

考察满族的发展，在其兴起过程中，部族的迁徙流动是异常频繁的、大范围的，部族也是有多次分合的。正如有学者所说："清朝前期，旗人血缘群体（从家族到宗族）经历了多次分解过程。第一次是入关前的编旗设佐（牛录）；第二次是由关外到北京的大迁徙；第三次是部分族人由北京陆续派往全国各地驻防。其结果，同一血缘群体成员在少则几十年

————————————

① 佚名《白氏宗谱·序》，吉林师范大学八旗谱牒馆藏清道光四年（1824）本复印本，K820.9/50/12。

② 佚名《正蓝旗满洲果尔勒斯高氏宗谱书·序》，吉林师范大学八旗谱牒馆藏民国二十九年（1940）本复印本，K820.9/50/13。

③ "文革"后，人们集体要求将民族成分由原先的汉族改为满族，并得到福建省民委的正式批准。见定宜庄、胡鸿保《从族谱编纂看满族的民族认同》，《民族研究》2001年第6期，第62页。

多则上百年间,由原来聚居一地转变为散处全国各地。"①清代官修《八旗满洲氏族通谱》中所记诸多旗人家族一姓分驻多处的情况,就是这一民族分散情况的证明。如所记正黄旗锡克特理氏:分居于东北地区的"卦尔察、松花江、伊兰费尔塔哈、锡喇河、黑龙江、讷殷、吉林乌喇、卦尔佳"等处。② 正白旗满洲叶赫纳喇氏:分驻于东北、北京、乌什、伊犁、察哈尔、凉州、归化城、西安、易州、沧州、密云、河南、广东、青州、福建等43处。③

显而易见,入关前,乃至清前期旗人血缘群体的分解和流散,一方面是人口自然迁移的影响,另一方面,不可否认,也与实行八旗驻防制度是密切相关的。统治者调拨八旗驻防于全国各地,形成机械性人口迁移,进一步扩大了女真兴起之初部族自由迁移的范围和规模,直接造成了八旗人口分布于更大范围的集散状态。对这种部族迁徙流动状况的考察,《八旗满洲氏族通谱》的记载是历时性的,而旗人家谱,因为各个家族反复的一修再修,一续再续,其中对家族迁徙分析、生息繁衍的记载,动态地反映出了满洲兴起,部族流动迁徙的全过程。正是通过家谱所进行的这种对民族"历史记忆"的反复叙述,源出"长白山"的共同认识日益形成,统一的"满洲"认同也逐步被建构。

现代西方民族学理论也这样说:"民族是由'世系'(decent)构成的,分享共同的世系说法是一个民族之形成为民族的最基本概念,而共同的世系又往往通过宣称具有共同的出生地而得到加强,即使这种说法是虚构的,该民族的人也坚信不疑。"④实际上,家谱作为记述家族世系和历史的文献,其"本身已经是一部包含对本族过去经历的解释与看法的'历史叙述'。无论这种叙述是真实的还是虚构的,实质上都是编纂者的族群历史意识的'忠实'反映。"⑤

这些来自不同部族的部众最后形成统一的"满洲"认同,经历了一个长期过程,而旗人谱书一续再续对民族迁徙流动的记载,则为民族历史的建构提供了基本形式。也就是说,满族诸谱之所以趋同性地将本支先世的原始居住地溯记到长白山,正是这个民族具有认同心理的表现。正是在这种部族共同的复述过程中,满洲民族的民族共同体意识被不断培养、涵化、熔铸,最后形成了满洲共同体。福建省长乐县琴江村汉军旗人的满族认同,就是非满洲民族"满化"的典型例证。他们将自己的族源地认定为长白山,正是他们认同满族的突出表现。

二、尊祖敬宗与收族

尊祖敬宗与收族是旗人修谱的主要目的之一,当然也是旗人家谱的重要功能。所谓"收族",就是将族人收于一谱,以增强家族的凝聚力。⑥ 在明海纂《黑龙江库雅喇氏宗谱》

---

① 刘小萌《关于清代北京旗人谱书:概况与研究》,《文献》2006年第2期,第36页。

② 《八旗满洲氏族通谱》,北京图书馆编《北京图书馆家谱丛刊·民族卷》。

③ 裕彬等续修《正白旗满洲叶赫纳喇氏宗谱》,清同治九年(1870)本。收入北京图书馆编《北京图书馆家谱丛刊·民族卷》。

④ Charles F. Keyes, Towards a New Formulation of the Concept of Ethni c Group, Ethnici ty, 1976(3),pp. 302 - 313.转引自:定宜庄,胡鸿保《从族谱编纂看满族的民族认同》,《民族研究》2001年第6期,第61页。

⑤ 定宜庄,胡鸿保《从族谱编纂看满族的民族认同》,《民族研究》2001年第6期,第61页。

⑥ 刘小萌《关于清代北京旗人谱书:概况与研究》,《文献》2006年第2期,第36页。

中，协领巴齐那雍正元年(1723)撰《再修库雅喇氏谱图原序》说："吾族谱图，原系吾祖安图公由长支抄录，仅只一图。"之所以编修家谱，是因为"其中本支承袭世职及本族调拨，惟恐年远，无从察考，于是按照曩昔经过诸端以及自己战功履历，编辑一书，以备世守勿替焉"。三支十二世通肯城养育站笔帖式明海撰序也说："盖族者，家之积也，而创成此家者，则始于一人也。是吾族者，吾祖宗之分体也，手足、头目各职其功，亦互捍……兹谱书告成，家置一编，愿族众咸喻于一本相维之意，庶使子孙报本溯源，知所由来，追维先烈，以教后生，继续修整，勿令隳坏，绵绵兴起，延延勿替。"并且该谱书的"移驻考"部分也再一次强调："天下事未有久合而不分者，亦未有久分而不合者，吾族系窝集部绥分路人，国初来归，征调频仍，自始祖以次，凡四支……谱牒之修，愈不容已，盖修之即所以合之，聚族之道在兹焉！"①这些都说明了该家族之所以修谱，原因就在于，"盖修之即所以合之，聚族之道在兹"。清代祥安等续修《叶赫那拉氏族谱》中四世孙常英乾隆十一年(1746)所撰"原序"也载，该家族修谱宗旨为"尊祖故敬宗，敬宗故收族"。② 吉林《爱新觉罗·佟赵全书》申明其"编辑宗旨"即："我乃是同宗之一分子，即系同宗，就宜维持同宗的事情。"并撰"收族序"，详述佟赵一族，族众流散，难以聚集，平素又鲜有联系，致使部分族人宗支淡漠，因此应修谱以收族的目的。③

"收族"之外，旗人家谱的重要功能还在于和宗睦族，纯洁家族血脉。汉人修谱强调"子以孝事亲也，弟以敬事兄也；贫而无归者，富者收之；愚而无能者，才者教之；富且贵不加于宗亲，生相庆而死相吊也"。④ 在这一点上，旗人修谱亦与汉人别无二致。《赫舍哩氏宗谱书·序》载："我赫舍里氏始祖从龙入关，忠以持身，宽以抚众，实有功德，故世卜其昌，子孙繁盛，有九男同母之瑞。惟是齿生日众，一户分而为千户，世远年湮，因名变而为异性(姓)，视骨肉如路人者，往往然也。今我后辈痛此积习，欲因疏以及亲，恨无蚁术爱由，委而溯源，微得蠡见，遂举户编详察，乃知始祖生九子，其八子皆留京师护卫各处，惟行九子罕都将军洼尔达，拔往奉天，驻防凤凰城，于今已十数世矣。族大枝繁，恐有疏失，故与本族人商议，欲将凤凰城一支派修立谱书，使万殊归于一本，庶几自今以后，承口不紊。有或者曰：满洲八旗皆有户口策(册)可凭，何必自家另立谱书？而不知户口策乃上呈京部，非可藏之私室，且散而难稽。与其欲亲睦宗族，何若修此谱为妙也！"⑤

旗人一向重视血统，雍正年间整饬旗务，比丁册按三代开载，更强化了这种传统意识。⑥ 这一点与汉人修谱如出一辙。比如，《黑龙江库雅喇氏宗谱》十三世候补从九品荣凯撰《库雅喇氏家谱序》中就明确规定：修举族中公事者，修于谱，录功也；凡吾谱之续入，

---

① 安图、明海等纂修《黑龙江库雅喇氏宗谱》，康熙十五年(1676)初修。收入《北京图书馆藏家谱丛刊·民族卷》。

② 祥安等辑，续修《叶赫那拉氏族谱》，清道光二十九年(1849)九思堂朱丝栏稿本。收入《北京图书馆藏家谱丛刊·民族卷》。

③ 佟鼎勋等纂修《爱新觉罗·佟赵全书》，吉林师范大学八旗谱牒馆藏民国二十九年(1940)抄本复印本，K820.9/1/1－2。

④ 王秋农重修《京口顺江州王氏家乘·王松明隆庆四年序》，清光绪十九年本。

⑤ 赫墨林、赫文林、赫茂林纂修《赫舍哩氏宗谱书》，吉林师范大学八旗谱牒馆藏清光绪五年(1879)本复印本，K820.9/8/4－2。

⑥ 刘小萌《关于清代北京旗人谱书：概况与研究》，《文献》2006年第2期，第32—33页。

干犯名义者不书,逃入二氏者不书,螟蛉抱养者不书,不详所出者不书,防乱宗也。① 在"家训""嗣续"篇规定:"一妻妾均无嗣出,不愿继嗣者,听之,惟不得抱养外姓之子为嗣,倘有故违者,即将此子勒令归其本宗,不准冒姓外,将抱养之父母各处罚金二十元至三十元,以乱宗者论。"在"家训""世次"篇也强调:"盖冠姓以溯源流,别氏以序世次……曩者以氏为姓之风既开,则冒姓乱宗之弊以渐……吾库雅喇氏,本古肃慎氏种族之一,受姓以来,世系分明……今自十二世起,将后列之字家喻户晓,按字命名,既便族人贸迁路遇,盘序长幼,且免冲犯名讳暨同姓冒宗情事,用意至当,其遵循焉!"吉林《八旗满洲他塔喇氏宗谱》"家训""嗣续"篇中也规定,族人"无子立嗣,宜遵宗法,先于同父宗亲内序立。无,则准于从堂兄弟内择立。若序立、择立均无人,亦准兼兆(祧)。异姓乱宗,例禁甚严。如有抱养异姓之子为嗣者,除将抱养之子勒令归宗,不准冒姓外,抱养之父母仍各从重惩以家法,以为乱宗者戒。"②

三、旗人身份的标榜与强化

在旗人家谱中,对姓氏起源、原住地、所隶旗属的追述,也是其重要内容。如镶蓝旗满洲《萨嘛喇氏族谱》载:"萨嘛喇氏即蔡氏,始居宁古塔(今黑龙江省宁安),后移居北京,隶属镶蓝旗满洲。清康熙二十六年(1687)始迁祖邦牛由京城拨至凤凰城实边驻防,隶于佐领卡克都里麾下。"③辽宁本溪《马氏族谱》载:"原籍山东登州府栖霞县马家营,顺治十三年(1656)二世祖马国庶被盛京内务府拨至辽阳城东大汤沟镇红旗界太子河南小市充当鱼差,入都京内务府正黄旗。"④《凤城卢氏家谱》载:"祖籍山东莱州府栖霞县卢家大夼人,于顺治八年(1651)从山东逃荒到东北……卢氏随军八旗,汉军八旗镶黄旗,隶属盛京管辖。"⑤从家谱所记内容看,不论八旗满洲,抑或汉军,都非常重视旗人身份。之所以如此,与清代社会政治制度密切相关。

在清代旗民分治、"首崇满洲"的政治原则下,旗人是社会特权阶层,而旗人中的满人又是特权阶层中享受最高优遇者。清代自皇室、宗室、勋戚、八旗世家,至普通旗人,凭借旗人身份,各依其在八旗体系中的地位,享受高低不等的待遇。因此,旗人身份就成为享受优遇与特权的资格,而家谱则是"核承袭次序,秩俸等差,及养给优恤诸事"⑥的基本依据。正因为此,在清代皇室、宗室的《玉牒》《宗谱》之外,八旗世系谱档与旗人家谱,对于旗人尤为重要,它是旗人承袭官职的重要凭证。如雍正元年(1723)规定:"八旗承袭世爵,将

---

① 安图、明海等纂修《黑龙江库雅喇氏宗谱》,康熙十五年(1676)初修。收入《北京图书馆藏家谱丛刊·民族卷》。
② 唐远德三修《八旗满洲他塔喇氏宗谱》,吉林师范大学八旗谱牒馆藏 2006 年本复印本,K820.9/7-1。
③ 蔡运生纂修《萨嘛喇氏族谱》,吉林师范大学八旗谱牒馆藏民国十三年(1924)本复印本,K820.9/13/6-1。
④ 马洪宾纂修《马氏谱书》,吉林师范大学八旗谱牒馆藏清道光年间抄本复印本,K820.9/58/5-1。
⑤ 卢盛彬等纂修《凤城卢氏家谱》,吉林师范大学八旗谱牒馆藏 1998 年续修本复印本,K820.9/51/4。
⑥ 赵尔巽《清史稿》卷一一四《职官志》,中华书局,1976 年,第 3265 页。

原受爵人之子孙,按其名数,详列谱牒。如一谱不能尽者,即缮二谱具奏。"①对于旗人家谱,清制规定,每年年终八旗都要"进呈袭官家谱"。到乾隆朝,因八旗生计问题日益严重,对旗人袭爵限定日益增多,如乾隆十五年(1750),"恩诏以后所授之爵,不分别定议,概定为袭有次数。则将来生齿日繁,世爵日少,于旗人生计甚有关系"。②基于此,对旗人身份、袭爵资格等的查验就更为严格,如乾隆三十三年(1768)诏令:"凡承袭世职,外任官员,列在拟正者,始行咨取。但各有交代盘查等事,来京引见,迟延时日,如不补放,返徒劳。嗣后外任袭职人员,先呈家谱,再行咨取。"③甚至承袭爵位具体情况也须在谱档中注明。如乾隆三十七年(1772)规定:"八旗承袭官员缺出,于奏折家谱内,俱将此官例应承袭几次,业经袭过几次,再应承袭几次,声明填注。"④在这种情况下,旗人家谱越来越重要,家谱的政治功能也越来越突出。到嘉庆朝仍是如此。如嘉庆十八年(1831)规定,八旗袭职"仍照例前期进谱,著为例"。嘉庆十九年(1832)规定:"嗣后八旗继嗣袭职者,务将其本生祖父履历查明具奏,庶杜捏报冒入旗籍之弊。"⑤

正如有学者所说:"谱牒在中国历史上的出现,本来有它的政治上的实用价值。"⑥在清代社会政治制度下,更是如此。清代旗民分治,"首崇满洲"的八旗制度,使得旗人家谱政治功能显明。出于证明血统渊源,承袭世爵世职的需要,旗人家谱备受重视,而家谱中对旗人血统、世系的重视、强调,也使得旗人的身份意识得到不断强化,有清一代,"旗人"也成为特殊社会身份地位的标志。

四、道德的训诫与教化

道德的训诫与教化功能蕴涵于旗人家谱之中,与汉人家谱如出一辙。如一般旗人家谱中都有"恩荣"篇,其中一般都集中记载统治者对本族成员的褒奖、赏赐,包括敕书、诰命等。对家族的重要人物,或节孝楷模,则立传记载,有的家谱还收有艺文、祖先遗像等,以褒扬先祖,奖掖后世,光耀门楣。

在旗人家谱中普遍存在的族规、家训,内容广泛,多以中国传统伦理道德和宗法制度为基础,提倡"三纲五常"和忠、孝观念,在礼仪上按照儒家之传统,强调尊卑有序、男女有别的等级制度,等等。如《黑龙江库雅喇氏宗谱·祠宇记》载:"吾族忠孝传家,岁时勤祀,不设享堂,各就静室陈衣裳而荐时食,尊祖敬宗,跪拜如礼,盖即古者设享之意。及今世俗变迁,礼法渐替,故亟拟建祠宇,修祭祀,使子与孙各申追远之道。"⑦《满族叶赫佟氏宗谱·家训》中有"好学:勤学不倦,学仕则优(优则仕)"的内容,并强调"万般皆下品,唯有

---

①　[清]昆冈等修,刘启端等纂《钦定大清会典事例》(光绪朝),第 813 册,《续修四库全书》本,上海古籍出版社,2003 年,第 616 页。

②　同上,第 617 页。

③　同上,第 620 页。

④　同上,第 621 页。

⑤　同上,第 615 页。

⑥　冯尔康《清史史料学》,沈阳出版社,2004 年,第 242 页。

⑦　安图、明海等纂修《黑龙江库雅喇氏宗谱》,康熙十五年(1676)初修。收入《北京图书馆藏家谱丛刊·民族卷》。

读书高"。①《那拉氏族谱》在"劝训子孙十八条"中,宣扬:"好花能几日,转眼两鬓霜。""理家风(凤)有定章,女子当家找败亡。"②在修谱的原则上,旗人家谱也直接体现男尊女卑观念,一般不载女性;有的家谱载嫁入之妻室,而不载嫁出之女儿。

五、神明的崇拜与创造

萨满信仰通过旗人家谱得以传承,这是旗人家谱的又一重要功能也是旗人家谱与汉人家谱的最大差别之一。考察汉人家谱,其中更为突出的是中国传统社会的宗法关系属性,而基本不附带全民族的统一的宗教属性。旗人家谱则不同。从满洲旗人讲,首先,满人信奉万物有灵,在其心目中,举凡蛇、蟒、鹰、雕、狼、虫、虎、豹,无不有灵,这种万物有灵的信仰特征在旗人家谱中得到了充分的表现。如吉林九台满族锡克特里氏(石姓),其供奉的家萨满谱系图当中,就绘有蛇、蟒、鹰、雕、狼、虫、虎、豹的形象,该姓人将其与自己的祖先一起,明确列入祭祀之列,视其为家族之神。其他还有很多满族家谱都有这样的特征。因此,万物有灵是满族信仰文化与谱牒文化密切结合的思想基础。从这个意义上说,家谱是满族神灵注名依附之所。③

其次,萨满教作为满族的原生宗教,其深刻影响在满族家谱当中也十分明显。表现为:其一,家谱的作用之一是满足生者对逝者的祭祀需要,而满族的祭祀需要在萨满主持下,通过萨满祭祀仪式完成。其二,许多满家谱都非常重视祭祀的相关问题,并专列篇目对祭祀的神歌、礼节、仪式,甚至安放祖宗牌位的方位、所用物件等都详加记述,以作为祖先成例约束和指导后人的祭祀活动,其中就反映了明显的萨满信仰特色。

尤其入关以后,受汉族宗法思想的影响,满人开始有意识地通过祭祖的形式,增强族众的血亲感情,维系家族的和睦与团结,因此,祭祖成为与满人家谱密切相关的内容。许多旗人家谱中,都有祭祖仪式的详细记载。如康德十年(1944)那寿山编《那氏族谱》中就专门列出"大祭祀所用物件草图""本族冬腊月祭祀祖上礼节"两篇,不但对大祭祀所用物件做出明确说明,对祭祖礼节的规定也事无巨细。《富察氏谱本》也有"祭祀应用器具等物品"一节,记载该家族祭祀前要准备"小簸箕一件,条帚、刷帚、新布一尺,挫左股绳子三条,绑猪嘴用的,新三盆一个,浇酒用,好秫秸三根,做梭龙杆子用,铁钓九把,烤猪皮用,木把小铁尖刀一件,筷子二双,其余酌核办理,在临时现做"。同时,还要请人选定吉日,在吉日的前一日午后抓猪绑好,以为贡牲之用;在抓猪的同时,还"令优秀妇女多名,午下刻元米元豆面子,以备作饽饽用"。④《富察氏谱本·祭祀仪择要解释》也载,满族祭祖一般需要三天,关于三日内的活动:"祭祀日,合族大小男子,在屋内祖宗前不准戴帽子……是日上午挑元豆酌量,合族人口办理。"⑤并对祭祀过程记述得事无巨细,以指导后人。其他如

---

① 佟圣英纂修《满族叶赫佟氏宗谱·家训》,吉林师范大学八旗谱牒馆藏 2007 年续修本复印本,K820.9/20-3。

② 那寿山纂修《那拉氏族谱》,吉林师范大学八旗谱牒馆藏民国三十二年(1943)本复印本,K820.9/10/2-1。

③ 于鹏翔、许淑杰《中国东北满族谱牒特点研究》,《社会科学战线》2010 年第 4 期,第 150 页。

④ 富庆增纂修《富察氏谱本》,吉林师范大学八旗谱牒馆藏 1962 年续修本复印本,K820.9/58/8-1。

⑤ 同上。

《厢蓝旗马鲁佐领下陈满洲赵姓氏谱》《白氏源流族谱》等旗人家谱中,也均有"祭祀事项"相关内容。《北红旗关姓宗谱书》(即《凤城瓜尔佳氏四修宗谱》)、①盖县瓜尔佳氏《关姓族宗谱书》②中还载有汉字标注满音的祭天祭文。③

东北满洲旗人家谱中,关于萨满信仰的记载,还有祭神树、祭马的内容。如《爱新觉罗佟赵全书·祭祖规矩》中,就有"祭神树规矩"。据其所载,佟赵氏祭神树时,要首先选定吉日,"届期携鹅(按:佟赵氏旧例用牡牛一头,后世为厉行节约,才改用鹅)一只,以及锅、碗、瓢、盆、饭具,同拿到郊外多年乔木之下,将鹅用铁锥由帮(膀)根刺杀,净水烧开,煺毛、改件、拌饭,如祭天一样,将肉与饭就地向神树荐享",并使"萨满使神刀跳神","各节做毕",再食肉、送骨饭。④ 关于满族"祭马"习俗,在《钦定满洲祭神祭天典礼》⑤中有充分体现,东北旗人家谱也有记载。如《正白旗满洲瓜尔佳氏家谱》"祭祀"篇和《那拉氏族谱》中的"祭祀祖上之礼节"中,就均有"祭马神"的相关内容。《那拉氏族谱·祭祀祖上之礼节》载,祭马神时,要将"马牵进屋来,将鬃尾皆绑上红布条,以香碟子连圈三遍,将马再转三个圈,即牵出去。此马以后勿论何时驾车担子之时,不准拉女子,亦不准妇女骑之"。⑥ 这些祭祀礼节中的萨满信仰特征是显而易见的。

《爱新觉罗佟赵全书·教萨满规矩·序》开宗明义:"合本族四大支公遵祖法教授萨满""以企述志述事之孝思",故约集族人,于"吉时"举行盛事,为防乖谬,"是以谨将教乌云(即教萨满)祭祖之始末关节以及荐享之制法、排陈之列法,于此兼以图,俾为后生接续老廓律(老规矩)之一助"。老萨满教授新萨满的内容具体而庞杂,需历时九日才能完成。⑦

除萨满信仰的内容外,东北满洲旗人家谱中还有佛教、道教及其他民间地仙信仰的记载。如《福陵觉尔察氏谱书·各户供奉神板香碟之神名位》载,觉尔察氏"南边神板之正座,关圣帝君,清封护国明王佛。左边之座,观音菩萨。右边之座,弥勒菩萨。北边神板之首座天,二座地,三座君,四座亲,五座师"。⑧

---

① 关继贤等纂修《凤城瓜尔佳氏四修宗谱》,吉林师范大学八旗谱牒馆藏 1988 年抄本复印本,K820.9/7。

② 佚名《关姓族宗谱书》,吉林师范大学八旗谱牒馆藏清光绪末年本复印本,K820.9/7/5-1。

③ 祭文(原注:即念杆子吉言)的大意是:上天诸神敬听吉哈斯浒氏和瓜尔佳氏二姓,在某年的金秋之际,选择吉日,盛满清水,磨好豆面,敞开大门,燃起大火,将圈中喂养的猪绑上,将猪的全部献给上天,送至九霄云外,请诸神查验我们的贡品。望上天赐给我们恩惠,使我们打牲之人,生活富裕,从小尊贵,百年不断,六十无病无灾,白头到老,阖宅人等四季平安,不误农时,神佑永远! 并要"用川表纸照此写明:主祭人生年月,以火焚化棱龙杆下,即心诚则灵。"参见《凤城瓜尔佳氏四修宗谱》。

④ 佟鼎勋等纂修《爱新觉罗佟赵全书·祭祖规矩》,吉林师范大学八旗谱牒馆藏民国二十九年(1940)抄本复印本,K820.9/1/1-2。

⑤ [清]阿桂《钦定满洲祭神祭天典礼》卷四,"辽海丛书"本,辽沈书社,1985 年,第8—23 页。

⑥ 佚名《正白旗满洲瓜尔佳氏家谱·祭马神》,民国三十二年(1943)本;那寿山纂修《那拉氏族谱·祭祀祖上之礼节》,民国三十二年(1943)本。

⑦ 即满族所谓"学乌云",也称"教乌云"。"乌云"即满语数之"九"。之所以称之为"教乌云",主要原因有二:一是以九天为一个学习周期,对所传授知识进行测验;二是整个培训过程需要九个九天才能完成。故称其为"教乌云"。参见许淑杰《吉林九台满族萨满文化调查与思考》,《吉林师范大学学报》2012 年第3 期,第47 页。

⑧ 佚名《福陵觉尔察氏谱书·各户供奉神板香碟之神名位》,吉林师范大学八旗谱牒馆藏民国续修本复印本,K 820.9/6/5-1。

结　语

　　总之,清代特殊的社会政治制度使得旗人修谱之风盛行,旗人群体的特殊性也使得旗人家谱的功能具有独特性,尤其家谱中对旗人共同族源的追记和对旗人血统、世系的重视、强调,使得"满洲"共同的民族"历史记忆"得以建构,旗人的身份意识得以不断强化,从而促使满族共同体日益形成。

On the Function of Banner People Genealogy
——Also on the Formation of Manchu
Xu Shujie，Hainan Normal University；
Duan Zhuolin，University of Nottingham

Abstract：In Qing Dynasty，the group of banner people was complicated，so the function of their genealogy also has a certain uniqueness. In its general sense，genealogy assumes the functions of respecting ancestors and imperial clan，uniting clans and moral education. In addition，genealogy also plays a crucial role in the ethnic origin construction，political identity strengthening，national customs and religious belief inheritance of banners. Thus，genealogy has a significant influence on the development of Manchu.

Keywords：banner people；Manchu；genealogy；function

（本文作者分别为海南师范大学历史文化学院教授、诺丁汉大学英语学院硕士研究生）

《蒙古字韵总括变化之图》初探*

宫海峰　苏　展

　　摘　要：《蒙古字韵》一书附有一幅《蒙古字韵总括变化之图》。本文经分析考证，认为图的上半圆所列八思巴字母总括的是汉语十五个韵部的韵尾，下半圆的八思巴字母总括的是蒙古语音节的辅音韵尾。订正还原后，上半圆的字母由 6 个增至 8 个，下半圆的字母由 13 个增至 15 个。

　　关键词：蒙古字韵；八思巴字；总括变化之图

　　《蒙古字韵》是作于元代初期的一部韵书，原作者和具体年代已不可考，从文献记载看，最初可能在至元七、八年前后完成。① 书中正文部分是用八思巴字给汉字所作注音，犹一部汉字同音字典，有学者称之为"历史上的第一个汉语拼音方案"。② 传世孤本为朱宗文至大元年(1308)增订本的清钞本，藏伦敦大英图书馆。这部"伦敦钞本"可能就是乾隆间的"四库采进本"，或其副本。③ 一些研究专著中附有原文影印。如罗常培、蔡美彪《八思巴字与元代汉语》，照那斯图、杨耐思《蒙古字韵校本》，沈钟伟《蒙古字韵集校》，不仅附影印全书，还做了细致的校勘。④ 通过这些影印件，我们能看到原书的基本面貌。《蒙古字韵》全书内容包括：（一）封面题字："蒙古字韵"（汉字左侧用八思巴字）；（二）刘更和朱宗文的序文；（三）校正字样；（四）蒙古字韵总括变化之图；（五）字母（三十六字母）；（六）篆字母；（七）总目；（八）正文（分十五个大部对汉字的标音）。篇末还有半叶的"回避字样"。⑤ 对这部书的研究已有丰富成果，这里不作赘述。其中对第（五）项"蒙古字韵总括变化之图"的研究似乎还不多。该图仅见于《蒙古字韵》，除了图的上方写有"蒙古字韵总括变化之图"字样，并无其他说明。该图应为朱宗文所作，因为《蒙古字韵》卷首刘更

---

　　* 本文得到国家社科基金艺术学一般项目："元明戏曲中的蒙古语再研究"（编号：19BB016）的支持。

　　① 中统初年，"命（八思巴）创制蒙古新字"，至元六年(1269)二月"诏以新制蒙古字颁行天下"，七年十月"设诸路蒙古字学教授"，"敕宗庙祭祀祝文，书以国字"，八年正月，中书省议："铺马札子，初用蒙古字，各处站赤未能尽识，宜绘画马匹数目，复以省印复之，庶无疑惑。"据此推测，可能在至元七、八年前后完成。参见《元史》之《世祖纪三》《兵志四》《释老传》，《元典章》卷三一《礼部四》"蒙古学校"条。照那斯图认为大约在 1269 年，见《蒙古字韵拾零》，《语言科学》2004 年 3 月。宋洪民认为不晚于至元十二年(1275)，见《从龙门神禹庙碑看〈蒙古字韵〉编写年代》，《晋中学院学报》2015 年 2 月。

　　② 见杨耐思《历史上的第一个汉语拼音方案》，《普通话》1990 年第 1 期。

　　③ （日）吉池孝一《蒙古字韻四庫採進本及び現存写本の書写時期》，古代文字资料馆发行『KOTONOHA』第 74 号(2009.1)。

　　④ 罗常培、蔡美彪《八思巴字与元代汉语》，中国社会科学出版社，2004 年增订本。照那斯图、杨耐思《蒙古字韵校本》，民族出版社，1987 年。沈钟伟《蒙古字韵集校》，商务印书馆，2015 年。

　　⑤ （日）吉池孝一认为"回避字样"原在"校正字样"后，后人抄写时被移至卷末。见《原本蒙古字韵的构拟》，古代文字资料馆发行『KOTONOHA』134 号(2014 年 1 月)。

序文中说："然事有至难,以国字写汉文,天下之所同也。今朱兄以国字写国语,其学识过人远甚,此图为后学指南也必矣。"① 其中的"此图"就应指该图。宁忌浮先生在其专著《古今韵汇举要及相关韵书》中专设一节,对该图做了详细研究,照那斯图先生也做过一些探讨。② 笔者读后深受启发,在此不揣浅陋,也提出一点不成熟的看法。

1260 年,忽必烈即位后,命国师八思巴创制"蒙古新字"(后改称蒙古字、国字等,今人称八思巴字)。1269 年二月,"诏以新制蒙古字颁行天下","译写一切文字"。③ 经学者多年努力,近年总结出"八思巴字字母总表"。④ 为本文讨论方便,转录如下:

八思巴字字母总表

编号	字母	汉体	转篇	编号	字母	汉体	转篇	编号	字母	汉体	转篇
1		葛	k	14		娑	p'	27		设	š₁/š
2		渴	k'	15		末	b	28		沙	s
3		唟	g	16		麻	m	29		诃	h
4		誐	ŋ	17		拶	ts	30		哑	·
5		者	tš'	18		攃	ts'	31		伊	i
6		车	tš'/č'	19		惹	dz	32		邬	u
7		遮	dž/ǰ	20		嚩	w	33		翳	e/ė
8		倪	ň	21		若	ž	34		污	o
9		怛	t	22		萨	z	35		遐(轻呼)	G
10		挞	t'	23		阿	·	36		霞	r
11		达	d	24		耶	j/y	37		法	hu
12		那	n	25		啰	r	38		恶	(待定)
13		钵	p	26		罗	l	39		也	ė/e

① 有学者提出原书上一 a、b 两面非刘更一人之作,还有学者进一步推测,a 面可能为序文中出现的叶素柯所作。似乎有一定可能性,但叶氏序文是否应置于刘更序文前也令人怀疑。参见王硕全《〈韵会〉与"蒙古韵"》,载《语苑撷英——庆祝唐作藩教授七十寿辰学术论文集》,中国语言文化大学出版社,1998 年。照那斯图《蒙古字韵拾零》,《语言科学》2004 年 3 月。但无论是否,不影响本文讨论。

② 宁忌浮《古今韵汇举要及相关韵书》,中华书局,1997 年,第 189—192 页。照那斯图《蒙古字韵拾零》,《语言科学》,2004 年 3 月。

③ 宋濂《元史》卷六《世祖纪三》,中华书局点校本,1976 年,第 121 页;卷二〇二《释老传》,第 4518 页。

④ 照那斯图、杨耐思《八思巴字研究》,中国民族古文字研究会编《中国民族古文字研究》,中国社会科学出版社,1984 年,第 381 页。

续 表

编号	字母	汉体	转篇	编号	字母	汉体	转篇	编号	字母	汉体	转篇
40	◌	咼	ů	46	◌		p'	52	◌		n̠
41	◌	耶	i	47	◌		r	53	◌		i
42	◌	奉	ḥu	48	◌		r	54	◌		i
43	◌	书	$š_2$	49	◌		t̠	55	◌		u̠
44	◌	匣	ḥ'	50	◌		t̠'	56	◌		ė
45	◌	么	j	51	◌		d̠				

　　《蒙古字韵总括变化之图》是一幅圆形图，上半圆沿边列有 6 个八思巴字母，下半圆沿边列有 13 个。上半圆的字母（字体倒立书写）未附汉字。下半圆字母都附有汉字，有的是注音，如"黑""刻""克"，有的似乎是发音方法说明，如"噙口""顶舌儿""转舌儿"。刘更对朱氏该图给予高度评价，说它必为"后学指南"，是说该图会成为此后人们使用"国字"（八思巴字）的指南，具体应指拼写汉语和蒙古语，即"以国字写汉文"和"以国字写国语"。就元代来说，这里的"国语"应指蒙古语（详见后文）。

　　如进一步仔细观察，会发现该图的一些特点。上半圆 6 个字母比较清晰，字体大小、间距比较匀称，整体居于上半圆弧正中，中心在字母 ◌ 和 ◌ 之间。下半圆 13 个字母的排列则显得不够协调，且右侧最后一个字母 ◌ 右边的外周线有明显残断，此处有脱漏文字的可能性。从左向右观察这些字母，左半部字母字体和间距都较大，大约从下半圆弧底部开始，字体逐渐变小，间距也明显变得密集，尤其是字母上所附汉字越发变小和模糊。可能的情况是，抄写者是从左侧开始书写的，在抄写过程中，发现对下半圆多个字母书写空间预估不足，从而造成了这种情况。综合这些因素，推测原图中轴线上方在上半圆字母 ◌ 和 ◌ 之间，下方正对字母 ◌（附字为"刻"）。如果要达到对称，中心左右字母数量应该相同，即 ◌ 左侧为 7 个，右侧也应为 7 个。（见图一）。

　　首先讨论上半圆的字母。

　　将图 1（原图）旋转 180 度，可正面观看并释读上半圆的字母，从右向左依次是《八思巴字字母总表》中的第 16 号 ◌（m），第 12 号 ◌（n），第 4 号 ◌（ŋ），第 20 号 ◌（w），第 24 号 ◌（j），最后一个似乎是第 40 号介音 ◌（u）。那么这几个字母具体表示什么含义呢？宁先生已指出，上半圆这 6 个八思巴字母是"总括"《蒙古字韵》十五个韵部的。◌ 总括覃、侵 2 部；◌ 总括真、寒、先 3 部；◌ 总括东、庚、阳 3 部；◌ 总括萧、尤 2 部；◌ 总括佳部，最后一个字母 ◌ 总括的是支、鱼、歌、麻 4 部。以上六个字母分别代表-m、-n、-ŋ、-w、-j、-Ø 6 种韵尾。宁先生进一步指出，这 6 种韵尾即是当时汉语某一方言的真实写照。[1] 将宁先生以上构拟与《蒙古字韵》的"总目"对照，字母 ◌　◌　◌　◌　◌ 的"总括"与"总目"所列韵部的收声字母是一致的，但"总目"支部的韵尾用第 31 号字母 ◌；鱼部用 32 号 ◌；歌部用

---

　　① 　见前引宁忌浮《古今韵汇举要及相关韵书》，第 189—190 页。

34号Ƙ。而八思巴字母与藏文字母有一个相同点,即元音a隐含在辅音字母当中,所以麻部的a是省略的。那么也就是说,支、鱼、歌、麻四个部与以上构拟为Ɣ不同。

蒙字总变之
古韵括化图

图一　《蒙古字韵总括变化之图》原图

笔者赞同上半圆字母"总括"十五个韵部的观点,对前5个字母的构拟也无异议。唯对最后一个字母,即Ɣ总括支、鱼、歌、麻四部的观点有些疑问。根据需要,八思巴字拼写汉语时用到两个介音字母,除了Ɣ(u)还有第41号字母ʯ(i)。杨耐思先生指出,Ɣ和ʯ代表经常构成韵头的短而响亮度小的元音,他们与u(ʮ)和i(ʯ)不能互换。① 从八思巴字的正字法来看,这两个介音附属于声母,后面要接其他元音,无其他元音时,自然会带一个元音a。它们来源于藏文字母中wa和ja下加于基础字母时的变形,本来就有介音的性质。② 支、鱼、歌、麻四部均以独立的元音收尾,在"总目"中分别为i、u、o、a,依次都写出并不难,也不致繁琐。如选一个与四部元音不同音质的介音(半元音)来总括,似乎不甚科学。

笔者怀疑还有一种可能性,即在传抄过程中可能出现了讹误,导致几个字母被抄错,或被遗漏。麻部韵尾为元音a,如前所述,在八思巴字拼写的规则中,元音a是以零形式表示的。如mi、mé、me、mo、mu等音分别用ᠠᠠ等表示,单独的一个就表示ma音,即元音a省略不写。在"总目"中也正是如此。那么在"总括图"中也应该是省略的。但支、鱼、歌三部的韵尾则需要写出。因为原图中的字母Ɣ不能做韵尾,所以它很可能是个讹误,从形状考虑,有可能是字母Ƙ的误写。如果此假设成立,只需再补充两个韵尾。重新构拟后,上半圆的字母会变成八个。分别是总括支部的,覃、侵2部的,真、寒、先3部的,东、庚、阳3部的,萧、尤2部的,佳部的,歌部的Ƙ,鱼部的。这样就会与"总目"保持一致。很有可能,上半圆字母是朱宗文将《蒙古字

① 杨耐思《八思巴字汉语的字母》,载《近代汉语音论》(增订本),商务印书馆,2012年,第301—305页。
② 参见金鹏《藏语简志》,民族出版社,1983年,第147页。

韵》中所分十五个部的韵尾做了合并概括,即分别将韵尾相同的东庚阳,真寒先,萧尤,覃侵都合并为一,于是十五部的韵尾,在图中总括为 8 个字母(见图二)。

图二　《蒙古字韵总括变化之图》修订图

对于下半圆的字母,首先需确定它们究竟是揭示什么的。宁先生曾引述刘更序文中的话"以国字写国语",认为这里的国语"看样子还是汉语",由此推测,下半圆字母是旨在揭示汉语声类的变化。① 照那斯图先生认为是揭示蒙古语音节辅音韵尾的。② 笔者倾向于后者的观点。

其实在元代文献中,"国语"都是指蒙古语的,汉语则称"汉言"或"华言"。如《元史》卷三《宪宗纪》载:"蒙哥,华言长生也。"③ 蒙哥为蒙古语 möngge 的音译,汉译为"长生"。《元朝秘史》中作"蒙格"④。"泰定元年……庙号英宗。四月,上国语庙号曰格坚。"⑤ 格坚为蒙古语 gegēn(意为"明亮")的音译,《元朝秘史》旁注为"明"。⑥ 又如"帝(仁宗)览《贞观政要》,谕翰林侍讲阿林铁木儿曰:'此书有益于国家,其译以国语刊行,俾蒙古、色目人诵习之。'"⑦让蒙古、色目人诵习的亦应是译自汉语的蒙古语版本。其次,刘更序文所说"以国字写汉文"自然是指汉语,那么接着又说"以国字写国语",显然意指二者有区别,结合文献所反映的元代实际情况,此处的"国语"就只能是指蒙古语。由此可知,朱宗文除了能用八思巴字拼写汉语外,还有能力以八思巴字写蒙古语。目前所见《蒙古字韵》的主要内容是"以国字写汉文"部分。译写汉语所用八思巴字母有 42 个(35 声母字符 + 7 非声母字符)。⑧

① 见前引《古今韵汇举要及相关韵书》。
② 见前引《蒙古字韵拾零》。
③ 前引《元史》卷三《宪宗纪》,第 43 页。
④ 第 270 节。见乌兰《元朝秘史》(校勘本),中华书局,2012 年,第 380 节。
⑤ 《元史》卷二八《英宗纪二》"至治三年八月条",第 632 页。
⑥ 见前引乌兰《元朝秘史》(校勘本),第 136 页。
⑦ 《元史》卷二四《仁宗纪一》。
⑧ 董建交《八思巴字与〈蒙古字韵〉音系研究中的若干核心问题》,载《中西学术名篇精读——郑张尚芳卷》,中西书局,2001 年,第 163 页。

掌握了这些字母,拼写汉语就不是难题。而拼写蒙古语则还要懂蒙古语,所以说他"其学识过人远甚"。另外,该图既名之为"蒙古字韵总括变化之图",比起"声",更关心的应是"韵"的问题。如果上半圆的字母总括的是汉语的韵,那么下半圆就应是总括蒙古语的"韵"。

下半圆字母数量(13 或 15 个,详见后文),也与"字母"表相差悬殊,即便考虑到"知、彻、澄"分别与"照、穿、床"所用字母相同,仍不足"字母"表中声母字符(35 个)一半。下半圆中的第 7 个字母 H(上附"转舌儿"),虽在八思巴"原字母表"(1—41 号字母)中,但《法书考》等书中明确指出,"汉字母内则去 H、ꡊ、ꡗ三字"。① 字母 H 是"去三"中的第一个。第 5 个字母应为ꡊ的误抄,也属其中之一。这两个字母在《蒙古字韵》的"字母"表中也未收录,说明它们不用于拼写汉语的声类。从本书正文看,下半圆这些字母也未能实现对汉语声类的总括。

不仅如此,这些字母上所附汉字也显怪异,无一与"字母"表中"声"的代表字对应,似乎用了完全不同的另一套体系。如"黑""克""本音""顶舌儿""转舌儿",在传统音韵学中很少使用,而在表述汉字拼写蒙古语时,有类似的表达。如《华夷译语》"凡例":

> 用汉字译写胡语,其中间有有声无字者,今特借声音相近字样立例于后。读者依例求之,则无不谐矣……字旁小注舌字者,乃舌头音也,必弹舌读之……字旁小注丁字者,顶舌音也……字下小注黑字、愒字、克字者,皆急读带过音也,不用读出。②

我国自古是一个多民族国家,用汉字译写其他民族语言的历史悠久。早在北魏时期,就已出现番汉对译字书,采用汉字"录其本言",此后这一传统一直延续。③ 虽然各时期的语音会有变化,但经验不断积累,方法也越发科学,至元、明达到了高峰。针对汉字译写"胡语"(这里指蒙古语)中遇到的"有有声无字者",即找不到与"胡语"的语音对应汉字的情况,古人探索出一套行之有效的科学方法。这一套方法,显然不是一朝一夕形成的,而是长年探索实践的结果。以上《华夷译语》虽是明代的文献,应是对前代的继承和总结。其中"小注舌字""弹舌读之"是指蒙古语辅音 r(齿龈颤音~舌尖颤音),"小注丁字""顶舌音"指 l(边流音),"小注黑字、愒字、克字者"分别指音节末的 q、t、k 等辅音。而该图下半圆字母上方所附汉字,有的也表达了类似含义,仅在用语上有微小的差异。如"顶舌儿"与"顶舌音"同义,"转舌儿"与"弹舌读之"同义。④

综合以上几点,笔者以为,下半圆字母是总括蒙古语"韵尾"的。

蒙古语的语音是以音节为单位的,每个词汇由一个或几个音节构成。无论用汉字或用八思巴字拼写蒙古语,一般也是要以音节为单位的。蒙古语的音节,既有以元音收尾

---

① 见盛熙明《法书考》卷二"字源",《四部丛刊续编》子部。徐永明、杨少辉整理《陶宗仪集》下册所收《书史会要》卷七,浙江古籍出版社,2014 年。照那斯图、杨耐思《八思巴字研究》,《中国民族古文字研究》(中国民族古文字研究会编),中国社会科学出版社,1984 年。

② 《华夷译语》"凡例"(甲种本),涵芬楼秘笈本。

③ 参见刘迎胜《中古亚洲双语字典编纂传统—从〈双语词典学导论〉谈起》,《元史及民族与边疆研究集刊》(第二十辑),上海古籍出版社,2008 年。

④ 前引《元史》之《释老传》所载忽必烈诏书有言:"我国家肇基朔方,俗尚简古,未遑制作,凡施用文字,因用汉楷及畏吾字,以达本朝之言。"很可能在元初已尝试类似的汉字拼写方法。

的,也有以辅音收尾的。用汉字拼写时,与蒙古语元音收尾的音节不难找到对应字,困难的是以辅音收尾的音节。元代文献中汉字译写蒙古语的惯例证明,汉语已进入由中古向近代转化阶段,辅音韵尾中,虽然 n、ng、m 还有保留,但 k、t、p 已经消失。① 而在中古蒙古语中,闭音节收尾辅音多达十多个。② 很多在汉语中找不到对应字,即所谓"有有声无字者"。对于有汉语背景的朱宗文来说,虽然现在要使用八思巴字,但同样关注的是蒙古语闭音节如何拼写的问题,也是"用国字写国语"的核心问题。下半圆的这些字母即是总括蒙古语音节的收尾辅音,如同汉字的辅音韵尾。

目前所见八思巴字蒙古语文献中辅音韵尾(指音节的收声辅音)约有十四个。③ 分别是 ᠪ(n)、ᠪ(m)、ᠯ(l)、ᠩ(ŋ)、ᠨ(b)、ᠺ(k')、ᠷ(g)、ᠭ(G)、H(r)、ᠽ(S)、ᠰ(š)、ᠴ(d)、ᠾ(w),另有一个较特殊的音,即表示零声母的ᠴ(·),有时也用于音节末尾。④ 其中,ᠺ、ᠷ用于柔性词,ᠭ用于刚性词,ᠾ多用于拼写汉语词。下面简要分析下半圆的字母,顺序为正看从左向右。

第1个字母为ᠪ,附字为"噙口"。噙口,指发音方法。"噙"与"禽"为同音字。⑤ "禽"在《蒙古字韵》中读音为ᠪᠪᠪ(kim),即以 m 收声。⑥ "噙口"即指噙的收声音。《法书考》《书史会要》两书(以下简称"两书")中的与ᠪ对应汉字为"麻"。⑦

第2个字母为ᠨ,附字为"撲"。"撲"字在《蒙古字韵》中音ᠨ ᠷ(p'u),显然是用了该汉字的声母部分。但目前的八思巴字蒙古语材料中尚未发现ᠨ韵尾。或为ᠨ(b)之变体(见第4个字母)。"两书"中ᠨ的对应汉字为"發"。

第3个字母为ᠴ,附字作"本音"。ᠴ在蒙古语音节末尾,可表示 a 的零声母,又可表示长元音。

第4个字母为ᠨ,附字为"噙口"。朱氏用了与ᠨ(b)音相近的唇音 m。"两书"中ᠨ的对应汉字为"钵"。

第5个字母书写有误,应作ᠭ,附字为"黑"。《秘史》《华夷译语》等书中也常用小写"黑"字拼写此音,与此契合。"两书"中ᠭ的对应汉字为"遉 轻呼"。

第6个字母为ᠯ,附字为"顶舌儿"。"顶舌儿"即前引《华夷译语》"凡例"所言"顶舌音"。"两书"中改字母的对应汉字为"罗"。

第7个字母为H,附字为"转舌儿"。"两书"中的对应汉字为"啰"。此即前引《华夷译

---

① 见亦邻真《元代汉字译写蒙古语的惯例》,原载《内蒙古大学学报》(蒙古文版)1982 年第 3 期。后收入《波若至宝:亦邻真教授学术论文集》,上海古籍出版社,2019 年,第 230—242 页(曹金成译自蒙古文)。

② 嘎日迪认为,中古时期蒙古语音节末辅音有 n、b、ɣ(q)、g、m、l、s、d、r、ng10 个,及 b、ɣ、g、d、s 的变体 p、q、k、t、č5 个。见《中古蒙古语研究导论》(蒙古文版),内蒙古人民出版社,2008 年,第 150—151 页。从八思巴文献来看,还与有ᠰ(š)、ᠾ(w)、ᠴ(·)。

③ 编制总括图时,朱氏似未将拼写藏、梵等文纳入考虑范围,本文以下所列辅音韵尾,主要以拼写蒙古语,及蒙古语中拼写汉语词为对象。

④ 见照那斯图《八思巴字中的零声母符号》,《民族语文》1989 年第 2 期。

⑤ 见《中原音韵》,学海出版社(影印明刻本),1996 年,第 13 页。

⑥ 前引照那斯图、杨耐思《蒙古字韵校本》,第 127 页。

⑦ 见盛熙明《法书考》卷二"字源",《四部丛刊续编》子部。徐永明、杨少辉整理《陶宗仪集》,下册所收《书史会要》卷七。

语》"凡例"所言"字旁小注舌字者，乃舌头音也，必弹舌读之"。《秘史》亦注小舌字。

第 8 个字母为 ㅂ，附字为"刻"。"两书"中的对应汉字为"渴"。

第 9 个字母字体不正，应为 ㅌ 之缺笔，附字为"克"。"两书"中的对应汉字为"哣"。

第 10 个字母为 ㅏ，附字为"忒"。忒，《广韵》作"他德切"，属透母字。在《秘史》中，音节末的 t，其后接元音则变 d。该字母在"两书"中对应汉字为"达"。

第 11 个字母字体不正，或为 ㄇ 之误。"两书"中 ㄇ 的对应汉字为"誠"，构拟附字为"誠"。①

第 12 个字母为 ㄷ，附字为"四"。"两书"中的对应汉字为"沙"。

第 13 个字母为 ㄸ，附字为"卅"。"两书"中 ㄸ 的对应汉字为"设"。《元朝秘史》中多用"失""石"等字。如"塔失"（taš），旁译"人名"。

第 14 个字母原无，构拟为 ㅂ。ㅂ 常用于拼写汉语词。"两书"中 ㅂ 的对应汉字为"嚕"。

第 15 个字母原无，构拟为 ㅎ。"两书"中 ㅎ 的对应汉字为"那"。《秘史》用小写的"你"，暂拟附字为"你"。

从本文分析来看，朱宗文编制的"蒙古字韵总括变化之图"，上半圆总括的是《蒙古字韵》"总目"十五个韵部的韵尾，下半圆总括的是蒙古语音节中的辅音"韵尾"。目的是提供一个用八思巴字译写这两种语言的指南。但唯一传世的钞本中出现了不同程度的残缺。其中下半圆部分，朱氏虽基本列出了八思巴字拼写蒙古语辅音的"韵尾"，但还不能说很完善。如所附汉字，有的是用其声母表音，有的用其韵尾表音，还有的是发音方法的说明，标准尚未统一。但在当时来说，应该发挥了一定"指南"的作用。本文仅为初探性的尝试，不足之处望批评指正。

附记：本文初稿完成后呈中国社会科学院乌兰教授审阅指正，订正了许多缺点和错误，表示衷心感谢。当然，文中可能存在的错误由本文作者负责。

A Preliminary Study of the Figure of
Overall Change of *Menggu Ziyun*

Gong Hai-feng & Su Zhan，Inner Mongolia Minzu University

Abstract：The figure of overall change of Menggu Ziyun is attached to Menggu Ziyun. Through analysis and textual research，this dissertation holds that the upper semicircle of the p'hags-pa character letters represents the rhyme tails of the 15 rhyme parts of Chinese，and the lower semicircle represents the consonant endings of Mongolian syllables. After the revision，the number of letters in the upper semicircle is

---

① 以附字"赤"考虑，或有可能为字母 ㅂ，为 s 的变体。《秘史》中偶见有以 č 收尾的音节。如"抹赤吉周"（möčgijü），旁译"踏蹑着"。

increased from 6 to 8，and the number in the lower semicircle is increased from 13 to 15.

Keywords：*Menggu Ziyun*；p'hags-pa character；the figure of overall change

（本文作者分别为内蒙古民族大学民族艺术科技研究院教授、文学与新闻传播学院硕士研究生）

临夏地区回族的亲属称谓研究

沈玉萍

摘　要：有"中国小麦加"之称的临夏,其回族文化有一定的典型性和代表性。本文在田野调查的基础上,用摩尔根的理论研究了临夏回族的亲属称谓,并分析了临夏回族亲属称谓的普遍性,如与汉族的普遍相同之处,与其他地区回族的相同之处;及临夏回族亲属称谓中的外来文化和其中的特殊性。

关键词：临夏;回族;亲属称谓研究

亲属称谓是人们用来表示亲属与非亲属间关系的外在形式,人们相互形成的亲属关系是无法改变的。亲属关系是基于婚姻、家庭和生育而形成以己身为中心的人际关系网络,它有固定的亲属结构和亲属称谓。以血缘、婚姻为纽带形成的人类社会关系具有相对的稳定性,这是亲属称谓系统赖以形成的基本条件。回族是中华民族大家庭里一个特殊的民族,中国的少数民族多使用双语,但回族没有自己的语言,而是以汉语为本民族的语言。纵观回族亲属称谓,还是主要以婚姻、家庭为核心,长幼有序,每个称谓词的指称对象是确定的,形成了富有民族特色的亲属称谓系统。以汉语为基本交际工具的回族,其亲属称谓系统和汉族并没有多少本质的区别,回族和汉族亲属称谓构成层次大致相同。

学术界对回族亲属称谓的研究比较薄弱,现有研究成果不多,主要有,从总体上论述的,如李生信的《回族亲属称谓的文化意义》,[①]肖芒的《试析回族的亲属制度》;[②]还有专门讨论某一(个)地区的回族亲属称谓者,如姚继德的《云南通海纳古镇回族的婚姻与家庭》,[③]赵益与奇曼·乃吉米丁的《试析新疆回族的亲属关系》,[④]马学娟的《宁夏南部山区回族亲属称谓研究》[⑤]等。甘肃省临夏回族自治州是以回族为主,并有保安族、东乡族、撒拉族、汉族、藏等多民族居住的少数民族地区,州府所在地临夏市。临夏因浓郁的民族宗教风情有"中国的小麦加"之称,其回族文化有一定的典型性和代表性。对临夏回族的亲属称谓,在马平燕的硕士论文《回族亲属称谓制度研究》[⑥]中做了部分研究,但作者调查的资料有的地方不太准确,如称祖母为"阿奶",这是当地汉族的称呼,回族称祖母为"奶奶";外祖父、外祖母被称为"卫爷""卫奶",这也是当地汉族的称呼,回族也有如此称呼的,但只

---

① 李生信《回族亲属称谓的文化意义》,载《固原师专学报》(社会科学版)2002年第4期。
② 肖芒《试析回族的亲属制度》,载《云南社会科学》2001年第2期。
③ 姚继德《云南通海纳古镇回族的婚姻与家庭》,载《云南民族学院学报》(哲学社会科学版)2002年第4期。
④ 赵益,奇曼·乃吉米丁《试析新疆回族的亲属关系》,载《昌吉学院学报》2008年第4期。
⑤ 马学娟《宁夏南部山区回族亲属称谓研究》,载《北方民族大学学报》(哲学社会科学版)2015年第6期。
⑥ 马平燕《回族亲属称谓制度研究》,中央民族大学2010年度硕士学位论文。

是极个别现象,绝大多数回族还是称外祖父、外祖母为"阿爷""奶奶"。所以,对临夏地区回族的亲属称谓有待于进一步的研究。

一、临夏回族亲属称谓情况介绍

首先介绍一下以临夏市回族聚居区为主的临夏地区回族中流行的亲属称谓情况,按辈分来说是这样的。

1. 平辈之间的亲属称谓。无论男女,对自家兄弟姊妹中之兄称为"阿哥",姊称为"阿姐"。

对堂兄弟姐妹中的兄也叫"阿哥",姊也同样称为"阿姐"。对姑母和舅父的子女均称"姑舅",但见面时仍称"阿姐"或"阿哥",也有少数人见面时无论男女都互相称为"姑舅"。对母亲的姊妹(姨母)的子女称为"两姨",但见面时仍称"阿姐"或"阿哥",也有少数人见面时无论男女都互相称为"两姨"的。对其他所有与自己同一辈分的血缘关系较远的堂表姨兄弟姊妹均称"阿姐"或"阿哥",其配偶称"姐夫"或"新姐"。但堂表姨姑母和堂表姨舅父的子女也同前一样有少数称为"姑舅"的,堂表姨母的子女也同样有称为"两姨"的。

无论男女对兄嫂和堂表姨兄嫂均称"新姐",也有少数对表兄嫂和姨兄嫂见面时互称为"姑舅"或"两姨"的。无论男女,对姊夫和堂表姨姊夫均称"姐夫",对表姊夫和姨姊夫也有称为"姑舅"和"两姨"的。

2. 无论男女对父称"阿大",称母为"阿妈"(更早一点称"阿娜")。对父之兄弟按长幼依次称"大大""二大大""三大大""四大大"等,其妻称"大娜""二娜""三娜""四娜"等;对父之姊妹均称"娘娘",其夫称"阿姑父"。其他所有与父同一辈分的堂表姨兄弟姊妹中的男性均称"阿爸",其妻称"(新)阿姨"或"姨姨";女性均称"娘娘",其夫称"阿姑父"。对母亲之姊称"阿姨娜",母之妹称"阿姨个",其夫都称"阿姨父";对母之兄弟均称"阿舅",其妻称"妗子"。其他所有与母国一辈分的堂表姨兄弟姊妹中的男性仍称"阿舅",其妻称"妗子";女性仍称"阿姨娜",其夫称"阿姨父"。

3. 无论男女对父亲的父亲,母亲的父亲都称"阿爷",其妻称"奶奶"。对"阿爷"的弟兄仍称"阿爷",其妻仍称"奶奶",也有按长幼依次称为"大(阿)爷""二(阿)爷""三(阿)爷"和"大奶奶""二奶奶""三奶奶"的;对"阿爷"的姊妹均称"姑奶奶",其夫称"姑爷"。对母亲的母亲、父亲的母亲都称"奶奶",其兄弟称"舅爷","舅爷"之妻称"舅奶奶";对"奶奶"的姊妹称"姨奶奶",其夫称"姨爷"。

4. 无论男女对父亲和母亲的祖父(阿爷)均称"太爷",其兄弟仍称"太爷",太爷的姊妹称"姑太太",其夫称"姑太爷";对父亲和母亲的祖母(奶奶)都称"太太",太太的兄弟称"舅太爷",其妻称"舅太太",太太的姊妹称"姨太太",其夫称"姨太爷"。

5. 无论男女对"太太""太爷"辈分之上的称"阿太"和"阿太爷"。

6. 无论男女对自己的儿子称"尕娃"或"儿子",其妻称"儿媳妇";对自己的女儿称"尕妮哈",其夫称"女婿娃"。对自己的兄弟及其他所有堂表姨兄弟的儿子均称"侄儿子",其妻称"侄儿媳妇";女儿称"侄女",其夫称"侄女女婿娃"(或"侄女女婿")。对自己的姊妹及其他所有堂表姨姊妹的子女均称"外甥",其配偶称"外甥媳妇"或"外甥女婿娃"。

7. 无论男女对自己儿子的子女称"儿孙",对女儿的子女称"女孙",其配偶称"孙子媳妇"或"孙子女婿娃"。对其他所有同一辈分的不论男女均称"孙子",但也有分别称"侄儿孙子""侄儿孙子媳妇""侄女孙子""侄女孙子媳妇"和"外甥孙子""外甥孙子媳妇"的。

8. 孙子以下的均称"重孙",重孙以下称"低留跨代(大)"。

9. 己身为男,称妻为"家里的"。对妻之父母称"丈人""丈母",但见面时随妻称"阿大""阿妈",也有称"姨父""姨娘"的。对妻之姊称"大姨子",妻之妹称"小姨子",但见面时对妻之姊仍称为"阿姐",其夫称"姐夫";对妻之兄称为"舅子哥",见面时还是称"阿哥",其妇仍随从妻称为"新姐",对妻之弟称为"小舅子"。对妻的姊妹之夫,互相称为"挑旦",但见面时对妻姊之夫仍称"姐夫"。其他所有妻方的亲属均随妻称呼。

10. 己身为女,称夫为"掌柜的"。对夫之父母称"公公""婆婆",但见面时随夫称"阿大""阿妈"。对夫之兄称"阿贝(伯)子",其妻称"阿嫂",但见面时仍随夫称"阿哥"和"新姐";对夫之弟称"小叔子",其妻称"兄弟媳妇";对夫的兄弟之妇,互相称为"相候",但见面时对夫之兄妇仍称"新姐"。其他所有夫方的亲属均随夫称呼。

二、用摩尔根的理论研究临夏回族的亲属称谓

对亲属称谓制度的研究是由美国人类学家摩尔根首创的,他将所有亲属称谓分为类分式和说明式两种形式。类分式亲属制把血缘亲属区分为若干大的范畴,不计亲疏远近,凡属同一范畴的人都用同一种称谓,每一辈的旁系都被纳入直系之中;说明式亲属制的血缘亲属大多把亲属关系的基本称谓结合起来加以说明,旁系从直系分出并明确地区别于直系。根据摩尔根的这一理论,从以上对临夏地区回族亲属称谓情况的描述来看,这一地区的亲属制度是一种以类别式为主,同时说明式也占较大比重的一种亲属称谓制度。以类别式为主,如对姑母和舅父的子女采用通性称谓"姑舅",对姨母的子女采用通性称谓"两姨",同辈之间对比自己年长者均称"阿哥""阿姐"等。说明式表现在如:对母之姊称"阿姨娜",母之妹则称"阿姨个";对妻之兄称为"舅子哥",妻之弟则称"小舅子"等。

这种以类别式为主,兼有说明式的亲属称谓制度,和当地回族的婚姻状况有很大的关系。临夏回族信仰伊斯兰教者,根据教规和长期形成的风俗习惯,主要是实行教内通婚,在临夏更多的则是族内通婚,与汉族和其他民族通婚极少,在婚姻方面是极其保守的。长期的族内通婚,造成亲属之间的称谓较单一,如本人虽非常清楚谁是自己真正的兄弟姐妹,但对同辈间比自己年长的堂表姨兄弟姐妹如自己的亲兄弟姐妹一样称为"阿哥""阿姐";也很清楚谁是自己真正的侄儿、外甥,但对自己兄弟姊妹的子女和堂表姨兄弟姊妹的子女同样称"侄儿子""侄女""外甥"等。在历史上,临夏地区更有表兄弟姐妹间的通婚,这种情况现在虽然少了,但仍然还有,尤其在农村偏远地区屡见不鲜。表兄弟姐妹间的通婚,就是给姑娘许配婆家时,第一个选择对象必须是舅父的儿子,如舅父的儿子已有意中人时,才可许配给别人。这种通婚方式可谓保守到无法再保守了。这种落后的通婚方式,不仅成为亲属间称谓较单一的重要因素,而且造成人口素质低、文化教育状况落后的局面。不过现在这种状况已大有改观,在年轻的一代(大约 20 岁以下,也可推至 25 岁以下)人中,普遍已开始使用"爸爸""妈妈""舅妈""舅母""舅舅""叔叔"(此称谓已出现,但使用者不太多)等称呼。由于党的民族政策和计划生育政策的宣传和实行,近亲结婚者也比原来少了。

在临夏地区回族亲属称谓中说明式的存在,笔者认为还是和其他民族的通婚有关。除回族外,在临夏地区还有保安族、东乡族、撒拉族等民族,这些民族,有本身不同于回族的独特的民族特征,特别是这些民族有本民族的民族语言,更是回族所无法比拟的,但这

些民族也和回族一样都有信仰伊斯兰教者,按照凡穆斯林皆可通婚的原则,回族和这些民族间的通婚几乎没有什么障碍。在临夏地区还有大量的汉族,而且汉族人口差不多占本地区人口的一半,加之临夏地区本来就是回汉长期杂居的地方,回族和汉族之间的通婚虽为数极少,但还是有。回汉民族因长期世居一地,在长期的民族交往中也形成了友好的民族关系,在历史上,还有回族和汉族之间相互过继子女的习惯。当一个回民家没有子女时,邻近关系较好并且子女较多的汉族家就把自己的一个儿子或是女儿送给这个没有儿女的回民家,因生活需要,回民家也乐于接受。现在临夏还有"齐(祁)马家"这种对家族(庭)的称呼,据说就是因这种过继子女的原因而得名。这种和其他民族的通婚及过继子女等关系的发生,在一定程度上改变了临夏回族的社会状况和文化状况,正如亲属制度研究的创始者,美国民族学家摩尔根所指出的,当社会及文化状况改变时,亲属称谓也随之改变。在临夏地区回族亲属称谓中说明式占较大比重应是因这种原因而形成。

三、临夏回族亲属称谓的普遍性

回族的先民有阿拉伯人、波斯人、突厥人等。在回族形成过程中,民族内部本身存在着语言不统一的问题。回族的先民由陆路和海路进入中国后,因经商、当兵、谋生等的缘故,"大分散、小集中"的居住特点,使得回族与汉族接触频繁,最终导致回族出于自愿与生存的需要,不得不使用汉语。回族在"大分散、小聚居"中,主要与汉族杂居,除与汉族频繁交往外,特别是回汉通婚,大批汉族加入回族群体,回族的亲属称谓就不能不受汉族主体文化的影响。

(一) 临夏回族的亲属称谓与汉族的普遍相同之处

以汉语为基本交际工具的回族,其亲属称谓系统和汉族并没有多少本质区别,回族亲属称谓多借鉴和来源于当地汉族的亲属称谓,在结构层次上同当地汉族大致相同,是一脉相承的,只是在发展中具体的称谓词发生了变异,同中有异,异中求同,名称上同大于异。

临夏虽是回族聚居区,但还是有大量的汉族,该地差不多有一半的人口是汉族,本来就是回汉长期杂居的地方。因此,临夏回族的亲属称谓也很受汉族主体文化的影响,其亲属称谓系统也和汉族没多少本质区别。首先,临夏回族的亲属称谓在结构层次上也同当地汉族大致相同。以己身及平辈为中界线,同汉族一样上下均可以推出四辈(代)。己身向上的四辈是父母辈、祖父母辈、太祖父母辈、阿太祖父母辈;己身向下的四辈是子女辈、孙子女辈、重孙子女辈、玄孙辈(低留跨代/大辈)。其次,临夏回族和汉族之间的亲属称谓词大部分也相同。如"太爷""阿爷""大大""娘娘""阿妈""姨娘""姨夫""姑父""姐夫"等称谓词,在回、汉族中都有。不过有的称谓词在回、汉族中的指称对象并不一样,如"姨娘"一词在回族中是对岳母的称呼,而在汉族中则是对母亲的姐妹"姨母"的称呼;有的称谓词,回族在其前加一"阿"字,如回族将母亲的姐妹之夫称"阿姨夫",而汉族则只称"姨夫";还有些称谓词在回、汉族的年轻一代中逐渐趋于统一,如"爸爸""妈妈""舅妈""舅母""舅舅""叔叔"等。

但同其他回族聚居区一样,同样的称谓词,回族和汉族之间发音的声调不一样。尤其在临夏市,不管回族还是汉族,在本地人听起来,回、汉之间的口音区别很明显,只要对方一讲话,本地人马上可以根据口音判断出讲话者是回族还是汉族。表现在亲属称谓上,如平辈之间的称谓词"阿姐""阿哥",按汉语拼音的四个声调来说明,回族的发音是二声调,而汉族的发音就是四声调的,声调的区别在"阿"字上。当然,除声调外,临夏地区回、汉之间的亲属称谓词也有其他区别之处。如回族对母亲之姊称"阿姨娜",母之妹称"阿姨个",而汉族对母亲之姊称"姨娘",母之妹称"尕姨娘""姨娘"一词的发音,回族是二声调,汉族是四声调,声调的区别在"娘"字上;再如母亲,回族称"阿妈",汉族称"阿娘",但现在很多汉族也称"阿妈",大概三十岁以下的年轻人,不管回、汉基本上都称"妈妈"。对父亲的称谓也有同样发展趋势,即不管回、汉族的年轻人,基本上逐渐都称"爸爸"了。临夏回、汉之间的亲属称谓词确实是同中有异,异中求同。随着社会的发展,各民族间交往越来越频繁,亲属称谓词趋于融合和统一。

(二)临夏回族的亲属称谓与其他地区回族的相同之处

1. 关于回族亲属称谓理论的普遍适应性。从总体而言,回族广布全国,大杂居,小聚居,回族文化的地域性差异与汉族的地域性差异一样,都与当地的方言、历史、自然环境等密切相关。不同地域中的回族受当地文化的影响远大于受其他地域中回族文化的影响。与此相对应,表现在亲属称谓上,在不同地区,回族亲属称谓的差异性极大;在同一地区,它与周围民族尤其是汉族的相似性极高。即同一地区回汉亲属称谓的差异性远远小于不同地区回族亲属称谓的差异性。临夏地区的情况也大致如此。临夏回族的亲属称谓词和当地汉族的亲属称谓词大部分相同,而和其他地区回族的亲属称谓词差别很大。如和云南回族相比,对母亲之父、母亲之母,临夏回族分别称"阿爷""奶奶",临夏汉族称"卫爷""卫奶",而云南回族则称"阿公""阿婆";临夏回族对父之兄弟按长幼依次称"大大""二大大""三大大""四大大",临夏汉族对父亲的哥哥也称"大大",父亲的弟弟称"巴巴",而云南纳古回族称父亲为"阿多"或"多",父之弟为"阿耶"。①

2. 临夏地区回族的亲属称谓和西北其他地区的回族亲属称谓有不少相同之处,尤其是一些较特殊的称谓。如丈夫对妻子之兄称"舅子哥",称妻弟为"小舅子",对妻之姊妹,称姊为"大姨子",称妹为"小姨子"等,这些称谓在新疆回族中有;②对妻之姊妹之夫当面称"姐夫"或"妹夫",对人称"挑担",娘娘即姑母,夫妻双方之父母当面称"(他)姨夫""(他)姨娘",③互称"亲家"④等,这些称谓在新疆、宁夏回族中有;对姑母和舅父的子女称为"姑舅",称嫂子为"新姐",称舅母为"妗子"的称谓在宁夏回族中有。⑤ 在西北地区,"姑舅"的称谓较普遍,西北很多地区的汉族或其他民族中也如此称呼。在临夏,有时同陌生人相互打招呼问路或求人帮点小忙时,也有称对方为"姑舅"的。

3. 临夏回族的亲属称谓和其他地区的回族有一些相同的外来语。

---

① 详见肖芒《试析回族的亲属制度》,载《云南社会科学》2001年第2期;姚继德《云南通海纳古镇回族的婚姻与家庭》,载《云南民族学院学报》(哲学社会科学版)2002年第4期。

② 详见赵益,奇曼·乃吉米丁《试析新疆回族的亲属关系》,载《昌吉学院学报》2008年第4期。

③ 临夏回族在这一称谓上只是"姨夫""姨娘",并没有"他"字,而且只是对岳父母的称呼。

④ 亲家也是普遍称谓。

⑤ 详见马学娟《宁夏南部山区回族亲属称谓研究》,载《北方民族大学学报》(哲学社会科学版)2015年第6期;赵红芳《固原方言中回汉亲属称谓的差异对比》,载《宁夏师范学院学报》(社会科学)2013年第5期。

四、临夏回族亲属称谓中的外来文化

回族祖先是外来移民,固有文化是异质文化。回族现在虽以汉语作为交流工具,但在日常生活中保留着大量的阿拉伯语、波斯语及突厥语的外来词汇。临夏回族的汉语方言中也有大量的外来语,如阿拉伯语:亥庆(《古兰经》节选)、索瓦布(赏赐)、吾巴力(可怜)、害拉目(非法的、禁止的)、海赛提(嫉妒)等;波斯语:乎达(真主)、乃麻子(礼拜)、满拉(清真寺入学念经的学生)、多灾海(地狱)、骨那亥(罪恶)等。同样的,临夏回族的部分亲属称谓词受其先民使用的外来语的影响,与汉族的称谓不一样。首先,和其他地区的回族一样,临夏回族的亲属称谓中,也习惯在称呼前加"阿",很多有关回族亲属称谓的文章都认为,这是受阿拉伯语的影响,因"阿"在阿语中的读音是"我的"之意,阿拉伯人在所有的称谓前都要加"我的"表示亲切、亲近。[1] 回族由于先民的外来文化,而在亲属称谓上保留或采用阿拉伯人的称呼习惯,是很有可能的。不过也并不尽然,在不少少数民族的亲属称谓中也有这种情况。其次,临夏回族的亲属称谓中还有突厥语词汇,如"阿大",突厥语 ata 意为父亲;"阿娜(纳)",突厥语意为母亲。在青海的有些地方,回族也称母亲为 ana,称女婿之父为 ada,[2] 在西北地区,称父亲为"阿大"的称谓在回族和其他民族中有一定的普遍性。各民族间的文化交流、融合也存在于亲属称谓中。

五、经济因素对临夏回族亲属称谓的影响

临夏回族的亲属称谓中,经济因素的影响也是很明显的。由于宗教方面的原因和重男轻女的封建传统习俗,在临夏回族中男主外,女主内,男主女从的观念长期存在。家庭的经济来源一般由男的承担和掌握,女的一般在家操持家务,没有经济来源,在这种情况下,家中的经济开支由男的做主,女的就处于从属地位,所以才会有妻子称丈夫为"掌柜的",丈夫称妻子为"家里的"之称呼,这就清楚地反映了一个家庭中男女在经济地位上的差别。近一二十年来,女的在外工作的多了起来,妇女的经济地位有了一定的提高,经济方面较原来有了一定的自主权,但这种称谓仍然在使用中。

六、临夏回族亲属称谓中的特殊性

临夏回族的亲属称谓中有几个是较特殊的。如母亲的姊妹(姨母)的子女称为"两姨";对母亲之姊称"阿姨娜",母之妹称"阿姨个";[3]对自己的女儿称"尕妮哈";[4]对夫的兄弟之妇,互相称为"相候"[5]等,这些称谓似乎是临夏回族特有的。此外,很可能是受早期称母亲为"阿娜"的原因之影响,在亲属称谓中,临夏回族将除母亲外很多带有"妈"或

---

① 参见肖芒《试析回族的亲属制度》,载《云南社会科学》2001年第2期。

② 席元麟《康家回族的亲属称谓语》,载《青海民族学院学报》(社会科学版)1994年第1期。

③ "阿姨个"在临夏回族方言中还有一个谐音"阿一个"(即"哪一个,是谁"之意。可能是 na 在临夏方言中发生音变,n 音脱落,只剩下 a,所以在临夏方言中,"哪一个"就变成了"啊一个")。由此,在临夏回族方言中用"阿姨娜""阿姨个""啊一个""姑舅""两姨"等称谓词还演绎出了一些幽默的调皮话和俗语,不过因方言特色太浓,很难用标准的书面语来表达。

④ 在临夏,"尕妮哈"是对姑娘的统称,姑娘都称"尕妮哈"。

⑤ 在临夏,妯娌关系就称"相候"关系。

"娘"性质和意味的称谓都用"娜"来代替,如对父之兄弟之妻按长幼依次称"大娜""二娜""三娜""四娜",对母之姊称"阿姨娜",对所有与母同一辈分的堂表姨兄弟姊妹中的女性也称"阿姨娜"。这也是临夏回族的亲属称谓受外来文化影响更深入、更广泛的表现之一。据研究,姑被称为"娘娘"或"阿娘"是人类婚姻发展史上古老的血族内婚制中兄妹婚和姐弟婚在亲属称谓中的残存,将伯、婶母统称"阿妈"或"娘"(等同于"母亲")是收继婚的留存,称姨母为"娘"是姐妹夫婚的遗痕。① 按此推断,兄妹婚、姐弟婚(临夏回族也称"姑"为"娘娘")、收继婚、姐妹夫婚等婚姻形式在临夏回族中可能也存在过,姐妹夫婚如今在农村偏远地区仍然存在。但临夏回族何时或如何将带有"母亲"性质的称谓都用外来语表示和称呼、代替,还需进一步深入研究。可以说,用"阿娜"的派生词②来表示很多带有"母亲"性质和意味的亲属称谓,既反映了临夏回族亲属称谓中的外来文化,又在一定程度上反映了临夏回族亲属称谓的历史发展过程。

回族文化是外来文化与中国传统文化相融合而形成的,具有两种文化的属性。一方面,外来文化是回族文化的核心;另一方面,由于回族文化根植于汉文化的土壤中,所以表现出了极强的汉文化色彩。回族文化是由外来文化和中国传统文化相互交织、结合而形成。临夏回族文化也亦然。由于根植于汉文化的土壤,临夏回族的亲属称谓也很受汉族主体文化的影响,其亲属称谓系统也和汉族没多少本质区别,亲属称谓在结构层次上也同当地汉族大致相同。这也体现了回族在形成过程中与汉族的交融,及从移民集团到本土民族的历程。因回族文化的普遍属性,临夏回族的亲属称谓与其他地区回族有不少相同、相近之处,这也反映了中国回族的共同特质。由于回族的外来移民和异质文化的属性,临夏回族的亲属称谓中也有不少的外来语,以及由外来语发展演变而来的较特殊的称谓和其他的特殊称谓,这些似乎是临夏回族特有的。

临夏地区回族亲属称谓的形成,是由多方面的因素所影响的结果,以上仅是一点粗浅的认识和分析,要全面了解这一亲属称谓形成的原因,还有待于进一步的研究和探索。

Studies on the Titles of Kinsfolk of Hui Ethnic's in Linxia District
Shen Yuping, Qinghai Province Academy of Social Sciences

Abstract:Known as China's Meijia, Linxia, it's culture of Islam and Hui Ethinic has some representative and typical significance. On the basis of field investigation and using the theory of Morgan, this paper studies the titles of kinsfolk of Hui Ethnic's in Linxia and analyses it's universality, such as the universal same places with Han Ethnic and with Hui Ethnic of other districts; as well as foreign culture and particularity in them.

Keywords:Linxia;Hui Ethinic;Studies on the Titles of Kinsfolk

(本文作者为青海省社会科学院文史研究所副研究员)

① 详见蒲生华《海东汉族几例特殊亲属称谓制度探微》,载《青海民族研究》2004 年第 2 期。
② 临夏回族中也有表示"父亲"(阿大)的派生词,即"大大""二大大""三大大"等。

《赢虫录》明刻本两种合论

张平凤

摘　要：《赢虫录》现存明嘉靖二十九年(1550)静德书堂刻本《新编京本赢虫录》二卷和明万历二十一年(1593)"格致丛书"刻本《新刻赢虫录》四卷，均是图文本，两本文字和图像比较接近。明清文献著录、引用《赢虫录》的不多，值得注意的是朝鲜文献多次引用，并且显示出内容更为丰富的《赢虫录》存在的可能。明代后期日用全书的《诸夷门》有多种写明了来源于《京本赢虫录》或《北京校正赢虫录》，应和现存《新编京本赢虫录》有所关联。而现存《新刻赢虫录》似乎有可能来自日用全书的《诸夷门》，不过此书却直接影响了明代后期知名的版画书《三才图会·人物》的异域部分。《新编京本赢虫录》一类书籍以及包含《诸夷门》的日用全书大量发行，则说明《赢虫录》在明代后期的大众社会的广泛流行，丝毫不亚于《异域志》。

关键词：《赢虫录》；版本

　　明代，大量出现一类略记域外诸国诸地的文献，尤以《异域志》为代表，也最为人所知。因为包括的域外地方相当多，可以将此类文献总称为"异域全志"。以往，《赢虫录》一书是在讨论《异域志》的时候被提及，但是一直没有学者比较具体地讨论此书。20世纪末以来，学者注意到有的明代后期日用全书的《诸夷门》（也有写作相同内涵的其他名字）写明来自《北京校正赢虫录》或《京本赢虫录》并转录了原书序言，特别是明万历刻本《新刻赢虫录》的影印出版并为学者所利用，明代异域全志研究中的一个新的主题——《赢虫录》便自然而然出现了。其中，中国台湾东吴大学鹿忆鹿教授和美国加州大学戴维斯分校何予明(Yuming He)副教授的研究都是专门以《赢虫录》为对象的。

　　鹿忆鹿教授讨论了《新刻赢虫录》与日用全书《诸夷门》及《新刻山海经图》的关系，还提出《新刻赢虫录》与日用全书《诸夷门》是否存在一个共同的母本问题；①介绍了《新编京本赢虫录》的基本情况，公布了此书的条目名；②引用了比较丰富的朝鲜文献，考察《赢虫录》的流传，以及朝鲜所得的《赢虫录》有的内容不见于今本《赢虫录》；还比较了《新编京本赢虫录》与《新刻赢虫录》的图像，认为极其相似；相比《异域志》，认为在明代《赢虫录》更为通行；③

---

　　①　鹿忆鹿《明代日用类书〈诸夷门〉与山海经图》，(台湾)《兴大中文学报》第27期(增刊)，2010年，第273—293页。

　　②　鹿忆鹿《明代的"异国远人"——以胡文焕〈新刻赢虫录〉为讨论中心》，《2010民俗暨民间文学国际学术研讨会论文集》，2010年，第217—231页。鹿忆鹿《〈赢虫录〉在明代的流传——兼论〈异域志〉相关问题》，(台湾)《国文学报》第58期，2015年12月，第129—165页。

　　③　鹿忆鹿《〈赢虫录〉在明代的流传——兼论〈异域志〉相关问题》，(台湾)《国文学报》第58期，2015年12月，第129—165页。

还讨论了同为胡文焕所刻《新刻山海经图》与《新刻赢虫录》的关系。① 本文在《新刻赢虫录》与日用全书的关系、利用朝鲜文献讨论《赢虫录》的流传等方面,受到鹿忆鹿教授的启发,但是在具体的认识方面有所不同,如认为《新刻赢虫录》与《新刻山海经图》有可能析分自某种日用全书的《诸夷门》,从明代文献的著录和引用看《赢虫录》的流传远远比不上《异域志》,等等。

何予明副教授《书籍与蛮夷:〈赢虫录〉的历史》②一文,通过《赢虫录》来讨论背后反映出的明人对于异域的认知;认为《赢虫录》取代了《异域图志》,影响更大;还认为"《赢虫录》对国家地区的认定,根据的是《异域志》",此《异域志》指今本《异域志》。对此,我则认为不成立。③

不过,今存两种明刻本《赢虫录》与元明之际周致中《赢虫录》的关系问题却难以论定,两种明刻本《赢虫录》与今本《异域志》《异域图志》的关系也不易说清。本文则将部分比较两种明刻本《赢虫录》,着重讨论《赢虫录》的流传问题,对《新刻赢虫录》新增的条目略加分析,并举例说明《新编京本赢虫录》与《新刻赢虫录》的影响。

一、《赢虫录》明刻本两种

不同于今本《异域志》,现存两种明刻本《赢虫录》均为图文本:其一为《新编京本赢虫录》二卷,明嘉靖二十九年(1550)静德书堂刻本,日本东京石川武美记念图书馆(旧称御茶水图书馆)藏。此书为日本著名藏书家德富苏峰成篑堂旧藏。《成篑堂善本书目》有简单提要,并公布第二叶下日本国和第三叶上大琉球国书影各一幅。④《成篑堂善本书影七十种》也收录此书,所刊书影仍为上述之二幅。⑤《新修成篑堂文库善本书目》则提供了书首序半叶、书末半叶、扶桑国、日本国书影共四幅。⑥《日藏汉籍善本书录》著录此书。⑦ 其二为《新刻赢虫录》四卷,明万历二十一年(1593)胡文焕刊《格致丛书》收录,首都图书馆

① 鹿忆鹿《殊俗异物,穷远见博——新刻〈山海经图〉、〈赢虫录〉的明人异域想象》,(台湾)《淡江中文学报》第 33 期,2015 年 12 月,第 113—146 页。

② Yuming He, "The Book and the Barbarian in Ming China and Beyond: The Luo chong lu, or 'Record of Naked Creatures'," *Asia Major*, Third Series, Vol. 24, No. 1, 2011, pp. 43–85. Yuming He, *Home and the World: Editing the "Glorious Ming" in Woodblock-printed Books of the Sixteenth and Seventeenth Centuries*, Cambridge, Massachusetts & London: Harvard University Asia Center, 2013, pp. 202–244. 何予明撰、时文甲译、程章灿校《书籍与蛮夷:〈赢虫录〉的历史》,《古典文献研究》第 16 辑,凤凰出版社,2013 年,第 60—98 页。

③ 关于《异域志》的讨论,参见张平凤《〈异域志〉新论》,《元史及民族与边疆研究集刊》(第四十三辑),上海古籍出版社,2022 年。

④ 苏峰先生古稀祝贺纪念刊行会编纂《成篑堂善本书目》,东京:民友社,昭和七年(1932),图版第七篇第一种,第 334 页。

⑤ 苏峰先生古稀祝贺纪念刊行会编纂《成篑堂善本书影七十种》,东京:民友社,昭和七年(1932),第 66 幅;此据南江涛选编《日藏珍稀中文古籍书影丛刊》第 1 册影印本,国家图书馆出版社,2014 年,第 160 页。

⑥ 川濑一马编著《新修成篑堂文库善本书目》,东京:お茶の水图书馆,平成四年(1992)。转引自鹿忆鹿《明代的"异国远人"——以胡文焕〈新刻赢虫录〉为讨论中心》,《2010 民俗暨民间文学国际学术研讨会论文集》,2010 年,第 217—231 页。

⑦ 严绍璗编著《日藏汉籍善本书录》,中华书局,2007 年,第 645 页。

藏。2001 年学苑出版社据首都图书馆藏本线装影印，分装为三册。① 不过，鹿忆鹿指出这一影印本不全，缺第四卷；还提到"胡文焕编《古今人物图考》亦收录此书，东京尊经阁文库藏"，这应该是全本，想来她是根据《古今人物图考》判断影印本缺了第四卷。《日藏汉籍善本书录》著录此书，即尊经阁文库藏本。②《日藏汉籍善本书录》著录《新编京本赢虫录》《新刻赢虫录》二书，均在书名《赢虫录》后括出《异域志》一名，其实原书并不能看出又作《异域志》的任何信息。

（一）《新编京本赢虫录》

《新编京本赢虫录》似为孤本，不见影印本。本文根据部分影印的扶桑国、日本国、大琉球国各半叶和书首、书末各半叶的书影，以及鹿忆鹿的文字描述、引用的序言（包括序言最初半叶的书影）和整理的完整目录，简要介绍此本的一些情况。

此本两卷两册，正文首先标国名，接着是文字，最后是图像，三方面的内容合于半叶，文字足行二十字。卷首为序《京本赢虫录序文》两叶，半叶八行，行十六字，但是序文没有交代书籍的来源等问题。卷末有"嘉靖庚戌年静德书堂刊"长方形牌记，嘉靖庚戌即二十九年（1550）。各卷卷首有鼎形、朱色的"养安院藏书"印记，原书是 1592 年丰臣秀吉攻打朝鲜的战利品。

鹿忆鹿文章正文中称："正文 136 国，与有目无文的 31 国。"附录"《异域志》与各种《赢虫录》顺序对照表"说明中称"有缺页，有文无图也是 31"，但是附录表格中所列，共 179 国，对应《异域志》的为编号 148—179 共 32 国，并不一致。似应以表格中的具体数据为准。

《新编京本赢虫录》既然称"新编"，则应有更早的版本。所谓"京本"，本意是来自京城的本子，实则是明代书商抬高身价的手段，明代后期不少书都冠以此二字，并无实际意义。

此本错字非常多，乃至鹿忆鹿称它"的确像盗版"。③ 就国名而言，有"木思奚德"作"本思奚德"，"结宾郎国"作"红宾郎国"，"苏都识匿国"作"苏都勿匿国"，"暹罗国"作"进罗国"，"乌伏部国"作"鸟伏部国"，"玉瑞国"作"瑞国"，"无脊国"作"无启国"。大多是文字形近致误的例子。

（二）《格致丛书》本《新刻赢虫录》

《格致丛书》为明代后期胡文焕所刊刻的一部丛书，收书达一百四十种。胡文焕字德甫（父），号全庵，一号抱琴居士，杭州钱塘（今浙江杭州）人。爱好藏书，于万历、天启间建藏书楼文会堂；又好刻书，刻书之处亦名文会堂，所刻书都署文会堂。也曾在南京刻书，称思蕙馆，不过仍用文会堂的牌记。所刻书中，都署自己校辑，实则多雇他人。所刻书多加"新刻"二字，以区别于前人。④ 万历三十七年（1609）胡文焕为《格致丛书》撰序云："窃不

---

① ［明］胡文焕辑《新刻赢虫录》三卷，影明万历二十一年（1593）胡文焕刊《格致丛书》本，学苑出版社，2001 年。

② 严绍璗编著《日藏汉籍善本书录》，中华书局，2007 年，第 645 页。

③ 鹿忆鹿《明代的"异国远人"——以胡文焕〈新刻赢虫录〉为讨论中心》，《2010 民俗暨民间文学国际学术研讨会论文集》，2010 年，第 217—231 页。

④ 于为刚《胡文焕与〈格致丛书〉》，《图书馆杂志》1982 年第 4 期。王宝平《明代刻书家胡文焕考》，载户川芳郎先生古稀纪念论文集编辑委员会编《中日文化交流史论集——户川芳郎先生古稀纪念》，中华书局，2002 年，第 239—257 页。

自揆信，好实深，平生殚精劳神，旁收诸子百家，上自训诂、小学、诗诀、文评、天文、地志、历律、刑名，下至稗官、医卜、老佛、边夷、鸟兽、草木，合古今凡有一百四十种。"①《赢虫录》就属于其中的"边夷"，也可能还属于"地志"。"格致"即格物致知，《赢虫录》包含有大量的知识点，有些是平常不为人所知的，可以增广见闻，收入《格致丛书》十分合适。

《格致丛书》本《新刻赢虫录》前有胡文焕《赢虫录序》，二叶，半叶八行，行十六字，末署"万历癸巳孟夏吉旦钱塘胡文焕德父撰"；有庄汝敬《赢虫录序》，一叶，半叶八行，行十六字，前署"仁和庄汝敬撰"。正文分作四卷，第一至三卷每卷 40 国，第四卷 41 国，共 161 国。每卷各编有目录，首题下署"明钱塘胡文焕德父校正"。从影印本看，所有国家均占两个半叶，前一半叶为一整叶的下半叶，为国名和图像，后一半叶是一整叶的上半叶，为文字，因此打开书本的时候，左右为一国的文字和图像，便于阅读。文字多数足行十八字，满半叶的则为八行，如卷三大阇婆国条。少量的如卷一高丽国条半叶十二行，行二十五字，且最末一行多达二十七字，占城国条半叶九行，行十八字，盘瓠条半叶十行，行二十字，且最末一行为二十一字，交趾条半叶十一行，行二十一字，卷三东印度国条半叶九行，行十八字，孝臆国条半叶十行，行二十字，显然都是为了使文字只占半叶而作的调整。胡文焕序所署万历癸巳为二十一年（1593），可以大略看作此书的刊刻年代。

学苑出版社影印本，除了没有第四卷，还有一些缺页。已经注明的是无腹国无图，此外还有长脚人有图无文，这是卷二的最后一国，可见此卷缺了最后一叶；红夷国文字则为补页。高丽国条文字有七字刻作方框，应是所根据的底本本身有缺字的缘故。

胡文焕所刻丛书，流传状况复杂。据王宝平先生的研究，唯有《百家名书》和《格致丛书》确实出自胡氏之手，其他各种托名胡文焕的丛书子目均为《百家名书》和《格致丛书》所覆盖。此类托名胡文焕的丛书中有两部子目包括《赢虫录》；一是北京故宫图书馆藏（故宫景阳宫旧藏）《大明一统图书》，一是日本东京尊经阁文库藏《古今人物图考》。《大明一统图书》丛书名系后人墨字题写。《古今人物图考》"封皮上书签题'古今人物图考'，系近人新贴"，"该丛书疑系书贾从《格致》（或《百家》）摘印汇编而成"。② 两种丛书中的《赢虫录》即《新刻赢虫录》，均为四卷。

《新刻赢虫录》称"新刻"，且胡文焕序言明确说到"第旧本"云云，显然是他在"旧本"的基础上重刻的。庄汝敬序则讲得更为详实："《赢虫》一书，其传已久，剞劂者纷纷，然多差讹舛错，于远览者固无当也。是集大蒐诸刻，严为校正，颇是详悉。"是收集了《赢虫录》的多种刻本，并进行了校勘。可见《赢虫录》有多种刻本行世，相去此本刊刻的万历二十一年（1593）近五十年的嘉靖二十九年（1550）静德书堂刻本《新编京本赢虫录》，应该也是其中之一吧。总的看来，《新刻赢虫录》文字比较准确，刊刻比较精美，版式疏朗，特别是把图、文分开，并且书本翻开时保证右图左文，阅读方便，确实是质量较高的一种刻本。虽然以往学界评价《格致丛书》的校勘时，颇多微词，但是我们看《新刻赢虫录》还是能够感受到编辑、刊刻者所做的积极工作——至少和《新编京本赢虫录》相比，《新刻赢虫录》的优点是非常明显的。

关于此书刊刻中的工作，胡文焕序还谈及另外的情况：

---

① 转引自王宝平《胡文焕丛书考辨》，《中华文史论丛》2001 年第 1 辑。

② 王宝平《胡文焕丛书考辨》，《中华文史论丛》2001 年第 1 辑。

第旧本多以毛羽鳞介错杂其间,今予悉迸诸《山海经》中,而《山海经》中所有赢虫亦悉拔之于此,既不使非类相溷,又不使二书居重,庶免失乎甄别之叹。①

所谓《山海经》指胡文焕同时刊刻的《山海经图》,因为同时刊刻了《山海经图》,胡文焕进行了一定的调整。他把旧本《赢虫录》所有的"毛羽鳞介"都放到了《山海经图》,而把《山海经图》中的"赢虫"都放到了《新刻赢虫录》中,使得两书不相重复,《山海经图》收载的都是"毛羽鳞介",而《新刻赢虫录》收载的都是"赢虫"即是人形的。胡刻《山海经图》今存,除了第一图,其他确实都是"毛羽鳞介",而没有人形的。

不过,我们却很难相信胡刻《新刻赢虫录》也经过了一些调整。因为现在能读到的《新刻赢虫录》,绝大部分条目和此前的《新编京本赢虫录》以及《异域图志》《异域志》等都雷同。

其实,胡文焕序中所谓"第旧本多以毛羽鳞介错杂其间"正是各种明代后期日用全书《诸夷门》的基本形态——上栏(或一栏、或两栏)为《山海经》的异物,下栏(多为一栏,少数为两栏)为来自《赢虫录》的图像。甚至胡文焕序中"毛羽鳞介"云云,也来自日用全书《诸夷门》载录的《赢虫录序》,如《新刻全补士民备览便用文林汇锦万书渊海》卷五《诸夷门》《新板全补天下便用文林妙锦万宝全书》卷四《诸夷门》《新刻邺架新裁万宝全书》卷四《西(四)夷门》《新刻搜罗五车合并万宝全书》卷四《西(四)夷门》(参见表一)。可见,《新刻赢虫录》有可能来源于日用全书的《诸夷门》。

表一　明代后期日用全书《诸夷门》所载《赢虫录序》文字比较表

《新刻全补士民备览便用文林汇锦万书渊海》卷五《诸夷门》	《新板全补天下便用文林妙锦万宝全书》卷四《诸夷门》	《新刻邺架新裁万宝全书》/《新刻搜罗五车合并万宝全书》卷四《西(四)夷门》
赢虫录序 鳞虫三百六十,而龙为之长;羽虫三百六十,而凤为之长;毛虫三百六十,而麟为之长;介虫三百六十,而龟为之长;赢虫三百六十,而人为之长。四方化外之夷是也。何则以人为赢虫之长?《书》曰:"生居中国,故得天地之正气者为人;生居化外,不得天地之正气者为禽为兽。"故曰赢虫。孔子曰:"制夷狄如制禽兽。"其说有自矣。又尝大管仲之功曰:"微管仲,吾其披发左衽矣。"又曰:"如其仁,如其仁。"是以知夷狄华夏较然殊哉	赢虫录序 鳞虫三百六十,而龙为之长;羽虫三百六十,而凤为之长;毛虫三百六十,而麟为之长;介虫三百六十,而龟为之长;赢虫三百六十,而人为之长。赢者,四方化外之夷是也。何则以人为赢虫之长?《书》曰:"生居中国,故得天地之正气者为人;生居化外,不得天地之正气者为禽为兽。"故曰赢虫。孔子曰:"制夷狄如制禽兽。"原其无伦理纲常,尚战斗、轻生乐死,虎狼之性也。贪货利,好淫僻,麀麈之行也,故与人之性情实相远矣	赢虫录序 夫鳞虫三百六十,而龙为之长;羽虫三百六十,而凤为之长;毛虫三百六十,而麟为之长;介虫三百六十,而龟为之长;赢虫三百六十,而人为之长。赢者,四方化外之夷也。何则以阗氏赢虫?《书》曰:"生居中国,故得天地之正气者为人;生居化外,不得天地之正气者为禽为兽。"故曰赢。孔子曰:"制夷狄如制禽兽。"原其无伦理纲常,尚战斗,轻生乐死,虎狼之性也。贪货利,好淫僻,鹿□之行也,故与人之性情实相远矣

---

① ［明］胡文焕辑《新刻赢虫录》卷首,影明万历二十一年(1593)胡文焕刊《格致丛书》本,学苑出版社,2001年。

鹿忆鹿曾指出胡文焕刻《新刻山海经图》与《新刻嬴虫录》呈现出的是与明代后期日用类书一致的二元构成,并认为:"历来的十八卷《山海经》到了胡文焕,明明白白'不使二书居重,庶免失乎甄别之叹',成了《新刻山海经图》与《新刻嬴虫录》,名为'新刻',实至名归,《山海经图》的山海异物与《嬴虫录》的远国异人是一种二元的构成,前书包括毛、羽、鳞、介各种神兽异物,则山海混融,圣俗难辨,后书包括远国诸夷各种嬴虫,或为相像,或为纪实。"①我认为这一看法不能成立。十八卷《山海经》不可能包括《新刻嬴虫录》中大量存在的宋代前后的域外国名。

《新刻嬴虫录》与《新编京本嬴虫录》在条目方面有一个明显的差别,《新编京本嬴虫录》最末有无图的三十一国国名,而《新刻嬴虫录》则无,而这正是《新刻嬴虫录》和明代后期日用全书《诸夷门》的共同之处。

(三)《嬴虫录》明刻本两种的比较

《新编京本嬴虫录》《新刻嬴虫录》两书共性突出:

首先,现存两部明刻本都称为《嬴虫录》,已经显示了两部书可能的密切关系。要知道,《嬴虫录》作为书名比较独到,并不容易重名。

其次,两书主要条目,大都相同,并且排列的顺序也大抵一致。

再次,两书都是图文本,具体的图像和文字,从能够看到的日本国和大琉球国、扶桑国来看,非常接近(参见图一)。

最后,前述《新编京本嬴虫录》国名讹误颇多,此类讹误《新刻嬴虫录》和《异域志》等均不误,而巢鲁果讹、陇木节、檐波国、长脚人四国,却是《新编京本嬴虫录》《新刻嬴虫录》一致,不同于《异域志》以及《异域图志》。这种一致性,也可以说明两书有着共同的来源。

但是两书也有着不少相异之处:

首先,《新编京本嬴虫录》最后附一些国名,有目无文,同《异域志》《异域图志》,而《新刻嬴虫录》则没有这部分国名。

其次,两书图文安排形式有所不同。《新编京本嬴虫录》先文字后图像,图像似乎是对文字的补充;《新刻嬴虫录》先图像后文字,文字似乎是对图像的说明。

再次,两书主体部分的国家名称还有少量不同。主要是《新编京本嬴虫录》少了包石国、阿思国、无连蒙古、吾凉爱达、退波、于阗国、大食弼琶罗、大食勿拔国、黑暗国、撒马尔罕、阿萨部、麻离拔国、单马令、佛啰安、故临国、大食国、日蒙国、麻阿塔、女人国、穿胸国、君子国、回回国、哈密国等多国。而这其中君子国、回回国、哈密国是不见于其他各种异域全志的,是《新刻嬴虫录》所独有的国度,都有着后来添加的痕迹。而更多的包石国等20国(未算上缺页的南尼华罗国、乾陀国),则是其他几种异域全志都有的,应该是异域全志中的常见内容,《新编京本嬴虫录》却缺损这么多,实在令人费解。初步思考认为,有可能是《新编京本嬴虫录》刊刻不够仔细而遗漏,正像此书有着非常多的文字错误,国名中就屡屡见到。不过《新编京本嬴虫录》也较《新刻嬴虫录》多出了虵鲁国、苏门答剌、西棚国三国,而这三国是《异域图志》都有的(西棚国作西栅国),《异域志》有苏门答剌、西棚国无虵

① 鹿忆鹿《明代日用类书〈诸夷门〉与山海经图》,(台湾)《兴大中文学报》第27期(增刊),2010年,第273—293页。

鲁国，《皇明海外诸夷志》有虼鲁国无苏门答剌、西棚国，也就是说《新编京本臝虫录》多出的三国并不是异域全志常规都具有的内容。这种迹象说明怎样的情况，有待进一步思考。

最后，《新编京本臝虫录》国名错字非常多，前面已经说明；同时，版画也显得有点粗糙。而《新刻臝虫录》相对错字较少，前面列举的《新编京本臝虫录》国名错误《新刻臝虫录》都不误，且版画也要更加讲究一些（参见图一）。

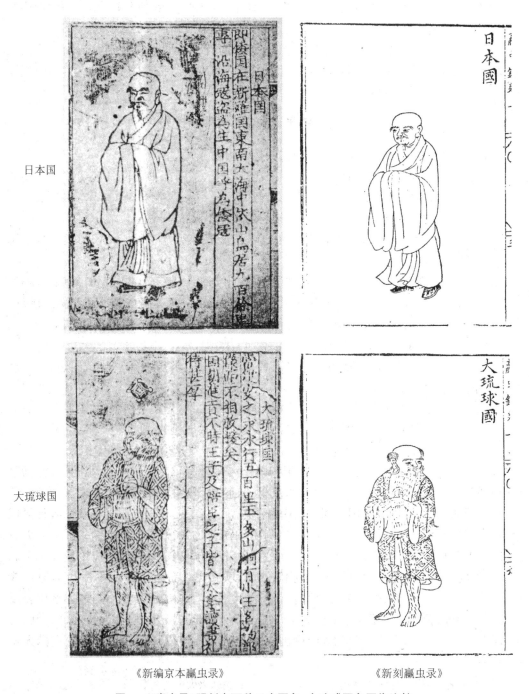

日本国

大琉球国

《新编京本臝虫录》　　　　　　　　《新刻臝虫录》

图一　《臝虫录》明刻本两种日本国条、大琉球国条图像比较

二、明清时期《嬴虫录》的流传

(一) 明清书目文献关于《嬴虫录》的著录

《嬴虫录》显然没有《异域志》流传广泛,但是也一直有所传播。明清时期书目文献著录《嬴虫录》的情况,列为下表(表二)。

表二　明清书目文献著录《嬴虫录》一览表

时　代	文　献	著录内容	文献出版信息
明嘉靖	[明]晁瑮《晁氏宝文堂书目》卷下《图志》	《嬴虫录》	上海古籍出版社,2005 年,第 184 页
	[明]朱睦㮮《万卷堂书目》卷二《史部·杂志》	《瀛虫录》一卷 陈清	《丛书集成续编》第 68 册影《玉简斋丛书》本,上海书店,1995 年,第 254 页
明天启崇祯	[明]祁承㸁《澹生堂藏书目》卷四《史部·记传类·风土》	《嬴虫录》二册(二卷)	《丛书集成续编》第 68 册影《绍兴先正遗书》本,上海书店,1995 年,第 472 页
清初	[清]黄虞稷《千顷堂书目》卷八《地理类上》	《嬴虫录》一卷	上海古籍出版社,2001 年,第 217 页

《晁氏宝文堂书目》《澹生堂藏书目》《千顷堂书目》同时著录《异域志》和《嬴虫录》,类似的还有《日本一鉴》《咸宾录》同时提到《异域志》和《嬴虫录》,[①]显然是作为两种著作来对待的。

上表所列仅有四条,与《异域志》的著录超过二十条相比,可见《嬴虫录》的流传远远比不上《异域志》,至少在藏书家、知识阶层中是这样的。这与《嬴虫录》对于日用全书的影响很大,构成一种有趣的对比。

(二) 朝鲜文献展示的《嬴虫录》在正统、正德年间的传播及其零星内容

虽然现有的《嬴虫录》刻本要晚到嘉靖二十九年(1550)、万历二十一年(1593),但在此之前《嬴虫录》的流传,亦有迹可循。鹿忆鹿教授征引的《朝鲜王朝实录》(《李朝实录》)提供了非常可贵的信息,揭示了 15 世纪《嬴虫录》有所传播的状况。

《李朝实录》世宗二十二年(正统五年,1440 年)正月丙午条载:

> 传旨前正郎金何曰:"今通事金辛来言:'辽东人家藏胡三省《嬴虫录》欲市之,臣既与定约而来。其以今送麻布十五匹买来。'"[②]

有可能是因为胡惟庸为《嬴虫录》作序,才会写成"胡三省《嬴虫录》"。

---

①　[明]郑舜功《日本一鉴》,民国二十八年(1939)影旧抄本。[明]罗曰褧《咸宾录》,余思黎点校,中华书局,1983 年,第 236 页。

②　《李朝实录》第 9 册《世宗莊憲大王實錄》卷八八,东京:學習院东洋文化研究所,1956 年,第 84 页。

此外,《李朝实录》还有两条相关的记载。《李朝实录》世宗二十六年(正统九年,1444年)二月辛丑条载:

> 上手草,出示承政院,其辞曰:"自汉以后,皇后父及兄弟,皆封列侯;或惟后父驸马功臣,皆得封列侯,不得封为王。宋制,惟皇子封王,皇孙以下仕进,皆从文武官例。尚公主者,即封驸马都尉。以此观之,宋制待驸马优于皇孙。时王之制,皇子封亲王,亲王之子封郡王,郡王之子封将军。将军等三品公侯,驸马特在一品之上,后父未得过一品。宗室之中,又有镇国大将军,位在公侯之上。以此观之,郡王高于公侯远矣。高丽封君之法大滥,至于宦官,亦得封君。扈不花封新平君,兼封照剌赤,时人称叹曰:'封君照剌赤,予及见扈不花之封矣。'高丽之末,功臣皆封伯,及开国后,宗亲驸马功臣,皆封君。恭靖王时,亲子亲兄弟封公,宗亲驸马封侯,功臣封伯,不久而革。太宗时,宗亲功臣驸马,皆封君,中宫之父及兄弟与夫嫔媵之父亦封君,外戚欲得封君,而未得者,亦有之。让宁之入朝也,礼部赵尚书曰:'安南无道,陪臣皆称公侯伯子男,汝国封君之法宜革。'其后朝议封君太多,骊原、骊山、权弘、金汉老,皆削封君。赵尚书之言虽如彼,宗亲驸马及庶姓功臣,以封君入朝者多矣,而无有非之者。《赢虫录》亦曰:'朝鲜宗亲,皆称君。'以此观之,我国封君之法,不宜革之。近日新法,别子之适子得封君,王之众孙,皆拜三品。今之驸马,初拜一二品。待驸马优于众孙,与宋制合。然我国封君,如中国之王爵也。中国既有王爵,以侯封庶姓可也。我国以君封宗亲,又以君封庶姓,不可也。当依宋制,选尚王女者即拜驸马都尉,何如? 若曰与时王之制相似未可,则当依近日之法封某尹,何如? 若曰宗亲驸马之爵当别,则以部曲乡之名,封某都尉,何如? 自今以移,但于宗亲封君,庶姓不得封君,何如? 王妃之父,虽不可以他庶姓论,而与宗室同号,未可也,亦未可封君。或曰:'功臣封君,载于《六典》,不可改。'然《六典》并言后世之事,则或说是也。若言一时施行之事,则自今不得封君,有何不可? 其令大臣拟议以闻。"①

这是朝鲜朝廷关于封君的讨论中,引用了《赢虫录》的记载,并且援为成例,成为提出自己看法的依据。这一记载,充分说明了朝鲜人认识中的《赢虫录》是一种确实的记载。

《李朝实录》中宗三年(明正德三年,1508年)正月丙午条载:

> 御朝讲。执义庆世昌启荫加事,且曰:"天使时缓慢官吏,勿论公私,罪笞五十以上,皆令罢职。法不可摇动,莫如观其情实,依律论罪。"上曰:"此言然矣。予意以为,前者金辅、王献臣之来,凡事不称意虑。有此患,故姑立此法耳。"世昌又曰:"我国礼貌过恭,天使王敞、董越等曰:'东方礼数,皆秦法也。秦之斯、高,欲售其术,以尊君抑臣为名,而实欺其君也。'请于天使来时,依中朝之制行礼。臣尝见《赢虫录》,唯我朝有笠缨,笠缨非中朝制也。华人讥其领下垂珠,中原人造笠缨,为我国也。废主法制虽无常,而唯此事为便,以无用之物,而滥施高价,请废其制。"上曰:"礼度则已成风俗,天使曾见之,今不可改也。笠缨虽非华制,我朝不遵华制者颇多,不必尽改也。"②

---

① 《李朝實錄》第9册《世宗莊憲大王實錄》卷一百三,第369页。

② 《李朝實錄》第26册《中宗恭僖徽文昭武欽仁誠孝大王實錄》卷五,东京:學習院东洋文化研究所,1959年,第150页。

徐居正(1420—1488)《笔苑杂记》载：

> 尝观《嬴虫录》曰："高丽人好白衣。"道诜曰："东方属木，宜尚青，而尚白，是金克木，不可也。"居正曰："阳中有阴，阴中有阳。东方属青而尚白，是阳中之阴也。以此推之，西方属金尚白，而西域人面皆青。北方属水尚黑，而人面皆紫。南方属火尚赤，而人面皆乌。阴阳之义也。"①

《笔苑杂记》前有成化丙午(二十二年，1486年)、成化丙午(二十二年，1486年)、成化二十三年(1487)三序，书即成于此前不久。

以上三条文献中的《嬴虫录》均为《嬴虫录》之误。所载均涉及到《嬴虫录》的高丽条，下文引《嬴虫录》等文献所载高丽条以便比较(表三)。

表三　明代异域全志高丽(朝鲜)条文字比较表

《异域志》 (《艺海汇函》本)	《异域志》 (《夷门广牍》本)	《皇明海外诸夷志》	《异域图志》	《新刻嬴虫录》
朝鲜国 古朝仙，一曰高丽，在东北海滨。周封箕子之国，以商人五千从之。其医巫、卜筮、百工、技艺、礼乐、诗书皆从中国，衣冠随中国各朝制度，用中国正朔，王子入中国大学读书。风俗华美，人性淳厚。地方东西三千，南北六千。王居开城府，依山为宫，曰神窝。民舍多茅茨，鲜陶瓦。以乐浪为东京，百济金州为西京。有郡百八十三，镇三百九十，洲岛三十。以鸭绿江为西固。东南至明州，海皆绝碧，至洋则黑，海人谓无底谷也	朝鲜国 古朝仙，一曰高丽，在东北海滨。周封箕子之国，以商人五千从之。其医巫、卜筮、百工、技艺、礼乐、诗书皆从中国，衣冠随中国各朝制度，用中国正朔，王子入中国太学读书。风俗华美，人性淳厚。地方东西三千，南北六千。王居开城府，依山为宫，曰神窝。民舍多茅茨，鲜陶瓦。以乐浪为东京，百济金州为西京。有郡百八十三，镇三百九十，洲岛三十。以鸭绿江为西固。东南至明州，海皆绝碧，至洋则黑，海人谓无底谷也	高丽国 产布扇等物	高丽国 商名鲜卑，周名朝鲜。武王封箕子于其国，中国之礼乐、诗书、医药、卜筮皆流于此。衙门官制，悉体中国。衣冠随中国各朝制度。俗尚儒，人柔恶杀，刑无惨酷。王之族人，皆称君。化外四夷之国，独高丽为最，但礼貌与中国有差。如见王亲贵戚，则扯嗦跪膝于地；如小见大，则蹲身俛首为礼；如中国人见贼寇，不敢仰视之类。此夷狄之风俗，习以为常焉。地不产良马，白石可作灯具，黑麻可织夏布。其国君皆是以强抑弱而王。国治东西二千里；南北千五百里。王居开州，号曰开城府，依山为宫，名其山曰神窝。民居多茅茨，少陶瓦。以乐浪为东京，百济金州为西京。西京最盛，有郡百十八，县镇三百九十，洲岛三千。郡邑小者，或止百家。西北接契丹，以鸭绿江为固。江广三百步。海水至高丽极清，入登州，经千里沙即浊。东南望明州，数日水皆绝碧，至洋中则黑，海人谓此无底之谷也	高丽国 高丽国。古名鲜卑，周名朝鲜。武王封箕子于其国，中国之礼乐、诗书、医药、卜筮皆流于此。衙门官制，悉体乎国人。冠随中国各朝制度。俗尚儒，仁柔恶杀，刑无惨酷。生之族人，皆称君。化外四夷之国，独高丽为最，但礼貌与中国有差。如见王亲贵戚，则扯嗦跪膝于地；如小见大，则蹲身俛首为礼；如中国人见贼寇，不敢仰视之类。此夷狄之风俗，习以为常焉。地不产良马，白石可作灯具，黑麻可织夏布。其国君是以强抑弱而王。国治东西二千里，南北千五百里。王居开州，号曰开城府，依山为宫室，名其山曰神窝。民居多以木，或以瓦。以乐浪为东京，百济金州为西京。西京三十八郡，百八十县，镇三百九十，洲岛三十。都邑卜□□□百家。西北接契丹，以鸭绿江为固。江广五百步余。而至高丽极清，入登州，经千里沙即浊。东广□□□□日水皆绝碧，至洋中则黑，海人谓此无底之谷也

---

① （朝鲜）徐居正《笔苑杂记》卷二，朝鲜成宗十八年(1487)刻本(韩国国家图书馆网站电子版)。

关于宗亲称君，《新刻赢虫录》《异域图志》高丽条有相关内容的记载。关于笠缨，《新刻赢虫录》《异域图志》高丽条无相关记载。关于好白衣，《新刻赢虫录》《异域图志》高丽条无相关记载。而《异域志》则均未见相关记载。似乎朝鲜流传的是与《新刻赢虫录》不同的一种《赢虫录》。朝鲜文献记载的《赢虫录》，从15世纪中期到16世纪初年，属于《赢虫录》在较早时期的流传。

又许穆（1595—1692）《泛海录》载：

> 晓泊昌善岛。于是曙气始白东方，一星二星渐稀，而晓望皆渔火盐烟。岛有两岸，东曰兴善，西曰昌善。山木多松椒。太仆置监，牧畜马于此。岛中土沃多穰，于田畔皆树栅，令毋害禾谷。遇马群，多骓骊文骝，而入山者多骏云。或曰有神马，往往云雾间时见云。夕复登舟，泊南海之梯嵒。其人以舟为室，善没海取蚝，鹑衣而极贫。此《赢虫志》所谓蜒蛮，其性变谲。①

今本《赢虫录》确实有蜒蛮的相关条目，《新编京本赢虫录》作蜒（溪）蛮，《新刻赢虫录》作蜒三蛮。② 限于条件，两书原文未能核查。不过相关条目还见于《异域志》《异域图志》《皇明海外诸夷志》诸书，且条目名作蜒蛮（《皇明海外诸夷志》作蜒蛮国）。列作下表，以便比较（表四）。

表四　明代异域全志蜒蛮条文字比较表

《异域志》（《夷门广牍》本）	《皇明海外诸夷志》	《异域图志》
蜒蛮 今广取珠之蜒户是也。蜒有三：一为鱼蜒，善举网垂纶；二为蚝蜒，善没海取蚝；三为木蜒，善伐木取林。蜒极贫，皆鹑衣。得物米，妻子共之	蜒蛮国 以舟为室，视水为陵，饮之。蜒有三：一为鱼蜒，善举网垂；二为蚝蜒，善没海取蚝；三为木蜒，善伐木取材。蜒则各有统焉	蜒蛮 以舟为室，视水为邻，饮之。蜒有三：一为鱼蜒，善举网垂纶；二为蚝蜒，善没海取蚝；三为木蜒，善伐木取材。蜒则各有统焉

其中确实出现了"以舟为室""没海取蚝""鹑衣""极贫"等《泛海录》关于蜒蛮描述中的内容要素。只是"鹑衣""极贫"只见于《异域志》。

综上可见，从15世纪中期到17世纪，《赢虫录》在朝鲜一直有所流传，其中的高丽国条还屡屡为朝鲜官方所关注。但是朝鲜流传的《赢虫录》和今本《赢虫录》内容有所不同。就高丽国条而言，内容要更为丰富。

（三）陈侃《使琉球录》对《赢虫录》的引用与辩驳

中国文献对于《赢虫录》的引用，则以陈侃《使琉球录》最为知名。何予明、鹿忆鹿两位

---

① （朝鲜）许穆《记言》别集卷十五《泛海录》，《韩国文集丛刊》第99册，景仁文化社，1992年，第128页。
② 条目名称，均据鹿忆鹿《〈赢虫录〉在明代的流传——兼论〈异域志〉相关问题》，（台湾）《国文学报》第58期，2015年12月，第129—165页。

学者都曾引用并作分析。明嘉靖十二年(1533),陈侃出使琉球,归来后著《使琉球录》。此书有《群书质异》一章,引及《大明一统志》《嬴虫录》《星槎胜览》《集事渊海》《杜氏通典》《使职要务》《大明会典》七书中有关琉球的记载,并详加辩驳。其中引及《嬴虫录》一条并作辩驳如下:

> 《嬴虫录》:
>
> 琉球当建安之东,水行五百里。土多山峒,峒有小王,各为部队而不相救援。国朝进贡不时,王子及陪臣之子皆入太学读书,礼待甚厚。
>
> 按福州梅花所开洋,顺风七昼夜始可至琉球。以水程计之,殆将万里矣。若夫建安,则建宁属邑也,又在福州之西北,而云水行五百里,不知自何洋以发舟而若是乎其近易耶?琉球固多山,而崆峒则少。王之子弟虽出分各山,而未尝不听征调。如祭王、封王等日,则各率所部戎服而列伍以防卫,则其有事而相为救援可知矣。归附国家之初,朝贡固无定期,今每二年而一举。至于令子侄入太学,仅于洪武二十二年而创见之。嗣是,唯遣陪臣之子进监读书,大司成教,以诵诗学礼,处以观光之馆,夏葛而冬裘,朝饔而夕飧,礼待不亦厚乎?迩如蔡廷美、郑赋、梁梓、蔡瀚等皆俊秀可教,曾北学中国,授业名儒,今皆补为长史、都通事等官,进见之时仪不忒而言有章,未必不自读书中来也。其他则苦礼法之拘,衣冠之缚矣。①

所引是《嬴虫录》有关大琉球国的一条,故而成为与陈侃《使琉球录》相关的文献。当然,陈侃的时代已经不称大琉球国,改称为琉球了。同样的内容,还辗转为万历时期萧崇业、谢杰《使琉球录》引。② 陈侃著成《使琉球录》后进呈此书的题本,辗转为时任礼部尚书的夏言《复议给事中陈侃等进早使琉球录疏》所引,其中重点仍是《大明一统志》等书的错误,因此提及《嬴虫录》。③ 万历时期《郑开阳杂著》记载陈侃出使琉球,也简单涉及《大明一统志》等书的错误问题,也提及《嬴虫录》,但是归之于琉球中山王尚清之上表的内容,或许是因为文字剪裁的缘故将陈侃题本中的内容错置,于是导致文意不够明朗、使人误解。④《咸宾录》也有着同样的情况,⑤此类文献提到《嬴虫录》都不是直接看到《嬴虫录》原书。陈侃《使琉球录》所引《嬴虫录》的一段文字可以与现存各种异域全志大琉球国条(表五)比较:

---

① [明]陈侃《使琉球录》,《续修四库全书》第 742 册影《国立北平图书馆善本丛书》影明嘉靖间刻本,第 517 页。

② [明]萧崇业、谢杰《使琉球录》卷下,《续修四库全书》第 742 册影学生书局《明代史籍汇刊》影明万历间刻本,第 579—580 页。

③ 此文载[明]夏言《夏桂洲先生文集》卷十四,《四库全书存目丛书》集部第 74 册影明崇祯十一年(1638)吴一璘刻本,第 633—634 页。但是此本文字有残缺,且误《嬴虫录》为《嬴虫录》。此文又载[明]陈子龙等选辑《明经世文编》卷二百三《夏文愍公文集二》,中华书局影明崇祯平露堂刻本,1962 年,第 240—241 页。《明经世文编》文字完整,此据《明经世文编》转录。

④ [明]郑若曾《郑开阳杂著》卷七《琉球图说·世纪》,《景印文渊阁四库全书本》第 584 册,第 613 页。

⑤ [明]罗日褧《咸宾录》卷二《东夷志》"琉球"条,余思黎点校,中华书局,1983 年,第 60—61 页。

表五　明代异域全志大琉球国条文字比较表

《异域志》(《艺海汇函》本)	《异域志》(《夷门广牍》本)	《皇明海外诸夷志》	《异域图志》	《新编京本嬴虫录》	《新刻嬴虫录》
大琉球国 在建安之东,去海五百里。其国多山洞,各部落酋长皆称小王,至生分,彼此不和。常入国中贡。王子及陪臣皆入大学读书	大琉球国 在建安之东,去海五百里。其国多山洞,各部落酋长皆称小王,至生分,彼此不和。常入中国贡。王子及陪臣皆入大学读书	大琉球国 当建安之东,行五百里。土多山峒。有小王,各为部落而不相救。国朝进贡不时,王子及大臣之子皆入太学读书,礼待甚厚	大琉球国 当建安之东,水行五百里。土多山峒。有小王,各为部落而不相救援。国朝进贡不时,王子及陪臣之子皆入太学读书,礼待甚厚	大琉球国 当建安之东,水行五百里。玉多山峒。有小王,名为部队而不相救援矣。国朝进贡不时,王子及陪臣之子皆入太学读书,礼待甚厚	大琉球国 大琉球国,当建安之东,水行五百里。玉多山峒。有小王,名为部队而不相救援矣。国朝进贡不时,王子及陪臣之子皆入太学读书,礼待甚厚

总体与现存两种明刻本《嬴虫录》非常接近,只是现存两种明刻本《嬴虫录》都有两个错字而已。陈侃《使琉球录》所引当来自更早的文字准确的版本。当然《使琉球录》写作的时间,本来也要早于现存两种明刻本《嬴虫录》刊刻的时间。

陈侃在《群书质异》一章中共提到七本书,鹿忆鹿认为"在陈侃的《使琉球录》中,将《嬴虫录》与《大明一统志》或《大明会典》等官方文献并列,受到的重视程度可想而知,并非一般的荒诞奇闻异事之书"。[①] 确实有部分这样的内涵,但是考虑到陈侃的引用是为了批驳,所谓重视的评价似乎也不必太多强调。不过,至少可以说明在陈侃当时,《嬴虫录》还是比较受关注的。当然,从书目文献的著录、其他文献引用的总体状况考察——特别是与《异域志》的相关情况作一对比,似乎又不宜太过强调《嬴虫录》为明朝的官僚知识阶层所关注。这与朝鲜有所不同。

明代的《会典》迭经修纂,现存《大明会典》有两种,一为《正德会典》,正德四年(1509)成书,正德六年(1511)刊行;一为《万历会典》,万历十三年(1585)成书,万历十五年(1587)刊行。[②]

陈侃所针对的《大明会典》,为正德《大明会典》。而万历《大明会典》有关朝贡的"琉球国"条所载,很值得在此作一比较:

> 琉球国。祖训:大琉球国朝贡不时,王子及陪臣之子皆入太学读书,礼待甚厚。
> 小琉球国不通往来,不曾朝贡。按琉球国有三王,洪武初,中山王察度、山南王承察度、山北王帕尼芝皆遣使奉表笺贡马及方物。十六年,各赐镀金银印。二十五年,中

---

① 鹿忆鹿《明代的"异国远人"——以胡文焕〈新刻嬴虫录〉为讨论中心》,《2010 民俗暨民间文学国际学术研讨会论文集》,2010 年,第 217—231 页。

② 中国大百科全书总编辑委员会《中国历史》编辑委员会、中国大百科全书出版社编辑部编《中国大百科全书·中国历史》第一册"《大明会典》"条(王其榘撰),中国大百科全书出版社,1992 年,第 139—140 页。

山王遣子侄入国学,以其国往来朝贡,赐闽人三十六姓善操舟者。①

《新刻嬴虫录》关于琉球太子入太学读书的记载居然与万历《大明会典》完全一致。通常估计,《大明会典》不可能采纳此类书籍,应该是此类书籍最初编纂时也采纳了与后来的《大明会典》相同的官方文献的缘故。朱权作为《异域志》的编者,有此条件。而今本《异域志》的描述确实错误严重,陪臣入太学的记载是不当的改动。

可以佐证这一猜测的,还有匈奴条中引用的《元朝秘史》(表六):

表六　明代异域全志匈奴(鞑靼)条文字比较表

《异域志》 (《艺海汇函》本)	《异域志》 (《夷门广牍》本)	《皇明海外诸夷志》	《异域图志》	《新刻嬴虫录》
鞑靼 一名匈奴,一名单于,一名獯狁,一名突厥,一名獯鬻,一名契丹,一名羌胡,一名蒙古。种类甚多。其风俗以鞍马为家,水饮草宿,无城郭房屋。地产羊、马、驼、牛,专以射猎为生。无布帛,衣毛革。俗无鳏独寡之人	鞑靼 一名匈奴,一名单于,一名獯狁,一名突厥,一名僵鬻,一名契丹,一名羌胡,一名蒙古。种类甚多。其风俗以鞍马为家,水饮草宿,无城郭房屋。地产羊、马、驼、牛,专以射猎为生。无布帛,衣毛革。俗无鳏寡孤独之人	匈奴国 匈奴,其种有五:一种黄毛者,乃山鬼、牸牛所生。一种项短矮胖者,乃玃猴与野猪所生。一种黑发白身者,乃汉李陵兵遗种也。一种名突獗,其先乃射摩舍利海神与金角白鹿交感而生,因手斩阿㖫首领。以人祭纛,俗尚射杀。事妖神,无祠庙,刻毡为形,盛于毛袋。行动之处,以脂苏涂之。或系竿上,四时祀之。一种乃塔巴赤罕之祖,乃白狼与白鹿所生。二十五世生帖木真,是称大蒙古部长,僭号皇帝,世居沙漠东北六千里。后居山阴,号鞑靼。地产羊、马,无城池、房舍,随水草所居。俗尚射猎,食羊、马、野鹿,衣皮革。帖木真四世孙忽必烈,僭居中国称帝	匈奴 匈奴,其种有五色:一种黄毛者,乃山鬼与黄牸牛所生。一种短项矮胖者,乃玃猴与野猪所生。一种黑发白身者,乃汉李陵兵遗种也。一种名突厥,其先乃射摩舍利海神与金角白鹿交感而生。射摩因手斩阿㖫首领。金以人祭纛,俗尚射杀。事妖神,无祠庙,刻毡为形,盛于毛袋。行动之处,以脂苏涂之。或系竿上,四时祀之。一种乃塔巴赤罕之祖,《元朝秘史》云苍色狼与惨白鹿所生。二十五世生帖木真,是称大蒙古部长,僭号皇帝,世居沙漠东北六千里。后居山阴,号鞑靼。地产羊、马,无城池、房舍,随水草所居。俗尚射猎,食羊、马、野鹿,衣皮革。帖木真四世孙忽必烈,僭居中国称帝	匈奴 匈奴,其种有五:一种黄毛者,乃山鬼与黄牸牛所生。一种短项矮胖者,乃玃虾与野猪所生。一种黑发白身者,乃唐李靖兵遗种也。一种名突獗,其先乃射摩舍利海神女与金角白鹿交感而生。射摩因手轩阿珍首领。至今以人祭纛,俗尚射杀。事祆神,无祠庙,刻毡为形,盛于毛袋。行动之处,以脂苏涂之。或系之竿上,四时祀之。一种乃塔巴赤罕之祖,《元朝秘史》云苍色狼与惨白鹿所生。二十五世生帖木真,是称大蒙古都长,僭号皇帝,世居沙漠东北六千里。后居阴山,号鞑靼。地产羊、马,无城池、屋舍,随水草所居。俗尚射猎,食羊、马、野鹿,衣皮革。帖木真四世孙忽必烈,僭居中国称帝

---

① 〔明〕申时行等修、赵用贤等纂《大明会典》卷一百五《礼部六十三·主客清吏司·朝贡一·东南夷土》"琉球国"条,《续修四库全书》第791册影明万历间内府刻本,第74页。

慕阿德关于《异域图志》的研究得到伯希和（Paul Pelliot）的帮助，文中提到伯希和认为在明代之前没有《元朝秘史》的汉字译本。① 《元朝秘史》本是元朝的蒙古文史书，在宫廷内部使用。明朝灭亡元朝后，为了蒙古语教学的需要，才由翰林院将此书全部用汉字音写、段落大意翻译为汉文，并于洪武年间刊刻，此为十二卷本，就是一直流传到今天的各种汉文本《元朝秘史》的祖本。② 《元朝秘史》作为官方蒙古语教学的课本，通常流传不会太广，而今本《赢虫录》能够引用《元朝秘史》，可以估计编者可能和明朝官方关系比较密切，朱权是有此可能的。当然，据此也完全可以明确今本《赢虫录》是在《元朝秘史》汉译之后编写的，朱权也是有此可能的。学者认为，现存洪武刻本《元朝秘史》的残叶版心题"元秘史"，书名为《元秘史》，后抄入《永乐大典》，《永乐大典》的十五卷本版心改题"元朝秘史"，于是书名称"元朝秘史"。③ 但古籍版心所题与正文所题书名不一致的现象非常多见，版心所题往往要简略一些。所以我认为，洪武年间书名为"元秘史"而至永乐年间才改为"元朝秘史"的看法并不一定能成立，因此也不能据此认为引用《元朝秘史》一名的今本《赢虫录》是永乐年间之后才可能成书的。

《皇明海外诸夷志》不引《元朝秘史》，使人怀疑经过有意识的改动。而今本《异域志》不但不引《元朝秘史》，且文字与今本《赢虫录》差异很大，使人怀疑经过了大量的改动。

（四）其他明清文献关于《赢虫录》的零星记录

其他明清文献也有提及《赢虫录》，乃至并有一些评述的。例如嘉靖间吕柟《泾野子内篇》载：

> 问："《倮虫录》不如《山海经》，《山海经》不如《博物志》，《博物志》不如《尔雅》，《尔雅》不如《诗》，故曰'小子何莫学夫《诗》'？"曰："《诗》非止优于《尔雅》《博物》《山海》《倮虫》也。《尔雅》等书止明物，《诗》则即物以明人耳。"④

吕柟将《赢虫录》（写作《倮虫录》）看作与《山海经》《博物志》同类型的书，这很好理解。将之看成是与《尔雅》《诗》同类型的书，是出于怎样的角度的考虑呢？ 且看《增修埤雅广要》书前明人陈懿典《重刻埤雅广要序》：

> 《埤雅》二十卷，宋陆丞相佃撰述于熙宁、元丰间，以上之神宗。初进说鱼、说木二篇，后广为物性门类，积久而成《埤雅》。其《广要》增至四十卷，则皇明天顺中蜀府护

① A. C. Moule, "An Introduction to the I yü t'u chih: Or 'Pictures and Descriptions of Strange Nations' in the Wade Collection at Cambridge," *T'oung Pao*, Second Series, Vol. 27, No. 2/3, 1930, pp. 179 - 188.

② 乌兰《〈元朝秘史〉版本流传考》，《民族研究》2012 年第 1 期。乌兰研究员文中没有明确哪个机构翻译了《元朝秘史》，从行文看认为是翰林院。而亦邻真先生则明确认为是四夷馆所译，参见中国大百科全书总编辑委员会《中国历史》编辑委员会、中国大百科全书出版社编辑部编《中国大百科全书·中国历史》"《元朝秘史》"条（亦邻真撰），中国大百科全书出版社，1992 年，第 1451 页。

③ 乌兰《〈元朝秘史〉版本流传考》，《民族研究》2012 年第 1 期。

④ ［明］吕柟《泾野子内篇》卷四《端溪问答》，赵瑞民点校，中华书局，1992 年，第 34 页。

卫千户牛衮奉贤王令而推广之者也。

余年友孙孝廉成名,承大司空简肃公家学,绝好纷华,耽情图史,家殖萧然,而闻有癖本秘册,竭蹶构求。其于兹编,校雠刊订,积有岁年。令子茂才弘范重付剞劂,用广先志,而问序于余。余交孙氏三世,简肃位跻八座,产仅中人,孝廉昆弟负瑰异而敦素尚,诸孙皆翩翩隽才,而孝廉父子注意博综,尤在世俗所厌苦难穷之学。即兹编之梓,寒暑不辍,舟车不倦,家人产不问,而研精殚力以就之,良亦勤矣。序何可辞?序曰:

《尔雅》一书列于十三经之中,儒者又从而注且疏之。夫亦以释经之用,其重不减于经。而名物器数,其非心性外无所关涉之粗可知也。《易》言多识以蓄德,而夫子论《诗》,亦曰多识于鸟兽草木之名。夫精微莫若《易》,而夫子提一贯,非多学,犹然不欲空诸一切。而何世之学道者,遂欲托言名理而尽扫博闻格物之功哉!

余师焦弱侯先生曰:《尔雅》津涉九流,标正名物,讲艺者莫不先之。昔人所叹,谓数可陈而义难知;今之所患,在义可知而数难陈。孰知不得其数,则影响空疏,而所谓义者亦无自见。故舜称玄德而察迩言,明庶物,仲尼弟子,岂不闻性与天道?而史称身通六艺者七十二人,后世尊为七十二贤,即夫子论学志道,据德依仁,可谓纯备矣,而必终之曰游于艺。游如游水,水之波流曲折,无不涉焉,而游衍于其中,水始为吾用而不与之俱溺,是盖玩物为溺,格物为游,其不可以丧志之物而并废致知之物明矣。

《尔雅》虽训诂之学,而通儒名贤,往往演绎发明。《广雅》、《博雅》,代有作者;《说文》、《训林》,皆其羽翼。考之《经籍志》,自刘歆、李巡、郭璞而后,无虑数十家,陆佃所著,尚有《尔雅新义》、《尔雅贯义》各若干卷,于此见古人学问真实,非后世所易及。若《广要》成于朱邸之好书,牛弁可谓材官之邹枚矣!按蜀毌昭异有《尔雅音略》三卷,唐李商隐有《蜀尔雅》三卷,则益部山川,先后映发,原与是书有缘。乃当时蜀邸曳裾,相与扬搉微义,补缀奇字,谅尚有人,而牛列校遂附名于不朽,良亦厚幸。顾设无孝廉之宝重,茂才之缮梓,蜀道艰难,旧本漫漶,何能令兹书流布江南文物之薮,焕然一新哉?

余因是而有感焉。训诂盛于汉唐,注疏何啻茧丝?自程朱之学行,而注疏诎;自陆子静、王伯安之学兴,而传注又若诎然。而注疏之传终不尽澌灭也。类萃之书盛于唐宋,《六帖》、《玉海》、《考索》以及郑夹漈之《通志》、马端临之《通考》,皆今人所不敢措手。自诗赋之科罢,而举业之文仅取帖括,不复留意博物。而淹通好古之家,巨帙累卷,终尽布之通都,其视制义之朝行而夕泯者,又何如也?然余尝闻宋人言:"少时得《史记》、《汉书》皆手自抄录,读之惟恐不及。"今诸书无不盛行,而学者未必受读,得书之易,反不若得书之难。因观今日典籍之富,七略、四库、金匮、石室、名山、异域之藏,无不尽出,而求如虞世南、刘贡父之徒,实未之睹。则得书之易而读书之少,今古所通患也。因茂才是举而及之,以与藏书者共勖云。①

---

① [宋]陆佃撰、[明]牛衮增辑《增修埤雅广要》,《续修四库全书》第 1271 册影明万历三十八年(1610)孙弘范刻本,第 246—248 页。又载[明]陈懿典《陈学士先生初集》卷三,《四库禁毁书丛刊》集部第 78 册影明万历四十八年(1620)曹宪来刻本,第 688—689 页。按两本文字不同,上引据后者。

《尔雅》是字书,涉及大量的异物,因此字书的编辑有着博物学的内在要求,于是和同样具有博物学内涵的《山海经》《博物志》《赢虫录》等书也就可以并列了。①《增修埤雅广要》是明人牛衷在宋人陆佃《埤雅》的基础上增纂而成,此书卷六《方国类》,所载交趾国至高车国共58国,绝大多数都与元刻本《事林广记》相同,具体文字也几乎完全一样。② 其实质与《赢虫录》等书完全一样。

显然,吕柟对《赢虫录》的评价是最低的,要低于《山海经》《博物志》。“子不语怪力乱神”,理学家吕柟有这样的态度,并不意外。

明代嘉靖、万历时期的文献,引《赢虫录》老挝国条的很多,所引内容几乎完全一样——“鼻饮水浆,头飞食鱼”。其中《七修类稿》、③《尧山堂外纪》、④《玉芝堂谈荟》⑤作《赢虫集》,《古今谭概》、⑥《殊域周咨录》⑦作《赢虫集》,都称作“集”而非“录”。这两种书名都是错误的,可见这些文献所引大致同源。

现存几种异域全志都有老挝国条(《异域志》作潦查),列表以作比较(表七)。

表七 明代异域全志老挝国(潦查)条文字比较表

《异域志》(《艺海汇函》本)	《异域志》(《夷门广牍》本)	《皇明海外诸夷志》	《异域图志》	《新刻赢虫录》
潦查(俗呼老抓)其地产犀、象、金银,人性至狠。下窝弓毒药杀人。其可笑者,凡水浆之物,不从口入,以管于鼻中吸之,大概与象类同	潦查(俗呼老抓)其地产犀、象、金银,人性至狠。下窝弓毒药杀人。其可笑者,凡水浆之物,不从口入,以管于鼻中吸之,大概与象类同	老挝国 在安南西北,古越裳氏之国。人性狼戾,但与人不睦,则暗下窝弓射杀之。获得一人,脚跟以石磨去皮,使不能行。其地出象,产宝金银。凡咀嚼之物,从口而食,鼻吸而饮	老挝国 在安南西北,古越裳氏之国。人性狼戾,但与人不睦,则暗下窝弓射杀之。获得一人,脚跟以石磨去皮,使不能行。其地出象,产宝金银。凡咀嚼之物,从口而饮,之类,鼻吸而饮	老挝国 老挝国,在安南西北,古越裳氏之国。人性狼戾,但与人不睦,则暗下窝弓射杀之。获得一人,脚跟以石磨去皮,使不能行。其地出象,产珍贝、金银。凡咀嚼之物,从口而食,水浆之类,鼻吸而饮

最末一句,关于鼻饮水浆,各书措辞有所不同,显然《新刻赢虫录》是最准确的。《皇明海外诸夷志》《异域图志》二书则文字脱漏至文义不通,不堪卒读。显然,《七修类稿》等所引述的《赢虫录》与《新刻赢虫录》最为接近。至于“头飞食鱼”,则各书均不见载。也许是

① 关于中国的博物学传统问题,参见江晓原《中国文化中的博物学传统》,《广西民族大学学报》2011年第6期。
② [宋]陆佃撰、[明]牛衷增辑《增修埤雅广要》,《续修四库全书》第1271册影明万历三十八年(1610)孙弘范刻本,第307—314页。
③ [明]郎瑛《七修类稿》卷四九《奇谑类》“鼻饮头飞”条,《续修四库全书》第1123册影明刻本,第328页。
④ [明]蒋一葵《尧山堂外纪》卷六九元“陈孚”条注,《续修四库全书》第1194册影明刻本,第640页。
⑤ [明]徐应秋《玉芝堂谈荟》卷十二,《景印文渊阁四库全书》第883册,第286页。
⑥ [明]冯梦龙辑《古今谭概》卷三五《非族部》,《续修四库全书》第1195册影明刻本,第585页。
⑦ [明]严从简《殊域周咨录》卷七《南蛮》“占城”条,余思黎点校,中华书局,1993年,第268页。

上述各种明代文献所见之《嬴虫录》与今本《嬴虫录》不同。

万历丙戌（十四年，1586 年）蔡汝贤《东夷图像》卷首之《东夷图总说》载：

> 或曰：是则然矣。东南夷诙此乎？
> 曰：未也。杂见于《杜氏通典》《集事渊海》《星槎胜览》《嬴虫录》《吾学编》诸书，蕃乎夥矣，存而弗论可也。所图状貌习尚，审乎？①

《东夷图总说》罗列诸书，与《使琉球录》相仿，但是多出《吾学编》。《吾学编》有明万历二十七年郑心材刻本，陈侃不及见。

还有，万历年间《日本一鉴》《咸宾录》二书提及《嬴虫录》，前文已述及。总之，除了明代后期的多部日用全书，明朝一般文献引用《嬴虫录》的并不多。

入清以后，提到、引用《嬴虫录》的也不多。清梁同书诗《施茗柯以流求折扇见贻用钱穆父松扇韵报谢》："筠根十叠银光纸，海月飞来半规似。安得梅花素手纤，清凉消受蛾眉子。使节今传岛路寒，仁风万里度中山。感君持赠东阳意，胜录嬴虫落漈间。"注："时册封琉球国。又前人有《嬴虫录》。"②提及《嬴虫录》即《嬴虫录》，也是关于琉球国的。诗中所云"胜录嬴虫落漈间"也是从《嬴虫录》化出的。"落漈"则是琉球水名，关于琉球的记载，往往会记到。不过引作"嬴虫"，与《使琉球录》一样，或即从此书而来。此外，还有清《粤西丛载》引蜑蛮条，③《奇字名》引虵鲁国条，④《佩文韵府》引《倮虫录》穿胸国条，⑤《山海经广注》引穿胸国条。⑥

《粤西丛载》引蜑蛮条：

> 蜑有三：取鱼者曰鱼蜑，取蚝者曰蚝蜑，取材者多曰木蜑。其人皆目睛赤碧，卉衣血食，各相统率。鱼蜑、蚝蜑能入水，伏二三日，一谓之龙户，一谓之昆仑奴。《嬴虫录》。

与《异域志》《异域图志》《皇明海外诸夷志》在细节上有所不同，与两种明刻本《嬴虫录》关系如何，待查。

《山海经广注》卷六"贯胸国在其东其为人胸有窍"注：

> 《嬴虫录》云：穿胸国在盛海东。

① ［明］蔡汝贤《东夷图像》，《四库全书存目丛书》史部第 255 册影明万历间刻本，第 4 页。
② ［清］梁同书《频罗庵遗集》卷二，《续修四库全书》第 1445 册影清嘉庆二十二年（1817）陆贞一刻本，第 399 页。
③ ［清］汪森《粤西丛载》卷二十四"蜑人"条，《景印文渊阁四库全书本》第 1467 册，第 701 页。
④ ［清］李调元《奇字名》卷三，《续修四库全书》第 191 册影清《函海》本，第 533 页。
⑤ ［清］张玉书《佩文韵府》卷一百二之一《入声·十三耿韵一·国》"贯胸国"条，《景印文渊阁四库全书本》第 1028 册，第 154 页。
⑥ ［晋］郭璞传、［明］吴中珩校订、［清］吴任臣注《山海经广注》卷六《海外南经》"贯胸国"条，《日本藏山海经穆天子传珍本汇刊》第 6 册影清康熙六年（1667）刻本，四川大学出版社，2017 年，第 545 页。

作"盛海"，与《新刻嬴虫录》完全一致，《异域志》《异域图志》同，而《皇明海外诸夷志》作"大海"。

（五）《嬴虫录》的名称

以上关于明清文献有关《嬴虫录》的记载的讨论，同时揭示《嬴虫录》在流传、记录过程中书名的变化，在此一并简要说明。

第一组：《嬴虫录》，这是原初的书名。虽然书名在流传中有所变化但这仍然是最主要的书名。

第二组：《倮虫录》《蜾虫录》。"嬴""倮"音义皆同，于是有用《倮虫录》的。"蜾"意为昆虫，《蜾虫录》是《倮虫录》的误写，是不正确的。

第三组：《嬴虫志》。将"录"改为"志"，属于不严格的改动。

第四组：《嬴虫录》《嬴虫录》《瀛虫录》《嬴虫集》《嬴虫集》。"嬴"字误为"嬴"、"嬴"，再误为"瀛"。至于将"录"改为"集"，也属于不严格的改动。

此外，还有明代后期日用全书《诸夷门》引用《嬴虫录序》或提及此书，《新刻全补士民备览便用文林汇锦万书渊海》卷五《诸夷门》作"嬴虫"，《新板全补天下便用文林妙锦万宝全书》卷四《诸夷门》作"嬴虫"，《新刻邺架新裁万宝全书》《新刻搜罗五车合并万宝全书》卷四《西（四）夷门》作"嬴虫"，均误。

"嬴"误作"嬴"，误作"嬴"，误作"嬴"，误作"嬴"，乃至误作"瀛"，都是因为不明了"嬴"之本意便是"裸露"之"裸"。只有写作"倮"，才是可以接受的写法，相当于异体字的关系。

三、《新刻嬴虫录》新增条目分析

《新刻嬴虫录》中君子国、哈密国、回回国三国不见于其他异域全志，值得专门分析。哈密国条在卷四，暂时未能见到。不过，"哈密"一名可作简略说明。哈密一地，元代及明代初年多称"哈密力"，[1]明代永乐年间陈诚西使并著书《西域行程记》《西域番国志》之后，"哈密"一名才成为通行的名称。因此出现"哈密国"条，可以初步估计是明永乐之后所增加的了。

全书首条也即卷一首条"君子国"条载：

> 君子国，在奢比之北。其人衣冠带剑，食兽，有二大虎常在其旁。其人好让不争，故使虎豹亦知廉让。

鹿忆鹿解释《新刻嬴虫录》首列君子国，说明胡文焕的儒家文人态度。[2]
卷三"回回国"条载：

---

① 元代的用例，如虞集《道园学古录》卷二四《高昌王世勋碑》，《四部丛刊》明景泰七年（1456）郑达、黄江翻元刻本。
② 鹿忆鹿《殊俗异物，穷远见博——新刻〈山海经图〉、〈嬴虫录〉的明人异域想象》，《淡江中文学报》第33期，2015年12月，第113—146页。

回回国,有城池、宫室、田畜、市列,与江淮风俗不异。

此条描述的回回国,并非元初文献中之"回回国",如《蒙鞑备录》《癸辛杂识》之"回回国"泛指西域伊斯兰地区,①元世祖所征之"回回国"指中亚伊斯兰地区。② 从其他的元明文献来看,《新刻赢虫录》"回回国"条之"回回国"实际上指的是阿拉伯半岛的默德那(今麦地那)。关于此地,与《新刻赢虫录》"回回国"条类似的记载,似乎最早可以追溯到元至正十年(1350)吴鉴《清净寺记》载:

> 西出玉门万余里,有国曰大寔,于今以帖直氏。北连安息、条支,东隔土番、高昌,南距云南、安南,西渐于海。地莽平,广袤数万里,自古绝不与中国通。城池、宫室、园圃、沟渠、田畜、市列,与江淮风土不异。寒暑应候,民物繁庶,种五谷、蒲萄诸果。俗重杀、好善。书体旁行,有篆、楷、草三法。着经史、诗文,阴阳、星历、医药、音乐皆极精妙,制造、织文、雕镂、器皿尤巧。初,默德那国王别谙拔尔谋罕蓦德生而神灵,有大德,臣服西域诸国,咸称圣人。别谙拔尔,犹华言天使,盖尊而号之也。其教以万物本乎天,天一理,无可像,故事天至虔,而无像设。每岁斋戒一月,更衣沐浴,居必易常处。日西向拜天净心诵经。经本天人所授,三十藏,计一百一十四部,分六千六百六十六卷,旨义渊微,以至公无私、正心修德为本,以祝圣化民、周急解厄为事。虑悔过自新,持己接人,内外慎敕,不容毫末悖理。迄今八百余岁,国俗严奉尊信,虽适殊域、传子孙,累世犹不敢易焉。至隋开皇七年,有撒哈八·撒阿的·斡葛思者,自大寔航海至广方,建礼拜寺于广州,赐号怀圣。③

但是《清净寺记》描述的是"大寔"即大食。
大概因为在明中期的文献中将之定义为"回回祖国",因此称为回回国。关于默德那国为回回祖国,首先见于《寰宇通志》卷一百十八"默德那国"条:

> 〔沿革〕:即回回祖国也。初,国王别谙拔尔谋罕蓦德生而神灵,有大德,臣服西域诸国,诸国号为别谙拔尔,犹华言天使,盖尊称之也。其教专以事天为本,而无像设。其经有三十藏,凡六千六百余卷。其书旁行,有篆、草、楷三法,今西洋诸国皆用之。又有阴阳、星历、医药、音乐之类。隋开皇中,其国人有撒哈八·撒阿的·斡葛思

---

① 王国维《黑鞑事略笺证》,《王国维遗书》第 8 册,上海书店出版社,1996 年,第 245 页。[宋]周密《癸辛杂识》续集卷上"回回沙碛"条、"押不芦"条,中华书局,1997(1988)年,第 138、158 页。[宋]周密《云烟过眼录》卷四"刘汉卿所藏"条,《景印文渊阁四库全书》第 871 册,第 76 页。

② [元]王恽《秋涧先生大全文集》卷五十《大元光禄大夫平章政事兀良氏先庙碑铭》,《四部丛刊》影明弘治十一年(1498)马龙、金舜臣刻本。[元]陈桱《通鉴续编》卷十二、二十,元至正二十一年(1361)顾逖刻本。[元]释念常《佛祖历代通载》卷二一,《北京图书馆古籍珍本丛刊》第 77 册影元至正七年(1347)释念常募刻本,第 415 页。《元史》卷一《太祖纪》,中华书局校点本,第 6 页。

③ 吴鉴此文,原刻于碑,原碑已佚。全文文字保存在泉州清净寺现存明正德重刻碑中,节文又载明末何乔远《闽志》中。参见杨晓春《元明时期汉文伊斯兰教文献研究》附录一《元明时期清真寺汉文碑刻文字三十九种校点稿》,中华书局,2012 年,第 257—259 页。

者始传其教入中国。其地接天方国。 国朝宣德中,其国使臣随天方国使臣来朝,并贡方物。

〔风俗〕:有城池、宫室、田畜、市列,与江淮风土不异。 寒暑应候,民物繁庶,种五谷、蒲萄诸果。 俗重杀,非同类杀者不食。不食豕肉。 每岁斋戒一月,更衣沐浴,居必易常处。每日西向拜天。 国人尊信其教,虽适殊域、传子孙,累世不敢易。 制造、织文、雕镂、器皿尤巧。(俱《晋安郡志》。)①

《寰宇通志》的相关记载脱胎于《清净寺记》,但是直接的来源是《晋安郡志》,这大概是一部明初的泉州方志,原书已佚。而吴鉴元末至正九年(1349)应邀修纂泉州方志,很可能所作《清净寺记》也经收录,相关内容又辗转为后来的方志所继承。

又天顺五年(1461)成书的《大明一统志》卷九十"默德那国"载:

〔沿革〕:即回回祖国也。初,国王谟罕蓦德生而神灵,有大德,臣服西域诸国,诸国尊号为别谙拔尔,犹华言天使云。其教专以事天为本,而无像设。其经有三十藏,凡三千六百余卷。其书体旁行,有篆、草、楷三法,今西洋诸国皆用之。又有阴阳、星历、医药、音乐之类。隋开皇中,国人撒哈八·撒阿的·斡葛思始传其教入中国。其地接天方国。本朝宣德中,其国使臣随天方国使臣来朝并贡方物。

〔风俗〕:有城池、宫室、市列,与江淮风土不异。 寒暑应候,民物繁庶,种五谷、蒲萄诸果。 俗重杀,非同类杀者不食。不食豕肉。 斋戒拜天。(每岁斋戒一月,更衣沐浴,居必易常处。每日西向拜天。国人尊信其教。虽适殊域、传子孙,累世不敢易。) 制造、织文、雕镂、器皿尤巧。(以上俱《晋安郡志》。)②

《大明一统志》少了"田畜"二字。《大明一统志》在《寰宇通志》的基础上作成,多有因袭。成书后,便取代了《寰宇通志》,并且影响很大。明代中后期有关域外的书籍大量出现,其中应大多参考了《大明一统志》。此类书籍,如《殊域周咨录》,也无"田畜"二字,显示了出自《大明一统志》的痕迹。③

相关描述,在流传过程中还有作"与江淮风俗小异"或"与江淮风俗不同",是不正确的。但是《新刻蠃虫录》却很准确。加之《新刻蠃虫录》有"田畜"二字,则应出自《寰宇通志》。考虑到《寰宇通志》在天顺年间的《大明一统志》修成之后流传有限,则《新刻蠃虫录》"回回国"条有可能是在《寰宇通志》纂成并刊刻的景泰年间新增的。

四、《蠃虫录》明刻本两种在明代的影响

(一) 明代后期日用全书《诸夷门》源自《新编京本蠃虫录》

明代后期各种日用全书的《诸夷门》的来源,以往学者略有讨论,但是并无非常明确的

---

① [明]陈循等纂修《寰宇通志》卷一一八,《玄览堂丛书续集》影明初刻本。
② [明]李贤等纂修《大明一统志》卷九十,影明天顺五年(1461)内府刻本,三秦出版社,1990年。
③ 上述史料的利用和相关描述,参考了杨晓春《元明时期汉文伊斯兰教文献研究》,中华书局,2012年,第41—52页。

论证。从现在已经可以掌握的各种异域全志看,最有可能来自《新编京本嬴虫录》。

首先,有的日用全书写明了是《北京校正嬴虫录》,有的日用全书写明了是《京本嬴虫录》,都强调是"京本",名称上与《新编京本嬴虫录》有类似之处。

其次,有三种日用全书还载有《嬴虫录序》(参见表一),而《新编京本嬴虫录》卷首之《京本嬴虫录序》载:

> <u>鳞虫三百六十,而龙为之长。羽虫三百六十,而凤为之长。毛虫三百六十,而麟为之长。介虫三百六十,而龟为之长。嬴虫三百六十,而人为之长。何则以人为嬴虫之长耶</u>?盖人与物皆天地之所生。<u>嬴虫者,四方化外之夷是也。圣人制字,如猃狁、</u><u>獯鬻、突厥、獯獠、犬戎、狼狄、猇犬之类,皆以犬傍名之。孔子曰:"制夷狄如制禽兽。"</u>其说有自矣。原其无伦理纲常,而天性不同于人。人云:"仁义道德之教,而人事不谋于天。<u>尚战斗,轻生乐死,虎狼之性也。贪货利,好淫僻,麀鹿之行也。故与人之性情实相辽矣</u>。"《书》曰:得天地之正气者为人;得天地不正之气者为禽为兽。生居中国者,故得天地中正之气,形貌既端,声音则正,则为之人。生居四方海岭峤之外,法不得天地之正气,形貌既殊,声音不正,故以禽类给也,故曰嬴虫。其种类之蕃为西戎为最。戎人谓各国人死者诸愿生西方,故随愿感生于我土也。东坡曰:"愚人以世俗所惑,不乐生中土而愿为犬戎,惜哉!独高丽名箕子之遗风,礼乐之教存焉。"我朝混一区宇,日月所临之地,无思不服。今以入贡所知之国共一百八十有余,辑云为书。耳目之所及者,未敢载焉,诚一奇事耳。故书此于篇首。①

上引文字下标横线者为日用全书所载序文可见的文字。相比之下,可以发现三种日用全书所载《嬴虫录序》要简略得多,而且彼此还略有不同,但是几乎都见于《京本嬴虫录序》。只有《新刻全补士民备览便用文林汇锦万书渊海》卷五《诸夷门》之《嬴虫录序》最末之"又尝大管仲之功曰:'微管仲,吾其披发左衽矣。'又曰:'如其仁,如其仁。'是以知夷狄华夏较然殊哉!"不载于《京本嬴虫录序》。这两句是《论语》中的孔子名句,前面也是引的孔子有关夷狄的话,很容易引出"微管仲"这一句话,于是又能联想到孔子评价管仲的"如其仁"。因此未必是来自已有的《嬴虫录》的序言,而可能是《新刻全补士民备览便用文林汇锦万书渊海》的灵活处理。

再次,明代后期日用全书的《诸夷门》分为繁简两种,简本暂且不论,繁本的条目与今存之嘉靖《新编京本嬴虫录》最为接近,而与今本《异域志》《异域图志》乃至《新刻嬴虫录》,都有明显的差异。比较突出的差异,则是日用全书之撒马尔罕、回回国、哈密国不见于今存之嘉靖刻本《新编京本嬴虫录》。很可能来自与今存之嘉靖《新编京本嬴虫录》略有不同的一种《京本嬴虫录》。

(二)《三才图会·人物》(异域部分)源自《新刻嬴虫录》

《三才图会》106 卷,明王圻、王思义父子二人编集。1988 年上海古籍出版社影印出版

---

① 转引自鹿忆鹿《明代的"异国远人"——以胡文焕〈新刻嬴虫录〉为讨论中心》,《2010 民俗暨民间文学国际学术研讨会论文集》,第 217—231 页。

了上海图书馆藏明万历王思义校正本。上海古籍出版社影印本"出版说明"谓此书刊成于万历三十七年(1609)前后,有署"男思义校正"本、"曾孙尔宾重校"本和"潭滨黄晟东曙氏重校"本等。① 查书前有万历己酉(三十七年,1609 年)周孔教《三才图会序》、未署年月之顾秉谦《三才图会序》、陈继儒《三才图会序》、万历丁未(三十五年,1607 年)王圻《三才图会引》。《三才图会引》曰:"友人李矧斯、何振之皆博雅君子也,相与校雠成帙,交口请梓,而余因引其端。"此序署"万历丁未仲春洪州王圻撰",可知此前《三才图会》已经成书,而万历三十七年则已准备刊印。

此书刊刻十分精美,版画尤其出色,在中国古代书籍史上有着很高的地位。

《三才图会》人物部分卷十二、十三、十四三卷涉及异域,连目录三卷分别为三十七叶、三十八叶、三十八叶。卷十二每叶分别为番国人物图像一幅和说明文字各占半叶,图像共35 幅;卷十三每半叶为番国人物图像一幅和说明文字,图像共70 幅;卷十四每半叶为番国人物图像一幅和说明文字,人物图像共 55 幅,最后还有异物图像 14 幅及相应的说明文字。

通过条目的比较,可以发现《三才图会》这部分与《新刻赢虫录》几乎完全一样,只有虼鲁国条是《三才图会》有而《新刻赢虫录》无。而刊刻时间,《新刻赢虫录》要比《三才图会》早十多年。此外,图像内容也十分接近(图二)。因此,可以认为《三才图会·人物》(异域部分)来自《新刻赢虫录》。

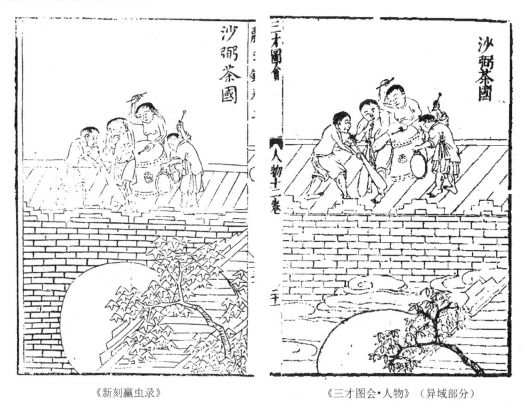

《新刻赢虫录》　　　　　　　　《三才图会·人物》(异域部分)

图二　《新刻赢虫录》与《三才图会·人物》(异域部分)沙弼茶国条图像比较

---

① ［明］王圻、王思义《三才图会》"出版说明",上海古籍出版社,1988 年,第 1 页。

On the Two Editions of *Luochong Lu* in the Ming Dynasty

Zhang Pingfeng，Nanjing Museum

Abstract：The extant edition of *Luochong Lu* by Jingde Bookstore in the 29th year of Jiajing（1550）of the Ming Dynasty，which includes two volumes and named *Xinbian Jingben Luochong Lu*，and four volumes from *Gezhi Congshu* in the 21st year of Wanli（1593）of Ming Dynasty，with the name *Xinke Luochong Lu*，both of which are pictorial texts and have similar characters and images. In the Ming and Qing Dynasties，this book was seldom recorded or recommended. It's noteworthy that it was cited many times in the Joseon literatures，and this fact shows the possibility of the existence of *Luochong Lu* with more abundant contents. In the late Ming Dynasty，*Zhuyimen* of some daily-used books of stated sources of *Jingben Luochong Lu* or *Beijing Jiaozheng Luochong Lu* ，which should be related to the extant *Xinbian Jingben Luochong Lu*. It seems that the extant *Xinke Luochong Lu* may come from *Zhuyimen* of some daily-used books，but this book has a direct impact on the Renwu part of the well-known book *Sancai Tuhui* in the late Ming Dynasty. The large publication of *Xinbian Jingben Luochong Lu* and the daily-used books including the part of *Zhuyimen* shows that the book *Luochong Lu* was more popular than *Yiyu Zhi* in the late Ming Dynasty.

Keywords：*Luochong Lu*（*On the Naked Worms*）；edition

（本文作者为南京博物院副研究馆员）

清前期新疆水稻研究三题[*]

王启明

摘　要： 文章首先利用清代两部方志讨论了抓饭在回疆饮食文化中的变化；继而利用满汉文档案分析了清前期新疆水稻种植的背景及原因，即首在供应官员口粮，兼及回疆入觐伯克与外藩朝贡人员筵宴之需；最后考证出《西域图志》屯政一门所载各城之"谷"应为粟米而非稻米，并利用满文文献与辞书考证出清代"粳米"读音应为 geng mi 之史实。

关键词： 清朝；新疆；抓饭；水稻；粳米

关于新疆的水稻种植史，可从"二十四史·西域传"中有关各地水稻的记载便可看出，而有关清代新疆水稻种植的研究，前人张建军曾作过简要钩沉。[①] 近来鲁靖康在广泛搜集传统汉文官私资料的基础上，对新疆水稻种植的起始时代及清朝水稻种植的分布情况做了较大的学术推进。[②] 但有关清代新疆各地水稻种植的背景及原因仍有探讨的巨大空间，本文主要从新疆抓饭这一饮食文化谈起，进而利用清代军机处满汉文朱批与录副奏折及户科题本等档案资料对清前期新疆水稻种植的背景与原因展开讨论，[③] 并在第三部分讨论了《西域图志》屯政一门"粟谷"的正确句读与理解及清代"粳米"的读音问题，以期推动清代新疆水稻种植问题的深入研究。

一

对于去过新疆或了解新疆的多数人而言，想必新疆美味可口的肉抓饭会给大家留下非常深刻的印象。但是，今天这一看似普通常见的饭食是否早已出现在古代新疆居民的饭桌之上，恐怕并不是一个非常容易回答的问题。如果爬梳历史上遗留下来的各种文献记载，或许可以找到一些蛛丝马迹。据学者研究，在 P2609、S3074 号敦煌文书和宋人陶谷《清异录》中有"饆饠"一类的饭食，及唐代段成式在其《酉阳杂俎前集》中有"韩约能作樱桃饆饠"，向达先生认为饆饠即后世之抓饭，印度名 Pilau 或 Pilaf，尚衍斌先生在赞同向达先

----

* 本文系国家社科基金一般项目"边疆安全视域下的清代南疆军事体系建构研究"（21BMZ160）的阶段性成果。

① 张建军《清代新疆主要粮食作物及其地域分布》，《农业考古》1999 年第 1 期，第 199—200 页。

② 鲁靖康《清代新疆农业研究：基于水资源、产业、农区和人地关系的考察》第二章《清代新疆的水稻种植业及其地域分布》，陕西师范大学博士学位论文，2015 年。

③ 满文档案主要为中国第一历史档案馆与中国边疆史地研究中心合编《清代新疆满文档案汇编》（广西师范大学出版社，2012 年影印本），汉文档案将主要利用中国第一历史档案馆馆藏朱批、录副奏折与户科题本等。

生观点的基础上,进而指出其波斯语名 polow 与维吾尔语名 polo(抓饭)相合。① 这种对音举证只能说明唐代已有抓饭,但有关其实物形态的描述,仍需寻觅其他资料。据《突厥语大辞典》记载,当时有一种被称为 soyut 的米肠子,即在羊肠里灌以米、肉与各种调料后制成的食品,②似乎与抓饭食材相似,但并不具有抓饭形态。至清代,有关抓饭的实物形态记载逐渐清晰起来,据成书于乾隆年间清朝统一新疆后不久的佚名著作《西域地理图说》卷五《食用五谷糕糖羹饭》记载当时维吾尔饮食中有一种被称为哈斯布的饭,具体内容如下:

> (hasyb)哈斯布,乃蒸饭也,以稻米加生羊油、碎红萝卜蒸熟,盛于大木盘中,内藏连骨大肉一块,或整鸡一只;或以稻米、生羊油灌入羊肠肚中,浓煮而食之,此乃回人待客、过节之大筵席。再则富裕人家所食蒸饭内,加后藏地方贩来名杂帕尔之药,食之以为益寿延年,然其药之加亦无多,生米之饭加药一钱则余。③

可见,清朝统一新疆初年,维吾尔社会中已有食用当时被称为哈斯布(蒸饭)的抓饭,而灌入羊肠蒸食的做法显然与前引《突厥语大辞典》中的"米肠子"做法相同。但在当时尚非常食饭肴,主要被维吾尔人用于待客和过节之用,而且应属富贵人家饭肴,普通大众及贫苦百姓恐难食用,因为即使经过一百多年后,光绪初年游历新疆的内地文人萧雄观察,当时"贫人度日,则惟食干馍饮凉水而已"。④

至清末,抓饭已经至少成为普通殷实家庭的常食饭肴,如萧雄在其《听园西疆杂述诗》卷三"饮食"一首中有诗文"饼饵深黄饭颗香,烹羹烙片具牛羊。只嫌一箸无从借,染指传瓢绕席忙",⑤并进一步解释回疆百姓饮食情况如下:

> 食以麦面、黄米、小米为主,稻米次之。寻常家面食又以干馍为主,皆用土砖砌瓮,内光泽,烧熟贴饼烙之,黄而香,食此以为常。间亦切面成丝,或手牵作片,煮与炒不拘也。若烹稻米,喜将羊肉细切,或加鸡蛋与饭交炒,佐以油盐椒葱,盛于盘,以手掇食之,谓之抓饭,遇喜庆事,治此待客为敬。小米、黄米亦作干饭,或煮粥以下馍。富家面食或用油糖烙成薄饼,或包羊肉为馄饨、为饽饽,暨一切精细办法与内地北省略同,而面条更讲调和,抓饭视为常食矣。⑥

① 以上均见尚衍斌《"回回豆子"与"回回葱"的再考释》,氏著《元史及西域史丛考》,中央民族大学出版社,2013年,第412—413页。
② 麻赫默德·喀什噶里《突厥语大辞典》(汉译本)第1卷,民族出版社,2002年,第374页。
③ 阮明道主编《西域地理图说注》,延边大学出版社,1992年,第118页。谨案,有关《西域地理图说》这部方志的成书情况,学术界多有讨论,近年悉尼大学(University of Sydney)博大卫(David Brophy)《早期西域满文记述一则》(*An Early Manchu Account of the Western Regions*,SAKSAHA:A Journal of Manchu Studies,Volume 4,2014. DOI:http://dx.doi.org/10.3998/saksaha.13401746.0014.002)指出,问世于清朝平定天山南路两年后的1761年,今收藏于莫斯科的一部《西域志》手稿中的鲜为人知的早期满文文献,日后被吸收在以《西域志》《回疆志》或《西域地理图说》等题名流传的汉文著作当中。
④ 萧雄《听园西疆杂述诗》卷三《饮食》,中华书局,1985年,第87页。
⑤ 同上。
⑥ 同上。

可见,经过一百多年的发展,抓饭虽然仍为寻常维吾尔百姓喜庆待客之筵席,但至少已经成为富裕人家的常食饭肴。更为重要的是,抓饭在同期草原游牧的哈萨克饮食文化中也被当时的方志所记载,如"食掇以手,谓之抓饭。其饭米、肉相瀹,杂以葡萄、杏干诸物,纳之盆盂,列布毯上,主客席地围坐,相酬酢"。① 于此可见清末新疆抓饭之具体构成,已与现代抓饭几无差异。但以上抓饭的流布过程显然与作为抓饭核心食材的稻米生产密不可分,而羊肉获取在遍布山地草场的新疆自古便有,如清末新疆最后一部大型方志《新疆图志》在叙述新疆牧业时,论述"新疆处昆仑之墟、波谜罗高原,旧为太古民族聚牧之所,嬗延至今,葱岭南北,犹号牧国",及"其长山大谷、广漠高原弥望无际者,多牧场也"。② 但新疆水稻种植虽经学者考证至晚在魏晋南北朝时期已出现,③但当时种植面积毕竟有限,亦未能成为普通大众之食材,即使到了清朝统一新疆初期,这种情况仍未得到根本改变。因为当时满人苏尔德所著《回疆志》在描述当时回疆农业时,记载"回人咸知稼穑,其种植大率以麦为重",④且"回人以面为常食,故回疆多种麦,苗茎花俱与内地之麦无异,麦粒色微白,磨面亦白,其性不热,可以常食,唯收获较迟"。⑤ 即使"回地之稻皆水稻,米粒长白可餐",但"回人多不喜食饭,惟宴会待客,始以药煮成黄色用之"。⑥ 可见,无论是清朝早期天山南路的农业种植传统,还是当地维吾尔群众的饮食文化习惯,对抓饭饮食文化的扩散均有较为深厚的制约。但如前文所述,从清朝乾隆年间统一新疆到清末光绪年间,以稻米为核心食材的抓饭已经成为南疆维吾尔富裕之家的常食饭肴,并进一步扩大到北疆哈萨克饮食文化,显然与清朝统一新疆后百余年中新疆水稻种植范围的扩大及稻米供应的增加和稻米流向民间社会等因素有着紧密的联系。⑦ 但促成因素出现的动机何在,这势必涉及清前期新疆水稻种植的背景和原因等问题的探讨。

二

清前期新疆水稻种植史与清朝对新疆的统一,以及随后当地官员、驻军本身口粮的需求有着直接关系。具体来说,清朝乾隆二十四年(1759)平定回疆后,陆续在新疆各地建立以伊犁将军、乌鲁木齐都统及回疆参赞大臣为代表的军政管理体系,伴随满汉官兵的到来,必然面临口粮供应问题,否则无从履行其驻防戍边之责。但清朝平定新疆后的最初几年,即便紧靠内地的巴里坤等地官兵口粮仍需由内地运输,颇费周折。⑧ 为彻底解决新疆官兵口粮问题,清朝开始在天山北路大力开展官屯与民屯等形式的屯田。乾隆特发上谕,自我夸赞"西陲平定,新疆广辟,所有移驻大臣官兵岁需养廉经费"可通过"屯垦自给之粮

---

① 王树枏等纂、朱玉麒等整理《新疆图志》卷四八《礼俗》,上海古籍出版社,2017年,第862页。
② 王树枏等纂、朱玉麒等整理《新疆图志》卷二八《实业一》,第553页。
③ 鲁靖康《清代新疆农业研究:基于水资源、产业、农区和人地关系的考察》,第42页。
④ 苏尔德《回疆志》卷三《耕种》,《中国方志丛书》西部地方第一号,成文出版社,1968年影印本,第85—86页。
⑤ 苏尔德《回疆志》卷三《五谷》,第92页。
⑥ 苏尔德《回疆志》卷三《五谷》,第94页。
⑦ 参见拙著《清代伊犁与乌鲁木齐等地水稻种植始末钩沉》(《历史地理研究》2020年第3期)及《清前期回疆水稻种植始末研究》两篇文章(待刊)。
⑧ 《清高宗实录》卷六三〇,乾隆二十六年二月丁丑,中华书局,1985年影印本,第26页。

既可不糜运费,且将来种地日开,所入倍当充裕",来反驳那些质疑其征讨新疆进而糜费内地的议论。① 而天山南路本身驻扎官兵较少,当地百姓上缴粮石消耗有余,如乾隆二十六年叶尔羌办事都统新柱等奏"叶尔羌、和阗大臣官兵等共二千五百四十七人,所需盐菜银四万四千八百两有奇,口粮等项一万四千二百十七石有奇",但各城所征粮石"共得三万零七百四十石,除支给口粮外,仍余一万六千五百二十石有奇,酌照时价可补银缺"。② 可见当地粮食供应问题不大,但以上仅为临时性的粮食发放与供应,尚未形成制度性的规定。

有关清代新疆官兵口粮发放标准的制定,在平定新疆初期逐渐形成,如乾隆二十六年,布鲁特在乌什售卖清军1162头羊,上谕指出关外官兵"向系以羊二抵一月口粮",③稍后进一步明确"嗣后库车、阿克苏、叶尔羌、喀什噶尔等处口粮羊俱由喀尔喀采买,不必取给内地。再现在支放各处驻扎官兵口粮,彼处米石虽属充盈,然官兵不得肉食亦觉难堪,一年之间,八月支放米石,四月散给羊只,甚为妥协。固不可因羊多即行多给,亦不可减于此数"。④ 对此批示,当地官员五吉奏称"羊只原系办给各城满洲官兵,若将所有官兵一概支给四个月口粮羊只,既非伊等素习,转使米面陈陈相因,又虚糜购办之费"。⑤ 稍后参赞大臣舒赫德奏称"各回城购羊多寡难以豫定,如限于成数,遇采买不敷之时,碍难办理",最后上谕规定"嗣后每年惟视购买之多寡酌量办理,多则满洲、蒙古兵支给四月,绿旗兵酌给一两月,否则满洲、蒙古兵酌给三两月,绿旗兵止给米面"。⑥ 可见,当地驻扎官兵口粮为米石与羊只搭配,其中羊只口粮所占月份较少,可通过与布鲁特等部落贸易交换、设立羊场及采买等形式获得,至于遍布草场的天山北路地区更易获得。

但作为官兵口粮发放大头的米面需求量更高,其中口粮"米面"之米并不完全指代"稻米",有时也包含"粟米",其中普通士卒更多发放"粟米",这也是清朝《户部则例》的相关规定,如"西路屯种驻扎官兵支给口粮,官员粳米,兵丁粟米,均日支八合三勺。如白面或炒面,均日以一斤抵给。官兵口食羊以二只抵作一月口粮,如给折价,每只折银一两二钱五分"。⑦ "官员粳米、兵丁粟米"的规定,在清代档案中往往被径称为"官粳役粟",⑧即清代新疆官员按照规定可以食用稻米。但在实际操作层面,《户部则例》也规定"至该省或非产米之地及所收或不敷支给者,该督抚酌量情形,或采买或折价确估题报",⑨此条同样适用于新疆。如乾隆二十七年陕甘总督杨应琚具奏"分发伊犁、乌鲁木齐暨各回城换班官兵供支事宜"时,指出"军兴以来,口外需用粳米由内地采运,此时半已动用无存,应令官员经过地方,准将粟米、白面抵支"而被批准。⑩ 可见官兵口粮中粳米要优于粟米。但有时官员

---

① 《清高宗实录》卷六四九,乾隆二十六年十一月甲子,第275页。

② 《清高宗实录》卷六二九,乾隆二十六年正月己巳,第19页。

③ 《清高宗实录》卷六三三,乾隆二十六年三月戊午,第64—65页。

④ 《清高宗实录》卷六三四,乾隆二十六年四月甲申,第84页。

⑤ 《清高宗实录》卷六四〇,乾隆二十六年七月丁酉,第146页。

⑥ 《清高宗实录》卷六四〇,乾隆二十六年七月己酉,第151—152页。

⑦ 《钦定户部则例》卷一二二《杂支(新疆支款)·官兵口粮》,海南出版社,2000年影印本,第363页上栏。

⑧ 陕甘总督"题为奏销库车乾隆三十三年份供支驻扎官兵钱粮等各数目事",中国第一历史档案馆藏户科题本,档号02-01-04-16193-007,乾隆三十五年六月二十日。

⑨ 《钦定户部则例》卷一〇六《兵饷·酌放兵米》,第147页下栏。

⑩ 《清高宗实录》卷六五六,乾隆二十七年三月戊申,第347页。

口粮羊只不敷支放，也会折给稻米，如乾隆三十一年叶尔羌"各营官员支领口食羊只不及分数，合给粳米四斗九升八合一勺"。① 供支官员包含驻扎各城之官员等，也包括过往官员，如乾隆四十一年喀喇沙尔供支驻扎办事大臣京斗粳米一石六斗八升四合九勺、供支驻扎听差并印房办事官京斗粳米十二石八斗八升一合六勺、供支过往官员口粮京斗粳米一石六升二合四勺。② 除此之外，哪些人可以享用此项口粮稻米呢？

回疆入觐伯克，即所谓的"年班"伯克。据嘉庆朝《大清会典·理藩院》记载，"伯克则列于年班，六岁而遍，来往皆给驿"，③考虑回疆伯克不在少数，因此入觐班次从乾隆年间的三班发展到六班，再到道光年间的九班，始将回疆主要城镇伯克入觐轮流完毕。④ 但由于其"来往皆给驿"，自然少不了各种供应。《户部则例》载"新疆每岁入觐伯克进贡回目沿途供应，每员日支羊肉二斤、白面二斤、京升粳米八合三勺、烧柴五斤、清油三两"，⑤可见年班伯克可以享用稻米，具体案例如库车粮员造报乾隆三十三年"官兵、回巢伯克盐菜口粮"题本中包含"稻子三斗三升二合"，⑥清代新疆每石稻子往往可以碾米三斗一升，⑦据此推算库车当年用于供应年班伯克之稻米数额无多。但由于入觐伯克遍布回疆各地，从喀什噶尔等地到吐鲁番、哈密等天山南路各城势必储备一定量的稻米以资供应。

外藩朝贡人员，乾隆朝《大清会典·理藩院》记载新疆周围外藩朝贡者有"哈萨克左右部，布鲁特东西部，安集延、玛尔噶朗、霍罕、那木干四城，塔什罕、拔达克山、博罗尔、爱乌罕、奇齐玉斯、乌尔根齐诸部落汗长，皆重译来朝，遣使入贡，或三年，或间年，无常期，厥贡镶刀、马匹"。⑧ 这些外藩朝贡人员必先踏足新疆始可进入内地，尤其是紧邻哈萨克、布鲁特的伊犁和外藩部落众多的喀什噶尔、叶尔羌等地是其必经之地，如喀什噶尔"乃外番初入回疆一要区"。⑨ 其供应食物即包含稻米一项，如清朝平定天山南北后不久，参赞大臣阿桂就在伊犁试种水稻，并指出"耕种少许水稻后，不仅于大臣等之口粮米，且于外藩部众

---

① 陕甘总督明山"题请核销叶尔羌乾隆三十一年供支驻扎官兵盐菜等项用过银两事"，户科题本，档号02-01-04-16089-012，乾隆三十四年四月初三日。

② 大学士管理户部事务于敏中、户部尚书丰升额"题为核销哈喇沙尔乾隆四十年供支驻防官兵用过养廉等项银两事"，户科题本，档号02-01-04-16813-006，乾隆四十一年十月二十二日。

③ 赵云田点校《乾隆朝内府抄本〈理藩院则例〉》，中国藏学出版社，2006年，第395页。

④ 有关新疆伯克年班制度，可参见王东平《清代回疆法律制度研究》，黑龙江教育出版社，2003年，第148—150页。

⑤ 《钦定户部则例》卷一二二《杂支（新疆支款）·供应回目》，第368页上栏。

⑥ 陕甘总督"题为奏销库车乾隆三十三年份供支驻扎官兵钱粮等各数目事"，户科题本，档号02-01-04-16193-007，乾隆三十五年六月二十日。谨案，引文中"回巢伯克"即指年班返回伯克，道光皇帝曾谕内阁"户部具题甘肃省报销各属供支本内，有回目伯克入觐回巢字样，自系相沿书写，惟外藩皆有该游牧部落可称，嗣后或称游牧，或称部落，或称该处，不必沿用回巢字样"，见《清宣宗实录》卷一〇九，道光六年十一月戊子第821—822页。

⑦ 中国边疆史地研究中心、中国第一历史档案馆合编《清代新疆满文档案汇编》第149册，乾隆四十六年十二月初四日"喀喇沙尔办事大臣福禄奏报屯兵收成数目并将官员交部议叙兵丁赏银折（附清单1件）"，第255页。

⑧ 赵云田点校《乾隆朝内府抄本〈理藩院则例〉》，第293—294页。

⑨ 和宁著、孙文杰整理《回疆通志》，中华书局，2018年，第114页。

设宴使用,皆有益观瞻"。① 再如乾隆三十一年叶尔羌使用钱粮账项内包含"致祭祠宇办做供物、筵宴乾竺特等处来使用粳米一斗至一石五斗",等等。② 乾竺特即后世之坎巨提,为清代色勒库尔南部藩属国,清末仍每年进贡金沙一两五钱,清朝则回赏大缎二匹。③ 不过,清朝供应外藩稻米有时也会折成钱文,如喀什噶尔在接待霍罕爱里木时,"来使并仆役日给羊一只、白米半斤,其仆役日给白面一斤,自本处起程至叶尔羌,五日口食羊二只,茶叶二两五钱,白米五斤,照例折钱"。④ 但仍可见供应外藩朝贡人员稻米的需求。

普通民众,虽说稻米主要供给官员、伯克、外藩朝贡人员,而且官兵口粮也有"官粳役粟"之规定,但在实际发放时,因种种原因,部分普通民众也能享用稻米这一食材。如乾隆三十七年,叶尔羌"回民应交正项粮石暨入官地内与回民平半分收各色粮石并新垦扣克尔巴特地亩内应征十分之一粗粮数目"内就包含官兵口粮粳米九十石一斗、拨出余剩变价粮粳米四百三十九石九斗及稻子二十六石五斗之多,⑤据此推算,种植水稻民众所余官地一半之稻及新垦所余十分之九稻米为数更不在少数,这些稻米肯定留在当地民众家庭之中,或自食,或交易。又如乾隆二十九年,库车办事大臣鄂宝奏"今既供给官员口粮之米多出份额,可以供给军台回子,折抵其盐菜银两",⑥即军台当差维吾尔百姓也能享用稻米。最具代表性的北路伊犁地区,自"乾隆二十八年起,至嘉庆十三年止,商民张尚仪等二百名共垦种蔬地、稻田一万六百六十八亩六分,每亩征租银一钱,每岁共计征租银一千六十六两八钱六分",⑦其中稻田必不在少数,交纳租银后,收获稻谷全部留存民间自食或交易。至嘉庆元年(1796)和阗办事大臣奏请试种水稻时,指出"和阗地方之回子承受圣上养育深仁已三十余年,逐渐生长繁衍变多,因稻谷一项乃必用之物,全从叶尔羌采买,路途遥远,而且价格昂贵,若能多种一项谷物,于回子等生计更为有益",⑧即使若干年后升科交粮,仍有剩余稻米自食。至嘉庆六年,和阗河水漫堤,沿线民众堵防有功,新任办事大臣兴肇等奏请将久贮于仓的一百六十九石六斗零稻谷"分散此次工作回夫,以示奖赏",⑨等等。综上,清前期新疆水稻种植首在解决当地官员的稻米供应问题,兼顾回疆入觐伯克及外藩朝贡人员等稻米需求,且官府在促使和推广新疆水稻种植过程中发挥着极为重要的角色,最

① 中国边疆史地研究中心、中国第一历史档案馆合编《清代新疆满文档案汇编》第55册,乾隆二十七年三月十一日"参赞大臣阿桂等奏报伊犁绿营兵丁试种叶尔羌所送稻种折",第262—263页。
② 陕甘总督明山"题请核销叶尔羌乾隆三十一年供支驻扎官兵盐菜等项用过银两事",户科题本,档号02-01-04-16089-012,乾隆三十四年四月初三日。
③ 饶应祺《饶应祺新疆奏稿》,马大正、阿拉腾奥齐尔编《清代新疆稀见奏牍汇编》(补遗卷)第6册,光绪二十二年二月十二日"呈进坎巨提贡金折",新疆人民出版社,2013年,第2691页。
④ 和宁著、孙文杰整理《回疆通志》,第139—140页。
⑤ 中国边疆史地研究中心、中国第一历史档案馆合编《清代新疆满文档案汇编》第108册,乾隆三十七年九月十一日"叶尔羌办事大臣期成额等奏回子折交布棉照数解运伊犁折(附清单1件)",第339—341页。
⑥ 中国边疆史地研究中心、中国第一历史档案馆合编《清代新疆满文档案汇编》第70册,乾隆二十九年十月初四日"库车办事大臣鄂宝奏库车水稻收成折",第383—384页。
⑦ 祁韵士《西陲总统事略》卷七《户屯》,中国书店,2010年影印本,第103页。
⑧ 中国边疆史地研究中心、中国第一历史档案馆合编《清代新疆满文档案汇编》第205册,嘉庆元年三月十九日"和田办事大臣徐绩等奏和田遣犯试种水稻折",第26—27页。
⑨ 和阗办事大臣兴肇、额勒金布"奏为差员修筑去年回村漫水河堤完竣请散发稻谷奖赏出力回夫并恩赏阿布拉等员花翎等事",朱批奏折,档号04-01-05-0091-008,嘉庆六年三月二十一日。

终使得所产稻米惠及部分普通百姓，即稻米走向民间社会。

三

清朝乾隆二十四年平定天山南北后，为彰显乾隆"先定准夷，继平回部，五年之间，西域全地悉归版图"①的历史功绩，在乾隆二十七年纂成《西域图志》初稿，后几经增补修订，终以《钦定西域图志》的面貌刊刻，成为有清一代全疆性的第一部官修方志，并成为当时有关新疆各类知识体系的官方标准和参考文献。在其卷四三《土产》一门中有关回疆农作物的记载，如"回部土地肥瘠不一，五谷之种，大抵稻米为少，名固伦持。余如黍名塔哩克，稷名克资勒库纳克，高粱名图布喇巴什库纳克，麦名布赫岱，青稞名阿尔帕，无所不有"。②其中稻米名固伦持，查阅《御制五体清文鉴》，可知其察合台文作 كوروچى，满语对音 gurunc'y，③与汉字"固伦持"音完全对应，但《御制五体清文鉴》同时开列满文 handu（稻米）、察合台文 خاپكوروچى 及其满文对音 hase gurunc'y 与汉语"粳米"。④ 然在古代农业社会中，往往"稻和粟，虽然一个被称为大米，一个被称为小米；一个产自南方，一个产自北方，但两者之间也有一些共通的地方。稻在南方，和粟在北方一样，也被称为'禾'或'谷'。……谷，则是稻所结之实。谷脱壳之后，也都称为'米'"。⑤ 考虑到《西域图志·屯政》一门所建立的农业知识体系的重要性，对其中含有诸多"谷"之记载的正确理解以及合理断句便须仔细分析。但既有文献整理者往往存在诸多误解，如《西域图志校注》点校迪化州五堡土宜"小麦、粟、谷、胡麻、青稞"，⑥玛纳斯土宜"青稞、小麦、粟、谷"，⑦库尔喀喇乌苏土宜"小麦、粟、谷、青稞"，⑧晶河土宜"小麦、青稞、粟、谷"，⑨伊犁土宜"大麦、小麦、糜、谷、青稞"，⑩吐鲁番哈喇和卓土宜"小麦、青稞、粟、谷"，⑪吐鲁番托克三土宜"小麦、豌豆、粟、谷"，⑫哈喇沙尔土宜"粟、谷、小麦、青稞"，⑬等等。如前文所述，谷作为农作物之果实，其所指过于笼统，既可指稻谷，又可指粟谷，若为"粟谷"，则与"谷"前之"粟"在文义上重合。虽然玛纳斯、库尔喀喇乌苏、伊犁、吐鲁番及喀喇沙尔等地在清代出产或试种过水稻，⑭但晶河、托克三（逊）等地并无明确种植水稻之记载，因此不可断然认定《西域图志·屯政》所载之"谷"即为"稻谷"。但若仔细研读《西域图志》"屯政"一门开载内容，可知

---

① 钟兴麒、王豪、韩慧校注《西域图志校注》"凡例"，新疆人民出版社，2002年，第6页。
② 钟兴麒、王豪、韩慧校注《西域图志校注》卷四三《土产》，第552页。
③ 《御制五体清文鉴》，民族出版社，1957年，第3944页。
④ 同上。谨案，察合台文的满文对音 hase 不够准确，پ 应为 p，而非 ث（s）。
⑤ 曾雄生《中国稻史研究》，中国农业出版社，2018年，第3页。
⑥ 钟兴麒、王豪、韩慧校注《西域图志校注》卷三二《屯政一》，第453页。
⑦ 同上。
⑧ 同上，第454页。
⑨ 同上，第455页。
⑩ 同上。
⑪ 钟兴麒、王豪、韩慧校注《西域图志校注》卷三三《屯政二》，第458页。
⑫ 同上。
⑬ 同上，第459页。
⑭ 参见拙著《清代伊犁与乌鲁木齐等地水稻种植始末钩沉》及《清前期回疆水稻种植始末研究》两篇文章（待刊）。

其均为绿营兵屯,即便如阿克苏地方确有绿营稻田,亦专门单独开载。① 因此,《西域图志》"屯政"一门所载之"谷"当指"粟谷",而《西域图志校注》所载各城土宜"粟、谷"不应从中点断,而应作为"粟谷",如此便与大麦、小麦、青稞等一一并列,更符合古文含义及《屯政》一门整体文风。而唯一看似例外的济木萨土宜"青稞、谷粟、小麦",应属刊印谷粟二字时倒排所致,仍不可句读为"青稞、谷、粟、小麦",②否则便与其他各城开载"粟谷"不相一致。

前文在论述新疆水稻种植时,所引文献中常有"粳米"或"粳稻"字样,问题是"粳"在今天标准普通话中读 jīng,③但在清朝也如此读吗? 目前学术界对此读音有很大的争议,如2011 年中国科学院院士张启发教授联合袁隆平等十余位院士及数百名专家,在向国家语言文字工作委员会、中国社会科学院语言研究所和商务印书馆呈送的《关于修订粳(gěng)字读音的建议书》中,认为"粳"应读作 gěng,而非 jīng,并认为粳字读什么,不仅是读音问题,更关乎中国水稻学界能否赢得世界学术界重新界定水稻亚种的重任。④2016 年 6 月,教育部语信司发布《普通话异读词审音表(修订稿)》征求意见,将 1985 年审定之粳(jīng)音改定为粳(gēng)音。⑤ 同期,王洪君《"粳"字的读音》从汉语音韵学的角度认为粳应读为 gēng。⑥ 本文同意此观点,并且认为清代粳字读音亦应如此。不过不同于以往学者从汉语音韵史的角度进行论证,笔者将从清代非汉语的满文文献及满文辞书等拼音文字资料对其读音提供另一种确证。如康熙年间出使伏尔加河下游土尔扈特部的图里琛所著《满汉异域录》记载其途经俄罗斯时,曾"将京都带去果品,并粳米、老米,遣人酬送",其中"粳米"满文文本对应 handu(稻米),⑦其汉语用形声字"粳",显然是对"粳"读为 geng 音的最好证明。而更为直观精确的例子,则属乾隆年间《御制增订清文鉴》卷二八"杂粮部·米谷类"满文 handu(稻米)对应之"粳米",满文明确对音为 geng mi,⑧同样乾隆四十五年钦定的《御制满珠蒙古汉字三合切音清文鉴》卷二七"杂粮部·米谷类"中,满文 handu 旁列汉语"粳米"及其满语对音 geng mi,⑨足见当时"粳"字在北方官话中不仅读音 geng,而且《御制增订清文鉴》及《御制满珠蒙古汉字三合切音清文鉴》诸辞书在当时具有审定语音的性质和功能。据当今语言学者的调查研究,虽然粳字所在的中古见母在南方福建、广东、广西及海南等地仍有保留,⑩广阔的北方地区则已几乎全部硬鄂化为

---

① 钟兴麒、王豪、韩慧校注《西域图志校注》卷三三《屯政二》,第 460 页。

② 钟兴麒、王豪、韩慧校注《西域图志校注》卷三二《屯政一》,第 454 页。

③ 《新华字典》第 10 版,商务印书馆,2004 年,第 241 页;《新华字典》第 11 版,商务印书馆,2011 年,第 247 页。

④ 《"粳"字应该念啥?》,《光明日报》2011 年 10 月 26 日第 7 版。

⑤ 2016 年 6 月《普通话异读词审音表(修订稿)》征求意见公告",见教育部网站 http://www.moe.edu.cn/jyb_xwfb/s248/201606/t20160606_248272.html,2018 年 11 月 20 日访问。

⑥ 王洪君《"粳"字的读音》,《中国语文》2016 年第 4 期,第 492 页。

⑦ 参见庄吉发校注《满汉异域录校注》,文史哲出版社,2014 年,第 121 页。谨案,笔者于 2018 年夏在台北"故宫博物院"蒙庄吉发先生惠赐《满汉异域录校注》一书,得以通读,附记于此,以志谢意。

⑧ 《御制增订清文鉴》,《景印文渊阁四库全书》第 233 册,台湾商务印书馆,1986 年影印本,第 167 页。

⑨ 《御制满珠蒙古汉字三合切音清文鉴》,内蒙古人民出版社,2016 年影印本,第 10006 页。

⑩ 参见"复旦大学东亚语言数据中心"(http://ccdc.fudan.edu.cn/bases/index.jsp)"见母三等是否仍读 k"。2018 年 11 月 20 日访问。

j［tɕ］,但位于北方的陕西关中乡村部分地区今天仍将"粳"字读作 geng,应是清代"粳"（geng）音在今天北方官话语音里的一种历史延续和继承。

Study on three issues of Xinjiang's Rice in Early Qing Dynasty

Wang Qiming，Shaanxi Normal University

Abstract：This paper first uses two local records to discuss the changes of pilaf in the food culture of Xinjiang, second uses Manju and Chinese archives to analyse the background and reasons of rice planting in Xinjiang in early Qing Dynasty，it supplies the local officers，bek and tribute people's food, finally pointed out that the *gu*（谷）in *Xiyutuzhi*（西域图志）is millet rather than rice，and uses Manju documents and dictionaries to prove a correct pronunciation of *geng mi*.

Keywords：Qing Dynasty；Xinjiang；Pilaf；Rice；Geng Mi

（本文作者为陕西师范大学中国西部边疆研究院教授）

从胜境到圣域：东亚视域下的天童十境

郭万平

摘　要： 宋元时期，作为"临海依山而寺"的宁波天童寺，吸引了日本、高丽东亚诸国的高僧前来参禅问道，天童寺高僧也东渡弘法，天童寺逐渐成为东亚诸国曹洞宗的祖庭和中外佛教文化交流中心，同时也形成了"青山捧出梵王宫""笑出海云飞一锡"独具特色的天童山宗教人文景观。在这一宗教人文景观的形成过程中，帝王、士大夫、中外禅僧等扮演了不同的重要角色。本文拟从中国学者较少论及的禅院"境致"视角，通过梳理中日两国"天童十境"的相关文献，初步分析天童名山从人文胜境到神圣空间的形成过程，以期对天童山禅宗文化的当代利用提供历史借鉴。

关键词： 天童十境；别源圆旨；舒亶；王安石；《建撕记》

引　言

天童禅寺始建于西晋，迄今已有一千七百多年历史。唐肃宗至德二年(757)，宗弼禅师将原位于太白山东谷的天童寺迁徙至太白峰下(即今址)，两年后肃宗赐名"天童玲珑寺"。唐后期，天童寺成为曹洞宗寺院。淳熙五年(1178)，宋孝宗亲书"太白名山"四字赐予天童寺。① 嘉定年间，应右丞相史弥远奏请，定"禅院五山十刹"之制，天童禅寺列为五山之第三山。至元代，"四明山水渊秀，竺乾氏居之，自唐抵今，废不一二，而兴者累十百"。② 宋元时期，天童禅寺成为东亚诸国曹洞宗的祖庭，日本、高丽的高僧到天童寺参禅问道，回国后或开创宗派，或弘扬禅法。天童寺的曹洞宗、临济宗思想均在东亚佛教史上产生重大影响。新中国成立后，中日两国加强佛教文化交流，分别在天童禅寺树立《道元禅师得法灵迹碑》(1980)、《寂圆禅师参学灵迹碑》(1990)和《大乘寺开山彻通义介禅师纪念碑》(2010)，由中日韩三国高僧结成的东亚佛教黄金纽带至今仍在发挥重要作用。

禅宗寺院的宗教人文景观是由自然、人工、宗教、历史等因素综合形成的象征性风景，日本学者称之为禅院"境致"，③它反映了禅宗寺院的世界观。禅院境致包括寺院建筑、自然胜景、遗迹等，往往与山水关系密切。日本禅院十境的选定始于镰仓时代末期、室町时代前期的京都、镰仓五山禅院。事实上，禅院十境早已出现于中国南宋中期的五山禅院之

---

① ［宋］楼钥《攻媿集》卷五七《天童山千佛阁记》，《文渊阁四库全书》影印本，上海古籍出版社，1990年。

② ［元］王元恭《至正四明续志》卷一〇，宁波出版社，2011年。

③ 参见(日)中村元编《岩波佛教辞典》，岩波书店，1989年；(日)玉村竹二《禅院の境致—特に楼阁と廊橋—》，《仏教芸術》26号，1955年；(日)関口欣也《中国江南の大禅院と南宋五山》，《仏教芸術》144号，1982年。

中。日本禅院境致无疑受到中国的影响，其中，入宋僧、入元僧、赴日中国禅僧发挥了重要作用。① 而中国的禅院境致可追溯至唐代，如临济宗开宗祖师义玄（？—867）以栽松作为创造禅宗美学空间、树立门派的主要表现："师栽松次，黄蘗问：深山里栽许多，作什么？师云：一与山门作境致，二与后人作标榜。"②

关于日本禅宗寺院境致的研究，已有玉村竹二、田岛柏堂、关口欣也、蔡敦达、平出美玲等学者的众多成果，中国学者多从园林景观学、建筑史等方面研究天童山的总体景观，③但从东亚视域对以天童寺为代表的中国禅宗寺院境致的研究则较少，本文拟通过梳理中日相关文献，对作为天童山境致的天童十境略作探讨，疏失错谬之处，敬请方家指正。

一、中国史籍中的天童十境

最早提出"天童十境"概念的并非中国人，而是日本南北朝时期著名禅僧别源圆旨（1294—1364），圆旨曾在元朝游历 11 年，回国后在其《和云外和尚④天童十境韵》⑤（后文详述）的题诗中首次使用"天童十境"一词，而真正从禅宗境致的视点将天童山所有自然和人文景观概括为"天童十境"的史料，则出现在与天童寺关系非常密切的来宋日僧道元（1200—1253）的法孙建撕（1415—1474）于 15 世纪中期编纂的《建撕记》⑥中。

在汉语语境中，十境一般指止观十境，是天台宗十乘观法所观之境，与本文并无直接联系。但本文主要论述的天童十境中的"境"，既有自然景观之义，亦包含宗教学意义上的境界含义，是自然景观、宗教观念、历史文化等因素相结合的产物。

禅院十境的选定有多种因素，其中，受到中国传统的"十题""十咏"等诗偈文学的影响最大，如关于天童十境的最早记载，出现于北宋士大夫舒亶的诗文中：

天 童 十 题⑦

［宋］舒 亶

① 太白峰：千峰下视尽儿孙，仙事寥寥不可闻。长作人闲三月雨，请看肤寸岭头云。

② 太白庵：何年杖锡此徘徊，天上真官为我来。芝圃鹤归香火冷，石基空锁旧莓苔。

③ 玲珑岩：诡形迥与万山殊，空洞由来一物无。直恐虚心自天意，人闲穿凿枉工夫。

---

① 参见蔡敦达《日本の禅院における中国的要素—十境を中心として—》，《日本研究》23 号，2001 年。

② ［唐］慧然辑《镇州临济慧照禅师语录》（即《临济录》），《大正新修大藏经》第 47 册。

③ 严明《寺庙园林造园意匠研究——以宁波天童寺为例》，《中国园林》2020 年第 1 期。刘佳敏等《宁波天童寺"三关十景"寺庙园林研究》，《古建园林技术》2022 年第 1 期。

④ 即云外云岫（1242—1324），字云外，号方岩，俗姓李，庆元府昌国（今浙江舟山）人，师事直翁，历象山智门，明州天宁，太白天童诸寺住持，有《云外云岫禅师语录》。

⑤ （日）别源圆旨《天童十境》，《南遊东帰集》卷一，写本，日本国立国会图书馆所藏。

⑥ 即《諸本对校 永平开山道元禅师行状 建撕记》，简称《建撕记》，（日本）大修馆，1975 年。

⑦ ［宋］张津《乾道四明图经》卷八，宁波出版社，2011 年。该题诗亦收于《天童寺志》，文字和十景次序略异。

④ 响石：渊明休弄没弦琴，混沌中含太古音。闻说几回风雨夜，四山浑作老龙吟。

⑤ 龙池：灵踪聊寄数峰云，雨意含云白昼昏。不用高僧时呪钵，一泓长贮万家村。

⑥ 虎跑泉：一啸风从空谷生，直教平地作沧溟。灵山不与江心比，谁会茶仙补水经。

⑦ 佛迹[石]：苍崖绝壁印苔痕，陈迹千年尚似新。杖履纷纷走南北，几人不是刻舟人。

⑧ 临云阁：高僧终日笑凭栏，亦似无心懒出山。几度海风吹散雨，坐看彩翠落人间。

⑨ 春乐轩：隔水岩花红浅深，花边相对语幽禽。管弦不到山闲耳，谁会凭栏此日心。

⑩ 宿鹭亭：云过千溪月上时，雪芦霜苇冷相依。正缘野性如僧癖，肯为游鱼下钓矶。

舒亶（1041—1103），字信道，号懒堂，慈溪（今浙江余姚大隐）人，北宋中后期士大夫、诗人。舒亶历仕宋英宗、神宗二朝，曾提举两浙常平，又任监察御史里行，参与弹劾苏轼的"乌台诗案"。舒亶因开边之功，卒后被赠龙图阁学士。舒亶晚年居于家乡明州，数次参访天童山，留下众多天童山相关的诗文，其中收于《天童寺志》的诗文有 13 篇，其中 10 篇即《天童十题》。舒亶所题诗的 10 处景观，有 5 处为自然景观，5 处为人文景观，反映了宋代文人的自然观和审美观。

目前宁波市政府选定的天童十景（深径回松、凤岗修竹、西涧分钟、双池印景、清关喷雪、玲珑天凿、东谷秋红、太白生云、南山晚翠、平台铺月）①以及《新修天童寺志》②实际上都来源于《天童寺志》卷二《建置考》，其名称和题诗如下所示：

太白山十景诗③
［清］超　乘

① 深径回松：开径辟翠两行松，夏续春阴雪断冬。未见梵天楼阁露，深深先有出云钟。

② 西涧分钟：钵盂峰下落匆匆，溪竹交加曲转东。听得满山风雨夜，钟声又在月明中。

③ 清关喷雪：最宜雨后看清关，百道泉归一喷间。滚滚雪涛翻不尽，大开龙口响空山。

④ 双池印景：清池内外合胸襟，容得千峰倒插深。荡月磨风如镜里，从无痕迹著浮沈。

---

① 参见宁波市鄞州区人民政府官网：天童禅寺（http://www.nbyz.gov.cn）。
② 天童寺志编纂委员会编《新修天童寺志》，宗教文化出版社，1997 年。
③ ［清］朝闻性道、德介《天童寺志》卷二《建置考》，《中国佛寺史志汇刊》本，（台北）明文书局，1980 年。

⑤玲珑天凿:西岩高豁有窗轩,云见真根水见源。卧雪胆寒离夜虎,攀藤臂断坠秋猿。

⑥太白生云:晴时为淡雨为浓,村外先沾此一峰。我只在山看画法,妙于染处霭重重。

⑦东谷秋红:太白山中东谷秋,夕阳红树晚云楼。好春别有霜天外,早是梅花接上头。

⑧南山晚翠:南山翠拱山峰寒,觌面招呼向晚看。流水隔桥春尚在,竹扶松老万千竿。

⑨平台铺月:月光铺满一台平,皎皎黄昏到五更。何处不逢山夜好,对人无比十分明。

⑩凤冈修竹:青凤冈头日日来,黄鹂啭处坐青苔。好风引入天然阁,竹下春兰秋又开。

伟载超乘(1651—1724),又名元乘,别号苇斋,鄞县人,康熙四十四年(1705),应邀住持天童寺,雍正二年(1724)示寂,善书法,能诗。《太白山十景诗》作于康熙五十二年(1713),是为了重修经藏阁落成典礼而作的。

与舒亶所选天童十景相比,超乘的天童十景侧重于自然景观方面(二人选景相同的仅有三处),这反映了天童山佛教文化在明清时期一度衰落的历史事实。

此外,这里值得我们注意的是景观名称的变化,超乘对于天童山景观统一变更为潇湘八景式命名方法。一般来说,东亚名山名寺的题诗有两种类型:一为境致类,二为潇湘八景类。① 前者字数不固定,一般为实物概念性描述,后者为四字,一般为情景文学性描述。这种变化反映了境致命名的文学化倾向以及山水、人文、宗教以外的生态休闲、观光旅游的新功能。

二、日本史籍中的天童十境

日本著名佛教史学者、古建筑学家常盘大定(1870—1945)于1922年10月27日实地踏查天童山,后在其《支那佛教史迹踏查记》中记载:"日本永平寺的胜景一眼便可以看出是模仿天童寺的风格。笔者曾三次游历中国,踏查过中国大部分地区,但像天童寺一样与日本禅寺风格相似的寺院绝无仅有。一旦进入这一圣域,仿佛回到故乡。"②由此可见,宋元时期天童寺禅宗文化(包括曹洞禅思想、戒律、建筑、书画等)对日本影响至深至远。

据笔者管见所及,日本史籍中关于天童山十境的最早记载可能为别源圆旨所撰写的《和云外和尚天童十境韵》。因中国史籍中失载,其史料价值较高,兹全文录入如下:

---

① (日)平出美玲《中国禅宗寺院で詠まれた題詩と境致の関係》,《日本庭園学会誌》29号,2015年。

② (日)常盘大定《支那佛教史迹踏查记》,龙吟社,1938年,470页。

和云外和尚①天童十境韵

（日）别源圆旨

① 万松关：廿里苍髯夹路遥，清风树々响寒涛。等闲掉臂那边过，谁管门头千尺高。

② 翠锁亭：十二栏干凝碧寒，青山绿水四连环。檐头滴々零露松，孤鹤飞从天外还。

③ 宿鹭亭：机自忘时心自闲，梦飞江海立栏干。向明月里藏身去，莫与雪花同色看。

④ 清关：山青云白冷相依，是子归来就父时。寒淡门风难入作，且从阃外见容仪。

⑤ 万工池：凿断山根通宿云，万夫锸下水泥分。池成月到鉴天象，不比黄河彻底浑。

⑥ 登阁②：一溪流水隔尘境，万迭青山绕石房。不涉阶梯超佛地，毘卢顶上骂诸方。

⑦ 玲珑岩：悬崖苍壁太高生，不假天工雕琢成。突出八方无背面，四山花木自枯荣。

⑧ 虎跑泉：菶茸爪下涌寒泉，一饮方知如蜜甘。多少禅和除渴病，休言众味不相兼。

⑨ 龙潭：头角渊潜水月交，清波彻底蘸青霄。有时沙界施甘泽，浩々丛林长异苗。

⑩ 太白禅居：东晋沙门曾此禅，青山都是旧青毡。长庚星没天河晓，童子不来经几年。

别源圆旨（1294—1364）是日本南北朝时期曹洞宗禅僧，幼年出家，师从圆觉寺住持、赴日宋僧东明慧日（1272—1340），学习曹洞宗禅法，1320 年赴元，先后师从古林清茂（1262—1329）、云外云岫、中峰明本（1263—1323）等高僧，后成为古林清茂的法嗣，曾在元朝游历 11 年，其中在天童寺时间较长，1330 年回国后成为越前（今日本福井县）弘祥寺开山，后又任寿胜寺、真如寺、建仁寺住持，是日本五山文学的代表性人物，③撰有《南游东归集》2 卷，云外云岫曾为其作序。④

别源圆旨在《和云外和尚天童十境韵》中，既然写明是对云外云岫的天童十境的酬和诗，那么云外云岫应该有类似的天童十境诗，但因史料缺乏，目前无法佐证，暂时存疑。

在日本史籍中，天童十境真正成为题名最早出现于《建撕记》，今存最早《建撕记》版本

---

① 即云外云岫（1242—1324），字云外，号方岩，俗姓李，庆元府昌国（今浙江舟山）人，师事直翁，历象山智门、明州天宁、太白天童诸寺住持，有《云外云岫禅师语录》。

② 疑作"千佛阁"，参见田岛柏堂《天童山十境と禅语散策—拜登・警策考—》，《禅研究所纪要》11 号，1982 年。

③ 参见（日）玉村竹二《五山禅僧传记集成》，思文阁，2003 年。

④ ［元］士惨编《云外云岫禅师语录》卷一，《新纂续藏经》第 72 册。

明州本成书于 1472 年（明宪宗成化八年），在其第 51 项《天童十境》有：万松关、翠锁亭、宿鹭亭、清关、万工池、登阁（千佛阁）、①玲珑岩、虎跑泉、龙泽、②太白禅居。③

建撕（1415—1474）为日本永平寺 14 代住持，曾奉其师建纲禅师（1413—1469）之委托，依据道元的著作《正法眼藏》《三祖行业记》《永平广录》《正法眼藏随闻记》等编纂道元传记，最后成书《永平开山道元禅师行状 建撕记》一卷，编年体，目前有多种版本，其中面山瑞方编纂《订补建撕记》为较通用的写本，河村孝道编《诸本对校永平开山道元韩式行状记 建撕记》为流通本。

《建撕记·天童山十境》仅仅列举 10 处景观名称，并没有像别源圆旨一样附有题诗，而且其资料来源不明，可能与建撕的祖师即永平寺开山道元禅师入宋前后的记载有关，④因此，"天童山十境"的用法最早可能始于道元。

另外，值得注意的是，《建撕记·天童山十境》与别源圆旨《南游东归集·天童十境》在文字方面基本相同（龙泽、龙潭文字略异，但实为同一处），排序则完全相同，二者关系究竟如何，有待详考。

建撕的《建撕记·天童山十境》与别源圆旨的《南游东归集·天童十境》同样地把万松关列为十境之首，而且在日本京都五山的十境中有三处包括万松关，⑤关于这一点颇耐人寻味。

诚如前文所论，临济义玄以栽松作为创造禅宗美学空间、树立门派的主要表现："一与山门作境致，二与后人作标榜。"⑥松树是进入禅寺神圣空间的入口，也是僧俗世界的分界线，"初入万松关……已非人间世"。⑦ 南宋时期五山十刹大多有松树境致，如灵隐寺九里松、天童寺夹道松、国清寺十里松等，其中，天童寺二十里夹道松几乎成为天童寺的代名词，所谓"着足万松关，东州第一山"，⑧"太白峰为屏，廿里松作座"。⑨ 天童寺夹道松始建于唐代，至明嘉靖三十四年（1555），"夹道松遭伐，以日本猝警，备舰防海也"。⑩ 之所以称夹道松为万松关，正因为其代表天童山的门户，其地位至关重要。当今日本曹洞宗、临济宗寺院大多有松树境致，其中以道元及其弟子创建的永平寺、宝庆寺最有名，足见天童寺禅宗境致对于日本寺院的示范性作用。

三、天童胜境的神圣化和国际化

在天童山宗教人文景观的形成过程中，帝王、士大夫、禅僧等扮演了不同的角色，以天

① 登阁一词令人费解，据考证，应为中日佛教交流史上非常有名的千佛阁，详见（日）田岛柏堂《天童山十境と禅語散策—拜登、警策考—》，《禅研究所纪要》11 号，1982 年。
② 据《天童寺志》卷一、卷九和《南游东归集》卷一可知，"泽"疑为"潭"之误写。
③ 《建撕记》瑞长本、元文本的文字略同，但延宝本、门子本没有记载。
④ （日）田岛柏堂《天童山十境と禅語散策—拜登、警策考—》，《禅研究所纪要》11 号，1982 年。
⑤ （日）出村嘉史《天龍寺における十境と景域に関する研究》，《都市计划论文集》41 卷 3 号，2006 年。
⑥ ［唐］慧然辑《镇州临济慧照禅师语录》（即《临济录》），《大正新修大藏经》第 47 册。
⑦ ［宋］楼钥《攻媿集》卷五七《天童山千佛阁记》。
⑧ ［宋］陈起《江湖小集》卷四一《天童山》，《文渊阁四库全书》影印本。
⑨ 《天童寺志》卷七。
⑩ 《天童寺志》卷二。

童寺为中心的中外佛教文化交流也发挥了重要作用。

宋孝宗书赠天童寺"太白名山"四字，是天童山成为佛教名山的重要契机。据史料记载，宋孝宗之子魏王恺与天童山景德寺僧慈航了朴友善，"暇日来游"，不忍离去，遂向孝宗上《太白山图》，后又经右丞相史浩奏请，孝宗于淳熙五年（1178）下赐宸翰大书"太白名山"。[①]"太白名山"碑拓今存日本东福寺，是圣一国师圆尔辨圆（1202—1280）入宋时请得的一部分碑拓。《太白名山碑》整体上以刷笔毡蜡制成大型拓本，被认为是传至日本具有宋代拓本技术的基准之作。此巨碑拓本纵 187.9 厘米、横 84.2 厘米，碑额书"御书"二字和云龙瑞华纹，中央四字中有"御书之宝"印，其上方书"赐天童山"。这是南宋禅宗进入宫廷的过程中，赐物具有纪念性的御书。除《太白名山碑》拓片，东福寺还留存不少宋代碑拓。这些汇集传来的御书碑拓，成为东福寺的显著特色，也成为中日佛教文化交流的重要物证。[②]

诚如前文中引述的舒亶的天童十境与别源圆旨的天童十景有 5 处（太白庵/太白禅居、玲珑岩、龙池/龙潭、虎跑泉、宿鹭亭）相同，有 5 处不同，这既反映了禅僧与士大夫相互交流的一面，又反映了二者不同的身份特征。士大夫在十题、十咏等诗文中，更多关注亭、轩、堂、桥等便于抒发感情的人文景观，而禅僧侧重于岩、溪、泉、池、庵、殿等富于禅意的自然和宗教景观。舒亶除了上述吟咏天童山十境的诗文外，还有不少与其他寺院或禅僧交流方面的诗文。由此可见，像别源圆旨之师云外云岫一样，别源圆旨在选定禅院十境时可能受到宋朝官僚士大夫的影响。此外，曾任三年鄞州知州的王安石的诗文也提高了天童山和明州的知名度，如："山山桑柘绿浮空，春日莺啼谷口风。二十里松行欲尽，青山捧出梵王宫。"[③]"孤城回望距几何，记得好处常经过。最思东山烟树色，更忆东湖秋水波。三年飘忽如梦寐，万事乖隔徒悲歌。应须饮酒不复道，今夜江头明月多。"[④]

在天童山境致由凡入圣的过程中，士大夫、中外禅僧等的山川题诗，更加相得益彰地发挥了其独特作用："山川得题品，则泉石生香；题品非传神，则山川不受。一峰一涧，类如眉目分形；全水全山，方见性情具体。分形下，既已刮目扬眉；具体间，可无怡情悦性？嘅烟霞之漲影，采金玉之余音。胜境于此纪吟，游寺别传崇建。"[⑤]对于来元日僧别源圆旨的《南游集》，云外云岫也评价："名山胜境，古今题咏者多。诗胜境，则境归于诗。境胜诗，则诗不入境。诗与境合，见诗即见境。境与诗合，见境即见诗。苟不然，则诗境两失。日本旨禅者（即别源圆旨）作《天童十咏》，句意不凡，书此以实其美。"[⑥]

诚如前文所述，天童山十境对日本的影响巨大，如在《建撕记》的《天童山十境》之后便是《永平十一境》：玲珑岩、涌泉石、偃月桥、承阳春色、西山积雪、竹径秋雨、假山松风、白石禅居、深林归鸟、祖坛池月、樵屋茶烟。其中，前三者的景观命名方法明显模仿了天童山十境，而后面八景则采用潇湘八景式（四字，侧重于四季变化）。众所周知，潇湘八景为潇

① ［宋］楼钥《攻媿集》卷五七《天童山千佛阁记》。［宋］志磐《佛祖统纪》卷五一。
② （日）塚本磨充《宋代皇帝御书の机能と社会 — 孝宗太白名山碑（东福寺藏）をめぐって—》，《美术史论集》7 号，2007 年。
③ ［宋］王安石《天童道上》，见《雍正浙江通志》卷二三○。
④ ［宋］王安石《临川先生文集》卷一一《孤城》，中华书局，1959 年。
⑤ 《天童寺志》卷一。
⑥ ［元］士惨编《云外云岫禅师语录》卷一《南游集序》，《新纂续藏经》第 72 册。

湘一带的八处佳胜,始出于北宋文人宋迪所绘《八景图》。在中日禅宗文化交流中,潇湘八景意象于 13 世纪末传入日本。意蕴丰富的八景即晴岚、烟寺、夜雨、晚钟、归帆、秋月、落雁、暮雪,契合了日本人寻觅深幽空灵、平远淡泊的意趣,后在日本兴起了"八景热"。

雪舟等杨(1420—1506)是日本室町时代后期的著名画家,曾为京都相国寺禅僧,被后世尊称为日本画圣。雪舟来明期间,曾参访天童寺,在天童寺学习水墨画最新技法,获得"首座"称号。其作品广泛吸收宋元浙派画风,擅长水墨山水画,代表作《四季山水图》①的画作背景即是当时的天童山四季风景,并融入作为禅僧的宗教感情,被日本学者称作"胸中的天童山图"。② 雪舟常常在其画作中落款"天童第一座",以示对天童寺的深厚感情,他对于中日佛教绘画艺术交流以及天童寺禅宗文化在日本的广泛传播发挥了重大作用。

结　语

天童山原为位于浙东沿海地域的普通山脉,但由于其特殊的地理位置和历史环境,从唐代开始尤其在南宋、元代时期,天童禅寺发展为禅宗名刹,进而成为东亚佛教交流中心,天童山境致完成了从胜景到圣域的转变,而且其影响扩展至东亚诸国。在这一变化过程中,帝王、士大夫、中外禅僧等扮演了不同的角色,以天童寺为中心的中外佛教文化交流也发挥了重要作用。但因笔者学识和史料所限,本文暂未论及朝鲜半岛的禅院境致,有待以后详论。

此外,以天童禅宗文化为代表的宁波宋韵文化更多地体现了浓厚的海洋性、国际性特征,所以,为了使历史文化遗产更好地发挥其当代价值,目前"天童十境"的重新命名具备了新的必要性和可能性。

附录　天童胜境圣迹一览表

名　　称	篇　名	编著者	出　处
太白峰、太白庵、玲珑岩、响石、龙池、虎跑泉、佛迹[石]、临云阁、春乐轩、宿鹭亭	天童十题(舒亶)	[宋]张津等纂	《乾道四明图经》卷八
太白峰、玲珑岩、千佛阁、虎跑泉、古松道	天童山景德寺	[宋]罗濬	《宝庆四明志》卷一三
太白峰、太白庵、玲珑岩、响石、龙池、虎跑泉、佛迹、临云阁、春乐轩、宿鹭亭	天童十题(舒亶)	[元]袁桷纂	《延祐四明志》卷二〇
同上	同上	[元]王元恭修	《至正四明续志》一〇
万松关、翠锁亭、宿鹭亭、清关、万工池、登阁、玲珑岩、虎跑泉、龙潭、太白禅居	天童十境	(日)别源圆旨	《南游东归集》卷一(日本国立国会图书馆所藏)

① 日本国宝,今存日本毛利博物馆。

② (日)村野浩《雪舟の山水图形成に関わる一试案—胸中の天童山图—》,《东海大学纪要》13 号,1982 年。

续　表

名　　称	篇　名	编著者	出　　处
万松关、翠锁亭、宿鹭亭、清关、万工池、登阁（千佛阁）、玲珑岩、虎跑泉、龙泽、太白禅居	天童山十境	（日）建撕	《建撕记》（明州本、瑞长本、元文本的文字略同）
玲珑岩、涌泉石、偃月桥、承阳春色、西山积雪、竹径秋雨、假山松风、白石禅居、深林归鸟、祖坛池月、樵屋茶烟	永平十一境并颂	（日）建撕	《建撕记》（明州本、瑞长本、元文本的文字略同）
普明阁、绝唱溪、灵庇庙、曹源池、拈华岭、度月桥、三级岩、万松洞、龙门亭、龟顶塔	天龙寺十境	（日）梦窗疏石	《梦窗国师语录》
山、峰、岩、洞、坞、谷、岭、石、涧、关 太白精舍、夹道松、景德禅寺、千佛阁（朝元宝阁）、锁翠亭、宿鹭亭、更幽亭、蒙堂、临云轩等	山川考 建置考	［清］朝闻性道、德介	《天童寺志》卷一、二
深径回松、清关喷雪、双池印景、西涧分钟、玲珑天凿、太白生云、东谷秋红、南山晚翠、平台铺月、凤岗修竹	太白山十景诗	［清］超乘（元乘）	《天童寺志》卷二
深径回松、清关喷雪、双池印景、西涧分钟、玲珑天凿、太白生云、东谷秋红、南山晚翠、平台铺月、凤岗修竹 弘法泉、楞严泉、体净泉、七佛塔、琵琶石、觉磐石、狮子柏	太白十景 寺内胜迹	天童寺志编纂委员会编	《新修天童寺志》
深径回松、凤岗修竹、西涧分钟、双池印景、清关喷雪、玲珑天凿、东谷秋红、太白生云、南山晚翠、平台铺月	天童十景		鄞州区人民政府官网

From Wonderful Scenery to Sanctuary: The Ten Scenery Spots of Tiantong from the East Asian Perspective

Guo Wanping，Zhejiang Gongshang University

Abstract：During the Song and Yuan dynasties，Ningbo's Tiantong Temple，as "a temple on the mountain by the sea"，attracted eminent monks from Japan and Korea and other East Asian countries to come to visit the temple，and the eminent monks of Tiantong Temple also went to East Asian countries to promote Buddhism. Tiantong Temple gradually became the ancestral temple of Caodong Sect in East Asian countries and the center of Buddhist cultural exchange between China and these countries，and also formed such unique religious and cultural landscapes as "the green hills holding out the Buddhist temple" and "a surprise grant sent by the flying sea clouds", in the formation of which emperors, scholars bureaucrats, and Chinese and foreign Zen monks have played different roles. This paper intends to analyze the formation process of Tiantong Mountain from a humanistic landscape to a sacred space from the perspective of the "realm" of Zen monasteries, which is rarely discussed by Chinese scholars, by combing through the relevant literature of the Ten Scenery Spots of Tiantong in China and Japan, in order to provide historical references for the contemporary use of the Zen culture of Tianntong Mountain.

Keywords: The Ten Scenery Spots of Tianntong; Betsugen Enshi; Shu Dan; Wang Anshi; *The Record of Kenzei*

(本文作者为浙江工商大学东方语言与哲学学院副教授)

汪大渊出洋史实与《岛夷志》的成书及初刊问题再研究[*]

杨晓春

摘　要：因为史料有限,有关汪大渊出洋的史事和《岛夷志》(《岛夷志略》)成书以及刊刻的研究众说纷纭。由张翥《序》和汪大渊《〈岛夷志〉后序》可以明确汪大渊两次出洋都是在他的"冠年"/"少年"。由"大佛山"条可以确定至顺元年(1330)是汪大渊两次出洋中的一次。"暹"条出现至正九年(1349)的记事,但是不能认为这是另外一次出洋的时间,因为这一时间相去至顺元年达20年之久,此时的汪大渊不再是"冠年"/"少年";更何况至正九年只是汪大渊到达泉州的时间,并不能肯定是他从海外到达泉州的时间。汪大渊《岛夷志》的成书非常迅速,至正九年的冬天开始动笔,十二月的时候已经完成。旅行过程中的记录和前人文献资料(例如《诸蕃志》)的利用,是保证此书迅速写成的有利条件。《岛夷志》的初刊在汪大渊返回江西之后,大概是在至正十年二月之后不久。

关键词：汪大渊;海外活动;《岛夷志》;《岛夷志略》;成书;刊刻

汪大渊所著《岛夷志》(今本称作《岛夷志略》,当系清代所改),①是中国历史上有关海外交通和海外地理的名著,备受关注。然而有关汪大渊的史料,实在是非常有限,寥寥可数的几条可靠的史料,则都来自他所著的《岛夷志》(《岛夷志略》)。

《岛夷志略》中零星保存着汪大渊的一些史料,百余年来受到中外学者的高度重视,但是学者的理解并不一致。本文则是仍然从《岛夷志略》的相关记载入手,回顾相关的学术史研究,略加述评,并综合讨论汪大渊的出洋史实和《岛夷志》的成书及相关问题,希望得出比较平实可靠的看法。

一、有关汪大渊生平及《岛夷志》成书的主要史料

涉及汪大渊生平和《岛夷志》成书的主要史料,均载于今本《岛夷志略》,可分为两种类型：一是《岛夷志》的三篇序跋——张翥《序》、吴鉴《序》、汪大渊《〈岛夷志〉后序》;一是正文中的条目,分别是"大佛山"条和"暹"条。为便于后文的讨论,将五条史料的相关部分引录如下。

第一,至正十年(庚寅)二月一日张翥《序》：

＊　中央高校基本科研业务费专项资金资助(Supported by the Fundamental Research Funds for the Central Universities)(项目编号：010214370412)

①　关于汪大渊的著作的名称,传统的说法是《岛夷志》,传世之今本改称为《岛夷志略》,后来有学者认为《岛夷志》是宋人的著作,汪大渊对此有所采纳,我则认为汪大渊的著作确实原称《岛夷志》,今天能够读到的《寰宇通志》等书所引的《岛夷志》,就是汪大渊的《岛夷志》(参见杨晓春《再论汪大渊与〈岛夷志〉》,《丝路文化研究》第七辑,商务印书馆,2022年)。对此问题,本文不再讨论。

汉唐而后,于诸岛夷力所可到,利所可到,班班史传,固有其名矣。然考于见闻,多袭旧书,未有身游目识,而能详记其实者,犹未尽之征也。西江汪君焕章,当冠年,尝两附舶东西洋,所过辄采录其山川、风土、物产之诡异,居室、饮食、衣服之好尚,与夫贸易费用之所宜,非其亲见不书,则信乎其可征也。与予言:"海中自多巨鱼,若蛟龙鲸鲵之属群出游,鼓涛拒风,莫可名数。舟人燔鸡毛以触之,则远游而没。一岛屿间或广袤数千里,岛人浩穰。其君长所居,多明珠、丽玉、犀角、象牙、象木为饰。桥梁或鳌以金银,若珊瑚、琅玕、玳瑁,人不以为奇也。"所言尤有可观,则邹衍皆不诞,焉知是志之外,焕章之所未历,不有瑰怪广大又逾此为国者欤!……泉修郡乘,既以是志刊入。焕章将归,复刊诸西江,以广其传,故予序之。①

第二,至正九年(己丑)十二月十五日吴鉴《序》:

自时(按指元世祖抚宣海外诸蕃、征讨爪哇)厥后,唐人之商贩者,外蕃率待以命使臣之礼,故其国俗、土产、人物、奇怪之事,中土皆得而知。奇珍异宝,流布中外为不少矣。然欲考求其故实,则执事者多秘其说,凿空者又不得其详。唯豫章汪君焕章,少负奇气,为司马子长之游,足迹几半天下矣。顾以海外之风土,国史未尽其蕴,因附舶以浮于海者数年然后归。其目所及,皆为书以记之。较之五年旧志,大有径庭矣。以君传者其言必可信,故附《清源续志》之后。②

第三,汪大渊《〈岛夷志〉后序》:

大渊少年尝附海舶以浮于海。所过之地,窃尝赋诗以记其山川、土俗、风景、物产之诡异,与夫可怪可愕可鄙可笑之事,皆身所游览,耳目所亲见,传说之事,则不载焉。至正己丑冬,大渊过泉南,适监郡偰侯命三山吴鉴明之续《清源郡志》,顾以清源舶司所在,诸蕃辐辏在所,宜记录不鄙。谓余知方外事,属《岛夷志》附于郡志之后。③

第四,"大佛山"(在今斯里兰卡)条:

介于迓里、高郎步之间。至顺庚午冬十月有二日,因卸帆于山下,是夜月明如昼,

---

① [元]汪大渊著、苏继庼校释《岛夷志略校释》,中华书局,2000(1981)年,第1页。"西江汪君焕章"之"汪",1981年校释本作"江",2000年校释本改正。三篇序跋,《文津阁四库全书》本皆缺,张氏爱日精庐抄本、陆氏《皕宋楼藏书志》所记文渊阁抄本则皆有,丁氏竹书堂抄本(过录本)、彭氏知圣道斋抄本(过录本)、龙氏《知服斋丛书》刊本亦皆有之。校释本以文津阁本为底本,但未指出所补三篇序跋根据的哪一种版本。"与夫贸易费用之所宜"之"赀",校释本作"赍",查《景印文渊阁四库全书》本(第594册,第73页)及《皕宋楼藏书志》均作"赀",是,据改。

② [元]汪大渊著、苏继庼校释《岛夷志略校释》,第5页。

③ [元]汪大渊著、苏继庼校释《岛夷志略校释》,第385页。按"谓余知方外事"之"知方",校释本底本作"方知",校勘记指出龙氏《知服斋丛书》本作"知方","方外"成辞,现引据改。

海波不兴，水清彻底。起而徘徊，俯窥水国，有树婆娑。余指舟人而问："此非青琅玕珊瑚树者耶？"曰："非也。""此非月中娑罗树影者耶？"曰："亦非也。"命童子入水采之，则柔滑；拔之出水，则坚如铁；把而玩之，高仅盈尺，则其树槎牙盘结奇怪。枝有一花一蕊，红色天然，既开者仿佛牡丹，半吐者类乎菡萏。舟人秉烛环堵而观之，众乃雀跃而笑曰："此琼树开花也。诚海中之稀有，亦中国之异闻。余历此四十余年，未尝睹于此。君今得之，兹非千载而一遇者乎？"余次日作古体诗一首，以记其实。袖之以归，豫章邵庵虞先生见而赋诗，迨今留于君子堂以传玩焉。①

第五，"暹"（在今泰国）条：

自新门台入港，外山崎岖，内岭深邃。土瘠，不宜耕种，谷米岁仰罗斛。气候不正。俗尚侵掠。每他国乱，辄驾百十艘以沙糊满载，舍生而往，务在必取。近年以七十余艘来侵单马锡，攻打城池，一月不下。本处闭关而守，不敢与争。遇爪哇使臣经过，暹人闻知乃遁，遂掠昔里而归。至正己丑夏五月，降于罗斛。②

二、汪大渊生平及《岛夷志》成书的相关学术史述评

明清以来的各种目录题跋著作，著录《岛夷志略》时间或提到汪大渊及其书成书的情况，但都十分简单，也略无考证。例如四库本提要说到汪大渊"至正中尝附海舶浮海"，③就是率意成文，给人误导；后来张星烺、冯承钧两位先生也都认为汪大渊出海是在至正年间。④ 这种看法，可以估计只是根据张翥《序》和吴鉴《序》所署的时间为至正年间而得到的粗略的印象而已。近代以来，随着西方以及中国学者对于海外交通史的重视，今本《岛夷志略》的成书以及汪大渊生平问题，才有了深入的研究。

1913—1915 年，美国学者柔克义（W. W. Rockhill）翻译了《岛夷志略》不少条目，对此书也略有介绍，其中说："汪大渊出洋的时间并不十分明确。尽管看起来没有保留作者的任何序言，但是 1896 年龙凤镳出版的《知服斋丛书》本有着三篇序言和一篇跋文。其中福建泉州税收道台（a customs Taot'ai of Ch'üan-chou in Fu-kien）三山吴鉴所撰的序言署至正九年十二月（开始于 1350 年），由此可以确定此书的完成在 1349—1350 年的冬天。"又说："原书正文可以发现有两个年代具有一定的重要性，不过从其中的一个年代可以推测1230 年（当为 1330 年的讹误）汪大渊已经远游在外，从另外一个可知 1349 年夏天之后汪

① ［元］汪大渊著、苏继庼校释《岛夷志略校释》，第 311 页。按"青琅玕珊瑚树"，原书作"青琅玕、珊瑚珠"，今据文意改。"月中娑罗树影"之"影"，据《文渊阁四库全书》本增。"古体诗一首"，原作"古体诗百首"，今据《文渊阁四库全书》本改。相关标点，亦多有调整。
② ［元］汪大渊著、苏继庼校释《岛夷志略校释》，第 154—155 页。
③ 《景印文渊阁四库全书》第 594 册，第 71 页。
④ 张星烺编注、朱杰勤校订《中西交通史料汇编》第六册，中华书局，1979 年，第 38 页。冯承钧《中国南洋交通史》，上海书店，1984 年，第 84 页。

大渊很可能最后修改了他的著作。"①柔克义所谓的"税收道台"，应该是指市舶司的官员吧。

1951年出版的《伯希和遗著》中，伯希和根据张翥《序》云"泉修郡乘，既以是志刊入。焕章将归，复刊诸西江"和张翥《序》所署的时间，认为"在1350年初《岛夷志略》即有两种刊本"。又认为"汪氏于1330年（至顺庚午）泛海远游，最后于1345年（至正乙酉）北归，至1349年（至正己丑）乃整理其笔记以成此《岛夷志略》"。"汪氏并非于1330年至1349年之间继续不息前往海外。"并总结如下："汪氏约生于1310年或1311年，第一次航海在1329年至1331年或1330年至1331年；第二次航海在1343年至1345年，此似为一种适合之推测也。"②关于汪大渊在海外的时间，出发时间根据的是"大佛山"条，而回来时间或许根据的是"暹"条，不过将"暹"条中的"己丑"当作了"乙酉"。

1981年，苏继庼遗著《岛夷志略校释》出版，书前的长篇《叙论》，详考汪大渊生平及其书的成书等问题，在学界颇有影响。关于汪大渊出洋的时间，他认为"大佛山"条之至顺元年（1330）是汪大渊第一次浮海的时间，第一次归来不知在何年，根据元人杨枢出使忽鲁模思用时五年，认为汪大渊归来在五年后即元统元年（1334），第一次航海的范围以印度洋区域为主。回国后，如果居住三年，则第二次浮海在至元三年（1337），主要在南洋各地，为时大约三年。汪大渊两次浮海大约八年。又根据张翥《序》所谓的"冠年"附舶东西洋推测其生年在至大四年（1311）。关于汪大渊书的成书时间，他认为吴鉴《序》中的"五年旧志"就是汪大渊第一次回国后所记，因为在海上费时五年，故名。再次撰写，则在至正九年（1349）。③苏继庼先生的讨论颇为详细，但是不少时间点的确认却不免随意。比如认为汪大渊第一次出洋共五年，几乎没有根据；第一次回国后居住三年再出洋，完全没有根据；第二次出洋共三年，也完全没有根据。而"五年旧志"的理解也是不能成立的，这是指南宋庆元五年（1199）的泉州旧志。这一理解错误，廖大珂先生已经指出。④此外，苏继庼还怀疑"暹"条之纪年"至正己丑"的干支有误，"至正己丑为至元己卯（1339）之讹。如是则提前

① W. W. Rockhill, "Notes on the Relations and Trade of China with the Eastern Archipelago and the Coasts of the Indian Ocean during the Fourteenth Century, Part II", T'oung Pao, Second Series, Vol. 16, No. 1 (Mar., 1915), pp. 61 - 159. 柔克义的相关叙述，苏继庼有翻译，载《岛夷志略校释》，第394页。上引苏译如下："汪大渊究于何年放洋，其本人自序，并未确言。1896年（清光绪二十二年）龙凤镳刊刻《知服斋丛书》，此书为其中一种。书前有序三，书后有序一，而吴鉴《序》署至正九年十二月（即1350年初）是也。""汪氏此书各条，记有年月者只有二处，然而至为重要，盖据其一，可知汪氏已于1330年业已航海远游，据其二，可知汪氏此书大概于1349年夏已将写成矣。"按柔克义此文篇幅较大且结构复杂，分为序言、第一部分（Part I, I and II，系引言，分为两个小部分）和第二部分（Part II, Introductory Note, I, II, III, IV, and V，系分区域翻译《岛夷志略》《瀛涯胜览》《星槎胜览》《西洋朝贡典录》的相关条目，分为简介和五个小部分），在《通报》连载七期（Vol. 14, No. 4 (1913), pp. 473 - 476; Vol. 15, No. 3 (1914), pp. 419 - 447; Vol. 16, No. 1 (Mar., 1915), pp. 61 - 159; Vol. 16, No. 2 (May, 1915), pp. 236 - 271; Vol. 16, No. 3 (Jul., 1915), pp. 374 - 392; Vol. 16, No. 4 (Oct., 1915), pp. 435 - 467; Vol. 16, No. 5 (Dec., 1915), pp. 604 - 626)，苏继庼翻译的部分，为第二部分第一小部分第61页以下，《岛夷志略校释》称"《通报》1913年号第475页以后"，有误。

② 伯希和的相关叙述，苏继庼有翻译，载［元］汪大渊著、苏继庼校释《岛夷志略校释》，第398—399页。

③ ［元］汪大渊著、苏继庼校释《岛夷志略校释》，第9—11页。

④ 廖大珂《〈岛夷志〉非汪大渊撰〈岛夷志略〉辨》，《中国史研究》2001年第4期。

十年与暹之遣水师攻打单马锡相隔止五年,与汪氏云'近年'正合。汪氏本人似即于己卯夏自暹罗湾北归者"。① 这一怀疑也可以说完全没有根据。

1983年,沈福伟发表论文,认为汪大渊第一次出航在1328年冬,1332年夏回国。第二次出航在1334年冬,1339年7月回到泉州。第二次出洋的时间较第一次要长,为六年。1339年汪大渊第二次回国后写成《岛夷志》初稿,"十年以后,又应吴鉴之请,将旧稿重行修订",于1349年12月(农历)写成《岛夷志》一书。②

1997年,许永璋发表论文专考汪大渊的生平,认为汪大渊出洋早于至顺元年(1330),停留在大佛山不是汪大渊出程之中,而是在他的回程之中。主要的理由是汪大渊记载在大佛山获得珊瑚之后,具体的措辞是"袖之以归",显示出他在归途之中。还考虑到至顺元年冬不利于返航,汪大渊在大佛山停留是为了等候夏季季风,因此他回到泉州的时间是次年至顺二年(1331)夏秋之际。并按照第一次在海外五年计算,推断出航是在1327年。按照1327年出航时正值"冠年",再推测汪大渊的生年在至大元年(1308)。对于以往学者认为的至正中汪大渊出洋的看法,则进行了批评,理由是和文献中的"冠年"出洋存在矛盾。他还接受了沈福伟先生的看法,认为第二次出洋用时更久,用了六年,到达的地方更远,到了非洲北部、东部。并将汪大渊第二次出海的时间定在1322年冬到1337年夏秋之间。他接受苏继庼的看法,认为"五年旧志"是指汪大渊第一次出洋之后完成的书稿。第二次出海回来之后,将第二次出洋的笔记和第一次出洋笔记进行综合整理,并不断修改和补充,到了至正九年冬完成定稿。③ 我们知道,汪大渊第一次出洋五年的信息,源自苏继庼的错误认识,因此许永璋先生的第一次出洋时间的推测也便不能成立了。而"袖之以归"是否能够确定是在返程之中,其实也不能肯定。难道去程之中获得的特产就不会用于携带回国?显然不能这样理解。而至正中出海的认识的批评,则是完全可取的。至于许永璋先生对汪大渊第二次出海的时间的估计,仅仅是和第一次回国之后相衔接的,而费时六年大抵也只是出于想象。按照他的估计汪大渊生于1308年,到1337年第二次出海返回,怎么也不能说是少年了。此外对于书稿完成的具体情形的看法,也是估计而已。

1998年,刘迎胜老师提交"郑和与海洋"学术研讨会的论文《汪大渊两次出洋初考》是继苏继庼先生之后另外一篇详考汪大渊出洋相关问题的重要论文。文章对相关的学术史有完整的回顾和中肯的评价。文章主要考察的是两方面的问题,首先是汪大渊生平中的某些时间点的考证。强调了"大佛山"条记载的重要,根据至顺庚午当年五月仍用天历年号指出汪大渊出洋在此年五月之后,并从而认为伯希和关于汪大渊在1329年首次出洋的推测"似嫌不足"。此外,对于伯希和与苏继庼二人推测的汪大渊第二次出海时间,均表示怀疑,理由是汪大渊出海是在青年时代。其次则是根据地名详考汪大渊两次出洋所经历的航程。其中一个很巧妙的切入点便是"东洋"与"西洋"的地理分界。根据"大佛山"条所载明确的出洋事迹在西洋,因此认为汪大渊第一次出洋是"下西洋"。并从而推测第二次

① [元]汪大渊著、苏继庼校释《岛夷志略校释》,第159页。
② 沈福伟《元代航海家汪大渊周游非洲的历史意义》,《西亚非洲》1983年第1期。
③ 许永璋《汪大渊生平考辨三题》,《海交史研究》1997年第2期。

出洋是往"东洋"。①

2014 年,周运中发表论文详考《岛夷志略》的地名,并从而讨论了汪大渊两次航行的具体航程。其西洋航程是经过占城到单马令(今泰国洛坤),再经过马六甲海峡到锡兰。很可能没有到达印度西海岸。其东洋航程从泉州出发,经过澎湖、台湾岛、吕宋岛、卡拉棉群岛、文莱,绕过加里曼丹岛西部到爪哇。很可能没有到达爪哇岛以东。文中也讨论了汪大渊自己所谓"皆身以游览、耳目所亲见,传说之事则不载焉",认为未必可信。汪大渊写作此书有弘扬元朝国威之意,叙述的最远的地方,恰恰是没有去过的。②

最近还有学者论及相关的问题,在张翥和汪大渊如何相识并为汪大渊的书作序的问题方面,作者提供了至正九年冬天张翥在泉州的可靠的石刻证据。对于汪大渊与虞集的交往、君子堂的归属等问题也有所讨论。③ 其实从虞集的卒年在 1348 年,可以推测大佛山的记事出于事后追记,但是并不会晚到至正九年《岛夷志》最后成书之时,因为这时虞集已经故去,而应该在更早的时候。如此,则可以展示《岛夷志》逐渐成书的一些端倪。

三、汪大渊出洋时间重考

汪大渊出洋时间问题,是为许多学者着重讨论过的问题。根据张翥《序》可以明确汪大渊两次出洋,都是在他的"冠年"——虽然未必就是虚岁二十岁的时候,也应该是比较年轻的年纪。而根据"大佛山"条可以确定至顺元年(1330)是汪大渊两次出洋中的一次。但是至顺元年十月二日到达大佛山是在去程之中还是回程之中,早先的学者并未予以特别的考虑,后来有学者注意到,但其实并不能完全确定。因此,我们只能大致确定至顺元年十月前后汪大渊有过一次出洋活动。

至顺元年十月二日汪大渊在大佛山,如果是往西洋去的过程中,他出洋当以上一年的冬季或者当年的春季的可能性为大;如果是回程,那么出洋的时间要更早。刘迎胜老师从改用年号的角度提出汪大渊出洋在至顺元年五月之后,似乎时间方面有些急迫。他文章中也提到了至元十八年杨庭璧出使南亚,正月启程,三月因为阻风停在斯里兰卡,然而并不能简单地从至顺元年的十月往前推三个月而认为汪大渊八月出海,因为八月北风尚未起,福建海舶不可能出航南海。

不管怎么估计,汪大渊出洋的时候至顺年号并未行用,并不能根据出现了至顺年号就估计出洋在行用此年号的五月之后。大佛山的记事是在十月,而且出于事后追溯,使用至顺年号是很合适的。

至于另外一次出洋的时间,则学者的意见分歧较大。估计晚的系根据"暹"条记载的至正九年(1349)的记事,认为就在这一年回国,回到泉州。估计早的认为是紧跟着至顺年间的一次出洋回国之后,因此相比至正九年及之前的估计要早十年。对此,我们需要回到

① 刘迎胜《汪大渊两次出洋初考》,载江苏省南京郑和研究会编《郑和与海洋》,中国农业出版社,1999年;收入刘迎胜《海路与陆路——中古时代的东西交流研究》,北京大学出版社,2011 年,第 57—69 页。
② 周运中《〈岛夷志略〉地名与汪大渊行程新考》,《元史及民族与边疆研究集刊》(第二十七辑),上海古籍出版社,2014 年。
③ 陈东亮《〈岛夷志略〉的历史文化价值与作者汪大渊生平与交往略考》,《深圳职业技术学院学报》2019 年第 2 期。

张翥《序》和汪大渊《〈岛夷志〉后序》的记述再作评估。

先看至正九年是否出洋回到泉州的问题。

至正九年汪大渊在泉州接受吴鉴的邀请,为《清源续志》编写《岛夷志》,然而并无任何文献信息显示他是恰好从海外回到泉州之后。我们完全可以想象成他是在国内旅游的时候到达泉州的——也许就是从老家江西到泉州的。汪大渊是一个热衷于旅游的人,不但在海外,更在国内旅游。吴鉴《序》称他"少负奇气,为司马子长之游,足迹几半天下矣",他在国内的旅游应该非常频繁——毕竟也是比较容易实现的。

我认为汪大渊在至正九年不是从海外到达泉州的,还可以从文献显示的两条证据来说明。其一是张翥《序》称他"当冠年,尝两附舶东西洋",其二是汪大渊《〈岛夷志〉后序》自称"大渊少年尝附海舶以浮于海",可以互相印证,说明汪大渊确实是在年少的时候往海外的。我们已经明确至少在至顺元年(1330)汪大渊有过一次海外旅行,所有的学者也都认为这时候就是汪大渊的"冠年"之时的海外旅游。而至正九年(1349)相去至顺元年(1330)几近二十年,如果这一年确实从海外归来,显然不能再称之为"冠年"了。设想一下,如果至正九年汪大渊在中年还有过一次海外旅行,并且刚刚经历,怎么会在张翥、吴鉴以及他自己的三篇序跋中没有任何的踪迹呢?反而张翥和汪大渊都是回忆往事的口吻呢?当然,张翥所言,也都是汪大渊和他说的,张翥《序》中就录了一段汪大渊对他说的话,而且内容还比较丰富。

再看第二次出洋时间估计中的一个难点。

汪大渊出洋的时候十分年轻,甚至有可能出洋的时候还不到二十岁,所以汪大渊才能自称"少年"。不用担心,"少年"汪大渊对于出游,其实已经很有经验,吴鉴《序》称他"少负奇气,为司马子长之游,足迹几半天下矣"。汪大渊大概在虚岁二十岁或者二十多岁的时候返回,所张翥才会称他"当冠年,尝两附舶东西洋"。而吴鉴《序》称他"因附舶以浮于海者数年然后归","数年"至少得有三四年才合适。因此,就出现了在一个比较大的时间跨度之内两次出洋与年龄都要符合"冠年"之间的矛盾。

如何来弥合其中的矛盾,只有估计汪大渊连续两次出洋且每一次在外的时间都并不太长、加起来大约三四年的样子才有可能。于是,我们可以估计汪大渊两次出洋的时间在1330年左右到1332年左右。这样,到张翥、汪大渊写序的至正九年、十年(1349—1350)的时候相隔了将近二十年,确实该有追忆往事的架势了。

四、《岛夷志》成书补探

《岛夷志》的最后写成,肯定是在至正九年的冬天。汪大渊《〈岛夷志〉后序》明确记载"至正己丑冬,大渊过泉南,适监郡偰侯命三山吴鉴明之续《清源郡志》,顾以清源舶司所在,诸蕃辐辏之所,宜记录不鄙。谓余知方外事,属《岛夷志》附于郡志之后",可见他是在至正九年冬天开始动笔的。等到至正九年十二月十五日吴鉴作序的时候,应该已经写成,吴鉴《序》已经拿《岛夷志》和"五年旧志"进行了比较,得出了"大有径庭矣"的结论。

如此看来,汪大渊《岛夷志》的成书是很迅速的。之所以能够迅速成书,取决于两个有利的因素:一是汪大渊在旅行过程中有所记录,二是汪大渊利用了前人的文献资料。

张翥《序》称"所过辄采录其山川、风土、物产之诡异,居室、饮食、衣服之好尚,与夫贸易赀用之所宜,非其亲见不书,则信乎其可征也"。汪大渊《〈岛夷志〉后序》谓"所过之地,窃尝赋诗以记其山川、土俗、风景、物产之诡异,与夫可怪可愕可鄙可笑之事"。张翥所谓之"山川、风土、物产"三个方面,就是汪大渊所谓之"山川、土俗、风景、物产"四个方面,"风土"就是"土俗"加上"风景"。此外还有张翥所谓的"居室、饮食、衣服"和"贸易赍用",多方面的内容完全和今本《岛夷志略》的具体内容可以对应。并且,很可能航行的当时就已经作出记录了。"大佛山"条谓"余次日作古体诗一首,以记其实",便是明证。汪大渊所作诗歌,大概就像《星槎胜览》所载纪行组诗那样,是可以记录海外诸地的方方面面的实际情况的。也就是说,汪大渊航海的当时曾经以纪行诗的形式记录他的海外见闻。

利用前人文献问题,学者早有讨论。比如末条《异闻类聚》,沈曾植已考出自《事林广记》,苏继庼表示成立。当然,这并不是此书的主体部分。

非常值得注意的是《岛夷志》(《岛夷志略》)与《诸蕃志》的关系问题。首先是全书条目构成方面的影响。

章巽先生曾列表比较过《岭外代答》《诸蕃志》《岛夷志略》的条目,①根据他的表格,可知一共有20条是两书共有的:交阯、占城、宾瞳龙/民多朗、真腊、罗斛、凌牙斯/龙牙犀角、吉兰丹、登牙侬/丁家庐、蓬丰/彭坑、单马令/丹马令、凌牙门/龙牙门、蓝无里/喃哑哩、三佛齐、巴林冯/旧港、阇婆(莆家龙)/爪哇、打板/杜瓶、戎牙路、重迦罗、底勿/古里地闷、渤泥、三屿/三岛。据此,可以认为《诸蕃志》给予《岛夷志略》一定的影响。

其次是具体描述方面的影响。举"三佛齐"条为例。

《诸蕃志》"三佛齐"条载:

> 三佛齐,间于真腊、阇婆之间,管州十有五,在泉之正南,冬月顺风月余方至凌牙门。经商三分之一始入其国。国人多姓蒲。累甓为城,周数十里。国王出入以乘船,身缠缦布,盖以绢伞,卫以金镖。其人民散居城外,或作牌水居,铺板覆茅。不输租赋。习水陆战,有所征伐,随时调发,立酋长率领,皆自备兵器糗粮,临敌敢死,伯于诸国。无缗钱,止凿白金贸易。四时之气,多热少寒。螽畜颇类中国。有花酒、椰子酒、槟榔蜜酒,皆非曲糵所酝,饮之亦醉。国中文字用番书。以其王指环为印,亦有中国文字,上章表则用焉。国法严,犯奸男女悉置极刑。国王死,国人削发成服,其侍人各愿徇死,积薪烈焰跃入其中,名曰同生死。有佛名金银山,佛像以金铸。每国王立,先铸金形以代其躯。用金为器皿,供奉甚严。其金像器皿各镌志示后人勿毁。国人如有病剧,以银如其身之重施国之穷乏者,示可缓死。俗号其王为龙精,不敢谷食。惟以沙糊食之,否则岁旱而谷贵。浴以蔷薇露,用水则有巨浸之患。有百宝金冠,重甚,每大朝会,惟王能冠之,他人莫胜也。传禅则集诸子以冠授之,能胜之者则嗣。旧传其国地面忽裂成穴,出牛数万,成群奔突入山,人竞取食之,后以竹木窒其穴,遂绝。
> 土地所产:瑇瑁、脑子、沉速暂香、粗熟香、降真香、丁香、檀香、豆蔻,外有真珠、乳香、蔷薇水、栀子花、腽肭脐、没药、芦荟、阿魏、木香、苏合油、象牙、珊瑚树、猫儿睛、琥珀、蕃布、番剑等,皆大食诸蕃所产,萃于本国。番商兴贩用金、银、瓷器、锦绫、缬绢、糖、铁、酒、米、干良姜、大黄、樟脑等物博易。其国在海中,扼诸番舟车往来之咽喉,古用

---

① 章巽《我国古代的海上交通》,新知识出版社,1956 年,第 33—39 页;商务印书馆,1986 年,第 75—87 页。

铁索为限,以备他盗,操纵有机,若商舶至则纵之。比年宁谧,撤而不用,堆积水次,土人敬之如佛,舶至则祠焉,沃之以油则光焰如新,鳄鱼不敢逾为患。若商舶过不入,即出船合战,期以必死,故国之舟辐辏焉。蓬丰、登牙侬、凌牙斯加、吉兰丹、佛罗安、日罗亭、潜迈、拔沓、单马令、加罗希、巴林冯、新拖、监篦、蓝无里、细兰,皆其属国也。其国自唐天祐始通中国。皇朝建隆间凡三遣贡。淳化三年告为阇婆所侵,乞降诏谕本国,从之。咸平六年上言,本国建佛寺以祝圣寿,愿赐名及钟,上嘉其意,诏以"承天万寿"为额,并以钟赐焉。至景德、祥符、天禧、元祐、元丰贡使络绎,辄优诏奖慰之。其国东接戍牙路(或作重迦卢)。①

《岛夷志略》"三佛齐"条载:

> 自龙牙门去五昼夜至其国。人多姓蒲。习水陆战,官兵服药,刀兵不能伤,以此雄诸国。其地人烟稠密,田土沃美。气候暖,春夏常雨。俗淳。男女椎髻,穿青绵布短衫,系东冲布。喜洁净,故于水上架屋。采蚌蛤为鲊,煮海为盐,酿秫为酒。有酋长。地产梅花片脑、中等降真香、槟榔、木绵布、细花木。贸易之货,用色绢、红硝珠、丝布、花布、铜铁锅之属。旧传其国地忽穴,出牛数万,人取食之,后用竹木塞之,乃绝。②

表面看起来,《诸蕃志》文字多而《岛夷志略》文字少,差异很大,但是从其中的叙述框架和描述细节,仍然可以看到《岛夷志略》与《诸蕃志》的密切关系。

先看叙述框架方面的影响。《诸蕃志》大致先后记载了位置、交通、人民、城市、国王、居住、战争、货币、气候、饮食、文字、法律、佛像、风俗、传说、土产、兴贩用物、铁索(扼守交通要道)、属国、与中国的外交关系等方面的情况,而《岛夷志略》则大致先后记载了交通、人民、战争、田土、气候、风俗、服饰、居住、饮食、酋长、土产、贸易之货、传说等方面的情况,可以看到在叙述框架方面《岛夷志略》与《诸蕃志》有不少类同的地方。

《岛夷志略》主体部分共记海上交通可以到达的99国(地),共99条,绝大多数国(地)都系统地记载了"地产(土产)"和"贸易之货(货用)"的情况,构成全书的一个突出的特点,甚至使此书具有了一定的贸易手册的特点。③ 而这一特色,正可以追溯到《诸蕃志》。《诸蕃志》因袭《岭外代答》之处很多,但是在土产和商品的记载方面却是增加的方面,应该是作者赵汝适作为市舶司的官员向商人采访所得。在这一方面,《岛夷志略》相比《诸蕃志》记载更为系统、全面。

再看具体描述方面的影响。《诸蕃志》"国人多姓蒲",《岛夷志略》作"人多姓蒲";《诸蕃志》"习水陆战",《岛夷志略》作"习水陆战";《诸蕃志》"旧传其国地面忽裂成穴,出牛数万,成群奔突入山,人竟取食之,后以竹木窒其穴,遂绝",《岛夷志略》作"旧传其国地忽穴,

---

① [宋] 赵汝适著、杨博文校释《诸蕃志校释》卷上,中华书局,1996年,第34—36页。

② [元] 汪大渊著、苏继庼校释《岛夷志略校释》,第141—142页。

③ 相关的讨论,参见杨晓春《元代南海贸易中的商品与货币问题——〈岛夷志略〉相关记载的综合与讨论》,《元史及民族与边疆研究集刊》(第三十六辑),上海古籍出版社,2018年。

出牛数万,人取食之,后用竹木塞之,乃绝"三个例子,措辞都完全相同或者十分接近。特别是最后一条,《岛夷志略》不但沿用了"旧传"这样的用词,而且还看出是略加简化而不如《诸蕃志》叙述更为准确的痕迹,"地忽穴"就不如"地面忽裂成穴"来得文意豁然。其中第一例《诸蕃志》的"国人多姓蒲"前文为"经商三分之一始入其国",末为"国"字,与"国人多姓蒲"句首的"国"字雷同,因袭者容易漏掉其中的一个"国"字,或许可以由此解释《岛夷志略》的小有不同。

除了以上两方面的信息来源,在最后的成书阶段,应当还增补了部分新获取的信息。汪大渊的最后写作毕竟是在泉州——当时最为重要的海外交通港口,一定也汇聚了来自海外各地的信息。如"暹"条关于至正九年当年的记事,就以在泉州采访而得的可能性最大。采访的信息应该还多,毕竟《岛夷志略》中的不少地方,颇有学者认为并非汪大渊所亲历。①

那么,再来看张翥《序》所谓的"非其亲见不书,则信乎其可征也",吴鉴《序》所谓的"其目所及,皆为书以记之",汪大渊《〈岛夷志〉后序》所谓的"皆身所游览,耳目所亲见,传说之事,则不载焉",就不能完全当真了。

五、《岛夷志》初刊的推测

从张翥《序》看,今本源自江西的单行本。张翥《序》云"焕章将归,复刊诸西江,以广其传,故予序之"。既云"将归",可知张翥作序的时候,汪大渊仍在泉州,还没有回到家乡江西。而且,张翥作序的时候,《岛夷志》还没有刊行,请张翥写序是为刊行作准备的。张翥《序》署至正十年二月一日,当时张翥也应该就在泉州。

《元史》有张翥的传,但是关于至正十年前后的记事,都不系年,叙述也比较模糊。②张翥《寄题顾仲瑛玉山诗一百韵》,不载于其《张蜕庵诗集》,③但载于《元诗选》,其诗序云:

> 至正九年秋,海道粮舶毕达京师,皇上嘉天妃之灵,封香命祀。中书以翥载直省舍人彰实遍礼祠所。卒事于漳,还次泉南,卧疾度岁,乃仲春至杭,遂以驿符驰上官,而往卜山于武康,克襄先藏。秋过吴门,顾君仲瑛留谳草堂之墅。宴宾十又二人,分题玉山诸景诗,皆十韵,尽欢而别。④

至正九年秋天,张翥因为朝廷祭祀天妃的任务而到了福建。从漳州返回,接着到了泉州,因为生病就在泉州过的年,来年仲春(二月)到了杭州。泉州开元寺双塔中的东塔有一

---

① 柔克义、周运中两位学者均持此种观点,参看 W. W. Rockhill, "Notes on the Relations and Trade of China with the Eastern Archipelago and the Coasts of the Indian Ocean during the Fourteenth Century, Part II", *T'oung Pao*, Second Series, Vol. 16, No. 1 (Mar., 1915), pp. 61-159.(柔克义此文相关部分的汉译,载[元]汪大渊著、苏继庼校释《岛夷志略校释》,第393—395页)。周运中《〈岛夷志略〉地名与汪大渊行程新考》,《元史及民族与边疆研究集刊》(第二十七辑),上海古籍出版社,2014年。

② 《元史》卷一八六,中华书局点校本,第4284页。

③ [元]张翥《张蜕庵诗集》,《四部丛刊续编》影常熟瞿氏铁琴铜剑楼藏明刊本。

④ [清]顾嗣立编《元诗选·初集·戊集》,中华书局,1987年,第1376页。关于这段诗序的利用,参考施常州《元代诗词大家张翥生平考证》,《西华师范大学学报》2004年第6期。

处元代的题刻,云:"至正九年仲冬三日,陪中书省直舍人章宝伯昂、监郡偰玉立世玉来登东塔。……逐刻石勒以纪兹游。翰林修撰张翥仲举书。"①也同样可证至正九年冬十一月三日前后张翥就在泉州。

总之,至正十年二月一日的时候张翥确实就在泉州。而且从至正九年十一月初到至正十年二月初,他在泉州至少逗留了三个月,完全有时间和汪大渊接触,进行深入的交流。大概汪大渊《岛夷志》的书稿也交给张翥看了。

由上述考述,也显然不能把张翥作序的时间看作是《岛夷志》刊行的时间。《岛夷志》的刊行,当然要在汪大渊返回江西之后,可惜我们对汪大渊返回的时间以及具体刊行的情况,一无所知。大概应该是在至正十年二月之后不太久吧——既然书已写成,刊行的计划也有了,甚至请人写成的两篇序言也有了。

此外,大略可以推测至正十一年是《清源续志》修成的时间,那么,可知至正十年《岛夷志》在江西刊行的时候,《清源续志》尚未纂成,更没有刊刻。因此可以推测大约至正十年江西刊本是《岛夷志》的第一个刊本。

伯希和认为"在1350年初《岛夷志略》即有两种刊本",江西的刊本就收载吴鉴为《清源续志》作的序,②显然这是矛盾的推测,江西刊本张翥的序的时间要早于吴鉴《〈清源续志〉序》的时间。

今本《岛夷志略》附刊之《〈清源续志〉序》,写于至正十一年,而《岛夷志》初刊于江西大约在至正十年,并且此序为《清源续志》的序言,因此江西初刊本原来不会载有此序,那么今本《岛夷志略》何以会附有《〈清源续志〉序》呢?

合理的解释是今本《岛夷志略》虽然渊源于至正十年江西初刊本《岛夷志》,但是还加上了其他的内容。《岛夷志略》今传诸本最末都有嘉靖戊申袁表的识语,可见诸本显然都直接源出于袁氏藏本,这一个本子应该是抄本。清初钱曾所藏,就是所谓的元抄本,可见元末江西刊本流传很少。因此,现有诸本所载吴鉴《〈清源续志〉序》,是袁表抄本或者所依据之本增加的可能性应该是最大的。

Restudies to the History of Wang Dayuan's Overseas Trips and the Compilation and Publication of His *Daoyi Zhi*

Yang Xiaochun,Nanjing University

Abstract:Modern scholars have given different opinions to the history of Wang Dayuan's overseas trips,and the compilation and publication of his *Daoyi Zhi*(*Daoyi Zhilue*)because of the shortage of sources. We can know that Wang Dayuan had two overseas trips when he was 20 years old or as a young man based on Zhang zhu's foreword and Wang Dayuan's postscript to *Daoyi Zhi*. We can know that the year 1330

---

① 郑振满、(葡)丁荷生编纂《泉州宗教碑铭汇编·泉州府分册》(上),福建人民出版社,2003年,第55页。

② 苏继庼校释《岛夷志略校释》,第398页。

was one of Wang Dayuan's two overseas trips based on the entry "Dafo Shan (Mountain Huge Buddha)". The year 1249 in the entry "Xian (Northern Thailand)" was not the year when Wang Dayuan went to Quanzhou because at that time Wang Dayuan was not a young man and we can't confirm it was the year from overseas to Quanzhou. Wang Dayuan had complied the *Daoyi Zhi* very quickly. He started in the winter of 1349 and finished in December of 1349. The main reasons were Wang Dayuan used some recorders written during the trips and some predecessor's literatures, such as *Zhufan Zhi* of the Song Dynasty. Perhaps *Daoyi Zhi* was firstly published soon after February of 1350 when Wang Dayuan went back to Jiangxi, his hometown.

Keywords: Wang Dayuan; Overseas Trips; *Daoyi Zhi* (*Recorders of the Barbarians on the Sea*); *Daoyi Zhilue* (*Concise Recorders of the Barbarians on the Sea*); Compilation; Publication

(本文作者为南京大学元史研究室/民族与边疆研究中心教授)

图书在版编目(CIP)数据

元史及民族与边疆研究集刊. 第四十五辑 / 刘迎胜
主编. —上海:上海古籍出版社,2023.6
ISBN 978-7-5732-0934-4

Ⅰ. ①元… Ⅱ. ①刘… Ⅲ. ①中国历史-研究-元代
-丛刊②边疆地区-民族历史-研究-中国-丛刊 Ⅳ.
①K247.07-55②K28-55

中国国家版本馆 CIP 数据核字(2023)第 207699 号

元史及民族与边疆研究集刊(第四十五辑)

刘迎胜 主编

上海古籍出版社出版发行

(上海市闵行区号景路 159 弄 1-5 号 A 座 5F 邮政编码 201101)

(1) 网址:www.guji.com.cn

(2) E-mail:guji1@guji.com.cn

(3) 易文网网址:www.ewen.co

上海惠敦印务科技有限公司印刷

开本 787×1092 1/16 印张 19.25 插页 4 字数 457,000

2023 年 6 月第 1 版 2023 年 6 月第 1 次印刷

ISBN 978-7-5732-0934-4

K·3503 定价:78.00 元

如有质量问题,请与承印公司联系